青少年藥物濫用預防與輔導

·增訂第二版·

楊士隆、郭鐘隆——主編

黃李郭張馬許陳藍賴顧楊
介思鐘惠躍華亮郁文以士
良賢隆雯中孚好青崧謙隆、、、、、、、、、、

洪黃蘇鄭吳林李劉朱戴
嘉久郁凱吉鴻志子日伸
均美智寶裕智恒瑄僑峰、、、、、、、、、、

束邱巫吳梁許衛馮李曾
連獻梓林信俊漢齡宗淑
文輝豪輝忠龍庭儀憲萍——著

五南圖書出版公司 印行

編著者序
PREFACE

　　台灣藥物濫用防治學會在2016年7月2日於第一屆理監事會中，提出編寫「青少年藥物濫用預防與輔導」專書教材之構想，主要係鑑於近年社會急遽變遷，青少年學生吸毒事件陸續發生，不忍心青少年青春年華即遭受毒害，認為有必要從青少年或兒童階段積極進行預防與輔導工作，而針對校園教師與相關輔導人員強化藥物濫用防治專業，始能提供較高品質之預防與輔導措施。因此，植基於近年學者專家研究青少年學生藥物濫用預防與輔導之心得，及參訪考察國際間各國防治與輔導藥物濫用之經驗，本人於擔任第一屆理事長期間，特邀集本會副理事長，臺灣師範大學健康促進與衛生教育學系特聘教授兼系主任郭鐘隆協助主編，並陸續邀請藥物濫用防治之政府主管首長與學者專家參加撰寫，以確保學理與實務之密切連結。本書之撰寫特別感謝教育部學特司司長吳林輝、校園安全防護科張惠雯科長、蘇郁智專員、衛福部心理健康司司長陳亮好博士惠賜論文增添專書專業。另特別感謝臺灣師範大學健康促進與衛生教育學系特聘教授李思賢教授及洪嘉均主治醫師、陽明交通大學黃久美特聘教授、臺灣大學心理系教授賴文崧、高雄醫學大學藥學院毒理學博士學位學程教授李志恒、中正大學犯罪防治學系教授兼國際長許華孚、教授兼系主任馬躍中、戴伸峰、邱獻輝教授、曾淑萍副教授、中正大學博士李宗憲、吳吉裕、梁信中博士及華僑大學劉子瑄博士、法務部司法官學院犯罪防治中心研究員顧以謙、前臺北市立聯合醫院昆明院區成癮防制科主治醫師束連文、衛生福利部草屯療養院成癮治療科主任黃介良醫師及臺北市立聯合醫院林森中醫昆明院區衛漢庭醫師、衛生福利部朱日僑博士等之協助撰寫，供提升各級學校學務主任、教官、教師與藥物濫用防治相關少年警察隊、少輔會社工師、心理師、個管師、少年矯正學校教師等預防與輔導青少年學生藥物濫用之參考。

　　本書之特色在於廣泛地介紹少年藥物濫用之意涵、新興類型、毒害症狀與影響及吸毒成因外，並針對國際間藥物濫用有效之預防策略與防治方法加以介紹，最後亦提供適切之輔導與治療方法供參考。本書自2017年4月首次出版後，臺灣與國際毒品情勢已有許多變化，新興影響精神物質（NPS）及大麻等毒品呈現攀升，對青少年學生族群構成巨大危害，為此，本次修訂特增加毒品混合包及大麻相關論文，並更新相關毒品類型與統計。此外，鑑於近年AR、VR及資訊通訊科技之盛行，如何運用資訊通訊科技在毒品防制的介入與應用值得關注與引介，特於此次修訂納入相關篇章供參。雖已經盡力完善本書，惟青少年藥物濫用預防與輔導此一領域博大精深，本專書教材仍可能有未盡周延事宜，尚祈各界先進賢達不吝賜教，最後感謝許俊龍博士生之協助本書編輯與校稿。

楊士隆、郭鐘隆

2023年5月謹誌於

國立中正大學犯罪防治系／防制藥物濫用教育中心

國立臺灣師範大學健康促進與衛生教育學系

撰稿者簡介
PROFILE

（依章節順序）

楊士隆 美國紐約州立大學奧本尼分校（SUNY-Albany）刑事司法博士
國立中正大學犯罪防治學系特聘教授兼犯罪研究中心主任

戴伸峰 日本東北大學文學研究科心理學博士
國立中正大學犯罪防治學系教授

曾淑萍 美國紐約州立大學奧本尼分校（SUNY-Albany）刑事司法博士
國立中正大學犯罪防治學系副教授

顧以謙 國立中正大學犯罪防治研究所犯罪學博士
法務部司法官學院犯罪防治研究中心研究員

朱日僑 國立中正大學犯罪防治研究所犯罪學博士
弘光科技大學兼任助理教授

李宗憲 國立中正大學犯罪防治研究所犯罪學博士
國立中正大學犯罪防治學系兼任助理教授

賴文崧 美國康乃爾大學心理學博士
國立臺灣大學心理學系教授

劉子瑄 澳門大學社會學系社會學博士
華僑大學政治與公共管理學院講師

馮齡儀 高雄醫學大學藥學院毒理學博士學位學程博士
高雄醫學大學校務研究暨企劃辦公室組員

藍郁青　陽明大學公共衛生研究所博士
　　　　中國醫藥大學生物醫學研究所副教授（合聘）

李志恒　美國紐約大學環境醫學研究所博士
　　　　高雄醫學大學藥學院毒理學博士學位學程教授

衛漢庭　臺灣大學公共衛生碩士
　　　　臺北市立聯合醫院心身醫學科醫師

陳亮妤　美國約翰霍普金斯精神衛生博士
　　　　衛生福利部心理健康司司長

林鴻智　國立中正大學犯罪防治研究所博士候選人
　　　　善慧恩基金會飛夢林家園主任

許俊龍　國立中正大學犯罪防治研究所博士生

許華孚　英國愛塞克斯大學（University of Essex）社會學博士
　　　　國立中正大學犯罪防治學系教授兼國際長

吳吉裕　國立中正大學犯罪防治研究所犯罪學博士
　　　　澎湖縣政府警察局婦幼警察隊組長

梁信忠　國立中正大學犯罪防治研究所犯罪學博士
　　　　高雄市立楠梓特殊學校瑞平分校組長

馬躍中　德國杜賓根（Tübingen）大學法學博士
　　　　國立中正大學犯罪防治學系教授兼系主任、研究所所長

鄭凱寶　國立中正大學犯罪防治研究所犯罪學博士
　　　　內政部警政署專員

吳林輝　國立政治大學教育系博士班肄業
　　　　教育部學生事務及特殊教育司司長

張惠雯　國立臺北科技大學技術及職業教育研究所博士
　　　　教育部學生事務及特殊教育司校園安全防護科科長

蘇郁智　中央警察大學犯罪防治學系學士
　　　　教育部學生事務及特殊教育司校園安全防護科專員

巫梓豪　國立中正大學犯罪防治研究所犯罪學碩士
　　　　美國喬治亞州立大學刑事司法暨犯罪學研究所博士生

郭鐘隆　美國奧斯汀德州大學哲學博士
　　　　國立師範大學健康促進與衛生教育學系教授

黃久美　美國德州大學奧斯汀分校婦女與兒童健康促進博士
　　　　國立陽明交通大學臨床護理研究所特聘教授

邱獻輝　國立臺灣師範大學心輔所諮商心理學組博士
　　　　國立中正大學犯罪防治學系教授

李思賢　美國賓州大學哲學博士
　　　　國立臺灣師範大學健康促進與衛生教育學系特聘教授

洪嘉均　國立陽明交通大學腦科學研究所博士
　　　　向陽身心診所醫師

束連文　美國約翰霍浦金斯大學公共衛生醫療政策及管理碩士
　　　　衛生福利部雙和醫院精神科主治醫師

黃介良　中國醫藥大學老化醫學學程博士
　　　　衛生福利部草屯療養院成癮治療科主任

目 錄
CONTENTS

楊士隆、戴伸峰、曾淑萍、顧以謙、朱日僑、李宗憲

第一節　　國際間青少年藥物濫用現況

　　青少年藥物濫用之趨勢受到多重原因影響，如文化、政策、原料運輸性、調查方法等，非單一指標可說明，此點導致國際間青少年毒品使用盛行率呈現大相徑庭的狀況，但仍可同時列出進行基礎之比較。表1-1為過去青少年（15至16歲）學生物質濫用問題較嚴重國家之比較，調查發現，當時青少年物質濫用終身盛行率，約為年盛行率之4倍或點盛行率之2倍，歐洲（15至16歲）25.1%、美國（10年級）46.2%。歐洲、美國、澳洲青少年大麻（Marijuana）濫用盛行率分別為23.0%、40.9%、42.8%，加拿大（7至13年級）為34.7%。歐洲、美國、澳洲青少年安非他命濫用終身盛行率分別為3.3%、15.7%、9.3%，加拿大為9.5%（UNODC, 2002）。

　　毒品盛行率會隨著時代變遷展現不同樣貌，美國國家藥物濫用研究所（National Institute on Drug Abuse, NIDA）補助密西根大學社會研究所，透過每年針對8、10、12年級之國高中學校青少年進行的青少年監測未來調查（The Monitoring the Future Study, MTF）。在NIDA於2023年公布的數據中（Miech et al., 2023），MTF指出2022年至少使用過一種毒品的盛行率在8年級為11.0%、10年級為21.5%、12年級為32.6%。扣除大麻以外，至少使用過任何其他毒品的盛行率在8年級為4.9%、10年級為9.1%、12年級為11.5%。整體趨勢觀察下，2001至2007年美國青少年非法毒品使用盛行率呈現穩定下降趨勢，2007至2010年微幅上升、2013至2016年微幅下降、2017至2019年微幅上升後，於2020至2021年COVID-19疫情期間呈現較明顯的下降趨勢（圖1-1）。若分毒品項目觀察，2022年大麻／大麻提煉麻醉物的盛行率在8年級為7.1%、10年級為19.5%、12年級為30.5%。海洛因（Heroin）盛行率在8年級為0.3%、10年級為0.2%、12年級為0.3%。安非他命（Amphetamine）之盛行率在8年級為3.2%、10年級為3.1%、12年級為2.9%。搖頭丸（亞甲基雙氧

表1-1　跨國比較之青少年（15至16歲）物質濫用類型與終身盛行率

	歐洲						加拿大	美國	澳洲
	範圍		未加權前平均	以全歐人口加權校正後平均			7至13年級	10年級	15至16歲
	最小	最大		西歐	東歐	全歐			
所有藥物	3%	36%	18%	28.7%	18.7%	25.1%	—	46.2%	—
大麻	1%	35%	16%	27.2%	15.7%	23.0%	34.7%	40.9%	42.8%
安眠鎮定劑	2%	18%	7%	7.3%	8.9%	8.0%	3.5%	7.9%	21.5%
吸入劑	1%	22%	9%	9.4%	7.0%	8.5%	10.9%	17.0%	21.3%
所有藥物（不含大麻）	2%	13%	6%	8.0%	7.4%	7.7%	—	24.0%	—
安非他命類　安非他命	0%	8%	2%	3.5%	2.7%	3.3%	9.5%	15.7%	9.3%
MDMA	0%	6%	2%	3.0%	2.2%	2.8%	5.4%	6.0%	5.0%
海洛因	—	—	—	—	—	—	2.8%	2.3%	4.3%
吸入	1%	8%	3%	1.7%	3.8%	2.5%	—	1.6%	—
注射	0%	3%	1%	0.7%	0.9%	0.8%	—	1.3%	—
古柯鹼　鹽酸古柯鹼	0%	4%	1%	2.3%	1.2%	2.0%	5.1%	7.7%	4.0%
快克古柯鹼	0%	2%	1%	1.2%	0.5%	0.9%	3.3%	4.0%	—
LSD及其他迷幻劑	0%	5%	2%	2.7%	2.5%	2.6%	10.3%	8.5%	9.3%

甲基安非他命、MDMA）之盛行率在8年級為0.6%、10年級為0.7%、12年級為1.4%。吸入劑之盛行率在8年級為3.6%、10年級為2.4%、12年級為1.8%。美國青少年與臺灣不同，愷他命（Ketamine、K他命）盛行率較低，2012年開始，8年級、10年級的愷他命使用率調查已不再進行，而2022年12年級盛行率為1.2%。2011至2022年12年級學生使用愷他命的盛行率為0.7%至1.7%之間。

　　全球觀察下，依據「2022年世界毒品報告」（World Drug Report 2022）（UNODC, 2022）估計2020年，全球15至64歲中，約有2.84億人在過去一年中至少使用過一種毒品，較2010年的2.26億人增加約26%。大麻是全球最為盛行的毒品種類，全世界15至64歲的大麻使用過去一年盛行率為4.1%，而

圖1-1　歷年至少使用過一種毒品盛行率

資料來源：The Monitoring the Future study, the University of Michigan.

15至16歲青少年間之年盛行率為5.8%。全世界逾3,860萬位吸毒成癮者，其中1,120萬人透過注射方式使用毒品。注射毒品者之中有12.4%感染了愛滋病毒（HIV）。2014年15至64歲人口中全球約有49.4萬人死亡與使用毒品有關，吸毒過量致死占涉毒死亡人數的25%左右（128,000/494,000），並以吸食鴉片類為主。2022年世界毒品報告指出2020年大部分國家與毒品有關的死亡數量維持穩定，但部分國家如巴西、加拿大、烏克蘭、美國等則回報明顯的增加。

　　若以義大利2020年數據觀察，2020年間15至64歲，涉及藥物造成死亡的人數共305人，其中年齡低於30歲者共59人，其中男性44人、女性15人，高於40歲者169人，其中男性152人、女性17人（EMCDDA, 2022），與Preti

等人就義大利1984至2000年發生藥物中毒死亡的男女性集中在25至34歲區間的觀察略有不同（Preti et al., 2002），可能與觀察範圍差異有關。同樣地，毒品使用疾患為造成美洲地區死亡和失能的主要原因之一。2019年，毒品使用疾患是導致失能調整生命年的第九個原因，是影響失能損失人年數的前五大原因，也是影響過早死亡的前15大原因（PAHO, 2022）。另根據英國官方統計，在英格蘭與威爾斯地區，2021年20歲以下因藥物濫用（Drug Misuse）而死人數為41人，占全體死於藥物中毒人數比例1.42%，另外，英格蘭與威爾斯地區因藥物濫用而死的人數字2012年起呈現上升的趨勢，但20歲以下人數占比則大致維持穩定（1.19%至1.71%）（ONS, 2022）。

第二節　臺灣青少年藥物濫用現況

　　臺灣地區方面，教育部彙整2021年臺灣地區一至三級的學生毒品使用情形。一級毒品包括海洛因、嗎啡等毒品；二級毒品包含安非他命、搖頭丸、大麻等毒品；三級毒品包括愷他命、FM_2（氟硝西泮、Flunitrazepam）、一粒眠（硝甲西泮、Nimetazepam）等毒品。2022年臺灣藥物濫用學生人數總計493件，相較2019年減少127件，其中以通報施用第2級毒品施用人數為大宗，計228件，較2020減少59件；三級毒品次之，較2020年減少32件。另根據「不同學制學生藥物濫用歷年通報人數表」資料顯示，2021年通報人數最多為高中（職）248人（50.3%），國中159人（32.3%）次之、大專居第三位84人（17.0%），2021年各學制通報人數皆較2020年減少。

　　除官方統計外，近二十年來臺灣學者曾針對青少年樣本進行盛行率調查，如陳為堅（2005）的研究顯示，在學青少年藥物濫用盛行率約在0.74%至2.3%，上課時間在外遊蕩青少年藥物濫用盛行率則在8.85%至11.65%之間。2009年「國民健康訪問暨藥物濫用調查」指出，1.43%之12至64歲者自陳曾使用過非法藥物，其中12至17歲之未成年族群首次使用非法藥物平均年齡為12.5歲，使用地點以「學校」占最多（23.1%）（財團法人國家衛生研究院，2009）。楊士隆等人於2014至2017間，針對臺灣主要城市（新北市、臺中市、高雄市）學校進行調查，其研究發現臺灣主要城市有1.5%在校生曾使用任何一種毒品。曾使用海洛因者占0.22%、喵喵（Mephedrone、

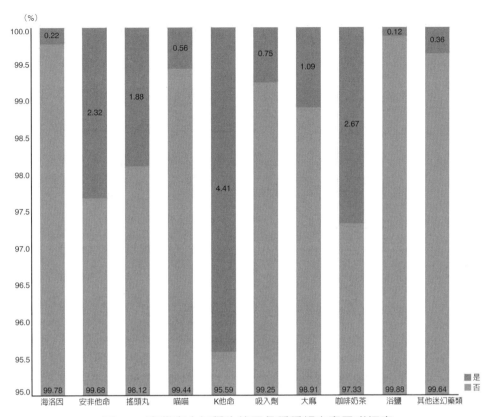

圖1-2　臺灣青少年學生使用各種種類之毒品盛行率

4-甲基甲基卡西酮）0.56%、浴鹽0.12%、大麻者1.09%、安非他命2.32%、搖頭丸1.88%、K他命4.41%、吸入劑0.75%、咖啡奶茶2.67%、其他迷幻藥〔如：魔菇（Mushroom）、LSD（麥角二乙胺、一粒沙）〕占0.36%（詳圖1-2）。在所有曾使用毒品種類之中，K他命占30.67%列為第一，咖啡奶茶混合包18.61%次之、安非他命16.16%第三、搖頭丸13.09%第四（詳圖1-3）（Yang et. al., 2019）。

　　教育部委託國立陽明大學進行學生非法藥物使用行為調查，以「班級」為最小抽樣單位，進行「多段分層群集抽樣」，於109學年度所公布之報告結果指出，107學年度（2018/8至2019/7）至109學年度（2020/8至

2021/7），在校學生填寫問卷自陳曾經使用任一種非法藥物者所占比率（終身盛行率）分別為0.52%、0.49%及0.48%（教育部，2022）。

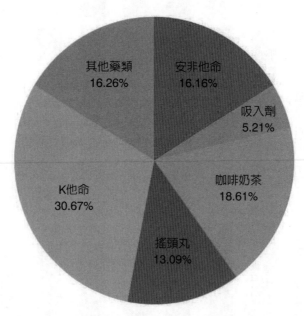

圖1-3　臺灣所有曾使用毒品青少年人口之各種類毒品所占百分比

資料來源：Yang et al. (2019).

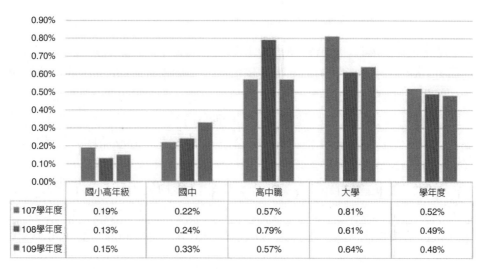

	國小高年級	國中	高中職	大學	學年度
107學年度	0.19%	0.22%	0.57%	0.81%	0.52%
108學年度	0.13%	0.24%	0.79%	0.61%	0.49%
109學年度	0.15%	0.33%	0.57%	0.64%	0.48%

圖1-4　107至109學年度學生非法藥物使用行為盛行率

資料來源：教育部（2022）。

第三節　大陸、港、澳青少年藥物濫用現況

一、大陸青少年藥物濫用之現況

2021年中國毒情形勢報告指出（中國禁毒網，2021），截至2021年底，全中國累計登記毒品使用人口為148.6萬名，其中濫用海洛因55.6萬名、安非他命（又稱冰毒）79.3萬名、K他命（又稱氯胺酮）3.7萬名、大麻1.8萬名。該份報告進一步指出，新生吸毒人口連五年下降，同時主流毒品的供給與流通數量皆下降，導致部分吸毒人口尋找替代物質，然而卻也衍生出精神疾患、心血管疾病，或是犯罪活動等風險。此外，2019年中國毒品形勢報告指出（中國禁毒網，2020），截至2019年底，共有234.5萬名人口使用毒品，約占全中國總人口數之0.16%。青少年部分，該報告指出於全國234.5萬吸毒人口中，不滿18歲占0.3%，約計7,151名，18到35歲占48.7%，約計104.5萬名。另外該報告指出，為規避公安機關查處，吸毒人口開始避免於公共場所吸食毒品，並且利用場域、科技發展加強隱蔽性，同時新興毒品類型增加，使辨識查處更為困難。

二、香港地區青少年藥物濫用之現況

在香港，鴉片類毒品（主要是海洛因）早年是最多人吸食的傳統毒品，但這類毒品的流行程度日漸下降。在2011至2020年間，被陳報吸食傳統毒品的人數，由5,952人降至2,842人，減幅為52%。同期被陳報吸食危害精神毒品的人數同樣呈現下降趨勢，由6,904人降至3,409人，減幅為51%。21歲以下的青少年吸毒者，在2011至2020年間，由2,025人降至525人，減幅達74%，同時21歲以下吸毒者占總體吸毒人數的比率，由2011年17%降至2017年7%，後升至2020年9%，整體而言吸毒人口年齡趨向老化（香港保安局禁毒處，2021）。

2020至2021年的調查發現（香港保安局禁毒處，2022），在所有涵蓋的學生中，曾吸食毒品的學生比例為2.5%，與2017至2018年的調查情況（2.5%）沒有明顯差異。各教育程度組別學生曾吸食毒品的比例分別為：高小學生1.5%、中學學生2.5%及專上學生3.3%。於2017至2018年記錄的相應數位分別為：高小學生0.9%、中學學生2.6%及專上學生3.9%。在整體學

生中，有0.6%在調查前三十天內曾吸食毒品，和2017至2018年相同，惟人數減少4.6%，其中各教育程度的學生的比例爲：高小學生0.4%、中學學生0.5%及專上學生0.9%。

　　在吸食毒品種類方面，在2011至2020年間，海洛因是吸毒者最常吸食的毒品，在2020年被陳報的吸毒者當中，有51%吸食海洛因。在2020年被陳報的所有吸毒者及青少年吸毒者當中，分別有9%及16%吸食K他命，其他常用的危害精神毒品有甲基安非他命（Methamphetamine、冰毒）、三唑侖（Triazolam）／咪達唑侖（Midazolam）／佐匹克隆（Zopiclone）、可卡因（Cocaine、古科鹼）、咳藥水、大麻及「搖頭丸」等。曾吸食海洛因的學生於2017至2018年之調查結果爲0.2%，下跌至2020至2021年的0.1%，兩者相差彷彿。2020至2021年的學生服用藥物情況調查發現（香港保安局禁毒處，2022），在所有毒品類型中，最常被學生吸食的三類毒品的數字爲：「大麻」1萬2,100人（69.9%）、「咳水／咳丸」2,800人（16.3%）、「可卡因」2,500人（14.2%）。2017至2018年「大麻」、「咳水／咳丸」和「可卡因」之盛行率分別爲1萬3,600人（76.5%）、3,500人（19.9%）和2,600人（14.7%）。另外使用「氯胺酮」（愷他命）人數由2017至2018年1,700人（9.7%）下降至2020至2021年1,500人（8.7%）。綜合而言，比起2017至2018年，2020至2021年吸食任何毒品種類的學生數大部分皆有降低的趨勢（詳表1-2）。

三、澳門地區青少年藥物濫用之現況

　　澳門在近十幾年之成人毒品問題主要仍以濫用海洛因爲主，但在1990年代開始，大麻類及精神科藥物濫用之情況逐漸突出，出現了鎮定劑類之丸仔（藍精靈、安定、十字架等）、興奮劑類之安非他命、搖頭丸，和最近流行屬麻醉劑類的K他命（K仔）等毒品。

　　澳門近年的青少年物質濫用問題於日趨受到重視，但近年青少年物質濫用行爲有部分改善跡象，與2014年相比，2018年在學青少年曾經嘗試吸菸及飲酒的人數比例皆下降（亞洲藥物濫用研究學會，2019）。而新款毒品亦不斷出現，吸毒販毒者年齡更有所下降。澳門在學青少年與藥物2018年調查報告指出，與2014年相比，2018年不同年即曾經濫用藥物比率皆有所提升，不過該報告強調僅有大學階段的比率變化有達到統計上的顯著意義，從

表1-2　香港主要被吸食的毒品種類表（按教育程度分組）

主要的毒品種類 Major types of drugs	總計 Total		高小 Upper Primary		中學 Secondary		專上 Post-secondary	
	2017/18 (%)	2020/21 (%)	2017/18 (%)	2020/21 (%)	2017/18 (%)	2020/21 (%)	2017/18 (%)	2020/21 (%)
大麻〔草〕 Cannabis（Grass／Marijuana／Weed）	76.5	69.9	14.7	16.8	78.1	71.2	87.0	90.6
咳水／咳丸 Codeine／Cough Medicine	19.9	16.3	40.0	29.9	25.3	19.0	10.0	7.2
可卡因 Cocaine	14.7	14.2	16.3	13.8	12.0	16.3	17.4	11.8
搖頭丸〔忘我／E仔〕 Ecstasy（MDMA／XTC）	14.3	11.7	17.6	12.1	11.5	12.1	16.7	11.0
氯胺酮〔K／茄／K仔〕 Ketamine（K／Ket／K Zai）	9.7	8.7	8.4	10.4	6.0	9.3	14.0	7.2
甲基安非他明〔冰毒〕 Methamphetamine（Ice）	9.8	6.2	11.1	7.6	7.5	4.7	12.1	7.4
白粉〔海洛英〕 Heroin	6.6	6.1	9.2	8.7	4.8	5.4	7.9	5.9
天拿水／強力膠／其他有機溶劑 Thinner／Glue／Other organic solvent	8.6	5.5	14.4	11.7	10.2	5.5	5.6	2.9
五仔〔哈哈笑〕 Give-me-five	4.9	5.0	13.5	14.4	2.9	3.4	5.5	3.1
藍精靈〔白瓜子〕 Halcion（Dormicum）	4.9	4.7	10.3	8.8	3.2	4.2	5.7	3.5
喵喵 Meow Meow	3.2	4.6	6.3	13.4	2.1	4.1	3.7	1.5
K₂	2.9	3.3	8.2	9.3	1.9	3.2	2.9	0.9

資料來源：香港保安局禁毒處（2022）。

表1-3　2018年澳門在學青少曾經吸食各類藥物情形

藥物類型	人數（有效樣本量）	比例（%）
大麻	145（9,822）	1.48
丸仔	144（9,826）	1.47
開心水	133（9,823）	1.35
冰毒	129（9,824）	1.31
卡可因/古柯鹼	116（9,824）	1.18
K粉／K仔	116（9,828）	1.18
搖頭丸	116（9,821）	1.18
海洛因	100（9,823）	1.02

資料來源：亞洲藥物濫用研究學會（2019）。

2014年2.40%上升到2018年4.98%。2018年澳門最常被在學青少年吸食的四類毒品及吸食人數與比例爲：「大麻」145人次（1.48%）、「丸仔」144人次（1.47%）、「開心水」133人次（1.35%）、「冰毒」（安非他命）129人次（1.31%）（詳表1-3）。總體而言，儘管2018年在學青少年曾濫用物質的比率較2014年2.48%增加0.44%，但因爲達統計上顯著，可能表示曾經濫用藥物的總體比率並沒有實際的變化。然而與此同時，除了大麻以外，各類型藥物濫用比例皆有顯著上升，其中以新興毒品「開心水」爲最多，2018年1.35%較2014年0.48%增加0.87%，其次爲「丸仔」，2018年1.47%較2014年0.72%增加0.75%。

第四節　港、澳、臺地區青少年毒品使用比較

　　港、澳地區的青少年吸毒問題與美國類似，以大麻爲主，臺灣地區則以K他命爲大宗。另外，臺灣在學青少年的藥物盛行率普遍較低，但從臺灣收容少年可發現臺灣有安非他命的使用問題，澳門、香港則較不嚴重。臺灣較爲不同的地方是將大麻列爲二級毒品，且並不流行於青少年之間，但其他地區皆呈現較高的大麻盛行狀況，尤其從美國監測未來調查可知大麻爲青少年的大宗流行濫用藥物種類（Miech et al., 2023）。整體來說，美國的青少年

8、10、12年級藥物濫用情形較為嚴重，明顯高於其他地區的藥物濫用狀況（詳表1-4）。

表1-4　近年澳門及其他地區之青少年吸毒情況

	澳門 （2018）	香港 （2017-2018）	臺灣 （2014-2017）	美國 （2018）
K仔（氯胺酮）	1.18%	2.5% （所有學生中曾吸食任何一種毒品的比例）	在學青少年：1.23% 收容少年：3.36%	0.0%-0.7%
安非他命（冰毒）	1.34%		在學青少年：0.56% 收容少年：2.13%	3.7%-5.7%
搖頭丸	1.18%		在學青少年：0.42% 收容少年：1.64%	1.1%-2.2%
大麻	1.48%		在學青少年：0.22% 收容少年：0.87%	10.5%-35.9%

資料來源：亞洲藥物濫用研究學會（2019）、香港保安局禁毒處（2019）、Yang et al.（2019）、Miech et al.（2023）。

參考文獻

一、中文部分

中國禁毒網（2020）。2019年中國毒品形勢報告。

中國禁毒網（2022）。2021年中國毒情形勢報告。

行政院衛生福利部食品藥物管理署（2021）。110年度「藥物濫用案件暨檢驗統計資料」年報。

亞洲藥物濫用研究學會（2019）。澳門在學青少年與藥物2018年調查報告。

法務部（1982）。青少年濫用藥物問題之研究。法務部犯罪問題研究中心。

香港保安局禁毒處（2019）。二零一七／一八年學生服用藥物情況調查。

香港保安局禁毒處（2021）。藥物濫用資料中央檔案室第七十號報告書。

香港保安局禁毒處（2022）。二零二零／二一年學生服用藥物情況調查。

陳為堅（2005）。全國青少年非法藥物使用調查（Ⅱ）。行政院衛生署管制藥品管理局94年度委託研究報告。

陳為堅、蕭朱杏、陳端容、丁志音、李景美、林喬祥、楊明仁、賴德仁、嚴正芳、

陳娟瑜（2006）。全國青少年非法藥物使用調查（III）。臺灣行政院衛生署管
制藥品管理局委託研究計畫期末報告書。

楊士隆、李宗憲（2012）。青少年藥物濫用問題與防治對策。載於楊士隆、李思賢
等合著，藥物濫用、毒品與防治。五南圖書。

二、外文部分

European Monitoring Centre for Drugs and Drug Addiction (2022), Frequently Asked Questions (FAQ): Drug Overdose Deaths in Europe. https://www.emcdda.europa.eu/publications/topic-overviews/content/faq-drug-overdose-deaths-in-europe

Miech, R. A., Johnston, L. D., Patrick, M. E., O'Malley, P. M., Bachman, J. G., & Schulenberg, J. E. (2023). Monitoring the Future National Survey Results on Drug Use, 1975-2022: Secondary School Students. Institute for Social Research, The University of Michigan.

Muisner, Philips P. (1994). Understanding and Treating Adolescent Substance Abuse. Sage Publications.

National Institute on Drug Abuse (NIDA) (2022). Mortality, Medical Consequences of Drug Abuse. http:// www.drugabuse.gov/consequences/mortality

ONS (2022). Deaths Related to Drug Poisoning, England and Wales. https://www.ons.gov.uk/peoplepopulationandcommunity/birthsdeathsandmarriages/deaths/datasets/deathsrelatedtodrugpoisoningenglandandwalesreferencetable

Oyefeso, A., Ghodose H., Clancy, C., Corkery, J., & Goldfinch, R. (1999). Drug Abuse-related Mortality: A Study of Teenage Addicts Over a 20-year Period. Social Psychiatric Epidemiology, 34(8): 437-441.

Preti, A., miotto, P., & De Coppi, M. (2002). Deaths by Unintentional Illicit Drug Overdose in Italy, 1984-2000. Drug and Alcohol Dependence, 66(3): 275-282.

UNODC (2002). A Participatory Handbook for Youth Drug Prevention Programs—A Guide for Development and Improvement. http://www.unodc.org/pdf/youthnet/action/planning/handbook_E.pdf

UNODC (2022). World Drug Report 2022 (United Nations publication, Sales No. 22, XI. 8). https://www.unodc.org/unodc/en/data-and-analysis/world-drug-report-2022.html

Yang, S.-L., Tzeng, S., Tai, S.-F., & Ku, Y.-C. (2020). Illegal Drug Use Among Adolescents in Schools and Facilities: 3-Year Surveys in Taiwan. Asian J Criminal, 15: 45-63.

朱日僑

第一節　前　言

　　青少年時期是人生身心重大轉變階段的開始，由於面對環境影響與身心變化，帶來的壓力促使徬徨或苦悶，甚至產生偏差行為，因此，青少年施用（吸食）毒品的行為，可視為是身心健康與社會適應不良問題的展現。所謂毒品，依據「毒品危害防制條例」第2條的定義，係指具有成癮性、濫用性、對社會危害性之麻醉藥品與其製品及影響精神物質與其製品。然而，所稱青少年，依據內政部警政署統計定義，少年係指12至17歲，青年係指18至23歲，成人係指24歲以上。因此，本文所述青少年泛指12至未滿24歲階段而言。從青少年藥物濫用者用藥史的階段理論（Stage Theory），所謂閘門理論（Gateway Theory）指出，菸、酒、檳榔等是最常見的入門濫用物質，非常可能成為青少年濫用非法藥物（毒品）的前驅性習慣行為，接著可能因同伴誘導、環境施用情境、同儕壓力等因素，進階吸食強力膠（Glue）、大麻〔Marijuana，主要成分為四氫大麻酚（Tetrahydrocannabinol, THC）對中樞神經有迷幻作用之影響精神物質，屬草葉類混合物等類大麻活性物質，或製成新興合成類大麻活性物質（如K_2、Spice、Bliss、Black Mamba、Bombay Blue、Fake Weed、Genie、Zoha），化學結構類似四氫大麻酚化合物等，成癮性雖較低但經混用或長期吸食，仍會造成的生理、心理成癮，且戒斷症狀更艱熬，健康危害大的軟性毒品，我國屬於第二級毒品列管〕、與愷他命（Ketamine，或稱卡門、K他命、K仔、Special K、Cat Valium，屬第三級毒品）、安非他命類〔Amphetamine-like，或稱安公子、安仔、冰糖、冰塊、炮仔、鹽、冰毒，屬中樞神經興奮劑，含量超過10 ppm（Parts Per Million，百萬分之一）者，則列管為第二級毒品〕、搖頭丸（MDMA、亞甲基雙氧甲基安非他命、狂喜、忘我、綠蝴蝶、Ecstasy，

屬中樞神經興奮劑，第二級毒品）、液態搖頭丸（GHB、Liquid Ecstasy、Georgia Home Boy、G水，屬中樞神經興奮劑，第二級毒品）、喵喵〔新興影響精神物質（New Psychoactive Substances, NPS）、Meow Meow、4-甲基甲基卡西酮（Mephedrone）、4-methylmethcathinone（4-MMC）、MCAT、M-Cat，屬中樞神經興奮劑，第三級毒品，且經常摻雜前述毒品，如微量K他命（Ketamine）、安非他命（Amphetamine）、搖頭丸（MDMA）、FM$_2$（約會強暴丸）等其他毒品，並以咖啡包、奶茶包、糖果包等方式偽裝而誤用〕、卡痛（Kratom，是一種植物性成癮物質，屬中樞神經興奮劑，第三級毒品）、恰特草〔Catha Edulis，有「東非罌粟」之稱，Catha edulis Forsk、Khat，屬中樞神經興奮劑，第二級毒品。其成分主要含有第二級毒品卡西酮（Cathinone）與第四級毒品去甲麻黃鹼（Cathine），過量使用後，容易誘發躁狂行為和多動症，與安非他命所產生的效果類似〕等，甚至海洛因〔Heroin、二乙醯嗎啡（Diacetylmorphine）、四號、白粉、Smack、Black tar、Junk、Skag、Horse、Brain等，屬鴉片類中樞神經抑制劑，屬第一級毒品，成癮性極高的硬性毒品〕。如在青少年以前有吸膠（揮發劑）濫用（Solvent Abuse）經驗者，接續後數年則青少年可能濫用愷他命、陸續接觸成癮性更高的安非他命類毒品，始能滿足其渴癮之需求；至於更進階吸食海洛因毒品濫用者，則絕大部分都是歷經吸食前述毒品，或新興合成毒品反覆吸食、累積成癮進階至成年以後接觸居多。另外，青少年新興濫用物質，如笑氣（吹汽球）〔一氧化二氮（N$_2$O）、氧化亞氮（Nitrous Oxide），現已列入「第一個關注化學物質」，其製造、輸入並應添加具惡臭異味之二氧化硫須達100 ppm以上，屬中樞神經抑制劑〕。近年，更發現毒梟甚至將非法高純度、高成癮、廉價、合成類鴉片麻醉藥品的第二級毒品吩坦尼（Fentanyl，俗稱「中國白」，臨床上是一種類鴉片類強效麻醉性止痛劑，藥品劑型有注射液、穿皮貼片劑及口頰溶片，藥止痛效力比嗎啡高50至100倍，屬中樞神經抑制劑，第二級毒品）摻入海洛因，造成更嚴重的成癮或致死危害，「中國白」恐3毫克就可以致命。隨著全球化國際交流與社會生活型態改變，造成毒品市場供給種類推陳出新，新興毒品與非法藥物濫用威脅日益嚴重，吸食毒品者更有複數施用化、低齡（首次吸食毒品平均年齡約12.5歲）年輕化、群聚化，乃至漸近高度成癮之趨勢，毒品防制工作益形廣泛而複雜，以「先提供使用，後結帳付費」的方式引誘青少年吸毒，導致心

癮難除，青少年施用毒品比例逐年攀升，於無法負擔毒品費用時，被迫成為藥頭，參與販賣毒品、轉運毒品、甚至成癮，被迫下海賣淫換取毒品施用，在毒品涉案犯罪遭到取締後，青少年一旦入監，斷送終生，勢將終生落入各類型交叉犯罪風險的複數循環，更生後也難以融入社會復歸。毒品、幫派與黑槍，可稱為臺灣治安三大毒瘤，而隨著新興影響精神（合成）物質／毒品的大量入侵青少年族群，毒品犯罪日益嚴重，因而經常伴隨發生行為失控、危害個人、家庭、校園安全、社會治安、國家經濟秩序等，已成為社會治安一大隱憂。

第二節　「Drug」的意涵

「毒品」（Drug）、「藥品」（Drug），二者英文本義為同一字源，甚至毒藥（Drug）。原本非使用於醫藥、科學的毒品，隨著醫藥科技與法令的演變，亦可能改變成為藥品研究的領域範疇。吸食、使用毒品意指「施用」毒品，臺灣「毒品危害防制條例」（Drug Prevention and Control Act）法律名詞以「施用」一詞概括。刑法（Criminal Law）第262條，則同時列舉「吸食……、施打……及……使用」等用語。茲將國內外常見「Drug」的定義分述如下：

一、毒品危害防制條例的界定

依據「毒品危害防制條例」之規範，「毒品」係指具有成癮性、濫用性及社會危害性之麻醉藥品、影響精神物質及其製品，分為四級管理。我國對於毒品之管制係以「毒品危害防制條例」來規範，由法制演變觀之，其前身為「肅清煙毒條例」（Narcotics Elimination Act），其中亦隱含「麻醉藥品管理條例」（Narcotic Drugs Act）特別刑法之部分條文移轉而來。

二、管制藥品管理條例的界定

依據醫療上「管制藥品管理條例」（Controlled Drugs Act）之規範，「管制藥品」係指具有習慣性、依賴性、濫用性及社會危害性之藥品，分為四級管理，對於所有麻醉藥品、影響精神物質及其製品等。舉凡非因醫藥及

科學用途而濫用、施用、使用的行為，皆視為流入於非法施用之毒品。對於醫藥及科學上需用之麻醉藥品與其製品及影響精神物質與其製品之管理，則另以行政罰設計為主之「管制藥品管理條例」來管理，並建構出醫療合法「施用」、「持有」毒品之「阻卻違法」事由的行政法制。同時，在另一方面，「管制藥品管理條例」亦為「藥事法」（Pharmaceutical Affairs Act）的特別法，其「製造」及「輸入」有別於「藥事法」中未經核准擅自輸入之「禁藥」及未經核准擅自製造之「偽藥」。

三、藥事法的界定

依據「藥事法」第6條第3款的定義，「其他足以影響人類身體結構及生理機能之藥品」，係屬「類似物質、類緣物」（Analogue）之範疇。因而，新興濫用物質除部分可經由人體內代謝外，在實驗室中亦極易合成，且時有非預期性的新型態或類似某種毒品結構物質，如狡詐家藥物（Designer Drugs）之出現，因此為有效打擊偽藥、禁藥，對於已初步規範足以影響人類身體結構及生理機能之藥品類緣物，惟其涉及化學結構意涵與及所造成的影響，仍有待後續進一步專業探討。因此，國際上例如美國「管制物質法」（Controlled Substance Analogue Enforcement Act），基於公共安全急迫性理由，以刑法明確性原則，行政從屬性的觀念，界定毒品管制範圍，依據危險性、必要性、暫時性或緊急性的列管精神，由司法部門發布分級列管命令或措施。如果，該期間對於增加或變更該物質的分級程序尚未作成決定，則一年後自動列管失效（可延長暫時分級措施六個月），以期建立彈性的管制機制。

四、韋氏詞典的界定

依據韋氏詞典（Merriam-Webster's Dictionary）對於「Drug」的解釋如下：（一）可作為藥品的物質；（二）人們為了得到欣快感，使用不合法且有害的物質。

五、世界衛生組織的界定

依據世界衛生組織（World Health Organization, WHO, 1988）定義的毒品（Drug）：是指任何一種會造成腦部功能的變異而導致情緒或行為異常的化學物質稱之。（Any chemical substance which alters the mood or behaviour as a result of alterations in the function of the brain.）

六、聯合國毒品和犯罪問題辦公室的界定

新興毒品（Designer Drugs）這個名詞於2005年首次出現在歐盟（European Union），依據2013年「聯合國毒品和犯罪問題辦公室」（United Nations Office on Drugs and Crime, UNODC）定義的新興毒品：「一種或是數種混合型的物質，它們非屬聯合國1961及1971年麻醉藥品（Narcotic Drug）和精神作用物質（Psychotropic Substances）管制公約中的物質，並且會造成公共衛生的威脅。」可溯源於1980至1990年代的合成毒品（Designer Drugs），其特性是將原毒品的化學結構式做微幅改變，藉以規避管制，但其藥理作用和原毒品類似。而1990至2000年代則出現了合法興奮劑（Legal Highs），這類毒品強調是經由新合成、僅限於科學研究（Scientific Research）的化學物質或由植物萃取（Herbal Highs）而來，由於和管制毒品的結構式不同，故強調其「合法性」，且經常由網路重新標示及包裝後販售，極易吸引年輕族群初次使用。自2000年起，進入了以新興毒品為主流的年代（UNODC, 2020；國立中正大學犯罪研究中心，2020）。

依照白話文的意思就是說，依據UNODC係將「新興影響精神物質」（NPS）這個名詞，是被歸類在「濫用物質」，係指此「濫用的物質，沒有被1961年『麻醉藥品單一公約』及1971年『精神藥物公約』所列管，但是其濫用會在某個時間造成公共衛生威脅者」。易言之，有部分的NPS品項，並未被列管在前述毒品公約的品項清單範圍內，變成具有可能規避法律制裁的空間，因而，常被稱為「狡詐家藥物」或「設計師藥物」（Designer Drug）。其製造主要是以模仿已知非法藥物的結構，加以微幅修改進行化學合成，因此種類繁多且發展相當迅速，服用後能產生類似服用非法藥物的效果。

UNODC報告指出，全球NPS截至2019年止接獲通報共979種NPS，比起2009年的166種大幅增加。在近千種NPS中，僅有273種列入上述1971年「精神藥物公約」與1988年「禁止非法販運麻醉藥品和精神藥物公約」等國際藥物管制公約，各種成癮物質在非法藥物市場流通的速度比以往更嚴重（UNODC, 2014；陳為堅、吳上奇，2020）。而常見的NPS，例如第三級毒品卡西酮類〔Cathinone，是一種生物鹼，可以在一種名稱恰特草（Khat）

的植物（學名Catha edulis）的莖、葉、花蕊中發現〕、愷他命（K）、類大麻影響精神物質（K_2）、浴鹽（Bath Salts、MDPV）等毒品。

　　依據UNODC的分類，新興毒品主要分為九大類（楊士隆等，2018；林淑娟、黃柏華，2019）：（一）合成大麻類（Synthetic Cannabinoids）：HU210、JWH-018、JWH-073、AM-4030、CP-47；（二）合成卡西酮類（Synthetic Cathinones）：如浴鹽（Bath Salts）、MDPV、Mephedrone、Methylone；（三）K他命與苯環利定類（PCP）；（四）苯乙胺類（Phenethylamines）：具影響精神活性與興奮效果的物質，包括（甲基）安非他命類、MDMA、PMMA、「2C系列」苯乙胺苯環取代物（2C-T-7）等；（五）哌嗪類（Piperazines）：如BZP（1-benzylpiperazine），其他衍生物如MBZP、pFPP、mCPP、TFMPP、MT-45等；（六）色胺類（Tryptamines）：為吲哚烷基胺（Ndole Alkylamine）分子，如LSD、5-MeO-DMT（5-methoxy-N、Ndimethyltryptamine）、AMT（Alphamethyltryptamine）、DET、FoxyMethoxy（5-MethoxyN、N-dipropyltryptamine、5MeO-DIPT火狐狸）等；（七）氨基茚滿類（Aminoindanes）：為主結構衍生的各類新興毒品、MDAI、5-IAI、ETAI，結構類似安非他命，主要屬於中樞神經興奮劑；（八）植物類物質（Plant-based Substances）：恰特草（Khat）、卡痛葉（Kratom）、墨西哥鼠尾草（Salvia Divinorum）為植物中具有影響精神Salvinorin A成分之類迷幻效用等；（九）其他類：無法適合前述分類者，如1,3-dimethylamylamine（DMAA）等。

第三節　藥物濫用的意涵

　　「毒」、「藥」一體的兩面本屬同源。所謂藥物濫用（Drug Abuse），係指舉凡非以醫療為目的，在不經醫師處方或指示情況下，過量或經常使用某種藥物（不含菸、酒、非麻醉性止痛劑），其濫用程度足以損害身心健康，造成大腦組織結構變性、功能長久異常，使個性邊緣化、行為暴力化，影響青少年的意志，產生個性衝動、易怒、具攻擊性、偏差或脫序等行為，形成嚴重的社會環境適應不良的問題。國外常有用以「物質濫用」

（Substance Abuse）、「物質依賴」（Substance Dependence）一詞爲稱呼。由於濫用的物質並非全屬藥物（例如菸、酒、檳榔或如強力膠有機溶劑等），因而所謂濫用之「物質」（Substance）的定義爲：「舉凡能夠作用於腦部，改變腦部運作的物質。」。本書所稱「物質濫用」、「物質依賴」、「藥物濫用」、「非法藥物濫用」或「毒品濫用」等詞彙爲類似意義，不再細分。而毒品或藥物之所以「濫用」並非其物質本身，乃係使用者認知偏差、行爲的不當操控所致。茲將國際間對於藥物濫用（Drug Abuse）或物質依賴（Substance Dependence）的定義分述說明如下：

一、犯罪學界的定義

依據蔡德輝與楊士隆等學者對「藥物濫用」之定義：「非以醫療爲目的，在未經醫師處方或指示下，不適當或過度的強迫使用藥物，導致個人身心、健康受損及影響社會與職業適應，甚至危及社會秩序之行爲」（蔡德輝、楊士隆，2014）。

二、醫學界的定義

醫學上將物質濫用細分爲物質依賴及物質濫用兩種類型。其中物質依賴的定義就是「強迫性的用藥行爲」，或是說「個人不顧物質相關的症狀（噁心，焦躁，產生幻覺等），依然使用物質的相關症候群，包括其行爲、認知、生理上的表現」。

三、聯合國毒品和犯罪問題辦公室的定義

UNODC（2015）對於藥物依賴（Drug Dependence）意涵闡述如下：
（一）藥物依賴是一種複雜、多重因素的功能障礙，涉及個人、文化、生物、社會與環境因素。
（二）藥物依賴正如同其他神經或精神疾病是屬於一種大腦功能的紊亂情形。
（三）藥物依賴對於藥癮治療的恥辱與歧視是治療與護理的主要障礙之一。
（四）藥物依賴治療需要採取一種綜合、多學科方法，同時包括藥理學與社會心理學的介入措施。

（五）藥物依賴可選用較低成本的醫藥與標準化的心理療法，得到有效治療。

四、世界衛生組織的定義

　　WHO的物質濫用定義，指因間斷或持續使用某種藥物所產生的心理、生理依賴與併發症狀（WHO, 2004）。其對於臨床上定義如下：

（一）凡長期或過量使用某些物質，個體無法減量與停止。

（二）以對個體的社會與職業功能產生傷害，以上症狀持續一個月以上者。

（三）若經減量或停止則發生戒斷症狀（Withdrawal Symptoms）。

　　依據國際疾病分類診斷第十版（International Classification of Diseases, ICD-10）對於藥物濫用的分類係歸屬為成癮症候群（Dependence Syndrome）（UNODC, 2010）；「物質濫用」診斷標準（DSM-IV），係指某種使用成癮性物質的不良適應模式，導致臨床上明確的障礙與困擾在一年內期間中出現如下之「三項」以上現象：

（一）耐藥性（Tolerance）：需要顯著增加成癮物質的用量，以達到期望的效果（易發生中毒。隨著藥物的使用時間越長，持續相同的用量及使用方式，但藥效滿足效用明顯下降，因此成癮者會自動持續增加藥物濫用的次數及用量。

（二）戒斷症狀：出現該成癮物質特徵性的戒斷症狀，且持續使用該成癮物質，以避免戒斷症狀。

（三）吸食的藥量及時間越來越增加。

（四）持續的想使用該藥物或無法自我控制、減少使用該藥。

（五）花費許多時間在取得該藥物、吸食藥物或由產生的反應中恢復。

（六）使用藥物後，減少或取消許多重要社交、工作或休閒活動。

（七）明知持續的使用藥物會造成嚴重的、長期或復發性的心理或生理傷害（如心理及精神上的壓抑、認知功能的損傷、個人健康，影響其社會與職業適應等），但仍繼續使用。

五、美國精神醫學會的定義

　　依據1952年美國精神醫學會（American Psychiatric Association, APA）所發展的「精神疾病診斷與統計手冊」（Diagnostic and Statistical Manual of

Mental Disorders, DSM）的診斷標準描述：第一版（DSM-I）稱爲「藥癮」
（Drug Addiction）（APA, 1952）。第二版（DSM-II）稱爲「藥物依賴」
（Drug Dependence）（APA, 1968）。第三版（DSM-III）稱爲「物質使用
違常」（Substance Use Disorders）（APA, 1980）。第四版（DSM-IV）稱
爲「物質相關違常」（Substance-related Disorders）（APA, 1994）。其診斷
可分爲「物質依賴」（Substance Dependence）與「物質濫用」（Substance
Abuse）二大類，而物質濫用的三項診斷標準，包括不健全的使用型態、因
不健全的使用型態引起社會或職業功能的障礙、障礙持續期至少達一個月。
第五版（DSM-V）稱爲「物質濫用」（Substance Abuse）（APA, 2010）。
可見以物質濫用的診斷病名標準，已完全取代藥物濫用後各種失序的複雜的
行爲現象。DSM乃係將觀察到的現象、症狀或心理疾病加以分類，以客觀
的「症狀」，將具有相同症狀的病人歸入同一類別疾病而命名，以爲國際溝
通的通用法則。DSM-IV使用多軸系統（Multi-Axial System）進行診斷；每
一位患者的診斷，須涵蓋社會功能14大類的心理、精神疾病；影響正常社會
功能反社會、自戀等人格違常；非心理疾病狀況；社會環境上心理創傷事件
等心理疾病；整體社會生活的功能等五個軸向，包括心理症狀、醫療條件、
環境壓力源等（孔繁鍾、孔繁錦，1996）。

六、美國國家藥物濫用研究所的定義

依據美國「國家藥物濫用研究所」（The National Institute on Drug
Addiction, NIDA）指出，藥物濫用成癮現象已視爲一種慢性（Chronic）、
復發性（Relapsing）極高的一種腦部疾病（Brain Disease），過量或經常使
用，已造成個人腦部結構的改變與惡性的傷害（NIDA, 2014）。

七、美國藥物濫用相關諮詢委員會的定義

依據美國「總統麻醉藥物及藥物濫用諮詢委員會」（The President's
Advisory Commission on Narcotic and Drug Abuse, 1963）的藥物濫用定義，
指非依專業人員處方而逕自服藥，以違法方法取得藥物，用藥程度到達傷
害個人健康或社區安全的程度。而美國「全國大麻與藥物濫用委員會」
（National Committee on Marijuana and Drug Abuse）的藥物濫用定義，指基
於醫療上的需要，或未依據醫師處方而使用藥物；或雖基於醫療上的需要，
卻過量使用（處方誤用）（Abel, 2001）。

第四節　青少年藥物濫用的多元意涵

　　公共衛生三段五級的預防原理，主張無論是否為青少年，面對藥物濫用者均宜「早期診斷，適切治療」，從預防、治療、復健三階段醫學的角度思考。然而，青少年藥物濫用何以會不間斷復發、再犯循環吸食毒品所造成的青少年身體、心理、社會性行為失調或違常（Disorder）現象，在心理病理學（Psychopathology）領域，多以物質相關疾患或物質違常稱呼。鴉片類依賴（Opioid Dependence）已是一個多元成因與共識的醫學疾病名詞，而醫學界對於成癮（Addiction）之謎逐漸認識，包括對腦部造成變化及損傷、一種類似慢性復發的疾病，且由起初的自發性行為，成癮後轉變成強迫性行為及渴求的心理成癮行為。

一、青少年藥物濫用是迷失與社會次文化產物

　　隨著當代青少年逃避痛苦、享樂主義、次文化的流行趨勢，販毒組織利用青少年易受環境氛圍利誘、蠱惑、煽動與追求刺激的特性，青少年在面對社會期待文化規範發生困惑時，部分有心人士往往蓄意扭曲正面道德觀念，使青少年產生對立、混淆、錯亂、矛盾的價值規範，並以提供毒品的媒介情境，在個人移情作用、舒壓與減憂的誘因下，一旦青少年不幸染上毒癮，則將陷入身心健康失衡的狀況，生活適應困難，喪失自我約束力，而個人自我價值觀念無法受到肯定時，偏差行為劇增，導致社會疏離感的產生，成為失控的無規範行為者與迫害社會的暴力破壞者。

二、青少年藥物濫用是社會適應的失調

　　青少年藥物濫用是一種生理功能違常、病理的現象。是一種不健康的醫學狀態，或是一種意志不堅的行為及社會適應失調問題。依據物質濫用診斷標準（DSM-IV）乃是一種適應不良的物質使用模式，並非單純的個人自由、或是身心問題。也是家庭與社會的健康問題。是司法、經濟、公共衛生課題。青少年藥物濫用的多重成因與個人、學校、家庭及社會因素息息相關，原因可能涉及毒品取得的法制與監控、輔導教化、青少年個人自控能力、意志力、成癮嚴重程度的病態身心、慢性精神疾病作用機轉、校園同儕濫用情境、家庭的關係連結、環境保護因子的建構等，青少年藥物濫用已是

整體多元層面的社會適應現象。

三、青少年藥物濫用是腦部功能損傷的疾病表徵

　　藥物濫用會改變個人的腦部與生理功能，當青少年藥癮者停止用藥，將會導致戒斷症候（Withdrawal）的產生。藥癮者同時有心理健康方面的問題，如壓抑、焦慮及人格違常，即是共病現象（Comobidity）或雙重診斷（Dual Diagnosis），造成治療變得更為複雜。青少年習慣性施用毒品導致復發成癮者，大多由於幼年時，未能學習有效處理日常生活情緒、挫折，因而運用不合理價值觀念與非理性思考方式處理生活挫折或負面情緒，更因處理問題失當無法面對現實，一旦初嘗成癮物後，發現成癮物質的使用有助於逃避生活上的不滿，在多幾次的經驗促使成癮行為的形成，而後循環不已形成習慣，更加鞏固成癮行為。每當成癮者無法面對現實，潛藏於腦中的心理癮，便不斷的呼喚成癮者，削弱成癮者對抗心理癮的能力，使成癮者再以吸食毒品逃避生活上的不滿。結果形成了對毒品的渴求（Craving）、強迫行為、失控以及難以戒除等問題，且不計負面後果。由於反覆不斷地復發施用毒品行為，以致提高需求才能產生初次施用毒品時之同等效果（耐藥性），失去自控能力，轉而遭利誘進階參與製造、運輸、販賣毒品，衍生成為社會治安及公共衛生等相關問題的隱憂；而近年由於對成癮實證醫學的知識逐步了解，因而發展中的毒品政策，也隨之不斷改變與調整。依據WHO（2004）出版的神經科學研究專題報告書（Neuroscience of Psychoactive Substance Use and Dependence），已將藥物濫用者定位在大腦功能違常的病人。依據盧瑞珠（2007）轉引美國「神經科學」期刊的研究報導顯示，兒童的前額葉皮質區，包括邊緣系統在人類暴力行為中扮演重要角色，如果在7歲以前受傷，會產生包括無法控制焦慮、憤怒和攻擊等不正常行為。1848年發生在鐵路工人的爆炸，意外造成頭蓋骨被鐵片刺穿後，使其由恭敬溫順的個性改變為衝動而具有攻擊性，從此美國醫學界將暴力傾向與大腦前半部受傷畫上等號。英國「自然醫學」雜誌（The Journal Biological Psychiatry）的研究報告指出，戒除海洛因毒品的人會有一段期間內飽受毒癮之苦，不只是意志力薄弱的問題，毒品會造成大腦永久性的化學變化是痛苦之源（Satell & Lilienfeld, 2013）。依據美國布朗大學（Brown University）的醫療科學教授Julie Kauer及其研究團隊指出，單一劑量的嗎啡就足以影響大腦

並造成藥癮，支持「毒癮為疾病」的理論研究，毒品會改建大腦學習記憶
有關的組織結構（Fowler et al., 2007）。因此，對於濫用藥物者所造成的生
物學影響，包括大腦結構改變、化學變化與記憶系統的破壞等，形成與暴
力犯罪或偏差行為的關聯。因此，具有毒品暴力犯罪結構傾向的病犯，似
應有保安處分的強制治療令與持續保護介入措施，且配合較為嚴密的情境
觀護監督，或家庭、電子監控處遇機制，始為預防之道。依據相關研究指
出多巴胺（Dopamine）神經傳導系統的損害常與許多病理病徵有關，同時
大腦多巴胺系統運作之正常與否亦與藥物使用的增強效果相關，如古柯鹼
（Cocaine）會導致神經細胞異常地釋放出大量的神經傳導物質，或是抑制
這些大腦化學物質的形成（Volkow et al., 2003）。因而改變腦部系統，阻礙
破壞溝通的訊息（圖2-1）。

　　此外，大腦前額葉（Prefrontal Region）的功能為大腦脈絡的一部
分（圖2-2），包含酬賞（Reward）脈絡（位於依伏神經核，Nucleus
Accumbens）、刺激／驅動（Motivation/Drive）脈絡（位於視覺額葉皮層，
Orbitofrontal Cortex）、記憶（Memory）脈絡〔位於杏仁核體（Amygdala）
與海馬迴（Hippocampus）〕及認知控制（Control）脈絡〔位於前額葉皮
層（Prefrontal Cortex）與扣帶葉（Cingulate Gyrus）〕。一旦長期使用藥
物將會使大腦前額葉之認知控制脈絡產生傷害，使其抑制控制功能喪失作
用（Volkow et al. 2003）。成癮者的腦部與非成癮者的腦部不同，是一種生
理、心理及社會的疾病，不只是腦部的疾病且和環境有所關聯，更是一種慢
性復發的疾病，須持續戒治追蹤治療與觀察恢復的情形。

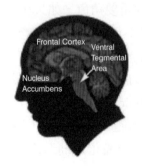 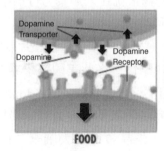 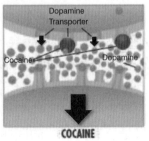

圖2-1　大腦回饋路徑藥物濫用會增加多巴胺

資料來源：NIDA，轉引自國立中正大學犯罪研究中心（2011）。

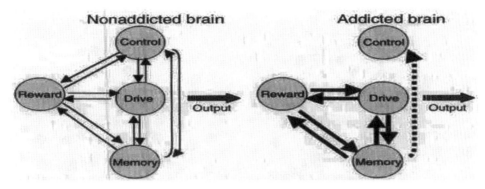

圖2-2　大腦脈絡對藥癮的反應模式

資料來源：Volkow et al. (2003).

四、青少年藥物濫用的復發須預防誘發

　　藥物濫用是一種學習、也是一種不良的適應行為（Addiction as a Maladaptive Behavior）。大腦邊緣系統：包含腦的酬賞迴路，連結腦中有關控制與調節快樂感覺的腦區，為了追求快樂感覺讓我們有重複行為的動機，例如施用毒品會激發酬賞迴路，並影響我們的正、負面情緒知覺，解釋藥物改變我們的心情。因此，濫用藥物會造成血清素（Serotonin）或腦內分泌神經傳導物質多巴胺不平衡，特別是在濫用安非他命類毒品時，會促使神經細胞釋放大量神經傳導物質，干擾電生理訊號放大，感到興奮，或是抑制妨礙物質回收機制，抑制憂鬱，造成溝通管道的混亂，導致細胞被過度活化，會刺激腦部多巴胺過度分泌，傷害神經系統而造成調節「失控」（趙軒翎，2014）（圖2-3）。甚至於導致思覺失調症（Schizophrenia）、妥瑞氏症（Tourette Syndrome）；若當多巴胺分泌不足時，又可能會引起巴金森氏症（Parkinson's Disease）。

　　由於環境因素的誘發或改變，均將造成多巴胺神經傳導系統功能變化，並影響再次濫用的機率。在非成癮者的大腦脈絡中，其酬賞、刺激／驅動、記憶及認知控制功能具互相活化或抑制的作用機制。大腦皮層前端額葉是思想中心，不同區域負責不同訊息處理，如感覺、看、聽聞。有能力去思考、計畫、解決問題做策。大部分成癮藥物藉由占滿多巴胺迴路來攻擊酬賞系統，多巴胺的功能是負責調節動作、情緒、動機認知快樂感覺，過度刺激多

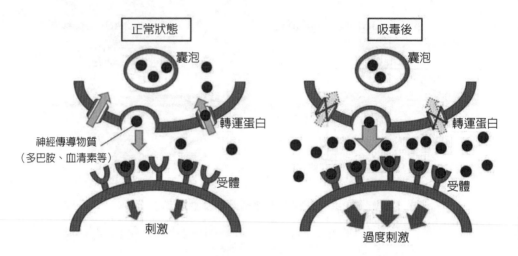

圖2-3　大腦神經傳導物質受毒品刺激的反應模式

資料來源：NIDA（2015），轉引自趙軒翎（2014）。

巴胺系統，會有欣快感讓你想重複這種行為，因此，長期濫用藥物會造成大腦前額葉功能產生障礙，使多巴胺系統效能顯著降低，對非藥物增強劑如食物等的敏感度下降，但記憶中的預期酬賞會導致酬賞、刺激脈絡的過度活化，使成癮者無法抑制欲望，並使認知控制脈絡活性被抑制，導致成癮者強制性的藥物使用行為（國立中正大學犯罪研究中心，2011）。故而，濫用藥物的治療，除透過替代療法及戒治藥物治療外，通常必須搭配實施行為處置及認知療法，以減弱已知的正向藥物經驗，增加對非藥物增強行為之敏感度，並強化認知脈絡功能；因此，戒除毒品必須持續接受一定期間的心理、藥物及物理或職能與復健治療等，並有必要對於藥物濫用復發進行再犯預防，實為一種事前主動預防（禁絕）、積極治療（戒除）與事後持續復健（復原）的成癮性疾病防治問題。

五、青少年藥物濫用須及早介入處遇

　　當青少年藥物成癮者如果停止用藥，將會導致戒斷症候（Withdrawal）的產生。藥癮者如果同時也有心理健康方面的問題，例如壓抑、焦慮及人格違常，即是共病現象（Comobidity）或雙重診斷（Dual Diagnosis），將使治療變得更為複雜。青少年習慣性施用毒品導致復發成癮者，大多由於幼年時，未能學習有效處理日常生活情緒上的挫折感，往往會錯誤選擇不適合的

價值觀念，或以非理性思考方式處理生活挫折或負面情緒，以致因處理問題失當而未能面對現實，一旦濫用藥物初嘗成癮物質後，發現成癮物質的使用有助於逃避生活上的不滿，在多次的濫用經驗促使成癮行為的形成，而後循環不已進而形成習慣，更加鞏固成癮行為。WHO針對青少年毒品病患愛滋（AIDS）防治，提出「減害策略」之建議，藉由提供毒品病患與其家人等愛滋病毒（HIV）篩檢與教育服務，以監測毒品愛滋的影響。核心的措拖，包含清潔針具計畫、替代療法、愛滋治療及照護、諮商及教育等，亦即「減害計畫」（Harm Reduction Program），除對於藥物（毒品）濫用共用針具的危險行為監測外，並對於青少年愛滋疾病、B、C型肝炎等傳染性疾病間的防制途徑，具有深遠共病關係與影響。臺灣對愛滋感染併有毒品施用行為病患，曾建立三大防制策略：上游以拒毒防制策略為首，目標為澈底減少毒品施用人口；中游以戒毒防制策略為主，目標為強化與普及提供戒毒服務；下游以減害計畫防制策略為重點，目標為加強疾病篩檢與處遇，建構教育諮詢服務網絡之防制策略，以健全規劃其具體政策。然而，為防治愛滋病患的感染與擴散，政府提供鴉片類毒癮病患的替代性治療藥物，提供清潔針具給共用針具的施打毒品者，以避免愛滋病、C型肝炎等傳染疾病。由於感染者併有施打毒品危險行為者的案例一度暴增，成為國內疾病防治的嚴重挑戰。因而，國際間防制藥物濫用及管制毒品的政策，幾乎不單以強調完全的斷絕物（毒品）的供給，反而更加著重青少年個體行為需求面的管制。

　　青少年藥物濫用的行為如果不能早期介入預防，以減少需求搭配綿密有效推動的配套措施，則毒品濫用造成之依賴、成癮行為問題，將漸趨複雜，難以降低危害；甚至不得不採取毒品減害治療的相關替代處遇方式，國外強化「減害治療的觀念」類同於聯合國毒品公約的修復正義精神，與毒品危害防制條例「除刑罰化」的概念相似，雖為犯罪行為但卻不科處或不馬上科處刑罰，而以其他非刑罰的制裁來取代。同時，減害本質上亦非「除罪化」，主旨精神為務實，而非贊成吸毒行為，是兩者相權取其輕；其策略之一是引進「替代療法」，在醫療人員監視下，提供替代藥物給海洛因成癮注射慢性疾病者；策略之二，包括於固定時點提供清潔針具，以避免共用針具所造成愛滋病的擴散，政策立意良善，惟社會對於策略之三的減害觀念，在政府執法部門、社區民眾與學界間的看法，仍存在諸多歧見，有待積極整合。而整合社會共識乃是減害國家政策是否能受到支持的重要關鍵。當前毒癮再犯率

高達八至九成以上的情況下，聯合國提出減害的概念，許多國家如澳洲、英國、荷蘭等亦行之多年，且成效良好。依據國際經驗顯示，需要所有負責公共安全與公共衛生部門執法單位經歷相當時間磨合、共同合作，方能解決問題。而衛生福利部疾病管制署（Centers for Disease Control, CDC）推動的「藥癮愛滋減害計畫」實施的經驗亦顯示，「藥癮愛滋減害政策」確為解決藥癮者共用針具施打毒品造成愛滋病擴散蔓延的「兩害相權」方法之一。

六、青少年藥物濫用行為是否必然犯罪與建立司法轉向

在當前司法或所處社會制度處置青少年濫用非法藥物「犯罪」的既定思維中，究應朝向「監禁」刑罰嚇阻？抑或非犯罪化、非刑罰化、非機構化或擴大「轉向」替代處遇？應採懲罰「隔離」？輔導「矯治」？抑或回歸社區的「修復式正義」？由國際共同的趨勢觀之，重判製造販賣運輸毒品者（藥頭），而對於施用毒品者採選擇性各別處遇，因為完成毒癮戒除是個人健康的基本責任。縱使選擇行為治療與醫療前置戒治的觀念，但如採公費支應治療仍非適宜，以免落入「你吸毒，我買單」、轉嫁社會負擔的不正義，甚至變成為了規避司法制裁，形成無效減害、戒毒（替代）治療的「反覆行為」、「不斷的戒毒」、「出入監再循環」。固然，現階段國家對於發展青少年毒品轉向（Diversion）與分級處遇，建立修復式司法正義，曾經是社會共同監督下的期待，並以重建家庭支持系統、回歸家庭的懷抱，建構為鄰里貢獻、履行社區公共服務契約，連結社區人群與個管輔導，藉以磨勵更生人堅忍心性，觀察檢視是否具有「可再教化性」，作為矯治偏差行為、避免再犯的不二法門。對於國際上青少年司法「轉向」、「替代」處遇趨勢，以及加強發展性的教育與犯罪預防技術為前提，我們應共同省思如何妥善導入有效的社區中途處遇、行政與教育輔導處遇先行（例如鼓勵更生人學習長照技能，回歸家庭，照顧家人等），絕非是目前形同虛設、結構鬆散的對於施用吸食三級毒品（如拉K）者教育講習數小時、毫無教化創意的無效處罰，反覆浪費行政司法資源。

然而，對於具有嚴重暴力、累犯者則應適當採取軍事化管理的體能訓練介入，加強早期震撼、體能、排毒教育、勞動服務等功能，輔以「毒品法庭」結合中途處遇，運用「諮商」、「輔導」、「助人」的技巧，提升敘事典範的師資教育與管教技巧，改善親子關係，加強人文教育、建立道德素

養，導正價值觀，減少功利思維，免於青少年遭受毒品校園氾濫之危害，始能降低毒品相關的社會犯罪事件。不僅僅青少年需要學習成長，社區及校園師長也需要學習成長，國家、政府、全體公民更是需要學習成長，藥物濫用防制的技巧是國際間彼此相互學習與教育的一場競賽，必須樹立「學習型領導」的社會典範，提供符合青少年適切的預防性「社區照顧服務」、「偏鄉服務」場域等創意型學習關懷服務，建立健康的公共政策，創造支持性的整體環境，發展社區的健康活動，調整國家司法、觀護、更生處遇機制，並提升增進青少年自我適應社會的效能。顯然，不應將多元致因的濫用問題，全然歸諸於青少年個人責任，而國家社會必須共同擔負排除社會毒品誘惑與環境污染的政策義務，並大力投入反毒基金，發展健全青少年成長「個別輔導處遇」的專業人力資源。因此，如何將聚焦資源，關注在協助輔導青少年社會責任的「成長」，「創造」青少年無毒的就學、就業、就醫、就養的機會連結，改善社會與家庭教育的品質及服務成效，開創健康的人生等，均有待建立社會的共識。

　　國際疾病分類診斷已將藥物濫用視為疾病，主張將吸毒者應視為病患，施予戒癮醫療協助，教育矯治、各別處遇。法律認定的施用毒品「抽象危險犯」行為，倘若沒有提供妥善的教育及治療，以改變危險行為，由管理的觀點來看，則必然發生重複循環問題，但不存在必然監禁的問題；現行法制使用「病犯」來界定受戒治人的身分，但卻沒有法定的「病犯」基本權利義務，以符合國際公約精神的戒治環境予以明確規範。依據2010年UNODC出版「從脅迫到諧和：通過健康護理而非懲罰治療藥物依賴」（From Coercion to Cohesion: Treating Drug Dependence Through Health Care, Not Punishment）的報告指出，在有些國家的法律制度將毒品依賴作為減輕其他涉毒犯罪的因素，「毒品依賴者」的判刑可能要比「非毒品依賴者」輕，尤在願意接受治療的情況下更當如此（WHO, 1992）。因此，要如何達成施用毒品者與再累犯成癮者完成治療與戒治的法定基本強制義務，已經成為國家社會面臨的高度挑戰。

第五節　　青少年藥物濫用的危害評估

　　青少年時期是預防藥物成癮的重要時機，早期使用會造成嚴重之成癮與問題，因此，預防早期使用可降低發展成濫用與成癮機會。青少年的判斷力與做決定的技巧仍然處於發展階段，因此對於藥物濫用的精確判斷能力仍有其侷限。藥物與酒精會破壞腦部功能而影響動機、記憶、學習、判斷力與行為控制，因此，使用藥物青少年會有家庭問題、學校問題、課業表現不佳、健康不佳、與面臨司法問題等就不足為奇。

　　依據美國12至17歲的青少年，過去一年有濫用藥物者或物質使用疾患（Substance Use Disorders）的自殺行為（25.4%）風險高出一般人（9.2%）約近3倍（NHSAD, 2002），青少年易有較高的企圖自殺比例（Kelly et al., 2004）。物質濫用相較於其他可預防的健康狀態，有較高的死亡、生病及失去生活機能的情形（NIDA, 2015）。英國一項研究針對15至19歲的青少年藥物濫用，追蹤二十年（1974至1993年），發現整體死亡率為每人年4.7‰，平均死亡年齡為23歲，主要的死亡（91.3%）發生在15至29歲間；主要的死亡原因為意外中毒（占64.3%），而意外中毒中約三分之二為美沙多（Methadone、美沙酮）及海洛因中毒致死。另有研究指出，青少年特定的死亡（於15至19歲間死亡者），有11.4%死亡原因為自殺（Oyefeso et al., 1999）。義大利一項研究針對15至44歲的藥物濫用者，連續十五年（1984至2000年）的調查顯示，藥物中毒死亡的人數有逐年持續增加的趨勢；其中中毒死亡率最高的，無論男性或是女性均在25至34歲此族群。大多數的中毒死亡是導因於海洛因，亦約有一半的死亡者是併用三種或以上非法藥物（Preti et al., 2002）。美國一項研究顯示，濫用藥物會增加家庭中因暴力引起的死亡事件（包括他殺及自殺）的發生。濫用藥物者與同居住者有較高的危險被殺害及自殺。其中50歲以下因暴力引起的死亡案例中，有濫用藥物者自殺死亡的風險高於一般人的6倍（Rivara et al., 1997）。物質濫用與嚴重交通意外事故有很大關聯（Williams et al., 1985; McLean et al., 1987）。

　　國際減少傷害協會（International Harm Reduction Association, IHRA）全球估計有158個國家地區，約1,590萬人有使用毒品注射，八成為中、低收入國家。全世界所有新的人類免疫缺乏病毒（HIV）感染者估計約有10%（非洲的30%以上）是透過藥物注射的途徑感染發生。全世界每年非法藥物

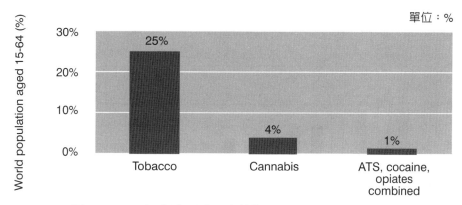

圖2-4　2007年全球15至64歲藥物濫用與吸菸人口盛行率

資料來源：UNODC (2009).

導致約20萬人死亡，其中至少約10萬人因吸毒身亡；另約1,000萬人因吸毒喪失勞動能力（NDARC, 2016）。英國接受社區戒毒的毒犯至少16萬人，約三分之二屬於海洛因成癮戒治，6%屬於古柯鹼吸食者，6%快克古柯鹼（Crack，高純度古柯鹼）毒癮；估計第一級毒品每年至少耗費英國司法與醫療體系154億英鎊。值得討論是，香菸或酒精使用的人數則至少為毒品的5至6倍之多（圖2-4），而菸草每年致死人數為500萬人（約相當於因非法藥物死亡的人數的25倍）（UNODC, 2009）。保守估計，男性死亡數至少有12%，女性死亡數至少有7%，可歸因於吸菸所導致；酒精每年致死人數則為250萬人左右（約相當於因非法藥物死亡的人數的12.5倍），可見菸、酒的危害並不亞於非法藥物。

　　依據2006年英國政府的藥物濫用顧問委員會（The Advisory Council on the Misuse of Drugs, ACMD）研究分析則發現，菸、酒對個人健康與社會危害的嚴重程度遠比大麻及搖頭丸來得高（圖2-5）。

　　2010年1月英國毒品獨立科學委員會（Independent Scientific Committee on Drugs, ISCD）研究發現，並於醫學權威期刊「絡刺針」（The Lancet）發表指出，酒精的危害更甚於海洛因與古柯鹼。倫敦帝國學院神經藥理學家David Nutt醫師等人將毒品引起的各種傷害（包括對個人的九種傷害以及對社會的七種傷害）納入考量之後，依毒品獨立科學委員會專家所發展「多元規範決定分析方式」（Multicriteria Decision Analysis, MCDA Modeling）

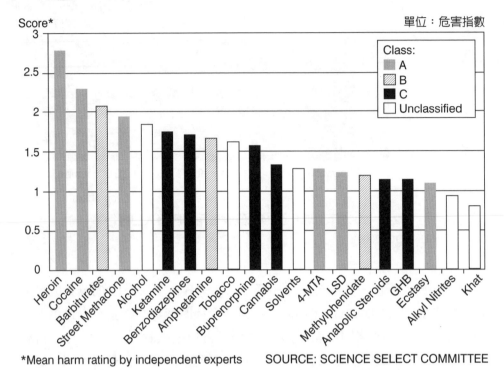

*Mean harm rating by independent experts　　SOURCE: SCIENCE SELECT COMMITTEE

圖2-5　2006年英國ACMD評估20項藥品危害指數排行

資料來源：House of Commons Science and Technology Committee (2006).

量表，對20種毒品進行排序，範圍從0分（無傷害）到100分（傷害可能性最大），依此衡量評分為50的藥物其傷害是評分為100分之藥物的一半。各類毒品危險指數如下：酒精（Alcohol）72分、海洛因（Heroin）55分、快克古科鹼54分、甲基安非他命（Methamphetamine）33分、古柯鹼27分、菸草（Tobacco）26分、安非他命23分、大麻20分、GHB（液態搖頭丸）18分、苯二氮平類〔Benzodiazepines，如二氮平（Diapezam、安定）〕15分、愷他命15分、Mephedrone（4-甲基甲基卡西酮、喵喵）13分、搖頭丸9分、LSD（麥角二乙胺、搖腳丸）7分、丁基原啡因（Buprenorphine）6分、魔菇（Mushroom）5分。研究結果傷害分數最高是72分的酒精與傷害分數最低5分的魔菇，毒品獨立科學委員會提出「酒精對使用者與社會都有相當地傷害」的觀念廣為接受支持的。亦即以毒品而論，海洛因、快克古科鹼與安非他命（冰毒）對個人的傷害最大，酒精、海洛因與快克古科鹼對其他方面的

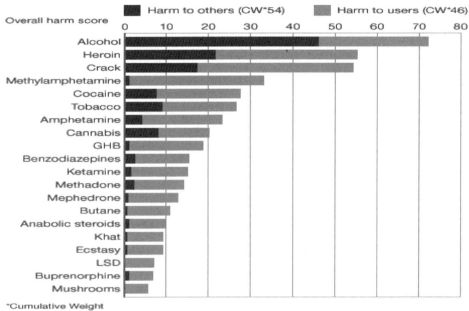

圖2-6　2010年英國ISCD評估20項物質危害指數排行

資料來源：Alcohol "More Harmful Than Heroin" Says Prof David Nutt. http://www.bbc.com/
news/uk-11660210

傷害最大。研究發現，酒精是對社會最有傷害的藥物，對使用者的傷害占第
四位，因為酒精已經被確認和60種以上的疾病有關。酒精的傷害是古柯鹼或
菸草的將近3倍（圖2-6）。

　　依據毒品致命性而論，海洛因、高純度的古柯鹼與甲基安非他命危害
最大。倘若將整體的社會影響列入考量，則酒精的危險性（72分）還比海洛
因（55分）與高純度古柯鹼（54分）更高（Nutt et al., 2010）。再進一步觀
察歐盟所建立的毒品分級列管評估指標，涵蓋範圍包括生理心理依賴程度、
急、慢性毒性症候、盛行度與使用率、已經造成之傷害程度、對於毒品危害
的了解程度、取獲難易度；傳媒擴散撥對於社會風氣的影響；增加對於社會
有害之犯罪行為、對於社會成本的損害、初期刑事犯罪產物、終期刑事犯罪
產物（van Amsterdam et al., 2004）。如果將其與國際管理哲學相較下，臺灣

目前的毒品分級制度對於傷害性實證資料，則似乎顯得較為不足。然而，現行法制有無輕忽青少年抽菸喝酒行為對於健康、社會的嚴重危害？有無刻意忽視或隱蔽戒菸癮、除酒癮的社會成本？有無以管制公共利益的藉口，不當連結施用毒品與犯罪的必然關係？有無放大施用毒品會附帶自動造成侵害國家或他人法益的危險？以及擴大施用毒品必然形成社會危害的影響？均值得進一步深究。因此，菸品相較於毒品所引起的實際傷害之大，已經嚴重地被忽視，受到的國家關注程度是不成比例的。國家法制以假設性立法，規範持有與用藥者必然侵害他人法益，並以前置預防、保護不確定的抽象利益概念，是否違背刑法上的罪責原則？我們應關注的結論是，酒精與菸草兩項合法物質的危害卻名列前茅，已說明合法物質所引起的傷害與非法毒品根本是不相上下，為政者必須慎思。依據歐洲毒品和毒癮監測中心（European Monitoring Centre for Drugs and Drug Addiction, EMCDDA）報告即顯示，歐洲的反毒策略目標逐漸以限期的特定行動計畫、降低藥物濫用及其危害為主（Lievens et al., 2014）。並已研議整合歐盟反毒策略及公共衛生策略，發展區域性藥物濫用的成本及危害之指標為趨向，例如英國發展分析非法藥物濫用危害導致社會成本（包括健康、社會及犯罪危害等）的毒品傷害指標（Drug Harm index, DHI），然而，UNODC發展（包括非法藥物生產、販運及濫用等情形）的非法藥物指標（Illicit Drug Index, IDI）（MacDonald et al., 2005）。

第六節　青少年藥物濫用之整體影響

縱觀藥物濫用的整體影響，由於藥物濫用之毒性、藥理作用對於大腦中樞神經造成影響，吸毒者為達到預期的效果，往往會在不知不覺的情形下，反覆增加使用或過量使用，產生對毒品依賴的生理中毒現象，而施用者認知錯誤、忽視危害，信誓旦旦，多表示絕不會成癮，青少年族群亦不例外。又一旦終止毒品或用量不足，身體立即產生流淚、打哈欠（誤將毒癮戒斷現象，以為是正常人過度疲勞時的虛耗現象）、嘔吐、腹痛、痙攣、焦躁不安及強烈渴求藥物等戒斷症狀；因而，藥物濫用造成的慢性蓄積性，與物質劑量的漸近累積現象，其與藥物依賴（成癮）之間的關聯程度，因個人基因、

體質與環境曝露差異，所造成腦部功能病變，界限是相當模糊的；其差異僅在於腦部損傷的大小程度，與體質功能康復所須的時間不同。茲就藥物濫用產生的影響層面，分述如下：

一、對個人之危害影響

不論是誤用、使用過量、濫用、習慣與成癮性造成的傷害、生理殘缺、心理障礙、或意外死亡，都是家庭、社會與國家的損失，而進一步的行為偏差、惡習累積與養成，亦將藉由青少年族群同儕間個人的互動而快速蔓延，造成更進一步的家庭紛爭與社會傷害的擴散影響。其典型症狀包括知覺障礙、食慾減退、情緒障礙、幻覺、被害幻想等官能症狀等，而心理上也隨之產生不安、不眠、抑鬱等異常狀態，所以毒品就是須以公權力管制的「管制藥品」，毒品吸食者往往就是管制藥品濫用者。換言之，藥物濫用對人的危害是包括生理和心理面的。當陷入藥品依賴乃至中毒狀態的藥品濫用者，不僅個人的身心健康條件惡化，難以穩定就業，且生活上情緒起伏不定，成為需要他人照顧的對象。不但減損了青少年未來的社會生產力，更成為家庭、社會與國家的長期負債。

（一）生理健康層面

濫用者（如青少年）生理上常見的行為變化，包括：1.睡眠減少或習慣改變、思睡；2.食慾不振；3.多話、情緒不安；4.反應過度激烈；5.精神緊張、亢奮；6.妄想、行為暴躁、血壓上升；7.意識模糊、恍惚；8.嚴重者思覺失調、致死。另外，行為表徵尚有四項，情緒方面，躁動、沮喪、好辯；身體方面，目光呆滯、結膜紅腫、步履不穩、靜脈炎、腦損傷智；感觀表達方面，視幻、聽幻、無方向感；社會適應方面，多疑、誇大、好鬥、無理性行為、缺乏動機；更甚者依據個體的「劑量曝露效應關係」，隨著施用毒品量，造成內分泌失調（如長痘），影響注意力（如過動）、精神難以集中（如虛耗、視幻或聽幻），進入生理心理交互作用的成癮、渴望（Craving）等；或發生明顯的容貌改變，長痘、暴瘦等，且易有舉止違常的行為發生；故而，長期以來社會將其視為道德的缺憾，易遭到排斥、污名、標籤化，而非視為被害者、忽視難以自控的自殘與疾病行為的認知，將其定位成為社會的邊緣人。對於未具有經濟獨立的青少年而言，除了個人身

體與精神方面的成癮特性差異外，一旦毒品市場供應容易取得且便宜，勢將成為青少年濫用與危害的隱憂。

（二）心理健康層面

毒品駭人聽聞之處，在於使濫用者起初有欣快感，無法集中精神，會產生夢幻現象，產生無法抗拒吸食毒品隨之而來飄飄然的短暫愉悅欣快感（Floaty Euphoria）。進而在心理層面上，青少年對於藥物濫用後的慢性成癮特性故未必能夠深刻感受了解。另一方面，在遺傳、個人體質、腦內化學物質分泌、幼年成長經驗、不同環境情境等壓力下，對於個體所造成的「心理疾病」較易遭受輕忽，以致影響青少年正常的社會功能、互動、思維、情緒與行為發展；「正常」或「不正常」乃是由不同時代環境下的相對社會文化，依個體的適應、認知、安全或符合社會常模等的統計標準所界定。

青少年藥物濫用「標籤理論」（Labeling Theory）則以「心理疾病」診斷方式形成標記異端的觀點，將「病態」定型；出現症狀問題時才會被迫進行治療，以期解除及回復社會規範的行為。青少年在心裡偏差、衝動行為、低自控下、低挫折容忍力與壓力情境，為解除焦慮，形成非理性、持續防衛的濫用藥物（菸酒）強迫行為危害，且因即時得到快感，酬賞增強，陷入滿足依賴的惡性循環而無法自拔，其共病現象（Comorbidity）或類似成癮機轉，常見如下之相關心理、精神疾病：老年痴呆（Alzheimer's Disease）、失憶認知；嬰幼兒智能不足（Mental Retardation）、過動（Hyperactivity）；重大事件、壓力適應性疾病；大腦受創憂鬱（Gloomy）、焦慮症（Anxiety Disorder）、強迫症（Obsessive-Compulsive Disorder, OCD）、情緒障礙（Emotion Impairment）、恐慌症（Panic Disorder）、精神官能症（Neurotic Disorders）；性及性別認同的疾病（Gender Identity Disorder, GID）、暴飲或厭食（Anorexia）的飲食疾病；嗜睡（Drowsy）、夢遊睡眠疾病（Somnambulism, Sleep Walking）；酒精或藥物濫用的物質關聯疾病（Substance-related Disorders）、心理疾病（Mental Illness）等；解離性身分障礙疾病（Dissociative Identity Disorder, DID），出現思考、知覺、行動、情感等多方面的障礙，幻聽（Auditory Hallucination）、或幻視（Vision）等思覺失調症（Schizophrenia）等。因此，藥物濫用者的生活型態難以輕易改變，除非有特殊重大的事件發生、就

業或婚姻等生命歷程的介入，始能發生改變。也唯有大力倡導青少年心理健康的發展層次，擴張疾病預防的概念，減低身心症狀的風險發生，始能進一步降低對於青少年的標籤作用。

二、對家庭之危害影響

　　毒品的危害，不僅止於濫用者本身，青少年因濫用藥物身心健康狀態惡劣，性情大變，以致時常難以穩定就業。毒品的黑市售價高，暴利誘惑，由起初的毒品施用進階參與販毒，可從社會新聞報導中看到個人成癮後，往往因經濟或本身身體及心理之傷害，造成夫妻、父母與兄弟姐妹之間的家庭相處問題，最後導致妻離子散、甚至觸法入獄，形成破碎的家庭。依據兒童保護政策人權報告指出，對兒童施虐（Child Abuse）的原因中，早期藥物濫用的經驗或酗酒，約占一至二成比例，居第三位；同時，藥、酒癮濫用及精神疾病問題，經常成為家庭失和的高危險因子，也是造成家庭暴力（Domestic Violence）原因之一。而家庭環境也會影響青少年造成藥物濫用，依據衛生福利部統計資料，近三年（2019至2021年）全臺因為父母有藥癮、生在毒品家庭而被通報的兒童與少年人數，每年都至少1,000人，2021年為1,741人，占整體通報數的5.57%。另依據2016至2021年，臺東家扶中心統計因原生家庭失能而需要安置的孩子有99個，其中約四成（38個）是因為父母因吸毒、販毒而入獄服刑，比例年年升高（衛生福利部，2022）。學者研究指出，家長有物質濫用者有18.7%青少年會有藥物濫用情形（Hoffmann & Cerbone, 2002）。母親有藥物濫用情事的9至14歲兒少，多數仍可以選擇避免偏差行為的生活方式（Hanlon et al., 2005）。青少年父母親若有使用吸食或注射藥品者，青少年在藥物使用危險比占9.0至19.0倍，而手足間的兄弟、姐妹有使用者，青少年在藥物使用危險比則高達38.1倍、33.7倍（周思源等，2006）。另有研究指出，女性有30.2%在懷孕期間曾經施打毒品，因藥物濫用有19.9%曾經被通報過發生兒少虐待及疏忽（Child Neglect），且其中有高達72.6%女性濫用者曾經發生兒少疏忽為最多（Jaudes et al., 1995）。

　　另一方面，藥物濫用者遭到污名（Stigma）、烙印、歧視後，社會大眾並未以（成癮）被害者的疾病視野關懷接納，提供社區處遇（Community-Based Corrections, Residential Treatment）、觀護（Probation）、監控（Surveillance），反以恐懼自身遭受暴力傷害的觀點看待，予以隔離

（Isolation），以致更加擴大社會黑暗面族群的形成，因此，了解物質濫用後的人格違常（Personality Disorders）病因，有效進行個別介入處遇（Individual Intervention Treatment），實較防範其暴力犯罪更為迫切。

三、對社會之危害影響

　　藥物濫用者經過長期、過度、強迫使用的結果，產生藥物耐受性提高、戒斷現象或依賴成癮、中毒，嚴重影響家庭生活、同儕人際關係、學業或工作等。毒品吸食濫用者因為身心狀況不佳而無固定工作，以致無固定收入，但因「毒癮」對於身心的依賴性驅使，為了購藥解癮乃不惜挺而偷搶騙勒索、當娼妓或販毒等，侵害他人財產權。毒品吸食者為其幻覺、妄想所驅，經常不擇手段，會有自殺、自殘、攻擊殺害他人、酒駕或吸膠肇禍，釀成災害而傷及無辜。重者甚至引起精神疾病，或可能犯下傷害、殺人、放火、監禁他人等惡行，並危害社區甚至整體社會的秩序而帶來巨大的傷害。在毒品處遇配套與資源不佳的環境下，往往為填補或滿足個人的毒品施用需求，恐有陷入參與運輸、轉讓、轉而升級加入製造行列，或淪為偷、盜、搶、奪之徒，成為下藥性侵的加害者、結合槍枝走私與幫派販毒者亦所在多有，間接形成危及社會秩序或治安的隱憂；或成為被迷昏、賣淫換取毒品、受控制的人口販賣、遭到性侵被害、自殘、自殺的被害對象等。

四、對經濟之危害影響

　　聯合國將毒品犯罪列為「萬國公罪」，並積極加以防制，惟仍然無法有效解決毒品問題，問題多歸因於毒品全球化流通氾濫，除投入治療與教育的資源不足外，連續性的非法跨國毒品組織犯罪（Mcclure, 2000），武裝叛亂活動，經由毒品跨國的分工栽種毒品植物、製造、加工、販運與濫用消費流程，構成毒品龐大的黑市潛力，地下經濟的巨大利益驅使，獲利可觀，約占全球貿易額的8%，估計全世界每年3,000至5,000億美元以上的非法毒品買賣交易額中，至少有三分之二透過洗錢（Money Laundering）犯罪手法而被移轉投資到合法的商業財政金融（Finance）系統，純利潤至少在1,000億美元以上（崔敏，1999），早已超越八至九成國家的國民生產毛額（Gross National Product, GNP）之收入總值，已接近或超越石化產業總值，並超越國家觀光、紡織產業年成交量總額，成為跨國、組織、危險的

刑事犯罪之一（Pollard & Reuters, 2005）。依據國際刑警組織（International Criminal Police Organization, ICPO）推估，每年毒品產值更高達1,000億至1兆美元之間（ICPO, 2014）；全球毒品每年銷售總額8,000億至1兆美元，占全球貿易總額的10%，高於石油與天然氣工業的收入，與全球軍火貿易額相差無幾（UNODC, 2009）。同時，聯合國國際貨幣基金組織（International Monetary Fund, IMF）估計，全世界組織犯罪營業額高達1兆美元，占世界國內生產總值4%；同時，每年約有1,000億美元的毒品黑錢被清洗漂白；依據美國公布之「國際毒品管制策略報告」（International Narcotics Control Strategy Report）顯示，我國已經被排除在「主要洗錢國家」（Major Money Laundering Countries）、「主要非法藥物生產國和轉運國家」（Major Illicit Drug Producing and Major Drug-transit Countries）名單之外。但仍與英、德、韓、加拿大、印度、泰國及中國大陸等30個國家或區域同列為「主要毒品前驅化學物質來源國家」（Major Precursor Chemical Source Countries）（INCSR, 2022）。

　　全球至少約有400萬以上的非法毒品種植者，大多數都生活在貧窮線下，一半收入所得均來自於毒品產業的種植，縱使毒品的交易過程有九成的獲利，然獲利卻操縱在不肖控制者而非屬於辛苦栽種的農作者，如阿富汗農民賴以維生所種植的罌粟花田，毒品栽種無助於提高國家的民生利益；古柯鹼（Cocaine）毒品生產或地下經濟的黑市交易量每提高10%，看似可以降低6%失業率，提高2%的國民生產總值，惟其所增加的就業率（Employment）數字假象，已相對衍生增加毒品施用人口消費需求，同步造成健康危害、醫療支出、降低生產力，且被因此而提高投入的犯罪防制社會成本（Drug Related Crime and Law Enforcement）等負面效應所抵銷。美國每年因藥物濫用支出平均成長率5.3%，美國藥物濫用相關犯罪成本1,070億美元（成長率6.7%）；由於毒品造成經濟層面的影響，在人力資本上最主要為毒癮所造成的生產力降低，因而，與毒品相關犯罪造成的經濟損失約占所有毒品犯罪成本的六成比例。美國藥物濫用生產力損失成本達1,286億美元；藥物濫用的健康照護相關成本160億美元，成長率為6.5%。美國被逮捕者中超過11%為毒品犯罪，而因藥物濫用所導致的竊盜、搶劫等犯罪約占25%（NDCP, 2004）。依據歐盟估計，藥物濫用社會成本支出緝毒為70%至75%，戒毒為25%至30%，藥物濫用的經濟成本損失約為1,809億歐元，因毒

品（包括製造與藥物濫用）導致的犯罪約達1,078億歐元（占經濟成本損失約60%）（Kopp & Fenoglio, 2003）。依據聯合國資料顯示，毒品對於毒品消費國家（Consumer Countries）GDP的影響約0.5%至1.3%；倘將與吸毒有關的犯罪活動包括在內，吸毒與藥物依賴在某些國家造成的經濟成本可能占國內生產總值的2%（UNODC, 2009）。因此，造成跨國犯罪集團覬覦，利用非法移民、走私犯罪輕易擴散，多涉及兩個以上的國家網絡，甚至涉及國際毒品恐怖主義（Narco-terrorism）組織活動，運用恐嚇（Intimidation）、勒索（Extortion）、暴力（Violence）等犯罪手段，危害經濟與衝擊治安（國家安全局，2004），可視為為21世紀的新興犯罪，成為各國防制的共同隱憂。

五、媒體不當報導對青少年之危害影響

依據學者研究指出，報紙、雜誌、電視因為大量報導有名的運動員因用藥致死、藥物導致悲劇、新興非法藥物的出現、依賴藥物人口比例上升等事件，放大了民眾認知藥物問題的嚴重性。並指出媒體報導熱潮（Media Hype），採用誇大、扭曲、戲劇性案例，將使議題不斷升溫，而且連續性的故事發展更會影響民眾認知。研究結果指出，媒體採取吸引讀者的報導技巧來撰寫新聞，倘若過度詳細的報導毒品犯罪，反而變成負向宣導而妨害藥物濫用的防制，並建議媒體應避免標籤、術語的使用來誤導民眾認知（Shoemaker et al., 1989）。同時，記者也需要加強相關的藥物專業知識。筆者參考臺灣臺中地方法院檢察署與衛生福利部食品藥物管理署，以及行政院海岸巡防署相關資料整理之「濫用物質與毒品交易常用術語之意涵」，亦即俗稱之毒販交易常用的黑話如表2-1。

表2-1　濫用物質與毒品交易常用術語之意涵

術語	意涵
1.嗑藥、克藥	意指藥物濫用
2.芙蓉膏、福壽膏	鴉片（Opium）
3.魔啡	嗎啡（Morphine）
4.白粉、四號（仔）、細仔、女人、軟的、衣服	海洛因（Herion，四號為較純之海洛因）

表2-1　濫用物質與毒品交易常用術語之意涵（續）

術語	意涵
5.安公子、安仔、冰糖、冰塊、鹽、Speed、糖果、炮仔、冰毒	安非他命（Amphetamine）
6.快樂丸、搖頭丸、綠蝴蝶、亞當、狂喜、忘我、衣服、上面	亞甲基雙氧甲基安非他命、MDMA、Ecstasy
7.一粒沙（ELISA）、搖腳丸、加州陽光、白色閃光、Broomer、方糖、Acid	麥角乙二胺、LSD、Lysergide
8.液態搖頭丸、G水、強姦藥水	GHB
9.Crack、Snow、快克、可卡因	古柯鹼（Cocaine）
10.飯（濫用大麻的行為濫用者稱為「呼麻」及「開飯」）／老鼠尾巴	大麻（Marijuana）／捲成香菸狀的大麻菸
11.FM₂、約會強暴丸、十字架、615、815、強姦藥丸	中or長效型（視劑量而定），苯二氮平類（Benzodiazepines）安眠鎮靜劑，如氟硝亞泮（Flunitrazepam）、Rohypnol®
12.卡門、K、Special K、K粉、克他命、K仔、Cat Valium、男人、褲子、硬的、糖果、冰糖、黃花／拉K	K他命、Ketamine／以鼻吸食K他命
13.紅中	短效型，西可巴比妥鹽類鎮靜劑（Secobarbital、Seconal®）
14.青發	中效型，異戊巴比妥鹽類鎮靜劑（Amobarbital、Amytal®）
15.白板、弗得、忽得	非巴比妥鹽類鎮靜劑（Methaqualone、甲奎酮Normi-Nox®）
16.小白板	短效型，苯二氮平類（Benzodiazepines）安眠鎮靜劑，如三唑他（Triazolam）、Halcion®
17.燕窩	FM₂與白板之混合物，目前盛行於香港
18.孫悟空、猴仔	速賜康（Pentazocine），藥品成分為潘他唑新（Pentazocine），為麻醉止痛劑
19.煩寧、安定、凡林	長效型，苯二氮平類（Benzodiazepines）安眠鎮靜劑，如Diazepam、Valium®
20.一粒眠、紅豆、五仔、K他命5號、Give me Five	硝甲西泮、硝甲氮平、Erimine、Nimetazepam
21.蝴蝶片、藍色小精靈	短效型，苯二氮平類（Benzodiazepines）安眠鎮靜劑，如三氮二氮平、Alprazolam、Xanax®

表2-1　濫用物質與毒品交易常用術語之意涵（續）

術語	意涵
22.Rush	冠心病、心絞痛用藥（Amyl Nitrite）
23.笑氣、吹氣球	N_2O、氧化亞氮
24.煉丹	指吸食強力膠或有機溶劑
25.螞蟻蛋	指純度高之毒品
26.打管、走水路	指從血管注射毒品
27.開桶（臺語）	從鼠蹊部注射毒品
28.藥仔頭、雞仔（臺語）	販毒者
29.茫（臺語）	麻醉或安眠藥之欣快感
30.摔（臺語）	毒癮發作之痛苦症狀
31.熬生柴	戒斷時痙攣之痛苦
32.啼（臺語）	指鴉片類之戒斷症狀，如流淚、打呵欠
33.拔筋（臺語）	指吸食過量導致抽搐、休克或死亡
34.追龍	將白粉至於錫紙上，下面火燒，吸食散發的氣體。
35.喵喵（Meow Meow）、精靈寶可夢	4-甲基甲基卡西酮、Mephedrone
36.火狐狸、媚藥	屬色胺類（Tryptamine），為安非他命衍生物，第四級毒品，強效迷幻劑，又名5-MeO-DIPT、5-甲氧基-N,N-二異丙基色胺（5-methoxy-N,N-diisopropyltryptamine）
37.壓克力、有機玻璃	PMMA、對-甲氧基甲基安非他命（4-methoxy-methamphetamine）、聚酸甲酯、Acrylic、Polymethylmethacrylate
38.玩大象	蝴蝶針靜脈注射「Citosol」麻醉誘導劑
39.牛奶針	普洛福靜脈注射液（丙泊酚，Propofol）
40.桶仔、車子	船隻
41.鳥仔	夾毒人員
42.出門了	出海
43.插旗	把風
44.掃路	巡視
45.吃飯了、拿衣服、拿水、開飯了	開工

表2-1　濫用物質與毒品交易常用術語之意涵（續）

術語	意涵
46.吃飽了、泡茶	接駁、取貨
47.大白鯊	海巡署巡防艇
48.小精靈、小烏龜／戴帽子、賊頭	岸巡人員／警察
49.水路	漁船載運
50.西瓜幾顆	人頭數
51.溫的	人體吞食毒品走私
52.後門	塞屁股
53.菜色幾道	數量
54.一張車票	金額100萬
55.房間、套房	密窩、密艙
56.臺灣稱六角、Bees、六角楓葉，美國稱Nexus、香港稱番仔	2,5-二甲氧基-4-溴苯乙胺、2C-B

資料來源：整理自臺灣臺中地方法院檢察署與衛生福利部食品藥物管理署及行政院海岸巡防署相關資料。

　　有關新聞媒體影響青少年大麻使用的相關研究指出，在新聞報導中倡議青少年不應使用大麻，則會提高青少年拒絕使用、認知大麻害處以及不贊同的態度比例；反之，報導中若提及大麻的某些迷幻作用，則會造成青少年降低有害身心的態度認知（Stryker, 2003），反而躍躍欲試，更增加危險，因此媒體報導必須審慎。網路新興的各類新媒體，有時似是而非的資訊傳播報導，更需要國家、社會、教育與各級政府主管部門特別關注，適時澄清導正，錯誤的觀念有時是經年累月的社會文化與長期縱容的家庭教養方式逐漸發展出來，絕非一遭一夕所形成。整體來說，各種社群網媒報導的方式是影響青少年使用大麻與否的重要變因，同時，也會影響個人對施用大麻贊同與否的態度；傳媒效應不僅影響認知、態度，也影響了整個社會的價值觀念與青少年的藥物施用行為，不可不慎。

第七節　結　語

　　毒品摧殘青少年的健康、毀敗教育、粉碎家庭、妨礙心理及生理成長，對社會造成毀滅性的影響。青少年即使已經停止服用藥物很久之後，還是可能持續受到不利影響，因為毒品的殘餘物還保留在體內，並且會持續引發負面的情緒反應。青少年藥物濫用問題日趨嚴重且為社會關切之議題，濫用的嚴重程度、傷害與影響，不僅危害青少年身心健康、更將造成重大的社會、經濟問題，增加傳播疾病的風險，因此非常值得關注。反毒是艱苦而持久的戰爭，是一種理想，世界各國亦尚無完全反毒成功的先例，更沒有短期奏效的可能。發展中國家的菲律賓，總統杜特蒂（Rodrigo Duterte）鐵腕掃毒，上任僅一週已殺61名毒販、每月斬首700人、6萬人自首，能否遏阻毒品的擴散漫延，仍有待觀察。而美國前總統尼克森（Richard Milhous Nixon）發動「反毒戰爭」（War on Drugs）四十年，毒品供應不減反增，乃在於需求面始終未除，毒癮戒除成效不彰。縱使雖已將毒品問題列入國家安全關切議題重點之一，但是，三振法案（Three-Strikes Law）與重刑化政策導致終將面臨監獄爆滿的窘境；美國雖然人口僅占全球5%，但受刑人犯數量卻是全球的25%。所以，加強毒品防制乃為當前各國亟為迫切之議題。依據2009年UNODC世界毒品報告（World Drug Report）指出：「毒品是一個涉及每個國家的共同問題；我們社會上所有人，都有責任解決藥物濫用的問題。」以上的精典名言，已道出藥物濫用防制哲學之精髓，亦為各界討論焦點之所在。

參考文獻

一、中文部分

Michael Shermer著，潘震澤譯（2013）。罪犯神經學剪影。科學人，第137期。

孔繁鍾、孔繁錦（1996）。精神疾病的診斷與統計。合記圖書出版社。

周思源、李玫姿、梁文敏、張麗惠、郭憲華、賴璟賢、朱日僑、郭憲文（2006）。台灣地區在學青少年藥物使用行為與其家庭型態特性之相關性。Mid-Taiwan Journal of Medicine，第11卷第4期，頁243-251。

林淑娟、黃柏華（2019）。新興影響精神物質之藥理性質及亞洲各國規範概述。管制藥品簡訊，第81期。

馬維野（2003）。全球化時代的國家安全。湖北教育出版社。頁440-441。

國立中正大學犯罪研究中心（2020）。新興毒品是什麼？（2020-10-01懶人包）。https://deptcrc.ccu.edu.tw/index.php?option=module&lang=cht&task=pageinfo&id=207&index=1

國家安全局（2004）。非傳統安全威脅研究報告（第3輯）。遠景基金會。頁248-249。

崔敏（1999）。毒品犯罪發展趨趨與遏止對策。第125期。警官教育出版社。

張甘妹（1985）。出獄人再犯之研究。社會科學論叢，第23輯，頁199-260。

張甘妹（1987）。再犯預測之研究。法務部印行。

陳爲堅、吳上奇（2020）。我國新興毒品常見型態。管制藥品簡訊，第82期。

楊士隆（2005）。監獄受刑人擁擠問題之實證研究。科技部專題研究報告。

楊士隆、朱日僑、李宗憲（2008）。兩岸反毒法制與政策之研究。展望與探南，第6卷第11期，頁78-87。

楊士隆、李志恒、謝右文、鄭元皓、林世智（2018）。新興毒品趨勢調查與防治對策之研究。法務部107年委外研究案（GRB計畫編號：PG10702-0135）。

蒲吉蘭（2001）。犯罪致富——毒品走私、洗錢與冷戰的金融危機。社會科學文獻出版社。

趙軒翎（2014）。HOW「毒」YOU「毒」？科學月刊7月號，第535期，鑑識科學。

蔡德輝、楊士隆（2014）。犯罪學。五南圖書。

衛生福利部（2013）。愷他命濫用之臨床評估與處置建議。衛生福利部編印。

盧瑞珠（2007）。科學家尋求中止人類腦部暴力區化學變化。法新社，4月23日。http://www.rsn.tw/news_br20070423.html

二、外文部分

2016 National Drug Strategy Household Survey, https://www.aihw.gov.au/getmedia/d6c52010-415c-4baa-bbd1-e03b97256aae/chapter-5-illicit-drugs.xlsx.aspx

2017 Canadian Tobacco, Alcohol and Drugs Survey, Canadian Tobacco, Alcohol and Drugs Survey (CTADS): summary of results for 2017 https://www.canada.ca/en/health-canada/services/canadian-alcohol-drugs-survey/2017-summary.html

2018 European Drug Report, http://www.emcdda.europa.eu/system/files/publications/8585/20181816_TDAT18001ENN_PDF.pdf

American Psychiatric Association (APA) (1952). Diagnostic and Statistical Manual of Mental Disorders. 1st ed.

American Psychiatric Association (APA) (1968). Diagnostic and Statistical Manual of Mental Disorders. 2nd ed.

American Psychiatric Association (APA) (1980). Diagnostic and Statistical Manual of Mental Disorders. 3rd ed.

American Psychiatric Association (APA) (1987). Diagnostic and Statistical Manual of Mental Disorders. revised 3rd ed.

American Psychiatric Association (APA) (1994). Diagnostic and Statistical Manual of Mental Disorders. 4th ed.

American Psychiatric Association (APA) (2011). Diagnostic and Statistical Manual of Mental Disorders. 5th ed., text revision.

Binswanger, I. A., Stern, M. F., Deyo, R. A., Heagerty, P. J., Cheadle, A., Elmore, J. G. et al. (2007). Release from Prison—A High Risk of Death for Former Inmates. N Engl J Med., 356: 157-165.

Caplehorn, J. R., Dalton, M. S., Haldar, F., Petrenas, A. M., & Nisbet, J. G. (1996). Methadone Maintenance and Addicts' Risk of Fatal Heroin Overdose. Substance Use Misuse, 31: 177-196.

EMCDDA (2004). Public Expenditure on Drugs in the European Union 2000-2004 EMCDDA Strategies and Impact Program.

Fowler, J. S., Volkow, N. D., Kassed, C. A., M.S.P.H., & Chang, L. (2007). Imaging the Addicted Human Brain. Sci Pract Perspect, 3(2): 4-16.

Hoffmann, J. P. & Cerbone, F. G. (2002). Parental Substance Use Disorder and the Risk of Adolescent Drug Abuse: An Event History Analysis. Drug and Alcohol Dependence, 66(3): 255-264.

House of Commons Science and Technology Committee (2006). Drug Classification: Making a Hash of It? Fifth Report of Session 2005-06, http://www.publications.parliament.uk/pa/cm200506/cmselect/cmsctech/1031/1031.pdf

Iguchi, M. Y., London, J. A., Forge, N. G., Hickman, L., Fain, T., & Riehman, K. (2002). Elements of Well-being Affected by Criminalizing the Drug User. Public Health Rep.117 Suppl. 1: S146-150.

INCSR (2022). 2022 International Narcotics Control Strategy Report, Volume I Drug and Chemical Control, Bureau for International Narcotics and Law Enforcement Affairs.

https://www.state.gov/wp-content/uploads/2022/03/22-00767-INCSR-2022-Vol-1.pdf

INCSR (2022). 2022 International Narcotics Control Strategy Report, Volume II Money Laundering March 2022, Bureau for International Narcotics and Law Enforcement Affairs. https://www.state.gov/wp-content/uploads/2022/03/22-00768-INCSR-2022-Vol-2.pdf

International Criminal Police Organization (ICPO) (2010). Annual Report 2014. http://www.interpol.int/content/download/29229/385814/version/4/file/283_ COM_2014AnnualReport%20EN%20LR.pdf

International Harm Reduction Association (IHRA) (2013). Hidden in Plain Sight: The Need for More Action on Injecting Drug Use Among Under-18s.

Jaudes, P. K., Ekwo, E., & Van Voorhis, J. (1995). Association of Drug Abuse and Child Abuse. Child Abuse & Neglect, 19(9): 1065-1075.

Jones R., Gruer L., Gilchrist G., Seymour A., Black M., & Oliver J. (2002). Recent Contact with Health and Social Services by Drug Misusers in Glasgow Who Died of a Fatal Overdose in 1999. Addiction, 97(12): 1517-1522.

Kariminia, A., Butler, T. G., Corben, S. P., Levy, M. H., Grant, L., Kaldor, J. M. et al. (2007). Extreme Cause-specific Mortality in a Cohort of Adult Prisoners－1988 to 2002: A Data-linkage Study. Int J. Epidemiol, 36: 310-316.

Kelly, T. M., Cornelius J. R. et al. (2004). Psychiatric Disorders and Attempted Suicide Among Adolescents with Substance Use Disorders. Drug and Alcohol Dependence, 73(1): 87-97.

Kopp, P. & Fenoglio, P. (2003). Public Spending on Drugs in the European Union During the 1990s-Retrospective Research.

Lievens, D., Vander, L., & Christiaens, J. (2014). Public Spending for Illegal Drug and Alcohol Treatment in Hospitals: An EU Cross-country Comparison. Substance Abuse Treatment, Prevention, and Policy, 9(26).

MacDonald, Z., Tinsley, L., Collingwood, J., Jamieson, P., & Pudney, S. (2005). Measuring the Harm from Illegal Drugs Using the Drug Harm Index. http://webarchive.nationalarchives.gov.uk/20110218135832/rds.homeoffice.gov.uk/rds/pdfs05/rdsolr2405.pdf

Mcclure, G. (2000). The Role of Interpol in Fighting Organized Crime. International Criminal Police Review, 481.

McLean, S., Parsons, R. S. et al. (1987). Drugs, Alcohol and Road Accidents in Tasmania. Medical Journal of Australia, 147(1): 6-11.

Merriam-Webster's Dictionary. http://www.merriam-webster.com/dictionary/drug

Miller, W. R. (1996). Motivational Interviewing: Research, Practice, and Puzzles. Addictive Behaviors, 21(6): 835-842.

National Institute on Drug Abuse (NIDA) (2015). Mortality, Medical Consequences of Drug Abuse. http://www.drugabuse.gov/consequences/mortality

NDARC (2016). Decriminalisation of Drug Use a Sound and Pragmatic Public Health Policy, National Drug and Alcohol Research Centre, National Drug and Alcohol Research Centre. http://idpc.net/publications/2016/08/decriminalisation-of-drug-use-a-sound-andpragmatic-public-health-policy-says-national-drug-and-alcohol-research-centre

NDCP (2004). The Economic Costs of Drug Abuse in the United States 1992-2002. https://www.ojp.gov/ondcppubs/publications/pdf/economic_costs.pdf

NHSAD (2002). National Household Survey on Drug Abuse Report: Substance Use and the Risk of Suicide Among Youths.

Nutt, D. J., King, L. A., & Phillips, L. D. (2010). Drug Harms in the UK: A Multicriteria Decision Analysis. The Lancet, 376(9752): 1558-1565.

Nutt, D., King, L. A., Saulsbury, W., & Blakemore, C. (2007). Development of a Rational Scale to Assess the Harm of Drugs of Potential Misuse. The Lancet, 369(9566): 1047-1053.

Oyefeso, A., Ghodose, H. et al. (1999). Drug Abuse-related Mortality: A Study of Teenage Addicts Over a 20-year Period. Social Psychiatric Epidemiology, 34(8): 437-441.

Pollard, N. (2005). UN Report Puts World's Illicit Drug Trade at Estimated $321b. Reuters. http://archive.boston.com/news/world/europe/articles/2005/06/30/un_report_puts_worlds_illicit_drug_trade_at_estimated_321b/

Preti, A., Miotto, P., & De Coppi, M. (2002). Deaths by Unintentional Illicit Drug Overdose in Italy, 1984-2000. Drug and Alcohol Dependence, 66(3): 275-282.

Rivara, F. P., Mueller, B. A. et al. (1997). Alcohol and Illicit Drug Abuse and the Risk of Violent Death in the Home. JAMA, 278(7): 569-575.

SAMHSA (2017), Key Substance Use and Mental Health Indicators in the United States: Results from the 2017 National Survey on Drug Use and Health, 2017 NSDUH Annual National Report, https://www.samhsa.gov/data/sites/default/files/cbhsqreports/NSDUH-DetailedTabs2017/NSDUHDetailedTa bs2017.htm#tab1-1B

Satell S., Lilienfeld, S. O. (2013). Addiction and the Brain-disease Fallacy. The Journal Biological Psychiatry, Front Psychiatry, 4: 141.

Seaman, S. R., Brettle R. P., & Gore S. M. (1998). Mortality from Overdose Among Injecting

Drug Users Recently Released from Prison: Database Linkage Study. BMJ, 316: 426-428.

Second Report of the National Commission on Marihuana and Drug Abuse; Drug Use in America: Problem in Perspective (March 1973), 13.

Shoemaker, P. J., Santa, W., & Leggett, D. (1989). Drug Coverage and Public Opinion, 1972-1986. In P. J. Shoemaker (Ed.), Communication Campaigns about Drug: Government, Media, and the Public, pp. 67-80. Lawrence Erlbaum.

Sporer, K. A. & Kral, A. H. (2007). Prescription Naloxone: A Novel Approach to Heroin Overdose Prevention. Ann Emerg Med, 49: 172-177.

Stryker, J. E. (2003). Media and Marijuana: A Longitudinal Analysis of News Media Effects on Adolescents' Marijuana Use and Related Outcomes, 1977-1999. Journal of Health Communication, 8: 305-328.

UNODC (2009). World Drug Report 2008.

UNODC (2010). From Coercion to Cohesion: Treating Drug Dependence through Health Care, Not Punishment, Discussion Paper Based on a Scientific Workshop.

UNODC (2010). World Drug Report 2009, Highlights Links Between Drugs and Crime.

UNODC (2011). WHO Joint Programme on Drug Dependence Treatment and Care.

UNODC (2011). World Drug Report 2011.

UNODC (2020). New Psychoactive Substances. https://www.unodc.org/documents/scientific/NPS-Leaflet_WEB_2020.pdf

van Amsterdam, J.G.C., Best, W., Opperhuizen, A., & de Wolff, F. A. (2004). Evaluation of a Procedure to Assess the Adverse Effects of Illicit Drugs. Regul Toxicol Pharmacol, 39(1): 1-4.

Volkow, N. D., Fowler, J. S., & Wang, G. K. (2003). The Addicted Human Brain: Insights from Imaging Studies. The Journal of Clinical Investigation, 111(10): 1444-1451.

WHO (1992). Manual of the International Statistical Classification of Diseases. 10th ed.

WHO (2004). Neuroscience of Psychoactive Substance Use and Dependence.

WHO/UNODC/UNAIDS (2004). Substitution Maintenance Therapy in the Management of Opioid Dependence and HIV/AIDS Prevention.

Williams, A. F., Peat, M. A. et al. (1985). Drugs in Fatally Injured Young Male Drivers. Public Health Report, 100(1): 19-25.

国立精神・神経医療研究センター（2017）。薬物乱用・依存状況等のモニタリング調査と薬物依存症者・家族に対する回復支援に関する研究。https://www.ncnp.go.jp/nimh/yakubutsu/report/pdf/J_NGPS_2017.pdf

朱日僑

第一節　前　言

　　近年來，在國際與社會非法組織的操弄下，為了引誘青少年的好奇心理，販毒手法層出不窮，以翻新包裝、舊瓶新裝行銷新興毒品的策略，將毒品混合摻雜、改變組合，因而提高成癮性、增強了毒性，大幅提升了破壞性的致死風險機率。由於青少年尚處於心智發展階段，獨立判斷能力與價值觀未臻成熟，較容易受到外界誘惑。而販毒集團所引誘的青少年目標，多以無心學習、言語暴力、在外遊蕩、有家不歸、同儕炫富、名牌迷思、下海淫賣、成群結黨、懲兇鬥狠、破壞秩序等特質者為選擇對象，利用設局、拐騙、誘陷的犯罪手法，擴大創造毒品供應的市場需求，使青少年成為藥頭等犯罪集團迫害人權、殘害社會的違法犯罪工具。進而組織幫派犯罪集團，操控少年、攜帶刀械、恐嚇取財、詐賭勒索、控制少女、媒介性交、暴利販毒，製造與發生社會秩序混亂，並在令人驚恐不安的勒索情緒中，高度威脅著整體社會的公共安全。毒品為各類犯罪的源頭，毒品氾濫亦為世界性的共通問題。然而，毒品的危害「物」的根源，雖然能以源頭、分級管制，控制危害風險，但是，毒源本質的發生與擴散，仍在於人為的不當操控所致。有鑑於毒害的影響相當深遠，我們有必要深入的了解青少年藥物濫用類型與毒害症狀，始能及早發現介入預防，有效因應。

　　依據聯合國毒品和犯罪問題辦公室（United Nations Office on Drugs and Crime, UNODC）2022年6月27日出版的世界毒品報告（World Drug Report）指出，2020年全球15至64歲的人（2.84億人，占人口的5.6%）中，每18人在過去十二個月內就有一人使用過至少一種毒品。2020年的吸毒人數（2.84億）比2010年增加了26%，部分原因是世界人口增長。儘管2020年大流行病蔓延，但海洛因販運仍可能繼續增加，在使用安非他命類興奮劑和出於非醫療目的使用藥用興奮劑、藥用類鴉片、鎮靜劑和安定劑的人群中，女性占

40%以上。使用藥物的女性發展出吸毒病症的速度往往快於男性。大麻是全世界使用最多的毒品，全球15至16歲年輕人的大麻使用年流行率為5.8%，約40%的國家報告涉及吸毒病症最多的毒品是大麻，33%的國家報告大麻是戒毒治療應對的主要毒品。而類鴉片仍是最致命的藥物。在北美，吩坦尼（Fentanyl）物質將用藥過量死亡人數推至新高（UNODC, 2022）。處方藥物過量是美國傷害致死的主因，安非他命（Amphetamine）與其相關類似製品就如處方藥（Prescription Medicine）一般，已成為全球慢性的威脅，而最大的改變在於合成毒品（Synthetic Drugs）的使用（UNODC, 2016）。依據美國成癮醫學協會（American Society of Addiction Medicine, ASAM）指出，類鴉片藥物（指海洛因、嗎啡與非醫療使用處方類鴉片）成癮是美國人死亡主要原因之一。由於處方使用類鴉片藥物時，可能會與其他藥物產生交互作用，而對病人造成危害。而藥物過量主因常為處方藥的誤用及濫用，尤其是類鴉片止痛藥（Opioid Analgesics）、鎮靜安眠藥及興奮劑（Stimulants）（ASAM, 2001）。聯合國估計處方藥濫用人口將會很快的超越古柯鹼（Cocaine）與鴉片（Opium）等毒品施用人數。另一方面過去十年，也因為各國反毒策略聯盟與查緝機關的合作，已有大幅度的增加毒品緝獲量，特別是搖頭丸（MDMA、亞甲基雙氧甲基安非他命）等，與安非他命類新興合成毒品的前驅化學物質（Precursor Chemical Diverted）及化學結構類似的物質，不斷翻新出現。另依國際麻醉藥品管制局（International Narcotics Control Board, INCB）於2007年3月即發布警訊指出，世界各國處方藥物濫用規模將超過海洛因（Heroin）等毒品用量，鴉片類藥物最常治療疼痛的處方藥物（INCB, 2008）。中樞神經抑制劑最常見於治療焦慮與睡眠障礙的處方藥物。而中樞神經興奮劑最常見於治療注意力缺陷多動障礙（Attention Deficit Hyperactivity Disorder, ADHD）的處方藥物，其衍生的問題將繼新興合成毒品（如安非他命、搖頭丸等）成為未來防制藥物濫用的隱憂。

第二節　毒品濫用的分類

　　毒品原本是藥品，之所以被稱為「毒品」，乃因非醫療使用目的之管制而濫用，繼而產生依賴性乃至中毒；由醫師診斷，開列處方，供合法醫療

使用者為管制藥品，縱為合法藥品一旦長期累積、多種混合、超過劑量而濫用，也會因藥性不同而漸近產生耐藥性或者成癮，甚至造成致命；此為區隔非法毒品與合法管制藥品的基準。茲就常見濫用藥物的分類方式，說明如下：

一、毒品國際公約之藥理學分類

　　依據聯合國毒品公約規範藥理學的主要分類如下：

（一）1961年「麻醉藥品單一公約」（The Single Convention on Narcotic Drugs）（UNODC, 1961），表列麻藥品項又稱黃色清單（Yellow List）。主在規範麻醉品在醫藥上之使用，減輕痛苦，防止濫用及成癮危害。此項公約內涵要求各締約國應於全國各層級安排相關單位，協調、查禁非法產銷之行為，可以指定機關負責此項協調，並與國際組織密切合作且應採取措施，使違反公約非法種植、生產、製造、提煉、持有、供應、販賣、購買、輸出入及運輸麻醉藥品者，科以適當刑責，尤以徒刑或其他褫奪自由的刑責；前述犯行之麻醉品、物質及器具應予緝獲並沒入（INCB, 2011）。

（二）1971年「精神藥物公約」（The Convention on Psychotropic Substances）（UNODC, 1971），表列麻藥品項又稱綠色清單（Green List）。意在確保精神藥物在醫學與科學用途，制止濫用、非法產銷及引起之公共社會問題。此項公約內涵將影響精神藥品分為四類：1.物質能具成癮性、依賴性；2.或產生中樞神經系統之興奮或抑制效果，導致幻覺或對動作、思想、行為、感覺及情緒有所影響；3.或已列為影響精神物質具有同樣濫用性或作用；4.已有充分證據，證明正被濫用或可能被濫用而會影響公共衛生與社會問題者。要求各締約國應採取適當之措施，確認其影響精神物質之製造、輸出、輸入、銷售、分配、儲存使用以及使用處方規定專供醫學與科學用途。國際旅客攜帶少量影響精神物質製劑個人使用，締約國有權查明此等製劑是否確實經過合法取得與取締旅客非法產銷、擬定防止濫用措施、罰則之規定（INCB, 2015）。

（三）1988年「禁止非法販運麻醉藥品和精神藥物公約」（The Convention Against Illicit Traffic in Narcotic Drugs and Psychotropic Substances），

表列麻藥品項又稱紅色清單（Red List）（INCB, 2015）。旨在關注麻醉藥品和精神藥物的非法生產及販運，排除對人類健康的嚴重威脅，防制對社會、經濟、文化及政治的不利影響，澈底杜絕毒品的危害，並將可能用於非法製造毒品的先驅化學物質列入監測管制項目，亦為國際管制毒品先驅化學物質之主要法源。此項公約內涵要求各締約國由國際合作、共同取締，適當採取控制下交付（意指在司法機關的監控下，違法贓物或毒品可以繼續進行交易流向買家，藉以追查幕後藏鏡人、共犯結構與上下游犯罪集團，屬於「暫緩逮捕」或「暫緩扣押」，目的在於等待掌握最終銷售歷程後，一舉破獲追捕幕後藏鏡人）以查明非法犯罪者，並強化引渡之有效性及相互法律協助；另外因非法販運能獲得巨額利潤及財富，所以亦要求各國所擬定之法規須得沒入非法販運者之財產、工具或任何物品，以及沒收非法販運者從其販運活動中得到之收益（UNODC, 1988）。

二、臺灣法制之毒品級別分類

依據臺灣「毒品危害防制條例」（Controlled Drugs Act）第2條之規定，毒品，指具有成癮性、濫用性及對社會危害性之麻醉藥品與其製品及影響精神物質與其製品；依據分類上常見各級毒品品項，目前計有683項（不含類似物質，含第四級毒品原料38項），如下：

（一）第一級：海洛因、嗎啡（Morphine）、鴉片、古柯鹼及其相類製品等，計有九項；國內以海洛因為主要濫用的型態，而青少年經由吸食成癮，進而發生渴求參與販毒，已經造成了「吸食－販賣－吸食」的毒品犯罪生態循環。

（二）第二級：可待因〔Codeine製劑每100毫升（或100公克）含量≧5%〕、罌粟（Opium poppy）、古柯（Coca）、古柯葉（Coca Leaf）、大麻（Marijuana）、安非他命（Amphetamine）、亞甲基雙氧甲基安非他命（MDMA、搖頭丸）、液態搖頭丸（GHB）、麥角二乙胺（LSD、搖腳丸）、美沙多（Methadone，毒品替代療法使用、美沙酮）、魔菇〔Mushroom，內含裸頭草辛（Psilocine）、西洛西賓（Psilocybine）等二種二級毒品〕、配西汀（Pethidine）、潘他唑新（Pentazocine）及其相類製品等，計有222項；其中青少年以

濫用搖頭丸、大麻，安非他命及其相類製品、GHB、LSD、甚至新興毒品魔菇等之濫用現象較為常見。

（三）第三級：可待因〔Codeine製劑每100毫升（或100公克）含量5% ＞ Codeine≧1%），少部分市售感冒藥糖漿範圍含量大於1公克〕、愷他命（Ketamine、K他命）、氟硝西泮（Flunitrazepam、FM₂）、硝甲西泮（Nimetazepam、一粒眠）、西可巴比妥（Secobarbital、紅中）、異戊巴比妥（Amobarbital、青發）、納洛芬（Nalorphine）、四氫大麻酚（Tetrahydrocannabinol、THC）、4-甲基甲基卡西酮（Mephedrone、喵喵）、合成大麻K₂類似大麻活性物質（常見化合物：例如CP47, 497、JWH-018、JWH-073、JWH-250、HU-210）、對-氯安非他命（Para-Chloroamphetamine、PCA）及其相類製品等，計有345項；其中青少年以濫用愷他命、FM₂，與新興毒品四氫大麻酚、喵喵、合成大麻K₂及類大麻活性物質等較為常見。

（四）第四級：可待因〔Codeine製劑每100毫升（或100公克）含量1% ＞ Codeine ＞ 0%），市售感冒藥糖漿多為每100毫升未滿1公克〕、二氮平（Diapezam、安定）、特拉嗎竇（Tramadol）、阿普唑他（Alprazolam）及其相類製品等，計有77項；以及第四級毒品先驅原料〔如鹽酸羥亞胺Hydroxylimine、2-溴-3,4-亞甲基雙氧苯丙酮（2-Bromo-3,4-(Methylenedioxy) propiophenone）等〕等38項。青少年往昔較常濫用愷他命（Ketamine）、一粒眠（Nimetazepam）等，近年則濫用毒咖啡包、冰毒（Meth、甲基安非他命）、搖頭丸（MDMA）、大麻（Cannabis、Marijuana）、吩坦尼（Fentanyl）止痛劑、或鎮靜安眠類藥物，如安定、Xanax（蝴蝶片）等，以及其他發生於濫用醫療用途手術麻醉藥致命的「牛奶針」（丙泊酚、Propofol、普洛福）等靜脈注射液為主。

三、麻醉藥品及影響精神物質之藥理學分類

有關麻醉藥品及影響精神藥物或物質，係以刺激神經傳導物質的釋放為主要作用途徑。在正常生理情況下，神經傳導物質受到身體自我調節機制作用，不會過度釋放；不過遇上毒品時，會促使神經傳導物質異常大量釋放，或者抑制其回收機制，導致細胞被過度活化，傷害神經系統而造成調節「失

控」。依藥理作用分類（表3-1至表3-3）常見濫用藥物與危害類型（趙軒翎，2014）歸納為：

（一）中樞神經抑制劑

中樞神經抑制劑施用者會產生情緒變化，後轉為瞳孔會縮小、發汗、食慾減退、呆滯、體重減輕、困倦、昏睡。海洛因能促使引發神經傳導物質的釋放，因而讓大腦產生錯誤的極度愉悅感，會抑制大腦的意識作用，鎮靜安眠、催眠使人陷入昏睡，過量時甚至可能死亡。有些安眠類的藥物會使人昏睡，因此「約會強暴」藥物容易被濫用。若藥物持續作用於中樞神經系統，則會有精神性及身體上依賴及嚴重戒斷症狀，造成神經系統慢性中毒，導致思考、記憶衰退及肢體失調等狀況，過量可能導致呼吸麻痺，甚至死亡。如鴉片、嗎啡、海洛因、強力膠與有機溶劑。施用中樞神經抑制劑類毒品（如愷他命）比起中樞神經興奮劑（如安非他命）較具有無被害者犯罪（Victimless Crime）特性，例如自殺、濫用藥物、酗酒、從事行交易賣淫等。而常見鎮靜安眠類之毒品例如FM$_2$、GHB、紅中、青發、白板等，施用後之中毒症狀，包括嗜睡、昏迷、語意模糊，高劑量會產生低血壓、呼吸困難、視覺障礙及深度昏迷，如並用酒精類飲料，則會加強其毒性。戒斷症狀，包括生長障礙、腦損傷、肝臟障礙。以發現吸食愷他命一至二年後的患者為例，會出現記憶力減退、產生幻覺、腎水腫、腎衰竭等徵狀，其膀胱容量因為拉K造成發炎細胞增生導致膀胱壁變厚，容量因此縮小，嚴重的可能會膀胱容量只剩下10 c.c.（正常人為400 c.c.），因此可能需要裝尿袋、包尿布，甚至需進行膀胱重建術。施用愷他命（K他命）會影響感覺、協調及判斷力及產生噁心、嘔吐、複視、視覺模糊、影像扭曲、暫時性失憶、身體失去平衡等症狀；長期會產生心理依賴性及耐受性，造成強迫使用，不易戒除，拉K亦可能會傷害鼻黏膜，而產生不斷流鼻水之症狀（詳表3-1）。

（二）中樞神經興奮劑

中樞神經興奮劑濫用使人精神興奮，會產生抑制食慾、口乾、呼吸困難、失眠、妄想、憤怒、攻擊行為、好辯、幻覺、恐慌症、偏執症。過量使用時會有高血壓、心臟麻痺、腦損傷之可能性，以及強烈地精神性依賴及身體上依賴、耐藥性、昏睡、死亡。中樞神經興奮劑透過持續釋放神經傳導物質，導致神經不斷被刺激、活化，而影響到情緒、睡眠與食慾等功能的變

化。如吸食古柯鹼、搖頭丸、安非他命等藥物，興奮之餘出現幻覺、猜忌、胡言亂語等現象，使用過量在生理上會導致呼吸衰竭、心臟麻痺，甚至死亡。相關毒品如古柯鹼、安非他命、搖頭丸等。以施用新興毒品喵喵為例，會產生類似甲基安非他命（Methamphetamin、冰毒）與搖頭丸的效果，但因作用時間短，故施用者會不斷追加劑量，施用引起之症狀如下：1.呼吸系統會有呼吸困難、鼻灼熱感、嚴重鼻出血等；2.心臟血管會有心悸、心律不整、潮紅、胸痛、心臟病發作、嚴重的血管收縮、血壓上升、多汗、四肢冰冷等；3.精神症狀如引起幻覺、錯覺、妄想、焦慮、憂鬱、激動不安等；4.神經系統問題有短期記憶喪失、記憶力不集中、瞳孔放大等；5.肌肉骨骼系統會有抽蓄、痙攣、牙關緊閉、磨牙等症狀（詳表3-2）。

（三）中樞神經迷幻劑

　　濫用中樞神經迷幻劑會讓吸毒者產生脫離現實之感與幻覺經驗，使用者會好辯（多話）、想笑、陶醉感、幻覺、脫離現實錯覺及、噁心、劇吐、無預測之行動等感受，嚴重者會有不安、焦慮、恐慌、思覺失調、自殘及自殺等暴行。施用過量，例如施用搖腳丸，會發生瞳孔擴散、欣快感、焦慮、頭痛、噁心、嘔吐、妄想、幻覺、恐慌、肌肉僵直及發抖，導致大腦與周邊循環血管攣縮、身體抽搐、昏迷、過量可造成精神病甚至死亡。又如持續使用大麻、或者抽大麻菸（呼麻）會有吸食後會產生心跳加速、妄想、幻覺、口乾、眼睛發紅等現象，長期使用會造成記憶受損、學習及認知能力減退、體重增加、免疫力降低、不孕症及動機缺乏症候群，孕婦吸食會造成流產或死產。停止服用會產生戒斷症狀（易怒不安、食慾減退、失眠、出汗、震顫、噁心、嘔吐），發生思覺失調症（Schizophrenia）等症狀。而施用Phencyclidine（天使塵、PCP），會產生瞳孔擴散、步態不穩、眼球震顫、激動、失憶、妄想、焦慮不安及幻覺，過量可造成精神病甚至死亡（詳表3-3）。

表3-1　常見濫用藥物種類與型態：中樞神經抑制劑

分類	種類	俗名	醫療用途	級別	濫用方式	濫用的危害
中樞神經抑制劑、麻醉藥品	鴉片（Opium）	福壽膏、芙蓉膏	鎮痛止瀉	1	經口，吸食	產生耐藥性、噁心、嘔吐、呼吸抑制、便秘、瞳孔縮小、尿滯流。 戒斷症狀： 打哈欠、盜汗、流眼淚、流鼻水、皮膚起疙瘩、失眠、焦慮不安、易怒、顫抖、嘔吐、腹痛、皮膚蟲鑽感。
	嗎啡（Morphine）	魔啡	鎮痛	1	注射、口服	
	海洛因（Heroin）	白粉、四號、細仔	禁止使用	1	注射、吸食	
	美沙冬（Methadone）	美沙酮、一片	鎮痛替代治療	2	注射、口服	
中樞神經抑制劑、鎮靜安眠類	巴比妥酸鹽類（Barbiturates）	甲奎酮、白板（Methaqualone）	禁止使用	2	注射、口服	意識障礙、運動失調、視力模糊、暈眩、嗜睡、健忘、記憶受損、注意力不集中、呼吸抑制、迷糊。 戒斷症狀： 頭痛、噁心、嘔吐、失眠、焦慮、失眠、痙攣、虛弱、易怒、盜汗。
		異戊巴比妥（Amobarbital）、青發	安眠鎮靜	3	注射、吸食	
		西可巴比妥（Secobarbital）、紅中		3	注射、口服	
	苯二氮平類（Benzodiazepines）	氟硝西泮（Flunitrazepam）、約會強暴丸、十字架、FM₂、Rohypnol、615、815	安眠鎮靜	3	注射、口服	頭痛、噁心、嗜睡、精神恍惚、運動失調、焦躁不安、意識不清、注意力不集中。 戒斷症狀： 焦慮、暈眩、妄想、失眠、憂鬱、顫抖、痙攣。
		二氮平（Diapezam）、安定		4		
		蝴蝶片、Xanax、Alprazolam		4		
		硝甲西泮（Nimetazepam）、一粒眠、紅豆、K5、Erinim	治療焦慮失眠	3	口服	低劑量用於鎮靜、中劑量可抗焦慮、高劑量有催眠效果。若持續使用，約四至六週便會產生依賴性，長期使用會出現嗜睡、步履不穩、注意力不集中、記憶力與判斷力減退等症狀。 戒斷症狀： 頭痛、噁心、嘔吐、焦慮、畏光、嗜睡、疲倦、不安、注意力不集中、厭食、出汗、失眠、暴躁、緊張抽搐、顫抖等。

表3-1　常見濫用藥物種類與型態：中樞神經抑制劑（續）

分類	種類	俗名	醫療用途	級別	濫用方式	濫用的危害
中樞神經抑制劑	液態搖頭丸（GHB）	液態快樂丸、G水	禁止使用	2	口服	噁心、嘔吐、呼吸困難、頭痛、失去意識、昏迷與死亡、與酒精並用加劇危險性。**戒斷症狀：**失眠、顫抖、腹瀉、脈搏加速、高血壓、焦慮、幻覺、被害妄想、躁動不安及譫妄。
	愷他命（Ketamine）	K他命、卡門、Special K、K粉、克他命、K仔、K、Cat Valium	手術麻醉	3	口服，煙吸，鼻吸，注射	噁心、嘔吐、頭昏、心搏加速、血壓上升、影像扭曲、視力模糊、流淚、複視、暫時性失憶、無法行走、急性精神病。高劑量時可能會抑制呼吸致死。**戒斷症狀：**易有耐受性，使用者會不斷增加使用頻率及劑量，可能發生焦慮、煩躁、睡眠障礙、顫抖、冒汗、及心悸等戒斷症狀。
	有機溶劑	Organic Solvent、強力膠、汽油、油漆、打火機	禁止使用	無	吸入	意識口齒不清、焦躁不安、幻覺、妄想、心律不整、厭食、噁心、嘔吐、沮喪、猝死、呼吸抑制、重覆發作流鼻血與口鼻潰瘍。**戒斷症狀：**較少，但可能出現發抖、流淚、打哈欠與強烈渴求藥物心理依賴等症狀。
	氧化亞氮／一氧化二氮	N_2O、笑氣、吹氣球	手術麻醉	無	吸入	幻覺、憂鬱、失憶、缺氧、氣胸、肺氣腫、血液與骨髓及周邊神經病變。**戒斷症狀：**可能與酒精或藥物併用，易有中毒的危險產生。

資料來源：整理自衛生福利部食品藥物管理署之相關資料。

表3-2　常見濫用藥物種類與型態：中樞神經興奮劑

分類	種類	俗名	醫療用途	級別	濫用方式	濫用的危害
中樞神經興奮劑	甲基安非他命（Meth-Amphetamine）	冰塊、安公子、速必、冰糖、安仔、炮仔、鹽、Amphetamine	禁止使用	2	經口，鼻吸，注射	**精神方面不良作用：** 失眠、焦慮、暴躁易怒、情緒不穩、記憶減退、妄想、視幻覺、聽幻覺、讀望、具攻擊性、自殺與殺人傾向、思覺失調症、嘔吐、妄想型精神病、神經系統傷害。
	亞甲基雙氧甲基安非他命（MDMA）	搖頭丸、綠蝴蝶、快樂丸、亞當、狂喜、忘我、衣服、上面、Ecstasy	禁止使用	2	口服	**心臟血管不良作用：** 心跳加速、心悸、心律不整、血壓上升、高血壓、腦溢血。 過量時會昏迷、體溫過高、橫紋肌溶解、急性腎衰竭、甚至死亡。 **戒斷症狀：** 疲倦、沮喪、焦慮、易怒、全身無力，嚴重者甚至出現自殺或暴力攻擊行為。
	古柯鹼（Cocaine）	快克（Crack）、可卡因、Snow、Flake	局部麻醉	1	經口，煙吸，鼻吸	興奮、瞳孔擴散、失眠、躁動、沮喪、焦慮不安、食慾不振、噁心、嘔吐、痙攣、精神病、心律不整。 **戒斷症狀：** 出現渴求藥物、不安、打呵欠、流淚、無力、流汗、流鼻水、盜汗、失眠、厭食、腹瀉、噁心、嘔吐、肌肉疼痛、焦慮等症狀。

資料來源：整理自衛生福利部食品藥物管理署之相關資料。

表3-3　常見濫用藥物種類與型態：中樞神經迷幻劑

分類	種類	俗名	醫療用途	級別	濫用方式	濫用的危害
中樞神經迷幻劑	麥角二乙胺（LSD）	一粒沙（ELISA）、搖腳丸、加州陽光、白色閃光、方糖、Lysergride	禁止使用	2	口服，舌下	頭痛、噁心、嘔吐、瞳孔擴散、妄想、幻覺、肌肉僵直、發抖、恐慌、欣快感、過量精神病致死。 **戒斷症狀：** 較少，但有強烈心理依賴。耐藥性發展極快。產生精神症狀及脫離現實感。
	Phencyclidine（PCP）	苯環利定、天使塵、Love Boat	禁止使用	2	口服，煙吸	失憶、妄想、幻覺、眼球震顫、步履不穩、激動、瞳孔擴散、焦慮不安、過量精神病致死。 **戒斷症狀：** 較少，可能產生幻覺、意識模糊、失去方向感。
	大麻（Marijuana）	麻仔、草、飯、老鼠尾、剛加（Ganja）、卡那斯（Charas）、Cannabis	禁止使用	2	煙吸	妄想、幻覺、眼睛發紅現象、長期濫用造成記憶、學習、認知能力減退、免疫力降低、動機缺乏症候群、造成不孕、流產或死產。 **戒斷症狀：** 產生厭食、焦慮、不安、躁動、憂鬱、睡眠障礙等戒斷症狀。

資料來源：整理自衛生福利部食品藥物管理署之相關資料。

四、俱樂部濫用藥分類

　　俱樂部濫用物質（Club Drugs）已有取代（甲基）安非他命毒品，成為E世代濫用違禁藥物趨勢。警方經常在夜總會、酒吧、PUB、舞會場合中查獲用來助興的菸、酒、搖頭丸、愷他命、氟硝西泮、GHB、GBL（在體內會轉變為GHB）、麥角二乙胺（Lysergic Acid Diethylamide, LSD）等。青少年長期服用不僅會造成上癮，更會造成腦部神經損傷，產生記憶減退、妄想、幻覺及神精分裂症等現象，此外，還會伴隨出現暴力攻擊行為。許多青

少年誤以為週末狂歡，偶一為之不會成癮，卻往往身陷其中，難以自拔。新一代俱樂部迷幻藥，通常為錠劑，多為化學合成，使用後可能會出現的副作用如聽覺及視覺扭曲、胃痛、脹氣、嘔吐、腹瀉、焦慮、肌肉緊張、睡眠障礙、短暫欣快感（Euphoria）、生理及心理刺激作用等。依據學者指出，新興毒品具有「群聚性」、「公開性」、「流通性」與「便宜性」等特性，致使青少年容易染上成癮（黃徵男，2001）。近年新興濫用物質非指特定而是變動組合的毒品概念。時下藥物濫用的現況特徵，包括新興毒品花招百出變換不同的形式、圖樣多樣化、名不符實、不純不均、多重毒品之混合使用、吸食方式之多元化、合法處方藥物之混充等，時令青少年朋友防不勝防。

第三節　青少年濫用毒品類型

聯合國估計，近年使用安非他命類（Amphetamine-Type Stimulants, ATS）之新興合成毒品人口已經超越古柯鹼、海洛因、鴉片類等傳統毒品。由於各國司法查緝機關的合作及執行反毒的策略聯盟，以致毒品緝獲數量的大幅增加，特別是搖頭丸等安非他命類新興合成毒品，安非他命類與其相關的類似毒品（Designer Drugs）、合成毒品（Synthetic Drugs）的使用，就如處方藥（Prescription Medicine）一般，已經成為全球的最大威脅。另依INCB曾於2007年3月發布警訊已指出，世界各國處方藥濫用，規模亦將超過海洛因等毒品用量，其衍生的移轉替代毒品濫用問題，將繼新興合成毒品（如安非他命、搖頭丸等），成為毒品防制機關與相關部門須特別監測及關切的問題（INCB, 2008）。

一、跨國之青少年物質濫用類型

依據跨國比較之青少年（15至16歲）物質濫用類型調查發現，青少年（15至16歲）物質濫用終身盛行率，約為年盛行率之4倍或者點盛行率之2倍。物質濫用盛行率歐洲25.1%、美國（10年級）46.2%、24.0%（不含大麻）。歐、美、澳青少年大麻濫用盛行率分別為23.0%、40.9%、42.8%，加拿大（7至13年級）為34.7%。歐、美、澳青少年安非他命濫用終身盛行率分別為3.3%、15.7%、9.3%，加拿大為9.5%，如表3-4（UNODC, 2002）。

依據世界衛生組織（WHO）出版的「愛滋病毒、病毒性肝炎和性傳播感染2022至2030年全球衛生部門戰略」報告指出，愛滋病毒、病毒性肝炎和性傳播感染每年導致230萬人死亡和120萬例癌症，並繼續為全世界帶來嚴重的公共衛生負擔。每天有100多萬人新感染性傳播疾病，每年有450萬人感染愛滋病毒、B型肝炎和C型肝炎（WHO, 2022）。估計有1,120萬人是注射吸毒者，每八個注射吸毒者中就有一人感染愛滋病毒（140萬人），近一半的注射吸毒者感染C型肝炎（估計550萬人），120萬注射吸毒者同時感染愛滋病毒和C型肝炎（UNODC, 2022）。美國的研究顯示，非法藥物使用者、或與非法藥物使用者同住者，有較高的危險被殺害及自殺情形；非法藥物使用會

表3-4　跨國比較之青少年（15至16歲）物質濫用類型與終身盛行率

	歐洲						加拿大	美國	澳洲
	範圍		未加權前平均	以全歐人口加權校正後平均			7至13年級	10年級	15至16歲
	最小	最大		西歐	東歐	全歐			
所有藥物	3%	36%	18%	28.7%	18.7%	25.1%	—	46.2%	—
大麻	1%	35%	16%	27.2%	15.7%	23.0%	34.7%	40.9%	42.8%
安眠鎮定劑	2%	18%	7%	7.3%	8.9%	8.0%	3.5%	7.9%	21.5%
吸入劑	1%	22%	9%	9.4%	7.0%	8.5%	10.9%	17.0%	21.3%
所有藥物（不含大麻）	2%	13%	6%	8.0%	7.4%	7.7%	—	24.0%	—
安非他命	0%	8%	2%	3.5%	2.7%	3.3%	9.5%	15.7%	9.3%
MDMA	0%	6%	2%	3.0%	2.2%	2.8%	5.4%	6.0%	5.0%
海洛因	—	—	—	—	—	—	2.8%	2.3%	4.3%
海洛因吸入	1%	8%	3%	1.7%	3.8%	2.5%	—	1.6%	
海洛因注射	0%	3%	1%	0.7%	0.9%	0.8%	—	1.3%	
鹽酸古柯鹼	0%	4%	1%	2.3%	1.2%	2.0%	5.1%	7.7%	4.0%
快克古柯鹼	0%	2%	1%	1.2%	0.5%	0.9%	3.3%	4.0%	—
LSD及其他迷幻劑	0%	5%	2%	2.7%	2.5%	2.6%	10.3%	8.5%	9.3%

資料來源：UNODC（2002）。自行整理。

增加家庭中因暴力引起的死亡事件（包括他殺及自殺）的發生；50歲以下暴力引起的死亡案例呈現，使用非法藥物者比未使用者，自殺死亡的危險高於6倍（Rivara et al., 1997）。另1984至2000年，義大利針對15至44歲的非法藥物濫用者，連續十五年的調查顯示，發生藥物中毒死亡的男女性集中在25至34歲，大多導因於海洛因，且人數有逐年持續增加的趨勢；將近一半的死亡者是併用三種或以上非法藥物（Preti et al., 2002）。又物質濫用相較於其他可預防的健康狀態，有較高的死亡、生病及失去生活機能的情形（NIH, 2012）。

　　另英國於1974至1993年間，對於15至19歲藥物濫用的青少年追蹤二十年研究發現，青少年藥物濫用的整體死亡率千分之4.7（每人年），平均死亡年齡23歲，91.3%死亡發生在15至29歲；主要死因為意外中毒占64.3%，且有三分之二美沙多及海洛因中毒致死；15至19歲青少年濫用藥物死亡原因為11.4%自殺（Oyefeso et al., 1999）。幾乎所有施用毒品（強力膠、安非他命或海洛因）的母親，都可能造成胎兒畸型或發育有問題，成為所有家人一輩子的共同傷痛。

　　另依據教育部近年整理文獻顯示，美國Monitoring the Future（MTF）調查8、10、12年級學生非法藥物使用行為，終身盛行率20%至50%、10%至19%（不含大麻）。歐洲European Monitoring Centre for Druga and Drug Addiction調查16歲學生非法藥物使用行為，終身盛行率11%至20%、3%至7%（不含大麻）。澳洲Australian Institute of Health and Welfare調查14至19歲非法藥物使用行為，終身盛行率15%至30%。日本Nationwide General Population Survey on Drug Use in Japan調查15至64歲非法藥物使用行為，終身盛行率2.0%至2.9%（教育部，2019）。

二、臺灣青少年濫用藥物之類型

　　依據筆者整理臺灣青少年藥物濫用種類多以愷他命、毒咖啡包（混合安非他命類、搖頭丸、卡西酮類等）、強力膠為主；保護管束青少年的非法物質使用類別，則以氧化亞氮（N_2O、笑氣）最為盛行，其次為搖頭丸及安非他命；大專校院學生毒品使用種類以搖頭丸及大麻較多，而少年觀護所及在監人員首次使用毒品以搖頭丸及愷他命較多，常見使用的毒品為安非他命。衛生福利部食品藥物管理署整理之臺灣地區青少年非法藥物濫用流行病學調

查（衛生福利部，2010；2018；教育部，2019），詳表3-5。

表3-5　臺灣地區青少年非法藥物濫用流行病學調查

研究年	學者	研究名稱	青少年非法藥物濫用盛行率
1992、1993-1997、1999	周碧瑟	青少年用藥盛行率與危險因子之探討	1.0%至1.4%。
1994-1997	鄭泰安	青少年藥物濫用之流行病學研究	國一：0.9%、國二：1.5%、國三：11%。
1998-1999	鄭泰安	青少年藥物濫用之追蹤研究	國一：0.93%、國二：1.53%、國三：3.56%。
2002	陳為堅	街頭青少年的藥物濫用調查	臺北市上課時間街頭遊蕩之青少年：11%。 臺北市社工開案輔導之青少年：22%
2003	陳為堅	臺北地區青少年藥物濫用調查—全國性青少年調查之先導研究	國中生、高中生：1.5%。
2004	陳為堅	全國青少年非法藥物使用調查	國中：0.75%、高中：1.28%、高職：3.04%。 街頭遊蕩青少年： 男性2.5%、女性1.3%。
2004	郭憲文	臺灣地區在學國中、高中生藥物濫用之調查	國、高中生：1.6%。
2004	柯慧貞	全國大專校院學生藥物使用盛行率與其相關心理社會因素之追蹤研究	大學生：2.1%。
2005	陳為堅	全國青少年非法藥物使用調查	國中：0.77%、高中：0.74%、高職：2.3%。 街頭遊蕩青少年： 男性11.65%、女性8.85%。
2005	柯慧貞	全國大專校院學生藥物使用盛行率與其相關心理社會因素之追蹤研究	大學生：1.7%。
2006	陳為堅	全國青少年非法藥物使用調查	國中：男性0.65%、女性0.60%。 高中：男性0.82%、女性0.31%。 高職：男性1.36%、女性1.15%。 街頭遊蕩之青少年： 男性10.44%、女性4.31%。

表3-5 臺灣地區青少年非法藥物濫用流行病學調查（續）

研究年	學者	研究名稱	青少年非法藥物濫用盛行率
2006	柯慧貞	全國大專校院學生藥物使用盛行率與其相關心理社會因素之追蹤研究	大學生：2.1%。
2006	鄧秀珍	特殊青少年毒品濫用及相關因素探討	法務部矯正署少年觀護所之收容少年：29.83%。
2007	柯慧貞	全國大專校院學生藥物使用盛行率與其相關心理社會因素之追蹤研究	至少一種毒品：1.7%。 毒品種類： 搖頭丸1.1%、大麻0.9%。
2007	李思賢	青少年毒品戒治者之認知、態度、行為與因應方式之質性研究	1.普遍對於俱樂部藥物會成癮的特性缺乏認知。 2.心情不好或同儕相聚時，易被藥頭所引誘；對於俱樂部藥物具好奇心、將藥物作為解悶的工具等因應方式。 3.研究發現青少年使用「笑氣」有逐漸成長之趨勢。
2007	楊浩然	保護管束青少年非法藥物使用之追蹤研究：用藥型態、疾病率、共病率及心理社會因子之探討	1.保護管束青少年的非法物質使用類別，以笑氣（1.3%）最為盛行，其次為搖頭丸（1.2%）及安非他命（1.0%）。 2.曾經使用非法藥物之青少年，精神疾病患者共病率較未曾使用者高。
2008	陳為堅	年輕族群非法藥物使用之三年長期追蹤研究：採「回應者引介抽樣法」（一）	1.非法藥物使用者於遭逢重大事件如被解僱、退學、面臨破產等方面相較於未使用藥物者，有較高之比例。 2.非法藥物之使用動機以「好奇、趕流行」為主，「同儕認同」次之。
2009	陳為堅	年輕族群非法藥物使用之三年長期追蹤研究：採「回應者引介抽樣法」（二）	1.社區高危險年輕族群之特殊族群中有22.2%的人有非法藥物使用經驗，以俱樂部藥物（搖頭丸、K他命及大麻）為使用之大宗，初次使用年齡為20歲左右。 2.追蹤個案當中，於第一年原本沒有使用過任何一種非法藥物者，在第二年的追蹤調查後發現，非法藥物的發生率達7.5%。

表3-5　臺灣地區青少年非法藥物濫用流行病學調查（續）

研究年	學者	研究名稱	青少年非法藥物濫用盛行率
2018	衛生福利部（委託國立臺灣大學）	「2018年全國物質使用調查」 調查對象：以2017年12月之臺灣地區戶籍資料普通戶之12至64歲國民為抽樣母體，進行抽樣，調查對象不包含集合戶，如軍營、學校宿舍、監獄、寺廟、醫療院所的居民，以及居住在國外者。 研究方法： 1.採分層次、多階段、等機率抽樣。12至17歲、回收樣本數3,598人。 2.抽樣工具：平板電腦輔助面訪調查系統，由受訪者於電腦中之問卷自行填答。	1.12至17歲青青少年非法藥物使用種類以安非他命、搖頭丸、愷他命最多，其中愷他命、大麻、改裝型非法藥物，在兩項調查中皆為前三順位，值得相關單位重視。 2.調查結果： 第一順位：安非他命（0.13%）、搖頭丸（0.08%）、愷他命（0.09%）。 第二順位：大麻（0.06%）、笑氣（0.18%）、強力膠（0.04%）。 第三順位：一粒眠（0.03%）、PMMA（0.03%）、毒咖啡包（0.03%）、毒奶茶包、糖果包、零嘴包等（0.08%）。
2019	教育部（委託國立陽明大學）	2019年學生非法藥物使用行為調查 時間：108年12月1日至109年1月10日 研究方法： 1.採網路問卷匿名填答方式蒐集資料 2.以107學年度學校名錄為抽樣清冊，採「班級」為最小抽樣單位之「多段分層群集抽樣」，預抽出全國學生總數5%；高中職以下學校層別內樣本學校抽出率為10%，大專校院樣本學校抽出率為20%；有效樣本計10萬6,048人，回收率71.67%	1.學生非法藥物使用行為盛行率（終身盛行率）：2016至2019年間，學生自陳曾經使用非法藥物比率於0.17%至1.03%間，各年度雖有增減，但無大幅增加趨勢。 2.曾經使用過的非法藥物： 國小：新興毒品（0.07%）、彩虹菸（0.07%）、合成卡西酮類（0.03%）。 國中：新興毒品（0.14%）、彩虹菸（0.08%）、大麻（0.08%）。 高中職（日間）：新興毒品（0.28%）、K他命（0.21%）、大麻（0.19%）。 高中職（夜間）：K他命（2.22%）、新興毒品（2.12%）、大麻（1.64%）。 大專：大麻（0.39%）、新興毒品（0.29%）、K他命（0.19%）。

資料來源：衛生福利部（2010；2018）、教育部（2019）。

　　整理臺灣近年較爲常見的青少年物質濫用類型，分述如下：

（一）愷他命

　　愷他命（Ketamine）、K他命，香港或稱氯胺酮，屬於中樞神經抑制劑，醫療用爲短效及牙科注射型麻醉劑，國外與液態快樂丸（GHB）及氟硝西泮（FM_2）併稱三大強姦藥物。粉末狀爲主，使用方式以抽菸（俗稱抽K菸）或鼻直接吸入爲主（俗稱拉K）。濫用產生「時間和空間的扭曲」、「幻覺」、及「輕微的解離」症狀，進而出現感官與現實完全脫離的危險情境，身心分離、靈魂出竅感、呼吸抑制影響感覺、協調及判斷力、增加車禍發生風險意外事故及死亡，習慣性濫用會發展成依賴狀態，產生成癮與精神症狀。濫用一至二年後會出現記憶力減退、視覺認知及空間概念的受損，產生幻覺、腎水腫、腎衰竭等徵狀，因爲拉K造成發炎細胞增生導致膀胱壁變厚、膀胱容量縮小、纖維化，造成腎臟病變與衰竭（Miller, 1996）。拉K傷害鼻黏膜不斷流鼻水，造成感覺、協調及判斷力及產生噁心、嘔吐、複視、視覺模糊、影像扭曲、暫發性失憶及身體失去平衡等症狀；長期下來會產生心理依賴性及耐受性，造成強迫使用，且不易戒除。

　　愷他命戒斷症狀包含焦慮、煩躁、睡眠障礙、顫抖、冒汗、及心悸。近年來在英國，愷他命被列爲C級的管制毒品，長期以來愷他命的盛行率在16至24歲的族群中有增加趨勢。英國俱樂部次文化的族群使用之比例也有增加。多數在「銳舞」[1]、夜店、舞廳、KTV等娛樂場所使用。在美國已於1999年8月12日將愷他命列爲三級管制藥品，在10至12年級的青少年中，盛行率約爲1%至2%。歐盟各國中比利時以第二類影響精神物質（Substances Psychotropies）列管愷他命；法國以第四類麻醉藥品（Stupefiants）列管；希臘以C級管制物質列管；義大利以第一級管制物質列管；盧森堡以T級管制物質列管；瑞典以第一級管制物質列管。我國於2002年公告愷他命列屬第三級毒品及管制藥品。在香港，自2005年開始，愷他命已成爲21歲以下的族群最常使用的毒品（衛生福利部，2013）。

---

[1]　Rave，原指合成電音領域次文化現象，後因年輕人涉足迷幻藥物整晚通宵狂野派對而產生負面形象。

（二）合成卡西酮類物質

「合成卡西酮類物質」（Cathinones）近年在國際間盛行，常見品項包括：3,4-亞甲基雙氧焦二異丁基酮（MDPV、浴鹽）、喵喵（混合式毒咖啡包主要成分）、3,4-亞甲基雙氧甲基卡西酮（Methylone、bk-MDMA）、亞甲基雙氧-N-乙基卡西酮（Ethylone）等。屬於中樞神經興奮劑，具成癮性，毒性反應類似甲基安非他命及搖頭丸功效，會讓心跳加速、血壓增高、體溫升高，服用後不僅會有嘔吐、頭痛、抽搐等副作用，長期使用會造成腎衰竭、骨骼肌分解。因合成、吸食容易，被大量濫用。依據臺灣衛生福利部草屯療養院主任林滄耀醫師指出，濫用者會產生幻覺、攻擊性、情緒暴怒，暴力毆打同儕及自殘行為，進一步導致精神疾病。如有血管脆弱或有心臟問題者吸食這類毒品，將有腦出血、心臟病發作風險，衛福部草屯療養院主任林滄耀表示，依據該院內統計在33位15至20歲年輕毒品濫用者中，高達七成使用過「浴鹽」。而在臺灣發現的最小使用者只有13歲。在歐美「浴鹽」曾引發心神錯亂，施用者竟連續地咬人、啃食路邊流浪漢的臉，如殭屍片真實上演，是能讓人「喪屍化」的新興毒品。臺灣過去五年間，由臺灣檢警送檢的非尿液檢體統計資料顯示，2022年6月臺灣地區非尿液檢體共檢出陽性件數1萬2,986件，4-Methylmethcathinone（Mephedrone）（4-甲基甲基卡西酮）使用共3,062件（23.6%），排名居首。而4-Methylethcathinone（4-甲基乙基卡西酮）自2011年6月首次檢出，雖於2013年3月8日列為第三級毒品，2020年檢出1,951件、2021年起雖檢出件數降低，但轉而檢出其他卡西酮類似物質，如4-Methyl-N,N-DMC（甲基-N,N-二甲基卡西酮，本項毒品自2019年1月首次檢出，於2019年11月15日列為三級毒品），卻成長趨勢驚人，反而更超越前者。我國自2009年起陸續發現卡西酮毒品濫用，且驗出件數逐漸增加，目前更是常見毒販將3,4-亞甲基雙氧甲基卡西酮、4-甲基甲基卡西酮、愷他命或甲基安非他命等毒品包裝成糖衣，如民眾日常接觸之糖果、餅乾、混合毒咖啡包（三合一咖啡包）等型態。再從法務部法醫研究所法醫病理解剖死因鑑定案件資料更發現，混合之毒品成分濫用、誤用致死個案中檢出可多達9種以上（衛生福利部，2022）。至今觀察統計合成卡西酮類物質九成都會混合6到12種成分毒品，經常偽裝成咖啡包、奶茶包、糖果、巧克力等，高達九成以上混合愷他命、類大麻、安非他命等多種成分，且包裝多

元，從法拉利液態瓶裝到心型巧克力皆有，比起單一成分的搖頭丸、安非他命等，毒性、成癮性加成作用更大。地下工廠製造的毒品，個別劑量差異70倍（如MDMA），即使只用一顆也可能超過致死劑量而致命（張茗喧，2016）。因此，青少年放暑假在外遊玩，切勿使用來路不明的咖啡包、奶茶包，毒販更不會管毒品的單一劑量是否超過「中毒劑量或致死劑量」，青少年應拒當非法毒品製造的「白老鼠」，堅定拒絕毒品。

　　UNODC報告指出，全球新興影響精神物質（New Psychoactive Substances, NPS）截至2019年止接獲通報共979種NPS，比起2009年的166種大幅增加。在近千種NPS中，僅有273種列入上述1971年「精神藥物公約」與1988年「禁止非法販運麻醉藥品和精神藥物公約」等國際藥物管制公約，各種成癮物質在非法藥物市場流通的速度比以往更嚴重（UNODC, 2014；陳為堅、吳上奇，2020）。從2008至2021年10月間，臺灣已檢出之NPS品項多達177種，其中合成卡西酮類（Synthetic Cathinones）最多、類大麻活性物質（Synthetic Cannabinoids）次之，分別占31.6%和20.3%（曾宇鳳，2022）。INCB發布之2014至2015年報告指出，分別確認了66項、75項NPS。而「炸彈」（Benzo Fury）乃是最近歐美常見的非法派對毒品，其中合成分MAPB（2-Methylaminopropyl、Benzofuran），結構類似安非他命，是一種新型精神作用藥物，因未受管制，不肖業者在網站上公開販售，包裝為合法興奮劑（Legal Highs）或稱「研究衍生藥、狡詐家藥物」（Designer Drugs），並註明「官方」、「化學研究物質」等字眼降低戒心，提升購買慾。造成短暫亢奮、High、對旁人與音樂有好感，停用後則有失落、焦慮感。隨意服用會造成心悸、血壓與體溫上升、瞳孔放大，國外有青少年服用後死亡的案例，多死於心血管合併症（廖珮妤，2016）。毒品咖啡包已經成為臺灣打垮「三合一咖啡包」產業的元兇，其呈現的樣態非常多元，除查獲混摻在糖包、咖啡包、花草茶包、液態飲料中，外包裝還標示熱量企圖魚目混珠，提醒民眾參加派對勿喝來路不明的相關飲料。

　　Mephedrone（浴鹽）最常見的俗稱為喵喵（Meow Meow），因施用者常與愷他命併用，用來緩和Mephedrone藥效消失後所產生的副作用。而愷他命被稱為Ket，與Cat發音相同，因此把Mephedrone稱為Meow Meow（簡稱4-MMC）。喵喵與同屬卡西酮類（Cathinones）其他項目，包括如Ethylone、CMC及BMC等化學合成物質，均屬中樞神經興奮劑不具醫療用

途，非法施用後有欣快、興奮等作用，會產生類似甲基安非他命與搖頭丸的效果，但因作用時間短，故施用者會不斷追加劑量，故容易發生意外。現已在歐洲許多國家發生多起死亡案例，特別提醒國人注意。而類喵喵等物質2014至2015年間呈下降趨勢。根據研究報告指出，Mephedrone會造成嚴重的血管收縮、心臟病發作、心律不整、焦慮、幻覺、妄想、痙攣等副作用。如下：

1. 呼吸系統：嚴重鼻出血、鼻灼熱感、呼吸困難。
2. 心臟血管問題：心臟病發作、嚴重的血管收縮、血壓上升、心悸、心律不整、潮紅、胸痛、多汗、四肢冰冷。
3. 精神症狀：幻覺、妄想、錯覺、焦慮、憂鬱、激動不安、興奮。
4. 神經系統問題：短期記憶喪失、記憶力不集中、瞳孔放大。
5. 肌肉骨骼系統問題：痙攣或抽蓄、牙關緊閉、磨牙。

　　英國（2010年4月列為B級管制）、德國（2010年1月）、愛爾蘭（2010年6月）、紐西蘭、法國、丹麥（B級化學物質）、以色列（列為管制化學物質）、瑞典（危險化學物質）等國家已將其列入毒品或化學物質加強管理；加拿大、美國、歐盟等亦將陸續納管。臺灣在2010年開始發現Mephedrone的蹤跡，並造成一名17歲少女使用後暴斃的案例，現已列管為第三級毒品及管制藥品。喵喵類似物質含4-MEC、Methylone等相關類似結構的化學物質繁多，故當初難能及時列入管制。

（三）類大麻活性物質

　　國內新興濫用藥物以類大麻活性物質，包括JWH-018、JWH-073、JWH-250、JWH-122、JWH-019、JWH-203、JWH-022、HU-210、CP47,497、AM-2201、5F-AKB48、TMCP-2201（XLR-11）、UR-144、AB-CHMINACA，甚至出現罕見的大麻特殊品種「酸柴油」（Sour Diesel、Sour D，其花朵具有類似燃料的化學氣味而著稱）等，為類大麻活性物質之迷幻劑，無醫療用途，惟為供科學上之需用，比照毒品列管等級列入管制藥品管理。濫用者會出現焦慮、噁心、幻覺、妄想、心動過速、情緒加劇、短期失憶、記憶受損、無方向感、意識混亂、狂躁、中度興奮、腦部認知功能改變、易導引到暴力攻擊、逐漸喪失協調性與專注力或昏迷。其中含JWH-018成分之新興濫用物質稱為K_2，在美國俗稱合成大麻或Spice，2010年3月，

美國有線電視新聞網（CNN）即曾報導指出，「在年輕族群中，合成大麻（類大麻）濫用情形有上升之趨勢」。臺灣警察單位曾於2010年送驗之植物碎片中，檢出含JWH-018成分之新興濫用物質，吸食後會有類似大麻的迷幻作用；而國內在2015年檢出達4,000多件，相較前一年增加4.4倍。JWH-018為合成大麻，外觀狀似菸草，由一些乾燥植物組成，並混合多種化學物質。海巡署與警方在追查大麻案時，也發現時下不少年輕男女正在「哈」一種叫作K_2的物質。根據國際調查結果指出，吸食K_2者會出現嘔吐、妄想、精神恍惚、心跳加速等現象，情緒特別容易激動。令人更擔憂的是，K_2含有大量未知藥效的不明化學物質，一經吸食或過量吸食，有可能導致中毒、死亡等危險後果。K_2原本是當作香薰販售使用的，卻被拿來辦派對時的最新助興物質，並且已成為青少年濫用藥物的新寵兒。K_2的主要成分為JWH-018，與大麻獨特的天然化學物質四氫大麻酚（THC）效果相似，吸食方式亦跟大麻相同，捲成菸卷形狀進行燃燒吸食，吸食少量即可令人產生如大麻般的迷幻效果，使人產生精神亢奮而得到快感，因此，迅速在藥癮者口耳相傳間散播開來；惟其毒性比大麻更強，持續使用會產生之成癮性與戒斷症狀。由於外貌與菸草、茶葉相似，如果想從外觀來查緝K_2，很難有所斬獲。

K_2會被濫用的主要原因之一在於K_2有類似大麻的迷幻作用，但尚無法律刑責的疑慮；相較之下，大麻早已被世界各國列為管制物質，嚴禁使用；因此，K_2逐漸取代了大麻的地位，主要透過網路販賣至世界各國，濫用情形已日趨嚴重，因此，UNODC發表聲明，呼籲各國需密切注意K_2的濫用情形。自2008年起，美國、澳洲、紐西蘭、法國、德國、瑞士、英國、芬蘭、俄羅斯等國已陸續將K_2列為管制物質，禁止使用，希望降低濫用情形；臺灣合成大麻K_2類似大麻活性物質等五項（如CP47, 497、JWH-018、JWH-073、JWH-250、HU-210）已於2011年列管為第三級毒品與管制藥品。至其他類似結構的化學物質則仍未及管制。研究指出，大麻為吸毒者初次濫用的藥物，被歸類為濫用物質之入門藥物或稱軟性毒品。美國國家藥物濫用研究所（National Institute on Drug Abuse, NIDA）的研究報告，長期使用大麻會導致成癮，大麻使用者中約有9%出現成癮現象，而從青少年時期就開始使用者，其成癮比例提高至17%，是成年開始使用的2至4倍，每日吸食大麻者成癮比例更提升至25%至50%。大麻之戒斷現象，包含易怒、難以入睡、煩躁不安、渴望及焦慮等。青少年的腦部發展較易受到大麻活性成分

四氫大麻酚影響。青少年時期吸食大麻者，其神經纖維受損較嚴重，藉由影像分析結果發現，使用大麻者大腦前額區（Frontal）活動下降，海馬迴（Hippocampus）容量減少，這也解釋為何青少年時期使用大麻與智力商數（IQ）下降有關聯性。動物研究也指出，大麻會降低多巴胺（Dopamine）系統於腦中的回饋機制，並導致腦部對其他濫用藥物成癮。長期使用大麻恐會增加焦慮、憂鬱情形發生，甚至可能導致精神疾病，尤其在使用量較高、較頻繁或是在年輕時就吸食大麻的使用者，其疾病惡化程度亦較嚴重。

　　大麻之急性毒性及長期使用毒性皆會影響認知功能。大麻會導致吸食者之駕駛能力下降，發生車禍意外的風險會增加2倍，且當併用大麻及酒精時，發生車禍之風險更為提升，大麻亦是最常被通報造成意外事故的非法藥物，研究指出吸食大麻者血中THC濃度與駕駛能力具相關性，血中THC濃度達每毫升2至5奈克（ng/ml）會降低駕駛能力（蕭景彥，2016）。吸食大麻與呼吸道發炎、增加呼吸道阻力及肺過度擴張相關，較常出現慢性支氣管炎症狀；大麻的使用亦可能增加心血管疾病風險，包含心肌梗塞、中風及暫時性腦缺血等。

（四）利他能

　　利他能（Ritalin）成分為派醋甲酯（Methylphenidate），藥理學分類屬於中樞神經興奮劑的一種，為安非他命類毒品的衍生物，可使腦內多巴胺與正腎上腺素（Norephrine）更加活躍。利他能用於治療注意力不集中症候群，或稱注意力缺陷過動症（Attention Deficit Hyperactivity Disorder，簡稱ADHD，俗稱過動症）、發作性嗜睡症（Narcolepsy）的用藥，臨床可以用在治療過動兒症候群的孩童，或是患有無法控制睡慾問題的患者，使用並不能提高智能，坊間以訛傳訛竟誤傳其可提高成績。利他能口服效果迅速且良好，半衰期約為一至三小時，其作用可維持四至六小時；利他能的副作用，可能會有失眠、食慾不振、頭暈、噁心、嘔吐、視力模糊、心悸、心律不整、便秘、口渴等症狀，臺灣列為第三級管制藥品及毒品加強管理，須經由醫師詳細診斷後開立管制藥品專用處方箋，再由領受人憑身分證明簽名領受。依法限供醫藥及科學上之需用，倘流為非法使用，即為觸犯「毒品危害防制條例」。若有考生以為吃完此藥後可以提高注意力或智能，請特別注意，因為結果可能「沒事變有事」，故千萬別以身試法。家長可與專科醫師

討論是否調整服藥劑量與時間來改善。此外，孩童長時間服用該藥品，家長或老師須隨時觀察有無異常運動現象，並告知醫師；另外還須注意不可任意停藥，倘任意停藥或改變服藥時間，可能會造成相關症狀復發；即使無特別現象或問題，亦建議最好每年接受一次小兒科或精神科的整體性檢查。實際治療上，利他能很少發生濫用的情況，因為利他能在治療過動症的療效上是使用低劑量的口服藥劑，成癮風險是在大量服用之下產生。

（五）氧化亞氮（一氧化二氮）

氧化亞氮（N_2O），俗稱笑氣、吹氣球；中樞神經抑制劑，醫療用為吸入性全身麻醉鎮痛劑，為處方藥；且有多種工業用途。在醫療使用上須與O_2併用，惟因本身效力無法達到深度的手術麻醉，一般僅用於手術前的麻醉誘導或牙科手術，若與其他麻醉藥併用，有加乘作用。濫用者將氣球放氣，以鼻吸入肺中，約十五到三十秒即可產生欣快感，並可持續二到三分鐘，同時可能會伴隨著臉潮紅、暈眩、頭臉的刺痛感、低血壓反射心跳加速、產生幻覺、失憶、憂鬱，甚至暈厥。氧化亞氮可與維生素B_{12}合成並代謝使有關的酵素失去活性，影響維生素B_{12}參與的正常生理功能。因氧化亞氮無色、無味，易使人於不知不覺中吸入過量，一旦吸入濃度大於80%或長期慢性使用約二到三個月，則會產生周邊神經病變，如手、腳麻痺、耳鳴、不能平衡無力走路，立體感喪失、衰弱、反射減弱、周邊神經病變、末梢神經病變、脊髓病變及亞急性脊髓合併退化等症狀，亦可能產生精神疾病或發生巨大型紅血球貧血症。另外，可能產生肺氣腫、氣胸等副作用。因醫療使用N_2O，都會加入70%至80%的氧氣，時下青少年則未使用氧氣，若加上PUB內的酒精或併用其他藥物，更易有中毒危險，會造成嚴重身心傷害，得不償失。夜店氣球布置物，裡面更有可能充填N_2O，青少年應自我保護，若身體產生幻覺、暈眩狀況，就要儘速離開該場所。國際間並未將N_2O列為毒品或管制藥品管理，在臺灣以往對於濫用者多依違反「社會秩序維護法」第66條，處三日以下拘留或新臺幣1萬8,000元以下罰鍰。臺灣並自2010年起依醫療用之N_2O納入「醫用氣體」藥品管理。

其後，經各部會分工協調管理，區分1.凡屬「醫療用途」之N_2O，由衛生福利部（食品藥物管理署）管理。並依據「藥事法」第6條之1規定，「經中央衛生主管機關公告類別之藥品，其販賣業者或製造業者，應依其產業

模式建立藥品來源及流向之追溯或追蹤系統。」，違者依據「藥事法」第92條第1項之規定，「處新臺幣三萬元以上二百萬元以下罰鍰」。如有未經核准擅自製造或輸入醫用氣體藥品者，依違反「藥事法」第82條規定，處十年以下有期徒刑，得併科新臺幣1億元以下罰金；而如有販賣未經核准醫用氣體者，則依違反「藥事法」第83條規定，處七年以下有期徒刑，得併科新臺幣5,000萬元以下罰金。再者，2.凡屬「食品用途」之N_2O，亦由衛生福利部（食品藥物管理署）納入食品添加物管制。並依據「食品安全衛生管理法」第24條第1項第7款規定，「食品添加物及其原料之容器或外包裝，應以中文及通用符號，明顯標示……『七、使用範圍、用量標準及使用限制。』」，違者依據「食品安全衛生管理法」第47條第1項之規定，「處新臺幣三萬元以上三百萬元以下罰鍰」；情節重大者，並得命其歇業、停業一定期間、廢止其公司、商業、工廠之全部或部分登記事項，或食品業者之登錄；經廢止登錄者，一年內不得再申請重新登錄。3.凡屬「工業用途」之N_2O，除經濟部輸入與製造應取得同意、申報銷售流向外，環則由環境保護署（毒物及化學物質局）管理，提出「四要〔要核可：毒性及關注化學物質管理法（簡稱「毒管法」）第25、61條；要標示：毒管法第27、61條；要申報：毒管法第26、61條；要逐筆網路記錄：毒管法第26、61條〕，二禁（禁止網路交易：毒管法第28、60條；禁止無照運作：毒管法第25、61條）」管制措施，並依據毒管法管理（毒管法第61條）。自環保署（毒物及化學物質局）2019年1月16日修正公布毒管法新增「關注化學物質」〔指「毒性化學物質以外之化學物質，基於其物質特性或國內外關注之民生消費議題，經中央主管機關認定有污染環境或危害人體健康之虞，並公告者」（環境保護署，2020a）。並於2020年10月30日正式公告N_2O為第一個列管關注化學物質（環境保護署，2020b）。如非屬排除行業別之N_2O製造、輸入業者及使用業者向環保署化學局提出申請，化學局將和中央目的事業主管機關共同審核；必要時，現場勘查，經同意後始得免添加。〕類別，由於「N_2O符合哺乳動物吸入之半數致死濃度（LC_{50}）小於或等於每立方公尺1萬毫克之人體健康危害條件」，已將將工業用N_2O列為第一個關注化學物質，業者應配合於公告後六個月內應添加二氧化硫，其添加量須達100 ppm（百萬分之一）以上、並取得核可、完成標示與安全資料表。立即逐日逐筆以網路傳輸方式記錄並按月申報、禁止以網購方式販售。違者依據「毒管法」第61條，未取得核可、未

依規定申報、未依規定標示，處新臺幣3萬元以上30萬元以下罰鍰。或依據
「毒管法」第60條，郵購、電子購物經營者或其他提供交易平臺者，處新臺
幣6萬元以上30萬元以下罰鍰，並得按次處罰。

（六）新興濫用物質亞硝酸酯類

亞硝酸酯類（Nitrites）原用於治療心絞痛、氰化物中毒的輔助治療
劑以及空間芳香劑，近年來非法使用於男同性戀中以增加性享樂（Sexual
Pleasure）之用。烷基亞硝酸酯類受濫用之最重要因素，乃與其具有平滑肌
鬆弛劑之作用有關；烷基亞硝酸酯類釋出Nitric Oxide（NO）產生平滑肌鬆
弛之作用，NO為強效之血管擴張劑。其中較常被濫用的有俗稱Poppers之
Amyl Nitrite及俗稱Rush之Butyl Nitrite與Isobutyl Nitrite。揮發性亞硝酸酯類
藥物濫用吸入後，常見不良作用包括：頭暈、心悸、視力模糊、頭痛、嘔
吐、鼻子灼傷、變性血紅素貧血症、低血壓、反射性心搏過速等。當皮膚接
觸Butyl Nitrite而出現硬皮的傷口，顯示可能發生過敏反應，這些傷口大多
出現在鼻子、嘴唇、陰囊及陰莖的周圍。且因揮發性亞硝酸酯類具有可燃性
與爆炸性，故灼傷亦是不可忽視之危險。近年來其濫用之程度更逐漸增加，
加上愛滋病（AIDS）疫情猖獗，男同性戀者使用揮發性亞硝酸酯類後性行
為浮濫，會成為罹患愛滋病和卡波西氏肉瘤（Kaposi's Sarcoma）的高危險
群。

（七）有機溶劑（如強力膠）

青少年濫用有機溶劑（如強力膠，Giue）之副作用，急性期常會心律不
整而死亡，長期會有癡呆性腦病變、小腦退化、四肢麻痺、無力、視神經萎
縮、腎小管傷害及酸中毒、慢性腎炎及腎結石、精子異常、肺功能異常、心
肌無力及病變（林杰樑，2011）。

（八）藥品類似物質或「類緣物」

藥品類似物質或毒品的同類物，稱作類緣物（Analogue），為藥品在合
成過程中所產生「非天然」存在之副產物，其分子主結構與該藥品極類似。
該副產物藥理作用皆可顯著影響人體生理功能，依據藥事法規定，皆應以藥
品列管。另由於藥品「類緣物」其毒性、副作用極可能都大於所產生之醫療
效能，而無法經法定藥物臨床試驗程序，予以驗證，核准上市。依據國內及

美、日、香港、韓國、荷蘭、新加坡等國家所發表報告，世界各國衛生機構由各種違法之市售食品、成藥、中草藥、飲料及健康食品當中，相繼檢出違法添加Sildenafil（威而剛®）、Tadalafil（犀利士®）、Vardenafil（樂威壯®）或者其類緣物（如Acetildenafil等），各該之壯陽藥類緣物，由於未經法定藥物臨床試驗程序予以驗證，所以其藥性及毒性均屬未知，使用後對人體具高度之危險，因此，凡經檢出該成分之產品，皆屬違法。為保障民眾之健康，美國食品藥物管理局（U. S. Food and Drug Administration, FDA）於2006年7月11日發表公告警告消費大眾，藥品違法加入之類緣物，藥效及副作用均不明瞭，極可能會危害使用者之健康。自2003年臺灣地方衛生單位抽驗宣稱壯陽、減肥產品，陸續發現有不肖之業者，違法在食品中摻加犀利士、威而剛、樂威壯等壯陽藥物之類緣物，或者是諾美婷等減肥藥物之類緣物，意圖規避偽藥刑責，且該等案例有逐年上升趨勢，如果讓「類緣物」可添加於食品，將會使不知情、或具有心臟病之民眾，因誤用或濫用，而發生藥物之不良交互作用，不但危害健康，甚至可能喪命，戕害國民身心健康。

毒品製造者或所謂的地下化學家（Clandestine Chemist），因有繁多新興檢驗出的類緣物質種類，故常以該毒品之名義混充販賣或摻雜其中，新興作用及化學結構類似安非他命類毒品，包括合成苯乙基胺系列的2C-B（臺灣稱六角、Bees、六角楓葉；美國稱Nexus為「終極」毒品，香港稱為番仔。外觀類似MDMA，呈現片劑，惟其藥性比MDMA高10倍。顏色有粉紅色、紫色、灰色、黃色等，形狀有圓形、三角形等，圖案有「88」、牛頭、笑臉、蝴蝶等，部分刻有「SSS」、「一」和「小帆船」等圖案）、2C-C、2C-I等；色胺類（Tryptamine）的5-MeO-DIPT（火狐狸）、AMT、5-MeO-AMT，與其他部分第二級毒品藥物化學結構與生理活性作用關係近似（藥物之Structure-Activity Relationship, SAR）。例如以5-MeO-DIPT為例，具有幻覺效果，為安非他命之衍生物，屬於迷幻劑之一種，副作用包括使瞳孔放大、噁心、下顎緊閉、肌肉緊張過度、高血壓及心跳過速等症狀，過量使用可能具急性心臟衰竭致命危險。美國、澳洲等國亦有許多濫用致死案例報導，濫用者體溫驟升，出血，多重器官衰竭而死亡，法醫驗屍發現多為濫用5-MeO-DIPT、PMA、PMMA與MDMA、Methamphetamine等多重及不明毒品並用致死，相當危險。近年從合法興奮劑（Legal highs）、或研究中的衍生藥物，或稱狡詐家藥物（Designer Dugs）等新型態的出

現，已經檢出之更多種類安非他命類設計型藥物的新興毒品。因而，類安非他命物質其毒品樣態，包括對-甲氧基甲基安非他命（PMMA）、對-甲氧基乙基安非他命（PMEA）、五星形圖案藍色錠劑的氯甲基安非他命（Chloromethamphetamine）、對-氯甲基安非他命（PCA）及黃色圓形錠的氟甲基安非他命（Fluooromethamphetamine）、對-氟甲基安非他命（Para-Fluooromethamphetamine、PFMA）、MDPBP、PMA；又如類喵喵物質，包括Mephedrone、4-MEC、Methylone等，由於上述毒品合成途徑多元，容易規避法律制裁，值得特別關注。依據歐洲成癮藥物監測中心對狡詐家藥物之定義：以化學前驅物為原料，於非法製毒工廠中製造，藉由設計稍微改變管制毒品（Controlled Drugs）之化學結構方式，傳統列舉式毒品列管機制已難因應，並陸續造成濫用者高度傷害及危險性，被廣泛濫用的中樞神經興奮劑除了安非他命（大多含甲基安非他命成分）以及搖頭丸、3,4-亞甲基雙氧安非他命（MDA）之外，還有更多作用及化學結構類似安非他命的新興毒品，為安非他命衍生物，屬類似MDMA的單胺釋放劑，具有實質上的高毒性，可能如MDMA無限制地釋放血清素及多巴胺，係非醫藥用途之有毒化學合成物質。此類似結構化學物質、「類緣物」之管理，現已依據「毒品危害防制條」第2條第3項之規定，由法務部會同衛生福利部組成審議委員會，每三個月定期檢討，審議委員會並得將具有成癮性、濫用性、對社會危害性之虞之「麻醉藥品與其製品、影響精神物質與其製品及與該等藥品、物質或製品具有類似化學結構之物質」進行審議，並經審議通過後，報由行政院公告調整、增減之，並送請立法院查照。惟對於完整發現、確認該化學物質的家族結構，始終是政府各部門的一大挑戰。另一方面，由於N_2O也面臨中下游流向的管理、又因毒品先驅化學物質（經濟部：先驅化學品工業原料）「可用於製毒工業原料的不斷發現」，因此，始有2016年12月28日「環保署毒物及化學物質局」的組織成立，以為因應。

　　另以5-MeO-DIPT（火狐狸）等為例，屬於色胺類（Tryptamine），部分作用類似安非他命衍生物，類似結構物質在國外常被當作俱樂部藥物，且因其使用後令人產生迷幻現象，潛藏之致命危險性，德國、美國與新加坡等國家即分別於1999、2003及2006年將5-MeO-DIPT列為第一級管制物質；希臘、丹麥、瑞典及日本亦陸續將其列為管制物質。由於5-MeO-DIPT無醫療用途，且具高度幻覺作用效果，臺灣已產生濫用藥物者使用5-MeO-DIPT之

案件，故已分別於2010年11月30日、2011年1月14日公告列入第四級毒品與第四級管制藥品管理。由於其會影響人類身體結構及生理機能，現由「藥事法」規範。如未經核准擅自輸入或製造者，得以「藥事法」第82條，處十年以下有期徒刑，得併科新臺幣1億元以下罰金；或如有販運事實，則可依同法第83條明知為偽藥或禁藥，而販賣、供應、調劑、運送、寄藏、牙保、轉讓或意圖販賣而陳列者，處七年以下有期徒刑，得併科新臺幣5,000萬元以下罰金。有關安非他命類似物質的毒品危害，詳如表3-6。

表3-6　安非他命類似物濫用的毒害比較

濫用物質	俗名	分類	醫療用途	濫用的危害
安非他命 （Amphetamine） 甲基安非他命 （Methamphetamine）	安公子、安仔、冰糖、冰塊、鹽、炮仔、速必（Speed）	中樞神經興奮劑	無	心跳加速、心悸、心律不整、血壓上升、高血壓、腦溢血、失眠、焦慮、暴躁易怒、情緒不穩、記憶減退、妄想、視幻覺、聽幻覺、瞻望、具攻擊性、自殺及殺人傾向、思覺失調症、神經系統傷害等。過量時會造成昏迷、體溫過高、橫紋肌溶解及急性腎衰竭、甚至導致死亡。
亞甲基雙氧甲基安非他命 （3,4-Methylenedioxy-meth-amphetamine、MDMA）	搖頭丸、快樂丸、狂喜、忘我、綠蝴蝶、亞當、衣服、上面、Ecstasy	中樞神經興奮劑	無	噁心、嘔吐、上下顎緊閉、磨牙、發汗、運動失調、體溫過高、抽搐痙攣、心跳加速、心悸、血壓上升、暈眩、失眠、焦慮、情緒不穩、記憶減退、妄想、幻覺及思覺失調症等。另亦會造成神經系統傷害、肝炎、肝臟壞死、多發性凝血障礙、高血壓、橫紋肌溶解及急性腎衰竭，甚至導致死亡。

表3-6　安非他命類似物濫用的毒害比較（續）

濫用物質	俗名	分類	醫療用途	濫用的危害
3,4-亞甲基雙氧安非他命（3,4-Methylenedioxyamphetamine、MDA）	Harmony、Love、Love Drug、Speed for Lovers	中樞神經興奮劑	無	記憶減退、憂鬱、衝動、焦躁不安、注意力無法集中、學習障礙等作用出現。
3,4-亞甲基雙氧-N-乙基安非他命（3,4-Methylenedioxy-N-ethylamphetamine、MDEA）	Eve、夏娃	中樞神經興奮劑	無	體溫升高、脫水、精神錯亂、注意力不集中、學習力明顯下降，一次服用高劑量，會引發焦慮。
5-甲氧基二甲基色胺（5-Methoxy-N,N-dimethyltryptamine、5-MeO-DMT）	5-MeO	中樞神經興奮劑	無	噁心、嘔吐、腹瀉、肌肉緊張收縮、全身抽搐、高血壓、發高燒或失眠的症狀、欣快感、幻覺，使用者常會有突發性的喪失意識，導致高危險的Sexual Activity或意外傷害，時有致命的危險。
5-甲氧基-N, N-二異丙基色胺（5-methoxy-N,N-diisopropyltryptamine、5-MeO-DIPT）	火狐狸、Foxy、Foxy Methoxy	中樞神經迷幻劑	無	欣快感、生理及心理刺激作用、聽覺及視覺扭曲、胃痛、脹氣、嘔吐、腹瀉、焦慮、肌肉緊張、睡眠障礙及幻覺等。
4-甲氧基安非他命（Para-Methoxyamphetamine、PMA）	Death、Chicken Yellow、Chicken Powder	中樞神經興奮劑	無	體溫上升、心跳速率加快，產生異常亢奮、脫水、心律不整、血壓上升、抽搐痙攣、呼吸困難、噁心、嘔吐、幻覺及瞳孔擴大等現象，易造成中風或腦內出血，嚴重則會導致昏迷及死亡。中毒可能會出現低血糖症，且併發高鉀血症。

表3-6　安非他命類似物濫用的毒害比較（續）

濫用物質	俗名	分類	醫療用途	濫用的危害
對-甲氧基甲基安非他命（Para-methoxymethamphetamine、PMMA）	killer、Red Mitsubishi	中樞神經興奮劑	無	高血壓、心搏過速、體溫升高、併用其他安他命類藥物會出現出血及多重器官衰竭而死亡。
4-溴-2,5-二甲氧基苯基乙基胺（4-Bromo-2,5-dimethoxyphenethylamine、2C-B）	美國稱為Nexus、香港稱為番仔、臺灣稱六角、六角楓葉、Bees	屬合成Phenethylamine類迷幻劑	無	噁心、嘔吐、腹瀉、腹絞痛、脹氣、心跳增加、高血壓、體溫上升、憂慮、恐懼、瞳孔擴張、視覺變化、精神刺激作用及具有類似LSD的幻覺作用。
4-碘苯乙胺-2,5-二甲氧基（2,5-dimethoxy-4-iodophenethylamine、2C-I）	2C-I Eyes、Ice、Twice、Hyperglitter	屬合成Phenethylamine類迷幻劑	無	類似2C-B的作用。噁心、嘔吐、腹瀉、腹絞痛、脹氣、心跳增加、高血壓、體溫上升、憂慮、恐懼、瞳孔擴張、視覺變化、精神刺激作用及具有類似LSD的幻覺作用。
2,5-二甲氧基-4-氯苯乙胺（4-chloro-2,5-dimethoxyphenethylamine、2C-C）	2C-C	屬合成phenethylamine類迷幻劑	無	類似2C-B的作用。噁心、嘔吐、腹瀉、腹絞痛、脹氣、心跳增加、高血壓、體溫上升、憂慮、恐懼、瞳孔擴張、視覺變化、精神刺激作用及具有類似LSD的幻覺作用。

資料來源：整理安非他命類似物，引自衛生福利部食品藥物管理署之相關資料。

第四節　青少年濫用毒品的毒害行為表徵

　　青少年濫用毒品者通常具有一定的身心層面行為表徵，濫用毒品者常有迷思的行為舉止，具有明顯的生理與心理生活變化，情緒漸趨不穩定。例如精神恍惚、目光呆滯、眼神不定、眼圈發黑、未感冒但經常流鼻水、吸鼻

水、常昏睡、很難叫醒、異常體重變輕、經常跑廁所、桌上、躲在房內桌上發現異常白色粉末與其小夾鍊袋、錫箔紙、吸食器（改裝的鋁箔包）、出現電線走火般燒塑膠的氣味。

一、臺灣主要毒品之危害行為表徵

依據臺灣毒物權威林杰樑醫師（2011）對於毒品危害之歸納：

（一）海洛因、嗎啡：1.中樞腦神經：血管瘤、中風、昏迷、抽搐。2.肺：肺水腫、缺氧，急性呼吸衰竭、吸入性肺炎、肺血管栓塞。3.骨骼：骨髓炎、敗血性關節炎。4.心臟血管：心內膜炎、心律不整、感染性血管瘤。5.腎臟：慢性腎炎、尿毒症。6.感染肝炎及愛滋病。

（二）安非他命、搖頭丸及古柯鹼：1.一般作用：流汗、心悸、高血壓、躁動、意識混亂、幻覺、幻聽。較易出現暴力、攻擊性行為。2.心臟血管性：心律不整、血管炎、心肌梗塞。3.中樞腦神經：中風、急性精神病發作、昏迷、抽搐、幻覺（搖頭丸）。4.肺部：肺部纖維化。5.腎：肌肉溶解產生急性腎衰竭及慢性尿毒症。6.慢性精神病。

（三）大麻類：慢性肺部阻塞性疾病，致癌率較香菸為高、免疫力降低、男性精子減少、男性的女乳症、胎兒畸形、無動機症候群。

（四）愷他命：噁心、嘔吐、呼吸困難、說話困難、精神狂亂、健忘、喪失環境知覺、意識模糊、複視、影像扭曲、激動、焦慮，造成火災、墜樓危險或交通事故、意外傷害（Dillon et al., 2003）；解離性幻覺，產生靈魂出竅、或接近死亡，長期使用不僅會上癮，產生意識解離的幻覺，更會誘發思覺失調症狀（EMCDDA, 2001）。

（五）強力膠及有機溶劑：急性期常會心律不整而死亡，長期會有癡呆性腦病變、小腦退化、四肢麻痺、無力、視神經萎縮、腎小管傷害及酸中毒、慢性腎炎及腎結石、精子異常、肺功能異常、心肌無力及病變。

二、青少年毒品危害之行為表徵

施用毒品者的年齡逐漸年輕化，毒品滲透各種管道流進校園，已使青少年藥物濫用問題日益嚴重。青少年多以軟性藥物之入門藥，可能進而使用硬性毒品，衍生社會治安問題。時下流行濫用藥物的特徵，包括新興毒品形式圖樣多樣化、名不符實、不純、不均、多重毒品之混合使用、吸食方式之

多元化、合法處方藥物之混充等；依據臺灣的檢驗指出，混摻的毒品種類甚至含有高達10種以上成分。所衍生的健康危害，包括基因毒性：如突變性、DNA斷裂、染色體異常等；致癌性：食道癌、尿道癌（鴉片類毒品），肺癌、氣管上皮細胞癌（古柯鹼），增加口腔癌、咽喉癌、肺癌比率（大麻）。對於女性所造成的胚胎毒性作用，如胎兒流產、早產、死產、胎兒生長遲緩、體重過輕、致畸胎等影響；另包括強力膠等有機溶劑之上述危害，亦不例外；具體來說，藥物濫用對於健康的危害，可謂是長久而且深遠。近來的研究已再次提出實證，雖然大麻曾被視爲傷害較低的毒品，但也引起許多的健康危害，即使單獨使用大麻，仍可能會引發恐慌症、妄想症、精神疾病症狀以及其他急性副作用疾症。由於大麻多以捲菸方式吸食使用，因而提高使用者得到肺癌及其他呼吸性疾病的危險性。因此，藥物濫用問題已經成爲各國關注而不能不正視的問題，全球化的藥物濫用的毒害蔓延，已經成爲當前人類社會的嚴重問題，世界各國莫不致力於防堵，以遏止其危害。因毒品作用的危害影響，青少年之行爲表徵在校園表現精神異常，且易出現喪失自控的家庭衝突徵兆，分述如下：

（一）生理方面：嗜睡、食慾不振、目光呆滯、結膜紅腫、步履不穩、靜脈炎。甚至產生戒斷症狀之行爲表徵，亦即爲當吸毒者一再重複使用一種或多種藥物，漸漸形成生理依藥性。一旦藥物投與終止或減少時，所產生之非常焦躁、極度不安之身體症狀，且會發生強烈需要服用藥物之欲望。

（二）心理方面：多話、好辯、躁動不安、沮喪、聽視幻、無方向感。

（三）社會方面：多疑、誇大、好鬥、無理性行爲、缺乏動機。

（四）整體影響：健康每況越下、精神異常、課業退步、經濟崩潰、被壞人操控、自卑、恐懼等，產生幻覺、情緒失控、震顫、運動失調、自主神經改變。常見於吸食毒品前後的面容樣貌變化，嘴臉歪斜、雙眼無神，甚至迅速蒼老、憔悴，且臉上會長滿毒瘡（表3-7）。戒斷時期產生嚴重危害生命傷害，造成精神傷害、神經退化（如癲癇、失智、巴金森症、中風、腦炎等）、心臟病（如心律不整、心臟衰竭、血管硬化等）、腎臟疾病、內分泌疾病、肺、肝、胰、血液、免疫等疾病、外傷、成癮疾病、震顫與運動失調，自主神經的改變等。

在了解藥物濫用的毒害之後，必須更深入探討如何發現新興濫用物質，

因為未知的毒源尚未列入法定管制程序，故稱為不法偽藥、禁藥，尚未成為列管毒品，幾乎也未將該物質列入檢驗室廣篩檢測範圍，進而亦無法比對國際毒、藥理文獻。事實上，也可能因為還沒有辦法建立實驗室標準化作業程序，又缺乏標準品，沒法提供可辨認識別毒品的圖譜用以比對確認，甚至是面對新興的濫用物質或毒品還沒有發展出適當的檢驗工具得以應用，都是實驗室毒品檢測常見的難題所在。

　　然而，藥物濫用劑量與致死劑量會因為藥物濫用者對於該藥物的耐受性、個人體質、使用頻率與接觸時間長短而有高達數十倍之差異。新興多種毒品常會摻雜不明成分混合濫用，更將使毒品致死劑量形成不規則變化，造成無法掌握的致命危害。青少年新興藥物的濫用的毒、藥理資料庫與國際監測資訊，就顯得更加重要。常見濫用藥物品項、劑量及致死劑量，整理如表3-8。

表3-7　吸食毒品前後的面容樣貌變化

吸毒前臉部樣貌	吸毒後臉部樣貌	說明
		一個健康人吸食安非他命毒品後，逐年變成嘴臉歪斜、雙眼無神，甚至迅速蒼老、憔悴，且臉上會長滿毒瘡。 圖片來源：https://i1.wp.com/pic3.zhimg.com/v2-0ad8a68878d4996496162964cd3e1acc_r.jpg
		吸食毒品後，迅速蒼老、憔悴、雙眼無神，皮膚潰爛、毒瘡、疤痕。 圖片來源：https://static.juksy.com/files/articles/40670/567a9adcb39cd.jpg
		吸食毒品後，導致皮膚潰爛、毒瘡、疤痕。 圖片來源：https://i1.wp.com/pic1.zhimg.com/v2-452d538f2e7b370caf27219beb2b92bc_r.jpg

表3-7　吸食毒品前後的面容樣貌變化（續）

吸毒前臉部樣貌	吸毒後臉部樣貌	說明
		吸食毒品後，導致皮膚潰爛、毒瘡、疤痕。 圖片來源：https://static.juksy.com/files/articles/40670/567a9adca6198.jpg
		吸食毒品後，導致皮膚潰爛、毒瘡、疤痕，牙齒脫落、法瑯質受損，後期樣貌憔悴，讓人不忍目睹。 圖片來源： https://i1.wp.com/pic4.zhimg.com/v2-8c046e0d0639531c16fa0298188466f4_r.jpg

資料來源：筆者自行整理。

表3-8　常見毒品濫用危害的致死劑量

品項	分級	危險劑量 （Common Doses）	致死劑量 （Lethal Doses）
古柯鹼（Cocaine）	1	100毫克	1.2公克以上可能致死
海洛因（Heroin）	1	10毫克	200毫克以上可能致死
嗎啡（Morphine）	1	5毫克至3,000公克／每天	200毫克以上可能致死
安非他命（Amphetamine）	2	40毫克至2公克	200毫克以上可能致死
甲基安非他命（Methamphetamine）	2	0.14至2公克	200毫克至1公克可能致死
搖頭丸（MDMA）	2	100至150毫克	300毫克以上可能致死
氟硝西泮（Flunitrazepam、FM$_2$）	3	0.5至2毫克	28毫克以上可能致死
愷他命（Ketamine）	3	靜脈注射：1至4.5毫克／每公斤 肌肉注射：6.5至13毫克／每公斤	900至1,000毫克可能致死

表3-8 常見毒品濫用危害的致死劑量（續）

品項	分級	危險劑量 （Common Doses）	致死劑量 （Lethal Doses）
二氮平 （Diazepam、安定）	4	5至40毫克	0.7至3.4克可能致死

資料來源：整理自衛生福利部食品藥物管理署之相關資料。

第五節 結 語

　　整體而言，意欲掌握青少年藥物濫用的危害，防制青少年的藥物濫用，首重對於毒害的認知。毒品的危害「物」根源，雖得以源頭、分級管制，以控制危害風險，惟毒源本質的發生，仍在於「人為」的不操控所致。英國心理學家Eysenck研究指出，討論青少年的藥物濫用犯罪問題，不能僅止於了解遺傳或社會環境因素而已；青少年藥物濫用的犯罪行為乃是透過環境條件（Environmental Conditions）與神經系統（Nervous System）交互作用形成（Eysenck, 1967）。WHO與UNODC共同出版的「藥物依賴治療原則」（Principles of Drug Dependence Treatment）一書指出，藥物依賴是一種多重因素的健康失調（Disorder），易復發及需寬恕的慢性疾病。UNODC主任科斯塔（Antonio Maria Costa）指出：「人們使用藥物是醫療上需要，而不應以刑事懲罰對待。」（People who take drugs need medical help, not criminal retribution.）亦提到，控制非法黑市，已使暴力問題與腐敗現象減少；並提出警告：「以毒品合法化，解除毒害威脅，將是一個歷史性的錯誤。」非法毒品危害健康，因而毒品仍然必須管控。亦同時呼籲，社會不應在保護公眾健康或公共安全上選擇，而且應兩者兼顧。（Societies should not have to choose between protecting public health or public security: they can, and should do both.）國家應該投入更多的資源用於藥物濫用預防與治療，以及提出更有力的打擊與毒品相關的犯罪措施。（He therefore called for more resources for drug prevention and treatment, and stronger measures to fight drug-related crime.）因此，有必要了解個人神經系統組成與社會化過程，而人格神經學的發展基礎（Neurological Underpinnings of Personality），乃是主要決定青少年藥物濫用行為的因素之一。青少年藥物濫用一旦成癮後戒毒不易，復發

再犯率高，須長期、大量投入醫療資源，且須司法保護及觀護、醫療體系等共同努力，建構支持性社會環境，建立出監所後之強制減害追蹤與戒除治療輔導機制；爲減少國家的整體傷害，解決藥物濫用犯罪再循環的社會問題，「減害」爲世界各國政府於面對毒品犯罪之「公共安全」與成癮戒治之「公共衛生」政策間的兩難議題。

欲阻斷青少年藥物濫用的危險因素，除了必須阻斷毒品本身的供給面因素外，尚包括施用者個體的需求問題及整體防制政策、法令與支持性環境的配套建構，始能克竟其功；因而，欲解決青少年藥物濫用問題則須由三方面要素著手，猶如阻絕傳染病發生／防制機轉的「鐵三角」模式一般，即病源（毒品）、宿主（施用者）與環境（配套措施），三者缺一不可。

參考文獻

一、中文部分

2001～2002年全國藥品年鑑——常用藥品治療手冊。

世界衛生組織（2022）。愛滋病毒、病毒性肝炎和性傳播感染2022-2030年全球衛生部門戰略。在新的全球衛生時代消除流行病。https://apps.who.int/iris/rest/bit-streams/1460447/retrieve

林杰樑（2011）。臺灣毒品藥物濫用越趨嚴重。綠十字健康網，7月31日。

張茗喧（2016）。殭屍浴鹽遭濫用5年暴增71倍。中央通訊社，6月15日。

教育部（2019）。學生非法藥物使用行爲調查研究摘要報告。https://antidrug.moj.gov.tw/dl-2921-0b8cbfe7-935c-4c02-8ea4-74a0dfca1488.html

郭立芬（2016）。以處方行爲監視系統分析2013年美國8州之管制藥物處方型態。管制藥品簡訊，第67期。

陳爲堅、吳上奇（2020）。我國新興毒品常見型態。管制藥品簡訊，第82期。

曾宇鳳（2021）。以電腦模擬方式建置資料庫與評估類大麻活性物質。管制藥品簡訊，第91期。

黃徵男（2001）。毒品犯之現況分析、矯治模式與處遇對策。矯正月刊，第108期。

廖珮妤（2016）。小心派對藥物！新興毒品「炸彈」攻臺。中時電子報，1月6日。http://www.chinatimes.com/newspapers/20160106000420-260106

衛生福利部（2005）。海洛因濫用者基因毒性之追蹤研究。

衛生福利部（2010）。藥物濫用防制宣導教材。衛生福利部食品藥物管理署。

衛生福利部（2013）。愷他命濫用之臨床評估與處置建議手冊。衛生福利部食品藥物管理署。

衛生福利部（2015）。藥物濫用案件通報暨檢驗分析資料年報。衛生福利部食品藥物管理署。

衛生福利部（2022）。111年6月藥物濫用案件暨檢驗統計資料。衛生福利部食品藥物管理署。

衛生福利部食品藥物管理署（2010）。台灣地區歷年學者所做之年輕族群藥物濫用流行病學調查研究結果。http://www.fda.gov.tw/tc/includes/GetFile.ashx?mID=164&id=20356&chk=9347cabe-8f27-4a57-9153-d61e22a4562f

蕭景彥（2016）。大麻不良反應探討。管制藥品簡訊，第67期。

環境保護署（2020a）。關注化學物質一氧化二氮（笑氣）管制問答集。https://www.tcsb.gov.tw/dl-2422-0527bd6abd01424683272b5ee8e590c2.html

環境保護署（2020b）。笑氣管定了!公告第一個關注化學物質上路。https://www.tcsb.gov.tw/fp-492-5377-29ff8-1.html

二、外文部分

American Academy of Pain Medicine, the American Pain Society and the American Society of Addition Medicine (ASAM) (2001). Definitions Related to the Use of Opioids for the Treatment of Pain WMJ : official publication of the State Medical Society of Wisconsin, 100(5): 28-29.

Baselt, C. (1995). Disposition of Toxic Drugs and Chemicals in Man. 5th ed.

Becker P. M. (2005). Pharmacologic and Nonpharmacologic Treatments of Insomnia. Neurologic Clinics, 23(4): 1149-1163.

Buffum, J. C. & Shulgin, A. T. (2001). Overdose of 2.3 Grams of Intravenous Methamphetamine: Case, Analysis and Patient Perspective. Psychoactive Drugs, 33(4): 409-412.

Dillon, P., Copeland, & Jansen, K. (2003). Patterns of Use and Harms Associated with Non-Medical Ketamine Use. Drug and Alcohol Dependence, 69: 23-28.

Drummer, O. H. & Odell, M. (2001). The Forensic Pharmacology of Drugs of Abuse. 1st ed.

European Monitoring Centre for Drugs And Drug Addiction (EMCDDA) (March 15, 2001). Rising European Concern Over Misuse Of Two Synthetic Drugs.

European Monitoring Centre for Drugs And Drug Addiction (EMCDDA) (July 26, 2002). Substances and Classifications.

Eysenck, H. J. (1967). The Biological Basis of Personality. Charles C. Thomas.

Eysenck, H. J. (1977). Crime and Personality. 3rd ed. Paladin.

Holm, K. J. & Goa, K. L. (2000). Zolpidem: An Update of Its Pharmacology, Therapeutic Efficacy and Tolerability in the Treatment of Insomnia. Drugs, 59(4): 865-889.

International Narcotics Control Board (INCB) (2008). 2007 Avenue Report.

International Narcotics Control Board (INCB) (2011). List of Narcotic Drugs Under International Control. https://www.incb.org/documents/Narcotic-Drugs/Yellow_List/ NAR_2011_YellowList_50edition_EN.pdf

International Narcotics Control Board (INCB) (2015). List of Chemicals Frequently Used in the Illicit Manufacture of Narcotic Drugs and Psychotropic Substances under International Control. 14th ed. http://www.incb.org/incb/en/precursors/Red_Forms/red-list.html

International Narcotics Control Board (INCB) (2015). List of Psychotropic Substances under International Control In accordance with the Convention on Psychotropic Substances of 1971. 26th ed. https://www.incb.org/incb/en/psychotropic-substances/green-lists.html

Miller, W. R. (1996). Motivational Interviewing: Research, Practice, and Puzzles. Addictive Behaviors, 21(6): 835-842.

Moffat, A. C., Jackson, J. V., Moss, M. S., & Widdop, B. (1986). Clarke's Analysis of Drugs and Poisons. 3rd ed.

Morgan, C. J. L., Mofeez, A., Brandner, B., Bromley, L., & Curran, H. V. (2004). Acute Effects of Ketamine on Memory Systems and Psychotic Symptoms in Healthy Volunteers. Neuropsychopharmacology, 29(1): 208-218.

National Institute on Drug Abuse (NIH) (2012). Mortality, Medical Consequences of Drug Abuse. http://www.drugabuse.gov/consequences/mortality

Nishino, S. & Mignot, E. (1999). Drug Treatment of Patients with Insomnia and Excessive Daytime Sleepiness: Pharmacokinetic Considerations. Clinic Pharmacokinetics, 37(4): 305-330.

Oyefeso, A., Ghodose, H. et al. (1999). Drug Abuse-related Mortality: A Study of Teenage Addicts Over a 20-year Period. Social Psychiatric Epidemiology, 34(8): 437-441.

Pagel, J. F. (2005). Medications and Their Effects on Sleep. Primary Care, Clinics in Office Practice, 32(2): 491-509.

Preti, A., Miotto, P., & De Coppi, M. (2002). Deaths by Unintentional Illicit Drug Overdose in Italy, 1984-2000. Drug and Alcohol Dependence, 66(3): 275-282.

Rivara, F. P., Mueller, B. A. et al. (1997). Alcohol and Illicit Drug Abuse and the Risk of Violent Death in the Home. JAMA, 278(7): 569-575.

Sribanditmongkol, P., Chokjamsai, M., & Thampitak, S. (2000). Methamphetamine Overdose and Fatality: 2 Cases Report. J Med Assoc Thai, 83(9): 1120-1123.

United Nations Office on Drugs and Crime (UNODC) (1961). Single Convention on Narcotic Drugs. https://www.unodc.org/pdf/convention_1961_en.pdf

United Nations Office on Drugs and Crime (UNODC) (1971). Convention on Psychotropic Substances. https://www.unodc.org/pdf/convention_1971_en.pdf

United Nations Office on Drugs and Crime (UNODC) (1988). United Nations Convention Against I Licit Traffic In Narcotic Drugs And Psychotropic Substances. https://www.unodc.org/pdf/convention_1988_en.pdf

United Nations Office on Drugs and Crime (UNODC) (2003). Curbing ATS Manufacting: Project Prism. Eastern Horizon Magazine, 15.

United Nations Office on Drugs and Crime (UNODC) (2003). High Potential of Alternative Development in Drug Control. Eastern Horizon Magazine, 15.

United Nations Office on Drugs and Crime (UNODC) (2011). World Drug Report 2011.

United Nations Office on Drugs and Crime (UNODC) (2016). World Drug Report 2016. https://www.unodc.org/doc/wdr2016/WORLD_DRUG_REPORT_2016_web.pdf

United Nations Office on Drugs and Crime (UNODC) (2022). World Drug Report 2022.

第 4 章　青少年藥物濫用之成因分析

楊士隆、賴文崧、戴伸峰、劉子瑄、李宗憲

第一節　前　言

　　青少年藥物濫用之成因至為複雜，包括個人腦神經生理因素、環境因素、教育因素、社會因素等（行政院衛生署食品藥物管理局，2004），但有時原因亦甚為單純簡單，如好奇驅使而導致吸食毒品。茲分述如下各節。

第二節　藥物濫用之腦神經科學機制

　　什麼是「藥物」？為何藥物會被「濫用」？甚至「藥物成癮」？在回答這些問題前，先來看看這些問題的源頭——「藥」到底是什麼？東漢許慎說文解字曰：「藥，治病草，從草，樂聲。」藥物廣義上是指可以對人或其他動物產生某些生物效應的物質，可以是天然的物質，也可以是透過化學或特定方式加工合成產生的物質。這「藥」用對可以是救命仙丹，用不對則可能成為穿腸毒藥。救命與致命的關鍵存乎劑量與使用頻率，用對了可以保健強身，劑量不對用量過大，即便是水也可能會造成水中毒。在各類藥物中，可以影響神經系統功能，改變使用者感覺、情緒、意識、心理與精神狀態的物質，則被稱為「心理藥物」或「精神藥物」。廣義來說酒精、尼古丁和咖啡皆可稱為是世界上最廣泛使用的心理藥物。若蓄意地使用某種物質，違背該物質原有目的而使用，甚至足以損害個人的健康或功能及危害社會秩序的話，則被稱為「藥物濫用」或「物質濫用」。這些可能被濫用的物質種類繁多，可以是日常社交生活用的酒精或香菸，也可以是地下交易具有高度成癮性的海洛因等物質。某些物質或藥物由於具有一定程度的依賴性與濫用性危險性，也對社會造成危害性，所以也被泛稱為「毒品」。不同的國家及地區常訂定不同的法律，來規範及防止這類藥物的不當散布與被使用。

　　藥物濫用的問題是世界各國及人類千百年來難以根絕或處理的問題，不同時代與不同地區使用與流行的藥物種類不同，藥物導致的身體與心理感受也不盡相同。但長期使用特定藥物造成的藥物成癮現象則是相當類似。在長期重複地使用某藥物而產生的間歇性或慢性中毒的現象，進而產生耐藥性、心理依賴、生理依賴及習慣性繼續使用藥物的強烈衝動與身心感受，則被稱為「藥物成癮」。所謂的耐藥性是指長期使用某些藥物後，必須經常不斷地增加使用劑量或是改用更強效的藥物，才能產生初次使用時同等的效果。生理依賴是指由於重複使用藥物，成癮者必須繼續不斷使用該藥物，才能使身體維持正常功能及運作。一旦成癮藥物被剝奪後，成癮者可能產生噁心、嘔吐、腹瀉、流鼻水、發抖等生理上不舒服的「戒斷症斷」。心理依賴則是在藥物濫用的過程中，成癮者對藥物產生心理的依賴或想要獲得的心理感受，覺得一切變得美好，可以用來逃避現實、焦慮及挫折感受，因而不願意放棄藥物的使用。習慣性則是指因長期使用藥物，而成為其日常生活中不可或缺的習慣及強烈需求，有如生活中的必需品，一旦缺乏時，將影響其情緒穩定與正常生活。

　　就像羅馬不是一天造成的，「藥物成癮」也需要一些時間的使用特定藥物，漸進地造成成癮的行為表現與心理影響。藥物成癮的歷程可以概分成以下五個階段。第一階段是嘗試階段，通常在好奇心的驅使、同儕的慫恿，想要逃避現實或為解除病苦與挫折等動機下，開始嚐試吸食或施打藥物。第二階段是繼續階段，在這個階段會週期性或間歇性地繼續使用藥物，覺得自己可以控制，尚未達到成癮。第三階段是沉迷階段，此時重複使用藥物已經成為一種習慣，停不下來且有部分的心理依賴性產生。第四階段是成癮階段，在重複使用藥物後，產生明顯地有生理及心理之依賴及耐藥性情形，也耽溺於藥物得到的愉悅感或逃脫現實感，進而有繼續使用的衝動，無法戒除。第五階段則是戒斷階段，此時身體上已嚴重地對藥物產生依賴，藥物已經改變成癮者的生理狀態與神經系統活動，若不繼續使用藥物，會產生戒斷症狀，危及生命安全。世界衛生組織（World Health Organization, WHO）專家委員會對成癮的定義是：藥物與個體相互作用所造成的一種精神狀態，有時也包括身體狀態。表現出一種強迫性連續定期使用該藥的行為和其他反應，為的是要去感受該藥的心理效應，或是為了避免戒斷症狀所引起的不舒適。

　　這些外界的藥物，不管是從植物或是化學合成的物質，為何能造成使

用者內在生理與心理明顯地行為改變與精神狀態改變，甚至長期使用後造成無法自拔呢？其實藥物濫用與大腦神經機制息息相關，動物（包括人類）的神經系統是由神經細胞（Neuron）與神經膠細胞所組成的，神經細胞之間有特定內生性的神經傳導物質（Neurotransmitter），負責聯繫及傳遞神經細胞間的資訊與訊號。神經系統演化出不同的神經傳導物質，可以把每種神經傳遞物質想像成神經細胞製造的一把特定的鑰匙，只能打開在其他神經細胞上特定的鎖頭，進而興奮或抑制特定的神經功能，稱之為鑰匙與鎖頭關係。外界的藥物或動植物產生的特定物質，是生物演化過程中或人類製造出來類似神經傳導物質的特定鑰匙，因此能夠特別打開神經系統中神經細胞上某些特定的鎖頭，達成類似神經傳導物質的功效，進而引發後續的神經活動。這些神經系統產生及使用的神經傳遞物質種類眾多，例如多巴胺（Dopamine）、血清素（Serotonin）、腎上腺素（Epinephrine）、正腎上腺素（Norepinephrine）、類鴉片物質（Opioid）、γ-胺基丁酸（GABA, Gamma-Aminobutyric Acid）等。例如鴉片（Opium），這種從罌粟花果實提煉出來的物質，裡面有很多特定的鑰匙，使用後能夠與神經細胞上的類鴉片物質受器，也就是跟一種特定的鎖頭結合，進而開啟一連串的神經與生理反應，造成止痛、催眠、抑制呼吸、或甚至飄飄然的愉悅感受等。

　　依照藥物的藥理、機轉及藥效可簡單的將心理藥物大略分成三類：中樞神經抑制劑、中樞神經興奮劑和中樞神經迷幻劑。中樞神經抑制劑，通常會讓吸食者產生愉悅感、改變情緒感受，之後轉為困倦、昏睡。以海洛因為例，它能促使引發神經傳導物質的釋放，因而讓大腦產生愉悅感。不過它也會抑制大腦的作用，讓人產生鎮定、催眠，使人陷入昏睡，過量時甚至可能會死亡。前述的鴉片，以及巴比妥類（Barbiturates）麻醉安眠藥物，與「約會強暴」藥物（或稱為俱樂部藥物）等多屬於這一類中樞神經系統的抑制劑。相反的，讓人特別有亢奮與興奮感受的中樞神經興奮劑，則是透過持續釋放神經傳導物質（特別是多巴胺類），不斷地刺激並興奮中樞神經系統，進而影響到情緒、睡眠與食慾等功能的變化。例如吸食古柯鹼（Cocaine）、搖頭丸（MDMA、亞甲基雙氧甲基安非他命）、安非他命（Amphetamine）等藥物，吸食後容易產生愉悅感，不吸食則容易產生強烈的痛苦和空虛感。在興奮之餘會出現幻覺、猜忌、胡言亂語等現象，使用過量在生理上會導致呼吸衰竭、心臟麻痺，甚至死亡。第三類是中樞神經迷幻

劑，這類藥物主要的效果是讓吸食者產生脫離現實與幻覺的經驗（如聽幻覺、視幻覺或身體有蟲爬過等體知覺），包括神奇魔菇（Mushroom）、大麻（Marijuana）、LSD（麥角二乙胺、一粒沙）等屬於此類。這三大類藥物都是以促進神經傳導物質的釋放為主要作用途徑，在正常生理情況下，神經傳導物質受到身體自我調節機制作用，不會過度釋放；不過在使用或是濫用藥物時，會促使腦中與神經系統的神經傳導物質異常大量釋放，或者抑制其回收機制，導致神經細胞被過度活化或興奮，傷害神經系統的正常運作，進而導致調節失常。

　　不同的神經傳導物質與神經系統在不同的大腦區域中扮演著不同的功能與角色，也或多或少在不同的層面上參與了藥物成癮或藥物濫用的機轉。例如邊緣系統的腦區及神經核，與藥物引發的情緒反應與感受有關。大腦皮質區域與藥物成癮過程中相關訊息的習得與決策等有關。其中與藥物成癮有密切關聯的系統之一是多巴胺神經系統（Dopamine System）。早在1954年，生物心理學家在老鼠腦中意外發現所謂的「快樂中樞」，在這個腦區中插入電極並連接上一個壓桿，只要老鼠壓槓桿，就能引發微量電極刺激老鼠該腦區的神經細胞。他們發現老鼠很快學會壓桿可以得到電擊刺激，一旦學會後老鼠就不停地壓桿，持續不斷直到精疲力竭不支倒地。首次證實了大腦中有特定的腦區或迴路與酬賞或快樂的感受有關。其後則發現這個區域屬於多巴胺神經系統，進而支持多巴胺神經傳遞物質與酬賞或愉悅感受的關聯。使用中樞神經興奮劑這類的藥物，也會引發多巴胺神經系統相關腦區中大量的多巴胺被釋放。之後透過進一步的研究，證實腦中有兩條主要的多巴胺神經路徑，都是從中腦往前投射的神經路徑。一條稱為黑質-紋狀體路徑（Nigrostriatal Pathway），主要是由黑質體（Substantia Nigra, SN）之多巴胺神經元投射到基底核（Basal Ganglia）背側的紋狀體腦區，這個路徑與自主運動的執行與調節有關。另一條則是中腦－邊緣系統路徑（Mesolimbic Pathway），由中腦的腹側被蓋區（Ventral Tagmental Area, VTA）投射到邊緣系統的依核（Nucleus Accumbens）；同時也從腹側被蓋區經過中腦－皮質路徑（Mesocortical Pathway）往前投射到大腦皮質區。這個迴路被認為跟人類的愉悅感、酬賞、藥物濫用的欣快感以及精神疾病產生的幻覺與妄想有關。成癮性藥物直接間接活化這條多巴胺神經路徑上相關的腦區及神經核，增加其神經末梢多巴胺的大量釋放，進而造成愉悅感受。若重複透過藥物來

刺激，活化酬賞系統產生愉快感，同時大腦與神經系統將這藥物刺激與愉悅感產生制約連結，一旦形成配對並透過重複的刺激與強化後，造成惡性循環驅使使用者不斷地尋求與使用該藥物，藉以獲得所需要的生心理滿足，即造成藥物成癮的現象，就如同之前提到不斷壓桿尋求電擊刺激的老鼠一樣。許多作用於多巴胺神經系統的藥物主要就是透過這個方式造成藥物成癮。其他藥物也可以間接影響多巴胺神經系統，或是透過腦中其他的腦區功能及神經迴路，經由重複的刺激或抑制，改變原先設定的神經傳導物質與神經運作平衡狀態，造成對該藥物的生理與心理依賴，進而成癮。在重複或長期的藥物使用下，神經系統一旦脫離原先設定的穩定基礎設定，甚至造成嚴重的神經細胞死亡或病變後，要消除被藥物引發的生理與心理依賴，或想要克服停止使用藥物的戒斷症狀就不是那麼容易了。這也是造成毒品或這類藥物容易成癮，但不容易完全戒除的原因。一旦成癮，想要回頭困難重重。

　　雖然同樣接觸藥物，不一定所有人都會成癮。除了跟使用藥物的種類、方式、時間、與頻率等因素有關外，也跟使用者本身的基因遺傳、身體狀況及社經環境有關。藥物濫用或成癮者常有一些心理因素與社會因素，常見的心理因素有：情感失調（需藉助物質消除緊張焦慮）、控制衝動能力差（藉此尋求短暫的強烈歡樂）、自我控制薄弱（不善處理空虛痛苦）、教育不足（缺乏醫藥、法律、經濟問題的處理能力）等。常見藥物濫用的社會因素有：弱勢或問題家族（家人有人藥物濫用長期耳濡目染）、同儕影響、社交工具、低社經地位高生活壓力、黑道幫派介入及政府管制程度鬆散等。這些因素都是成癮的潛在因子，容易讓潛在使用者的身體與神經系統，增加暴露與使用這些藥物的機會與頻率，也讓部分成癮者即使戒治成功後，仍然有很高的機會復發繼續使用藥物。因此，對於藥物成癮與藥物濫用的腦神經機制與心理及社會因素多一分了解，才更有機會對症下藥。了解這些藥物之作用機制，將有助於預防這些藥物之濫用，研發有效的治療藥物。青少年大腦發展與藥物濫用。

　　如前段所述，不管是中樞神經興奮劑、抑制劑或是麻醉劑，其發生作用的主要器官都是大腦。大腦在這些心理藥物的影響下，產生了欣快感覺放大、痛感麻醉、解離幻覺等各式各樣的新奇感受經驗，也因為這些新奇感受經驗所帶來的「爽」的感覺，讓藥物使用者很快就上癮，並且無法自拔。但是藥物對於大腦的影響，除了藥物本身的純度、濃度以及使用方法外，大腦

發育的健全與否也會對心理藥物成癮後所造成的影響產生不一樣的傷害。因此本段將以大腦發展為主軸，介紹藥物成癮對青少年所造成的傷害以及負面影響。

大腦是人體中負責各項認知心智運作、感覺知覺偵測、情感表達、動機欲望等最主要的器官，我們可以將大腦稱為是人類心智運作的司令官。與其他器官不同的是，大腦並不是一個穩定不變的器官，大腦隨著人成長，同時也隨著人的行為習慣改變它的運作效率。有一句俗諺說：「用盡廢退」，最能代表大腦的成長，我們如果能夠多使用大腦，開發大腦功能，則我們的大腦將會越來越靈光；反之，則大腦功能將會遲鈍化，漸漸的這些功能就會喪失。

大腦在人出生以後，開始隨著個體的成長以及行為習慣充實其功能。到了青少年期（青春期），大腦將會出現兩個顯著的功能突進的成長改變現象。第一個突進成長改變發生在13至15歲（Spreen et al., 1995）。在這段時間裡，大腦最顯著的成長改變發生在大腦皮質。大腦皮質是構成大腦最外層的組織，如果有機會看到大腦的解剖圖片的話，大腦皮質就是大家最熟悉的，充滿深溝皺折，有點像是「核桃」那樣的感覺。大腦皮質在大腦的各項功能分區中的發育相對偏晚，在13至15歲的突進成長期，大腦皮質會增厚，皮質表面的皺折會增加，同時大腦皮質內的神經回路也會更有效率。這時候大腦皮質也開始進行神經回路修整工作，一些個體不常做的行為反應神經回路會被「修整回收」，比較常用的功能則會不斷的加強拓寬，就像是把不常走的鄉林小道剷平，把通往主要功能連結的神經回路開拓成高速公路一樣。這樣的神經回路整修主要發生在大腦皮質的前額葉（Prefrontal Cortex）部分，此部分主要負責人類的行動力歷程以及訊息處理歷程，簡單來說就是讓人的行動更有自控力，同時也能夠更理性、更有條理的處理傳入大腦的各項外界複雜訊息。因此青少年在經過大腦皮質的突進發展後，其行為將會比發展前更加穩定協調，在兒童期常見的失控或是不專心的現象也將獲得大幅度的改善。此外神經生理學家（Fischer & Rose, 1994）也發現，大腦皮質的發展將會使青少年快速的建立抽象思考的能力，在面對問題解決時也會更加條理分明、更有組織性，讓青少年具備有面對多樣刺激與挑戰成人世界的心智運作能力。第二個突進成長發展則開始於晚青春期，大約是17歲左右開始，並且持續發展到早成人期（van der Molen & Molenaar, 1994）。這時候大腦

皮質將發展重心放在額葉（Frontal Lobe），額葉在大腦皮質中主要是負責邏輯、控制、計畫等非常高階的心理運作智能。額葉功能可以稱爲是人類各項行爲的總指揮，完善的額葉功能將可以提供個體設定行爲目標、理性規劃計畫、安排步驟逐步完成計畫等，這些心智運作能力將使得人更能夠適應成人世界，也能夠讓人具有「高瞻遠矚」的能力。

　　大腦在青少年期會進行上述兩項非常重要的成長與修正，但是很可惜的是在這樣的成長與修正過程中，會產生許多青少年的不適應副作用，其中最明顯的副作用就是青少年對於大腦的成長感到無所適從。青少年除了來自於第二性徵成熟所帶來的劇烈生理變化外，加以繁重的課業壓力、人生選擇壓力、同儕認同壓力等，這些都會加劇大腦的負荷，導致青少年期的大腦不但需要花費精力來完成自己的成長，還要花費精力來處理這些理都理不清的壓力愁緒。有些青少年在面對這些來自於自我成長以及外在環境的雙重壓力時，不小心接觸了心理藥物，由於心理藥物能夠在短暫的時間內讓青少年產生欣快的、有成就感的、有同儕親和的感覺，同時壓力也會在煙霧、藥丸、藥粉中消失殆盡，所以青少年成爲心理藥物成癮的頭號被害者當然也就不足爲奇。那麼心理藥物，會給青少年的大腦帶來怎樣的不良影響呢？首先，青少年的大腦因爲正處於高度不穩定的發展階段，對於各項新奇刺激的需求度較高，學習能力也較強。此時心理藥物的出現將會讓青少年的大腦很快速的學習到非正常生理狀態的刺激以及愉悅，所以青少年期的大腦比成人來說，對於「上癮」這件事是更難以抗拒與克服的。同時，心理藥物所帶來的效果在青少年的大腦中更容易留下深刻的印象，所以青少年更「忘不了」心理藥物所帶來的種種感受，造成其追尋藥物的持續性比成人更爲嚴重。

　　綜上而論：所謂的「毒品」其實本身是立意良善的心理藥物，這些心理藥物在正確的藥量以及正確的使用指導下，可以帶給人類臨床治療上顯著的改善。但是心理藥物如果受到誤用或是濫用，其成癮性將會帶來嚴重的後果。心理藥物的主要作用器官爲大腦，正常的大腦透過適量的神經傳導物質建立神經回路，幫助人們探索世界、學習知識、控制行爲，但是心理藥物卻「竊取、霸占」了神經傳導物質的地位，帶給人們的大腦不應該出現的過度欣快、愉悅或是幻覺的感受。這些心理藥物對於發展中的青少年期大腦，其負面影響更爲深遠且巨大。因此藥物濫用之防制應該自小開始，從兒童期就開始建立兒童對於心理藥物使用的正確觀念以及警戒，避免兒童接觸前導性

成癮物質（菸、酒、檳榔）等，讓青少年的大腦能夠在純淨的正常歷程下完整的發展，將是妥善藥物濫用防制最重要的課題之一。

第三節　生物心理社會之觀點

學者Muisner（1994）所著「青少年藥物濫用解析與處遇」（Understanding and Treating Adolescent Substance Abuse）一書採用科際整合之生物心理社會模型（Bio-Psychosocial Model）來詮釋藥物濫用的問題（詳圖4-1），提供了重要之參考。此模型包含了五個可能的因素層次——生物因素，心理發展變項，人際決定因素（家庭功能因素及同儕關係因素），社區變項及社會變項。這些因素層次基本上是交互影響，而在此模型中，有毒作用劑（Toxic Agent）（Psychoactive Substances）貫穿了這五個因素層次，因此最後顯現出來物質濫用異常（Substances Abuse Disorder）即表現在所有

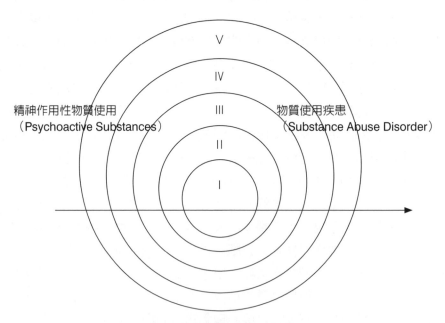

圖4-1　生物心理社會模型

註解：Ⅰ至Ⅴ各為生物因素、心理發展、人際環境（家庭及同儕）、社區及社會等因素。
資料來源：Muisner (1994).

的因素層次上。在此模型中較強調三個主要因素，心理發展，家庭功能及同
儕關係，此三因素在藥物濫用的臨床了解上是相當有用的。其中心理發展
是中心因素，會不斷的與其他兩因素互動。茲分別敘述如下（陳娟瑜等，
2010：542-545）：

一、生物因素

　　我們的身體本身即為化學的本質，有很大的傾向會去濫用某些特定的化
學物質。化學的不平衡及特定的化學物質對心情、意識及行為有很大及持久
的影響。如果忽略了這些事實，而想獲得持久的痊癒似乎是不太可能的事。
物質濫用異常的生物因素主要包括：

（一）神經學因素：可分成兩部分來討論，第一部分神經化學傳遞過程，
　　　在腦中，神經訊息的傳遞是一種電化學的過程，而Psychoactive
　　　Substances進入腦中會打擾此過程。至於化學物質打擾的性質及範圍
　　　會受一些因素的影響，包括用藥者本身的神經化學構造，所使用的藥
　　　物種類及藥物使用的量及頻率等。第二部分在腦中藥物使用的控制中
　　　心，有人認為物質濫用是由大腦皮層或控制記憶及認知等功能的大腦
　　　部分來負責。然而，吸毒成癮其實是與下視丘或掌管呼吸及飢餓等基
　　　本需求的大腦部分有關。

（二）特異體質的生理因素（Idiosyncratic Physiological Factors）：一些人
　　　較容易有物質濫用的問題，因為他們本身的心理功能不佳，比方說：
　　　心境異常或罹思覺失調症等，會導致生理上對於藥物的需求，藉由自
　　　我用藥而使得生理及心理皆獲得抒解，產生心理－生物之增強。

二、心理發展

　　除前述生物因素外，心理發展因素亦為物質濫用之重要因素。例如處於
叛逆期身心發展之青少年即容易受藥物濫用的影響。法務部（1982）之「青
少年濫用藥物問題之研究」發現少年用藥原因以好奇模仿居首，朋友引誘次
之，喜好使用後之感覺居第三，逃避挫折感居第四。可見，心理發展層面的
因素為青少年藥物濫用行為的重要決定因素。

　　此外，研究綜合文獻亦指出藥物濫用者具有以下特性：情緒不穩定，
無法經驗情緒的層次，常做出冷漠或過度反應的情緒表現；無縝密的思考與

判斷力，產生不成熟及僵化的防衛和適應行為；悲觀，有自卑缺陷，社會適應性極差；面對挫折或壓力時，常有退化補償行為（楊士隆等，2010）。因此，行為人心理發展相關因素在物質濫用行為上扮演重要之角色不可言喻。

三、人際環境、家庭功能及同儕關係因素

行為人的人際環境——家庭與同儕，會提供情緒及相關氣氛，促進行為人的發展改變。相關研究大致指出藥物濫用與父母、兄弟姊妹之濫用藥物經驗成正比，來自貧窮、破碎家庭的行為人，由於缺乏父母關愛或受到更多的輕視，其濫用藥物的動機與機會也較大。另外，親子關係不良與父母管教態度不當亦為行為人藥物濫用的重要因素。

在同儕關係方面，行為人（尤其是青少年）的同儕關係可說是青少年的第二個家庭，第二個促進行為人發展改變的環境，和其藥物濫用有關的同儕關係因素可分成兩類：（一）同儕危機（排斥、背叛及幻滅的危機）；（二）功能不良的同儕團體（有藥物濫用習慣的同儕團體）。事實上，朋友在協助藥物使用者獲取成癮藥物上扮演著極為重要的角色，藥物使用者常從其友伴中獲知使用毒品的方法。高金桂（1984）的研究指出，藥物同輩團體在少年藥物濫用行為中扮演著吃重的角色，例如他們提供初次所使用的藥物；或提供藥物來源給新的用藥者；或提供使用藥物之方法；或使初次使用藥物者對藥物產生心理上的期待，提高藥物的效果。

四、社區因素

社區是一個立即的社會環境，包括學校、教堂、社區組織、地方政府機構、員警單位及刑事司法系統等系統。這些系統在行為人的整個發展期間，支持著他們的家庭與同儕。社區是行為人藥物濫用的一個因素，和是否成功的提供初級、次級及三級預防有關係。在初級預防方面，包括一些組織的活動，目的在於防止行為人藥物使用的問題及促進健康的生活型態。次級預防和計畫有關，這些計畫是設計來防制藥物濫用者早期階段的介入。至於三級預防，它是一種特殊的努力，目的是為了幫助有物質濫用異常的行為人及家庭獲得痊癒，可透過發起AA（Alcoholics Anonymous）、NA（Narcotics Anonymous）及FA（Family Anonymous）集會，及建立個人、家庭與團體治療的方便服務等方面來努力。

五、社會因素

社會是包圍所有以上所提因素的較大的社會環境，在藥物濫用的生物心理社會模型中，社會被描繪成：（一）政府及其對藥物濫用的公共政策；（二）媒體及其與藥物有關的態度及價值的溝通。

在政府政策方面，較受爭議的部分是其處罰導向的觀點，較強調其供給面——國際性的禁止與強制的社會控制；對於問題的需求面——教育、預防及處遇，則較少著墨。在媒體訊息方面，大眾媒體與娛樂界共同形成一個資訊綜合企業，在溝通態度與價值方面是個強大的力量。透過對青少年反覆灌輸價值與態度，媒體想法及影像的傳遞更為有力，因為青少年時期正是形成及內化道德及價值系統的時期，媒體有關藥物的訊息，能夠影響行為人有關藥物使用的態度及價值。

根據Muisner（1994）之詮釋，藥物濫用可用一比喻來表現。成長中的行為人就像是果園中的蘋果樹，正處於要開花結果的時期。火就像是有毒的藥物一般，是小樹的掠奪者。火的起源，不管是火柴或是熱摩擦或其他，是不易清楚界定的。這棵樹如何反抗或屈服於火苗，部分反映出其整體的可燃性（類比於行為人的內在心靈結構）。樹本身木材的內生體質（類比於成癮的生物因素），與火的旺盛與否有關。而在蘋果樹旁的樹群（似行為人的家庭及同儕等人際環境），會使火持續燃燒，就如家庭與同儕會使行為人繼續其藥物的使用一般。果園內外更大的環境因數——氣候及天氣狀況，能促使或阻止樹的燃燒，就如社區及社會因素可使人繼續其藥物的使用。

第四節　港、澳、臺地區藥物濫用成因之調查

一、香港

在2019至2022年間，危害精神毒品吸食者指出現時吸食毒品的三個最普遍原因，依次為解悶／情緒低落／壓力、避免因沒有吸食毒品而感到不適、受到同輩朋友影響（表4-1）。至於海洛因吸食者，最普遍的原因則是為避免因中斷吸食而感到不適，其次為朋輩影響（香港保安局禁毒處，2023）。

香港保安局禁毒處（2022）「2020至2021學生服用藥物情況調查」指

表4-1　2019至2022年被陳報吸毒者的吸食毒品原因

被陳報吸毒者的吸食毒品原因	占所有被呈報吸食毒品人士的比例			
	2019	2020	2021	2022前三季
解悶／情緒低落／壓力	45.5	44.9	44.7	49.2
避免因沒有吸食毒品而感到不適	45.9	45.5	38.8	41.9
受到同輩朋友影響／想和同輩朋友打成一片	32.2	34.2	32.2	29.0
尋求快感或官能上的滿足	16.1	16.7	18.6	18.6
出於好奇	15.8	13.8	16.1	12.3

資料來源：香港保安局禁毒處（2023）。

出，中學或以上程度學生在調查前三十天內吸食毒品的主要原因則有所不同，皆為「減輕壓力」（44.9%）、「尋求刺激」（42.5%）及「解悶／消磨時間」（35.4%）。

二、澳門

澳門政府委託澳門大學李德教授的研究團隊在2020年開展研究，澳門一般人口於2019至2020年的藥物濫用比率為1.27%。澳門濫藥人群首次使用藥物的原因，分別為受好奇心驅使，占比50.9%，占比第二的原因為接觸吸毒的朋友，比例為18.86%，而10.18%的受訪者為了解悶愁而開始使用藥物（澳門特別行政區政府社會工作局，2021）。另外依據2018年澳門在學學生的藥物濫用調查研究報告，澳門在學學生吸食毒品藥物的主要原因主要是為了刺激（30.19%）、貪好玩（10.38%），陪朋友吸食（8.49%）與提神（33.3%）（澳門特別行政區政府社會工作局，2019）。

三、臺灣

臺灣的藥物濫用調查多關注在生活經驗與藥物濫用關聯性上，如翹課、逃家等，但同儕影響、心理狀況與好奇，確實亦為臺灣青少年使用毒品的主要因素。臺灣2022年通報個案之藥物濫用原因，以「藥物依賴」（占總通報人次之35.4%）為最多，「抒解壓力」（占28.6%）次之；常見取得濫用藥物之場所以「朋友住處」（占34.8%）為最多，而常見取得海洛因的場所以

「朋友住處」、「路邊」及「KTV／電影院／網咖」爲主；（甲基）安非他命以「路邊」、「朋友住處」及「家中」爲主；愷他命以「朋友住處」、「路邊」及「舞廳／PUB／酒店」爲主。此外，取得濫用藥物之來源對象以「朋友」（占通報總人次之44.4%）爲最多、「藥頭／毒販」（占32.8%）次之（行政院衛生福利部食品藥物管理署，2022）。

　　過去相關調查研究則指出，青少年物質使用的相關因素，包括有打工經驗、有蹺家經驗、有性行爲經驗、有蹺課經驗、無聊感偏高者，其使用物質的危險性較高（陳爲堅等，2006）。另外，學者亦指出，近年來青少年價值觀急速轉變，軟性藥物除罪化議題蔓延，結合青少年喜歡求新求變、追求刺激流行的特性，使得藥物濫用問題更加嚴重（楊士隆等，2020）。近期，楊士隆等人（2015）指出，抽菸、嚼食檳榔等物質濫用經驗、與非行朋友、同學同住者、以及刺激尋求傾向爲非法藥物使用之危險因數。

參考文獻

一、中文部分

行政院衛生署食品藥物管理局（2022）。110年度「藥物濫用案件暨檢驗統計資料」年報。

法務部（1982）。青少年濫用藥物問題之研究。法務部犯罪問題研究中心。

香港保安局禁毒處（2022）。2020/21學生服用藥物情況調查。

香港保安局禁毒處（2023）。2022藥物濫用資料中央檔案室統計資料。https://www.nd.gov.hk/tc/crda_main_charts_and_tables.html

高金桂（1984）。青少年濫用藥物與犯罪之研究。文景出版。

梁成安、裴先慧（2011）。澳門在學青少年與藥物之跟進調查2010報告。

陳爲堅、蕭朱杏、陳端容、丁志音、李景美、林喬祥、楊明仁、賴德仁、嚴正芳、陳娟瑜（2006）。全臺青少年非法藥物使用調查（III）。臺灣行政院衛生署管制藥品管理局委託研究計畫期末報告書。

陳娟瑜、楊士隆、陳爲堅（2010）。物質濫用之社會問題。載於瞿海源、張苙雲主編，臺灣社會問題（第2版）。巨流出版社印行。

彭如瑩（2000）。臺北市國中學生家長預防子女藥物濫用措施及藥物教育需求之研究。國立臺灣師範大學衛生教育研究所碩士論文（未出版）。

黃徵男（2002）。新興毒品與青少年藥物濫用。載於新興犯罪問題與對策研討會論文集。中正大學犯罪防治系。

黃慧娟、蔡俊章、範兆興（2006）。青少年藥物濫用之初探。2006年犯罪防治學術研討會，頁465-486。

楊士隆（2005）。臺灣地區毒品戒治體系成效及社會成本分析研究。行政院衛生署管制藥品管理局委託研究報告。

楊士隆、李思賢、朱日僑、李宗憲等合著（2020）。藥物濫用、毒品與防治。五南圖書。

楊士隆、曾淑萍、李宗憲、譚子文（2010）。藥物濫用者人格特質之研究。藥物濫用與犯罪防治國際研討會。國立中正大學、國立成功大學主辦。

楊士隆、戴伸峰、曾淑萍、顧以謙、劉子瑄、張梵盂（2015）。臺灣青少年族群非法藥物盛行率之調查。

蔡德輝、楊士隆（2013）。少年犯罪理論與實務。五南圖書。

澳門大學社會學系（2019）。澳門在學青少年與藥物2014年調查報告。

澳門特別行政區政府社會工作局（2021）。澳門社會的濫藥趨勢、戒毒服務需求與發展規劃研究2021。

簡俊生、曾千芳、賴璟賢、蔡文瑛、劉淑芳、鄭進峯、吳敏華（2007）。96年藥物濫用實際案例探討──姊姊妹妹站起來。行政院衛生署管制藥品管理局。

二、外文部分

Carson, C. D., Sullivan, C. J., Cochran, J. K., & Lersch, K. M. (2009). General Strain Theory and the Relationship Between Early Victimization and Drug Use. Deviant Behavior, 30(1): 54-88.

Fischer, K. & Rose, S. (1994). Dynamic Development of Coordination of Components in Brain and Behavior: A Framework for Theory and Research. In K. Fischer & G. Dawson (Eds.), Human Behavior and the Developing Brain, pp. 3-66. Guilford Press.

Gorman, D. M. (1996). Etiological Theories and the Primary Prevention of Drug Use. Journal of Drug Issues, 26(2): 505-520.

Mason, M. J. (2009). Social Network Characteristics of Urban Adolescents in Brief Substance Abuse Treatment. Journal of Child and Adolescent Substance Abuse, 18(1): 72-84.

Miranda, D. & Claes, M. (2004). Rap Music Genres and Deviant Behaviors in French-Canadian Adolescents. Journal of Youth & Adolescence, 33(2): 113-122.

Muisner, P. P. (1994). Understanding and Treating Adolescent Substance Abuse, p. 41. Sage

Publications.

Rodgers-Farmer, A. Y. (2000). Parental Monitoring and Peer Group Association in Their Influence on Adolescent Substance Use. Journal of Social Service Research, 27(2): 1-18.

Shoal, G. D. & Grancola, P. R. (2003). Negative Affectivity and Drug Use in Adolescent Boys: Moderating and Mediating Mechanisms. Journal of Personality & Social Psychology, 84(1): 221-233.

Spreen O., Risser, A. H., & Edgell, D. (1995). Developmental Neuropsychology. Oxford University Press.

Valente, T. W., Unger, J., & Johnson, A. C. (2005). Do Popular Students Smoke? The Association Between Popularity and Smoking Among Middle School Students. Journal of Adolescent Health, 37: 323-329.

Van der Molen, M. & Molenaar, P. (1994). Cognitive Psychophysiology: A Window to Cognitive Development and Brain Maturation. In G. Dawson & K. Fischer (Eds.), Human Behavior and the Developing Brain, pp. 456-492. Guilford Press.

Wright, J. P., Cullen, F. T., Agnew, R. S., & Brezina, T. (2001). The Root of All Evil? An Exploratory Study of Money and Delinquency Involvement. Justice Quarterly, 18(2): 239-268.

馮齡儀、藍郁青、李志恒

第一節　前　言

　　從19世紀鴉片在臺灣的大量吸食，到最近的新興毒品（New Psychoactive Substances, NPS），藥物濫用問題在臺灣由來已久，但隨著社會型態的變遷及資訊的快速流通，非法藥物種類已朝多元化發展。臺灣在1990年代以前，雖然有海洛因、強力膠、Pentazocine（速賜康）、Barbiturates（紅中、青發）等問題，但基本上濫用人口不多，直到1990年代，安非他命類興奮劑（Amphetamine-type Stimulants, ATS）大量濫用，始成為社會的重大問題，而該波藥物濫用即是以青少年為主體的濫用型態（李志恒等，2014）。近年來愷他命（Ketamine）及許多未知藥性及結構之新興毒品快速興起而造成社會危害（李志恒等，2021），學生更是濫用的高危險群（郭鐘隆等，2021）。更由於網路無國界及新興毒品推陳出新，全球藥物濫用有快速蔓延之趨勢，成為治安問題之重要相關因素，更成為世界各國關切的重要社會及公共衛生議題。

　　根據2020年美國物質濫用暨心理健康服務署（Substance Abuse and Mental Health Services Administration, SAMHSA, 2021）統計資料顯示，2020年在美國大約有340萬名（13.8%）12至17歲青少年使用非法藥物，其中約250萬名（10.1%）使用大麻，海洛因因調查人數太少無法估計使用人口，8.4萬名（0.3%）使用古柯鹼，2.1萬名（0.1%）使用甲基安非他命，28.8萬名（1.2%）使用處方興奮劑，22.6萬名（0.9%）使用處方鎮靜劑，39.6萬名（1.6%）使用處方止痛劑，39.6萬名（1.6%）使用鴉片類藥物使用，以及34.6萬名（1.4%）使用中樞神經系統興奮劑。亦有文獻資料指出，約有18%至34%的青少年曾經有多重藥物使用的情形，如酒精、古柯鹼、鎮定劑等的同時交互使用，最終皆會形成長期藥物濫用（White et al., 2013; Moss et al.,

2014）。而在臺灣，青少年藥物濫用情形，依110年度衛生福利部藥物濫用案件暨檢驗統計資料中，學生藥物濫用通報總計493件，其中以通報施用第二級毒品（安非他命、MDMA及大麻）施用人數爲大宗，計228件，第三級毒品（愷他命、FM$_2$、硝甲西泮）次之，計223件，較109年都有減少（衛生福利部藥物食品藥物管理署，2021）。雖然國內外都有呈現青少年藥物濫用減少狀況，但因疫情社交隔離與孤獨會增加憂鬱及焦慮之長期風險，進而造成物質使用障礙（SUD）和重度抑鬱發作（MDE），且新興毒品的使用在臺灣常以飲料（如咖啡包、奶茶包、果汁粉等）或休閒食品或零食（如果凍、梅子粉、糖果等）型態出現（郭鐘隆等，2021），內容物多樣化且許多尚未列爲常規檢驗項目，因此可能低估其盛行率，青少年也可能在不知不覺中受害。因此，對青少年藥物濫用防制，應與時俱進，提供預防性的支持與早期介入，不可掉以輕心。

　　青少年藥物濫用的防制作爲與影響青少年非法使用藥物之危險因子息息相關，危險因子的了解與掌握乃爲必須要有的方法與手段。但藥物濫用爲複雜的社會現象，所以須從不同面向切入始能得到較爲完整客觀的指標。

　　在流行病學研究中，通常透過「人」、「時」以及「地」三個維度來描述疾病發生的機制與因素。過去，流行病學之研究分析，大多著重於「人」與「時」。近幾年隨著資訊科技快速之發展，地理相關資訊亦隨著公開和電子化，與「地」相關之研究分析漸漸受到重視。在過去研究中，衛生單位利用地圖了解疾病的空間分布，而在現今資訊發達，「地理資訊系統」（Geographic Information System, GIS）可將實際的地理環境因子數位化，把自然環境（地象及地形）及人文環境（土地及各項資源的利用、公共設施）結合，進一步將這些資訊儲存、擷取、查詢、分析處理。應用GIS的分析可有效解決流行病學中關於「時間及空間」的問題，協助疾病防制決策分析。

　　2015年有研究學者藉由傳統流行病學三角模式（Agent, Host, Environment）套用至影響青少年藥物使用之模式（Drug, User Characteristics, Exposure and Access），說明影響青少年使用藥物之相關因子，其中Exposure and Access即代表環境因子，包括青少年所曝露之家庭環境、學校環境及社會環境等（Chaney et al., 2015）。透過地理資訊分析了解青少年毒品使用相關地理環境因素，以進一步擬定相關防制政策。2015年聯合國世界毒品報告書（2015 World Drug Report）（UNODC, 2015）中透過世界地圖說

明各類非法藥物主要販賣運輸之方向，藉以了解世界各國各種非法藥物濫用之趨勢。2010年有研究利用墨西哥2007至2008年之毒品案件資料庫（Vilalta et al., 2010），藉由GIS技術分析出毒品持有的熱點區域（hotspot），而確實在熱點區域中有顯著較多的持有毒品案件發生。由地理資訊分析技術與毒品使用相關資訊進行整合，結果均顯示毒品使用之相關行為與地理空間分布型態有顯著相關。而我國在2003年，因嚴重急性呼吸道症候群（Severe Acute Respiratory Syndrome, SARS）疫情，政府利用GIS技術整合校園及疫情通報系統，統整國內各級學校之基本資料、醫療院所、各縣市行政區界、街道等圖層，再結合各校安中心通報系統彙集全國各校停課班級、通報病例、預防性通報等資料，使能即時掌握疫情狀況的相關發展並做適當處理，亦可提供政府在相關資源分配管理上之決策參考。

　　有鑑於校園毒品問題日趨嚴重且青少年毒品嫌疑犯增加，深入探討影響青少年使用毒品之保護因子及危險因子為重要之議題。又國內外研究均指出，青少年長時間曝露之環境（包括家庭、學校、社會等）為影響其濫用藥物之重要因子。因此，本篇將以環境暴露因素，探討其影響青少年施用毒品之原因及相關政策對於青少年毒品濫用防治之成效。

第二節　青少年藥物濫用相關因子之探討

　　Erikson（1968）及Piaget（1972）認為青少年時期是人類生活習慣養成及發展行為模式的關鍵階段。Erikson在「心理社會發展理論」中指出青少年時期的主要發展任務在於解決「認定與認定混淆」，青少年常因自我認同的不確定性與外在模糊不清的社會期許產生角色的混淆，透過退化的行為或以魯莽行動來表現出他們認知上的混淆。另外研究者也指出青少年常因自我認同混淆或遭遇挫折等壓力引發焦慮、攻擊、憂鬱等情緒反應，而促使青少年藉由菸、酒、非法藥物逃避問題。Piaget在「認知發展理論」中指出青少年處於形式運思期，致力於發展自我觀念與尋求自我肯定，藉由思考、適應以獲得不同的價值觀及知識，因此在成長過程中所得的各類訊息、認知及價值來自同儕為主。1939年美國犯罪學家蘇哲蘭（Edwin H. Sutherland）提出差別接觸理論，認為偏差行為或犯罪行為是經由學習而來。特別是在與其個

人極親密團體，在彼此溝通互動的過程中，交互學習而來。學得偏差行為的態度、動機、驅力、技巧與自我合理化的理由。而其所犯下的偏差行為，乃是長久與有犯罪或偏差行為的個人或團體，多方接觸學習的結果。隨著雙方的接觸次數、頻率、時間長短、接觸雙方的關係優先順序，將決定其學習的結果，成了「近朱者赤、近墨者黑」。進一步在「社會控制理論」中，認為青少年對父母、學校的依附及信賴是約束個人遵從社會規範之重要連結，如果親子關係不佳、學校關聯薄弱時，青少年便可能轉向同儕常聚集的場所，尋求同儕的支持與慰藉。現今社會的網路發達，透過網路找聚集地點或是可以提供網路使用之地點（如網咖等娛樂場所）。因此，在探討青少年使用藥物的危險因子，應全面檢視相關危險因子。

過去1992至1999年臺灣地區在校學生物質使用之研究報告，發現處於青少年時期之國中、高中（職）、專科一年級至三年級學生吸菸盛行率介於10.9%至15.4%，飲酒盛行率介於10.9%至16.7%，用藥盛行率介於1.0%至1.5%；且12歲前開始吸菸的人數由23%（1992年）增加至35.6%（1999年），12歲前開始飲酒人數也由31.9%（1992年）增加至44%（1999年），顯示高比例的青少年使用菸、酒及非法藥物。而在2009年國民健康訪問暨藥物濫用調查，發現12至64歲族群菸、酒、檳榔及非法藥物等成癮物質使用盛行率分別為29%、15%、12%與1%，首次使用於同儕家中與娛樂場所為主。為了解成癮者的初次接觸藥物的情形，我們利用了這個2009年國衛院的臺灣藥物濫用訪問調查做次級資料分析，發現國人非法用藥者年紀多落在18至47歲之間，此群人回顧其初次使用易成癮物質，則為青少年時期（如圖5-1）。在深入分析後可看到，第一次抽菸喝酒嚼檳榔年紀在13至18歲間的人，其未來使用非法用藥比率是會高於其他年齡層，亦有較高成癮風險。追溯這群人的地理區域分布則發現，除了一般使用非法藥物會集中於大都會區外，使用初級易成癮物質如菸酒檳榔等，多分布於東部地區。根據成癮研究發現，成癮是一種發展自青少年時期的腦部慢性疾病，而菸、酒、檳榔則是非藥物使用的入門藥，近年興起的電子煙或加熱煙等新興菸品，雖尚未確定是否有類似傳統菸品的入門藥效應，但由於新興菸品所含的尼古丁量並不比傳統菸品低，就成癮的角度來看，對青少年的腦部發育，亦有不良影響，也應加以注意（李志恒，2021）。因此，了解相關危險因子及青少年使用非法藥物與入門藥的情形，從而進行早期預防、早期發現、早期治療是最佳的防

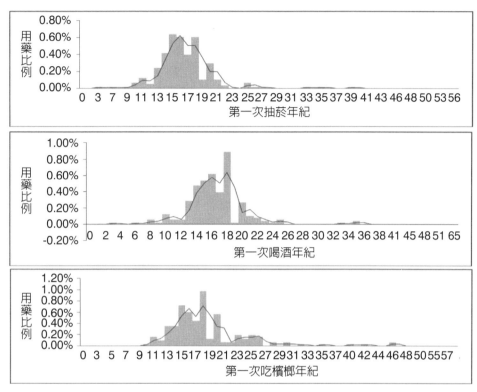

圖5-1　初次使用易成癮物質的年齡分布圖

治策略。

　　青少年藥物濫用之預防為世界各國公共衛生之一大挑戰，其藥物使用之行為深受個人、家庭及社區環境等因素相互影響（Collins et al., 2007; 張瑜真等，2005；李景美等，2008），青少年大部分是在青春期初期開始嘗試第一次用藥（Spooner, 1999），因青少年時期開始漸漸由家庭依賴轉向獨立，家庭對於青少年的約束及影響力減少，人際重點逐漸轉移到同儕關係且易受到同儕影響；又因青少年時期易有尋求刺激、衝動的性格，因而導致藥物使用之危險行為（Jaffe, 2002）。

　　過去研究（張鳳琴等，2011）指出，影響青少年毒品使用的可能原因有：一、個人層次（Individual Level）：如好奇、心理狀況、焦慮等（Hayatbakhsh et al., 2007）（李佳琪等，2006；李蘭等，1997）；二、家庭層次（Family Level）：如家庭經濟狀況、家庭結構、親子關係等

（Hayatbakhsh et al., 2007; Fisher et al., 2007; Wu et al., 2007）；三、同儕層次（Peer Level）：如同儕壓力、同儕關係等（Fisher et al., 2007; Wu et al., 2007）；四、社區環境層次（Community Level）：如群聚現象、不良場所（例：網咖、三溫暖、KTV）、媒體廣告等（Snyder et al., 2006; Tsai et al., 2002; 陳富莉等，2004）。

　　Chaney等（2015）學者於2015年針對青少年藥物濫用之空間分布型態進行分析探討，研究結果顯示青少年藥物濫用之行為在都會區有群聚現象，且隨不同地理位置而有所變化。此結果同時確認社區熱點（Hot Spots）位置及預防與干涉之資源分配狀況。Khoddam等（2015）學者亦探討具藥物濫用家族史之家庭對於青少年使用非法藥物之影響，研究結果發現，具藥物濫用家族史較嚴重之家庭，對於青少年使用非法藥物之風險相對較高，尤其是酒精及大麻濫用之家族史。因此建議對於類此高風險家庭的青少年應探討出一藥物治療機制。McArdle等（2000）學者進行一國際研究調查，資料蒐集自五個不同國家之15歲青少年作為代表性樣本。結果顯示藥物的使用與同儕、家庭和個人因素有關。透過迴歸分析家庭結構健全與否影響其青少年犯罪率之高低發現，較傳統之家庭與課業上較努力之青少年，屬藥物濫用低風險族群。Kristjansson等（2013）學者於2013年對於青少年藥物濫用之預防發表的研究顯示，學校不單是教育的場所，更是一個對於青少年健康、行為及發展很重要的平臺。同儕若為吸菸或是具喝酒習慣者，對於青少年是否藥物濫用具相當之影響。Washburn等（2014）學者探討同儕與朋友對於酒精及大麻使用者成年早期之影響。結果顯示同儕與朋友對於男性成年早期使用酒精及大麻呈顯著相關。

　　因此，我們可以知道青少年因正處於人格發展階段，其藥物使用與其長時間暴露之環境，包括家庭、學校及社區環境等種種因素，有相當大之關聯。

第三節　環境因素對青少年藥物濫用之影響

　　影響青少年藥物濫用之可能因素中，家庭結構、同儕關係和社區環境均與青少年所暴露之環境有關。同時，近幾年來亦有許多研究將地理空間分析

與流行病學研究進行結合，進而顯示地理空間分布與藥物濫用相關研究整合的重要性，除可獲得藥物濫用的熱點區域資訊，同時分析該區域藥物濫用者的相關型態，以作為藥物濫用防制之參考依據。在過去流行病學調查中，衛生單位利用地圖了解疾病的空間分布，而在現今資訊發達，GIS可將實際的地理環境因子數位化，把自然環境（地象及地形）及人文環境（土地及各項資源的利用、公共設施）結合，進一步將這些資訊儲存、擷取、查詢、分析處理。應用GIS的分析可有效解決流病中關於「時間及空間」的問題，這樣的技術可協助疾病防治的決策分析，希望透過此分析方式，以了解臺灣藥物成癮的流行病學模式，並定出政策。

　　在地理空間中以各指標參數之變異大小與距離遠近的關係無法分析可能的變異來源和明確效應。藉由GIS方式來量測成癮防制資源的可近性，評估相關治療場所之位置及醫療資源（包括社工人員、衛教師等）之分布，透過多重變數加入模式中，進行可近性之分析，最後再以圖形化展示之方式，檢視實際高風險人口與設施分布是否符合現實情況。相關統計模式將包括空間變異、空間變異模擬模式、區域化變數理論、空間結構分析、空間內插推估等。透過熱點分析，除可提供了解青少年毒品使用之群聚現象，使學校及警政單位能有效分配督察巡邏人力，為預防毒品犯罪之重要策略要件，亦可提供醫療資源分布是否充足及毒品相關疾病傳播之參考，以確保高危險社區區域及有效預防校園犯罪。

一、家庭環境

　　家庭環境是影響青少年人格發展之重要因子，尤其是父母親之關係、對於青少年採取之管教方式、進而影響之親子關係等最為重要（周思源等，2006）。過去研究結果可知，青少年之家庭結構（Family Structure）及家庭關係（Family Relations）與其藥物濫用行為有關（李信良等，2004）。家庭之社經地位包括經濟收入、父母親之教育程度較高者、父母離異而未與其同住者及家庭成員為藥物濫用者，對於青少年使用非法藥物使用之影響甚鉅，風險相對較高，尤其是使用酒精及大麻濫用之家庭。而家庭關係屬民主（Democratic Family）之青少年，藥物濫用之機會較低。亦指出家庭結構健全與否，影響其青少年犯罪率之高低，健全且較傳統之家庭與學習態度較佳之青少年者，為藥物濫用較低風險之族群。此外，亦有研究指出家庭風

險因素亦包括兒童虐待（包括身體虐待和精神忽視），都增加青少年藥物使用的風險（Mackenzie et al., 2013）。忽視的法律定義包括照顧者未提供足夠的生活必需品及保護（CDPHE, 2012），將使青少年物質使用之風險增加（Abdelrahman et al., 1998; Cheng & Lo, 2010; Chen et al., 2011），且因青少年正在經歷發育變化，在這期間的忽視將可能造成長期的影響（Chen et al., 2011）。

又針對2005至2009年兩次國民健康調查的次級資料分析中發現，臺灣有物質成癮情況之成年人，多於13至17歲之年齡第一次接觸易成癮物質如菸、酒及檳榔等，而且，此期間之易成癮物質接觸持續越久，時間越長則其成年時就會有較高的非法物質成癮風險。因此，如何在此青少年時期，做有效的預防及治療即成為重要的課題。整合過去的研究，影響青少年偏差行為發生的主因，仍以同儕及父母的影響最深。這兩個角色又以同儕最為吃重。若同學朋友有藥癮者，青少年就越易發生偏差行為。當然，親子關係緊密與否也影響青少年偏差行為。網咖或其他不良場所之涉足，雖沒同儕影響大，但也是重要的聚集環境。根據研究指出（周思源等，2006），家庭環境、校園環境與同儕關係三者之間，對於青少年藥物濫用之影響彼此間有顯著性之相關性。而青少年之偏差行為是透過互動學習而來，尤其是與其親密且曝露相處時間長之家庭或同儕。由是，妥善管理相關場所，規範青少年在其中的行為，並注意青少年的親子關係，及同儕交友狀況，應是防範青少年沾染偏差行為的重要方法。

二、校園環境

許多關於同儕關係對青少年藥物使用之影響相關文獻主要著重於關注酒精和香菸的使用（Dodge et al., 2009; Simons-Morton et al., 2011; Trucco et al., 2011）。雖然這些領域是重要的，需要解決，這將是必要的未來研究還特別關注大麻和合成大麻使用和處方藥濫用。在校園環境同儕間之壓力和受歡迎程度的知覺與青少年藥物使用的風險增加有關（Diego et al., 2003; Simons-Morton et al., 2011; Trucco et al., 2011; Tucker et al., 2011）。具體來說，青少年認為自己在同儕團體中受歡迎的程度可隨著物質使用而提升，他們就會更願意非法物質之使用（Trucco et al., 2011; Tucker et al., 2011）。

由前述青少年受同儕影響甚大，所以校園環境中若有毒品的可近性

（Accessibility）與可獲得性（Availability），透過同儕的不良影響，較易有藥物濫用的機會。同儕對青少年物質使用的影響通常以偏差的同伴關係形式存在（Duncan et al., 1994; Diego et al., 2003; Snedker et al., 2009;Simons-Morton et al., 2011; Trucco et al., 2011; Tucker et al., 2011）。研究指出，偏差的同伴關係與青少年藥物使用呈正相關（Duncan et al., 1994; Dodge et al., 2009）。家庭和社區環境因素可能影響青少年之藥物使用，在不穩定的社區環境中成長的青少年（定義為包括較低的就業水準和較少的資源獲取），實際上不太容易受到異常的同伴影響（Snedker et al., 2009）。

　　根據研究指出，臺灣的校園藥物濫用問題已無城鄉差距（張伯宏等，2011），且有「職業學生」販售毒品推波助瀾，成為校園藥物濫用防制的問題。而校園附近的KTV、網咖等場所，是否會成學生取得的場所，也需要注意。而臺灣青少年易形成幫派，文獻則指出幫派和物質使用之間的顯著正相關。而先前所提之家庭環境對於青少年參與幫派亦有影響。較積極正向的親子關係和較權威的管教方式，青少年參與幫派及使用非法物質的風險較低（Frauenglass et al., 1997; Stoiber et al., 1998; Walker-Barnes et al., 2004）。

　　近年來，各國青少年使用新興菸品（如電子煙和加熱煙）的盛行率不斷上升，由於新興菸品的尼古丁含量並不比傳統菸品低，加上新興菸品常被加上一些添加物、大麻或新興毒品一起使用，毒性更高，這幾年因使用電子煙造成的EVALI（E-cigarette or Vaping Use-associated Lung Injury）肺部傷害，初步認為與添加Vitamin E acetate有關，即是最好的例子。所以新興菸品亦具有成癮性與身體健康危害，值得學校與家長多關注（李志恒，2021）。

三、社區環境

　　導致青少年藥物使用風險增加的社會因素往往和家庭影響同時存在，這種相互作用產生了預測青少年物質使用的複雜風險因素。

　　青少年所處區域中，是否有藥物使用之群聚熱點或較密集之不良場所（例：網咖、三溫暖、KTV）分布，亦是提高青少年藥物濫用之風險因素。我們嘗試透過GIS分析某區域國高中學校所在位置及其周圍環境是否存有影響學生使用藥物之危險因子。研究結果雖未顯示顯著之相關性，但可藉此看出可能之群聚熱點，以提供教師及警方加強巡邏。除此之外，我們亦發現國中之青少年所使用之藥物來源管道，最多為經由校外人士取得，而高中

（職）青少年之藥物來源管道，多為不明。針對2005至2009年兩次國民健康調查的次級資料分析中發現，臺灣有物質成癮情況之成年人，多於13至17歲之年齡第一次接觸易成癮物質如菸、酒及檳榔等，而且，此期間之易成癮物質接觸持續越久，時間越長則其成年時就會有較高的非法物質成癮風險。因此，如何在此青少年時期，做有效的預防及治療即成為重要的課題。整合過去的研究，影響青少年偏差行為發生的主因，仍以同儕及父母的影響最深。這兩個角色又以同儕最為吃重。若同學朋友有藥癮者，青少年就越易發生偏差行為。當然，親子關係緊密與否也影響青少年偏差行為。網咖或其他不良場所之涉足，雖沒同儕影響大，但也是重要的聚集環境。由是，妥善管理相關場所，規範青少年在其中的行為，並注意青少年的親子關係，及同儕交友狀況，應是防範青少年沾染偏差行為的重要方法。

第四節　環境與基因交互作用因素對青少年藥物濫用之影響

在許多藥物成癮之動物實驗中可發現，濫用易成癮性藥物對神經傳遞物及傳遞物受體的影響很大。透過干擾不同的神經傳遞過程，使得中樞神經系統的功能變化而改成行為。因為基因的作用，使得不同物種動物對易成癮性物質有不同的依賴，而且在同物種中易成癮族群較容易同時對其他易成癮物質發展出成癮性，例如：只有特定種類的大白鼠喜歡含有嗎啡（Morphine）的水。酗酒也有類似的情形，而且喜歡酒精的老鼠也會喜歡含嗎啡的水。不只是在動物，在人類雙胞胎研究亦可看到基因與成癮性的相關性。同卵雙胞胎同時有酗酒傾向的機會高於異卵雙胞胎。另外，性別基因也會影響酒精成癮。跟在動物試驗中類似，抽菸酗酒者濫用易成癮物質的機會較高。因此，菸酒也被稱為入門物質。不過，具這樣的基因不代表一定會成癮，外在環境及其他因子也占很重要的角色。

最近有學者以芬蘭的雙胞胎作為對象進行研究，發現除了環境因素，基因與環境的交互作用也是重要的因素（Agrawal et al., 2016）。該研究發現，在早期青少年（Early Adolescence）的行為異常症狀可以適度的用來預測早期成年（Early Adulthood）的物質使用情形。在男性，基因的影響似乎

在解釋行為異常症狀與物質使用的關聯性是重要的因素；而在女性，共同的環境因素似乎較為重要。

　　因此，隨著人類基因體計畫的發展，將來可以預期當我們對基因功能及作用越來越清楚後，基因對藥物濫用的影響，以及基因與環境因素的交互作用，可望逐漸釐清，將來對於人類整體防制藥物濫用的思維，會有全新的面貌。

第五節　青少年藥物濫用防制政策之建議

　　青少年的吸毒較容易受到同儕關係、師生關係、自身的好奇心、偏差行為、家庭及監護人種種因素的影響。為預防青少年藥物濫用，即早發現青少年成癮物質使用，可以使用簡便的篩選工具如CRAFFT test，來篩檢出具有藥物濫用問題的青少年（顏正芳，2014），然後予以輔導協助。針對各級學校高風險或特定人員，應積極追蹤並適度介入施予關心輔導。本文所提各級毒品濫用之危險因子，可以提供作為學校輔導防制之參考。此外，家庭與學校對於青少年之影響最為直接，若能透過各縣市社會局或戶政相關資料，了解青少年之家庭社經狀況、家庭成員概況等，並透過教育局提供霸凌或中輟生等相關資料，即早發現並給予追蹤輔導，並提供醫療、社會福利及就學就業等措施，應可有效減少毒品新生人口。本文並介紹如何利用GIS進行藥物濫用時空之相關防制研究，這類的研究應用正在起步，相信將來會是很有用的研究工具。而基因與藥物濫用的相關研究，例如基因與環境的交互作用與藥物濫用的關係，以及青少年使用新興毒品或新興菸品造成之身體健康的危害、和傳統毒品使用／併用的關係，亦將是未來研究的重點之一。

參考文獻

一、中文部分

李志恒、游雯淨（2014）。我國物質濫用簡史、現況與未來趨勢。載於李志恒主編，2014物質濫用。頁14-37。

李志恒、馮齡儀（2021）。國際新興影響精神物質濫用及管理概況。載於李志恒主編，2021新興影響精神物質：毒性、防制與政策。頁3-14。

李志恒主編（2021）。新興菸品健康危害研議。國家衛生研究院論壇。

李佳琪、朱日僑、陳黛娜、賴璟賢、李志恒（2006）。高中職學生對藥物濫用認知調查——以參與反毒大使活動之學校爲對象。台灣衛誌，第24卷第3期，頁224-229。

李信良（2004）。家庭環境因素對於青少年藥物濫用之影響——一個後設分析研究。衛生教育學報，第21期，頁19-50。

李景美、林世華、張鳳琴、徐美玲、苗迺芳、李淑卿、魏秀珍、張麗春、龍芝寧、張瑜眞、徐孟君、羅錦萍（2008）。社區青少年藥物濫用預防介入模式研究——以MDMA等俱樂部藥物爲焦點研究成果報告（第二年）。行政院衛生署管制藥品管理局。

李蘭、洪百薰、楊雪華（1997）。高職學生成癮藥物之使用行爲。醫學教育，第1卷第1期，頁69-80。

周思源、李玟姿、梁文敏、張麗惠、郭憲華、賴璟賢、朱日僑、郭憲文（2006）。台灣地區在學青少年藥物使用行爲與其家庭型態特性之相關性。中台灣藥物期刊，第11卷第4期，頁243-251。

張伯宏、黃鈴晃（2011）。毒品防制學。五南圖書。

張瑜眞、李景美（2005）。Let's Go to Party——青年使用MDMA行爲之質性研究。衛生教育學報，第24期，頁115-140。

張鳳琴、李景美、苗迺芳、龍芝寧、張瑜眞、李淑卿、廖信榮、林世華、曾琬婷、陳俐蓉、徐孟君（2011）。青少年藥物濫用預防教育指標建構及介入研究：以國中階段青少年爲焦點研究成果報告。行政院衛生署管制藥品管理局。

郭鐘隆、黃久美、王文惠（2021）。學生藥物濫用輔導與新興影響精神物質。載於李志恒主編，2021新興影響精神物質：毒性、防制與政策。頁15-28。

陳富莉、李蘭（2004）。青少年菸品消費認同與吸菸行爲之研究——以臺北縣某兩所高職學生爲例。台灣衛誌，第23卷第1期，頁59-70。

衛生福利部藥物食品藥物管理署（2021）。110年「藥物濫用案件暨檢驗統計資料」年報。

顏正芳（2014）。兒童青少年成癮物質濫用。載於李志恒主編，物質濫用。頁568-576。

二、外文部分

Abdelrahman, A. I., Rodriguez, G., Ryan, J. A., French, J. F., & Weinbaum, D. (1998). The Epidemiology of Substance Use Among Middle School Students: The Impact of School, Familial, Community and Individual Risk Factors. Journal of Child and Adolescent Substance Abuse, 8(1): 55-75.

Chaney, R. A. & Rojas-Guyler, L. (2015). Spatial Patterns of Adolescent Drug Use. Applied Geography, 56: 71-82.

Chen, W. Y., Propp, J., deLara, E., & Corvo, K. (2011). Child Neglect and Its Association with Subsequent Juvenile Drug and Alcohol Offense. Child and Adolescent Social Work Journal, 28(4): 273-290.

Cheng, T. C. & Lo, C. C. (2010). The Roles of Parenting and Child Welfare Services in Alcohol Use by Adolescents. Children and Youth Services Review, 32(1): 38-43.

Collins, D., Johnson, K., & Becker, B. J. (2007). A Meta-analysis of Direct and Mediating Effects of Community Coalitions that Implemented Science-based Substance Abuse Prevention Interventions. Subst Use Misuse, 42(6): 985-1007.

Colorado Department of Public Health and Environment (US) (CDPHE). Child Abuse and Neglect: Section 3.

Diego, M. A., Field, T. M., & Sanders, C. E. (2003). Academic Performance, Popularity, and Depression Predict Adolescent Substance Use. Adolescence, 38(149): 35-42.

Dodge, K. A., Malone, P. S., Lansford, J. E., Shari, M., Pettit, G. S., & Bates, J. E. (2009). A Dynamic CASCADE Model of the Development of Substance-use Onset. Monographs of the Society for Research in Child Development, 74(3): vii-119.

Duncan, T. E., Duncan, S. C., & Hops, H. (1994). The Effects of Family Cohesiveness and Peer Encouragement on the Development of Adolescent Alcohol Use: A Cohort-sequential Approach to the Analysis of Longitudinal Data. Journal of Studies on Alcohol, 55(5): 588-599.

Fisher, L. B., Miles, I. W., Austin, S. B., Camargo, C.A. Jr., & Colditz, G. A. (2007). Predictors of Initiation of Alcohol Use Among Us Adolescents: Findings from a Prospective Cohort Study. Arch Pediatr Adolesc Med, 161(10): 959-966.

Frauenglass, S., Routh, D. K., Pantin, H. M., & Mason, C. A. (1997). Family Support Decreases Influence of Deviant Peers on Hispanic Adolescents' Substance Use. Journal of Clinical Child Psychology, 26(1): 15-23.

Hayatbakhsh, M. R., Alati, R., Hutchinson, D. M., Jamrozik, K., Najman, J. M., & Mamun, A. A. (2007). Association of Maternal Smoking and Alcohol Consumption with Young Adults' Cannabis Use: A Prospective Study. Am J Epidemiol, 166(5): 592-598.

Jaffe, S. L. (2002). Treatment and Relapse Prevention for Adolescent Substance Abuse. The Pediatric Clinics of North America, 49: 345-352.

Khoddam, R., Worley, M., Browne, K. C., Doran, N., & Brown, S. A. (2015). Family History Density Predicts Long Term Substance Use Outcomes in an Adolescent Treatment Sample. Drug Alcohol Depend, 147: 235-242.

Kristjansson, A. L., Sigfusdottir, I. D., & Allegrante, J. P. (2013). Adolescent Substance Use and Peer Use: A Multilevel Analysis of Cross-sectional Population Data. Subst Abuse Treat Prev Policy, 8: 27.

McArdle, P., Wiegersma, A., Gilvarry, E., McCarthy, S., Fitzgerald, M., Kolte, B., & Quensel, S. (2000). International Variations in Youth Drug Use: The Effect of Individual Behaviours, Peer and Family Influences, and Geographical Location. Eur Addict Res, 6(4): 163-169.

Moss, H. B., Chen, C. M., & Yi, H. (2014). Early Adolescent Patterns of Alcohol, Cigarettes, and Marijuana Polysubstance Use and Young Adult Substance Use: Outcomes in a Nationally Representative Sample. Drug and Alcohol Dependence, 136: 51-62.

Simons-Morton, B., Haynie, D. L., Crump, A. D., Eitel, P., & Saylor, K. E. (2001). Peer and Parent Influences on Smoking and Drinking Among Early Adolescents. Health Education and Behavior, 28(1): 95-107.

Snedker, K. A., Herting, J. R., & Walton, E. (2009). Contextual Effects and Adolescent Substance Use: Exploring the Role of Neighborhoods. Social Science Quarterly, 90(5): 1272-1297.

Snyder, L. B., Milici, F. F., Slater, M., Sun, H., & Strizhakova, Y. (2006). Effects of Alcohol Advertising Exposure on Drinking Among Youth. Arch Pediatr Adolesc Med, 160(1): 18-24.

Spooner, C. (1999). Causes of Adolescent Drug Abuse and Implications for Treatment. Drug and Alcohol Review, 18: 457-479.

Stoiber, K. C. & Good, B. (1998). Risk and Resilience Factors Linked to Problem Behavior Among Urban, Culturally Diverse Adolescents. School Psychology Review, 27(3): 380-397.

Substance Abuse and Mental Health Services Administration (SAMHSA) (2021). Key Substance Use and Mental Health Indicators in the United States: Results from the 2020 National Survey on Drug Use and Health (HHS Publication No. PEP21-07-01-003, NSDUH Series H-56). Center for Behavioral Health Statistics and Quality, Substance Abuse and Mental Health Services Administration. Retrieved from https://www.samhsa.gov/data/

Taiwan Food and Drug Administration (2015). Annual Report of Drug Abuse Statistics in Taiwan. http://www.fda.gov.tw/upload/133/2016060211375910528.pdf

Trucco, E. M., Colder, C. R., Bowker, J. C., & Wieczorek, W. F. (2011). Interpersonal Goals and Susceptibility to Peer Influence: Risk Factors for Intentions to Initiate Substance Use During Early Adolescence. Journal of Early Adolescence, 31(4): 526-547.

Tsai, Y. F., Wong, T. K., & Chen, S. C. (2002). Prevalence and Related Risk Factors of Areca Quid Chewing Among Junior High Students in Eastern Taiwan. Public Health, 116(4): 190-194.

Tucker, J. S., Green, H. D., Zhou, A. J., V. Miles, J. N., Shih, R. A., & D'Amico, E. J. (2011). Substance Use Among Middle School Students: Associations with Self-rated and Peer-nominated Popularity. Journal of Adolescence, 34(3): 513-519.

United Nations Office on Drugs and Crime (UNODC) (2015). World Drug Report 2015.

Verweij, K. J. H., Creemers, H. E., Korhonen, T., Latvala, A., Dick, D. M., Rose, R. J., Huizink, A. C., & Kaprio, J. (2016). Role of Overlapping Genetic and Environmental Factors in the Relationship Between Early Adolescent Conduct Problems and Substance Use in Young Adulthood. Addiction, 111: 1036-1045.

Vilalta, C. J. (2010). The Spatial Dynamics and Socioeconomic Correlates of Drug Arrests in Mexico City. Appl Geogr, 30(2): 263-270.

Walker-Barnes, C. J. & Mason, C. A. (2004). Delinquency and Substance Use Among Gang-involved Youth: The Moderating Role of Parenting Practices. American Journal of Community Psychology, 34(3-4): 235-250.

Washburn, I. J., Capaldi, D. M., Kim, H. K., & Feingold, A. (2014). Alcohol and Marijuana Use in Early Adulthood for At-risk Men: Time-varying Associations with Peer and Partner Substance Use. Drug Alcohol Depend, 140: 112-117.

White, A., Chan, G. C. K., Quek, L. H., Connor, J. P., Baker, P., Saunders, J. B., & Kelly, A. B. (2013). The Topography of Multiple Drug Use Among Adolescent Australians: Findings from the National Drug Strategy Household Survey. Addictive Behaviors, 38(4): 2038-2073.

Whitesell, M., Bachand, A., Peel, J., & Brown, M. (2013). Familial, Social, and Individual Factors Contributing to Risk for Adolescent Substance Use. Journal of Addiction, 2013, 579310: 9.

Wu, G. H., Chong, M. Y., Cheng, A.T., & Chen, T. H. (2007). Correlates of Family, School, and Peer Variables with Adolescent Substance Use in Taiwan. Soc Sci Med, 64(12): 2594-2600.

衛漢庭、陳亮妤

第一節　　認識毒品混合包

一、毒品混合包介紹

　　毒品混合包，又名：「毒品咖啡包」或「新型混合式毒品」，乃是將各種成分不同的合成毒品，以不同比例混合之後，透過咖啡包、奶茶包、梅片、餅乾、軟糖等各式各樣新奇的包裝分袋販售。這一類的物質主要的目的在於：助興、放鬆、提神、提供欣快感等原因，經常在派對等各種娛樂性使用，進而成癮並且造成各種生理、心理、社會層面的危害。

　　新型混合式毒品之主要成分常爲新興中樞神經物質（New Psychoactive Substance, NPS），其中以安非他命類興奮劑（Amphetamine Type Stimulants, ATS）爲主，例如合成卡西酮（Synthetic Cathinones）類的藥物。另外毒品混合包亦包含了其他種類的毒品，例如：合成大麻、致幻劑、解離劑、鎮定劑及其他藥物。因此，其臨床效果複雜，毒性極高，也對於使用者造成極大的傷害。不論是毒品的調查、監控、以及公共衛生政策的回應都是極爲迫切（Peacock, 2019）。

二、毒品混合包使用方式

　　毒品混合包的使用方式通常爲：直接口服或加水沖服。由於不需要透過靜脈注射、皮下注射、也不以玻璃球加熱吸食，因此使用途徑上相對便利。而且，毒品混合包通常外觀包裝時尚精美、藥物的快感強烈快速、讓青少年以及年輕成人對於「使用毒品混合包」跟傳統的「吸毒」形象大有不同，很容易讓人放下警戒心。

三、毒品混合包的流行

　　毒品混合包在過去數年中，快速進入了青少年以及年輕成人的市場。隨著智慧型手機普及、網路交友與買賣毒品快速，使得藥物派對、娛樂性藥物的使用習慣以及毒品市場結構都產生了巨幅的改變。再加上，初期的娛樂性使用者，毒品的生理戒斷症狀，相比於傳統的硬性毒品（例如海洛因）不那麼強烈，更會讓人輕忽其危害性。製藥者為了規避查緝，不停改變毒品結構與內容，讓傳統的毒品檢驗失效，也讓使用者產生「驗不到」的僥倖心理。

第二節　毒品混合包之世界趨勢

一、毒品混合包的世界趨勢

　　根據聯合國毒品和犯罪問題辦公室（United Nations Office on Drug and Crime, UNODC）所發表的2022年世界毒品報告（World Drug Report 2022）表示，新型合成毒品已經是一個全球性問題，在過去二十年來，合成毒品特別是甲基安非他命類興奮劑的販運活動快速增加，且高於植物類毒品的販運活動。全球的甲基安非他命類興奮劑緝獲量迅速上升，隨著各國化學藥品的管制，越來越多型態的合成品出現，且迅速發生變化（UNODC, 2022）。

　　歐洲毒品和毒癮監測中心（The European Monitoring Centre for Drugs and Drug Addiction, EMCDDA）所發布的2022年歐洲毒品報告（European Drug Report 2022）中，將常見的新興中樞成癮性物質分類，其中包括：合成大麻（Synthetic Cannabinoids）、合成卡西酮（Synthetic Cathinones）、苯乙胺（Phenethylamines）、乙二烯二胺（Piperazines）、愷他命（Ketamine，俗稱K他命）、色胺酸（Tryptamines）、鴉片類（Opioids）、苯二氮平類（Benzodiazepines）、芳烷基胺（Arylcyclohexylamines）、植物萃取物（Plants and Extracts）、Piperidines and Pyrrolidines類、Aminoindanes類及其他物質（Other Substances）。由此可見新興中樞成癮物質之廣泛與複雜性，而種類上則是以合成大麻以及卡西酮最多（EMCDDA, 2022）。

二、新冠肺炎疫情與物質使用的影響

UNODC（2022）亦指出，在COVID-19全球新冠肺炎疫情流行期間，因為生理、心理、社會層面全面性壓力，各種物質成癮的模式可能變得更加有害。同時，戒癮醫療服務提供的受限，使得戒毒資源緊縮。因此在疫情流行期間，一些國家的毒品復發率以及與毒品使用相關的高風險行為因而增加，這也代表了疫情下成癮治療服務提供的挑戰。

首先，物質使用疾患患者有較高COVID-19感染風險。物質成癮者在持續施用毒品的過程中，若無法保持社交距離或忽略個人衛生時，都可能增加感染風險。而物質使用疾患患者亦常共病患有慢性疾病，且抽菸者多，一旦感染新冠肺炎其病程也容易比較嚴重。而經濟狀況不穩定、食物居住環境等條件下，健康照護傳遞以及戒癮治療服務在疫情期間、疫情後都面臨著挑戰（Dubey, 2020; Melamed, 2020; Ornell, 2020）。

三、臺灣本土的毒品混合包相關研究

臺北市立聯合醫院昆明防治中心陳亮好主任的研究團隊，透過地方法院少年法庭轉介臺北市毒防中心之106位少年毒品施用者的門診治療進行分析，其中毒品混合包、甲基安非他命、愷他命、笑氣等都是青少年藥物濫用最常見的物質，而這些使用者中，有71%為多重藥物使用、78%有精神科共病（Chen, 2022）。

從精神科急性病房住院治療的病例回顧研究中也發現，毒品混合包有多重危害。以卡西酮施用個案病例回顧中，這些病人皆為毒品咖啡包使用者，而就醫原因多為傷人或是自殺行為，顯示其對精神狀態之嚴重影響（Chen, 2021）。不只如此，因為毒品混合包施用而住院的病人中，負向童年經驗、多重用藥史、精神科共病，精神病症狀如幻聽、妄想、自傷傷人等症狀亦是常見之症狀（Chen, 2021; Weng, 2021）。

陳亮好主任與臺大急診科合作研究發現，新興毒品使用者平均年齡較傳統毒品年輕10歲，亦可發現毒品混合包是青少年及年輕成人重要的毒品防治挑戰。（Weng, 2020）在性別上，亦可以發現女性的毒品混合包使用者年紀較輕，有較多精神科共病，而男性使用者則是有較高機率感染HIV（Weng, 2022）。由此可見，臺灣本土的毒品混合包研究與篩檢監測，依然需要更多的發展（Feng, 2020）。

第三節　毒品混合包之藥理特性

一、毒品混合包的毒性複雜

　　隨著毒品混合包在毒品市場的普及，其衍伸的各種問題也逐步增加，首要的危險當然是毒品的毒性。在品質不穩定、成分複雜、甚至藥物特性相反的混合式毒品中，這些毒藥物的臨床效果常會不同。舉例來說，如果一包毒品咖啡包中，同時含有中樞神經興奮劑與抑制劑，這樣完全相反的特性常會依藥量、濃度、以及個人體質的不同，而造成最終效果的不同。

　　毒品混合包的使用者，往往為了追求藥效、藥物成癮、同儕情境、派對起鬨等多重原因與情境下，吞服大量藥物，更是具有高度危險。在追求藥物的快感同時，也不知不覺進入了藥物中毒狀態。如果使用者大量使用，其藥物毒性與危險性極高，對於生命徵象如心跳、呼吸、血壓、體溫都會造成影響，例如：混用毒品所造成的惡性高熱（Malignant Hyperthermia）更是可能致死的併發症，需要立刻就醫治療（Presser, 2012）。

二、支持性內科療法與急性期解毒策略

　　因此，支持性內科療法是臨床解毒的當務之急。「就算不知道確切毒品成分，但依然須根據症狀，進行支持性內科治療以及共病症狀治療」，這是臨床上面對毒品混合包中毒的首要方針。提供安全的治療環境、必要的生理支持、維持生命徵象穩定、必要的輸液治療、解毒治療、抗精神病劑治療、鎮定治療等都是治療的選擇（Prisco, 2021）。

　　因為毒品混合包使用者常是以混合式的方式攝入，成分複雜，即時的檢驗也極為困難，難以透過傳統毒品快篩試劑推斷使用情況。因此不只施用毒品者本身難以得知毒品種類，更容易低估施用的副作用以致嚴重後果，這也使得臨床工作者需要針對常見毒品了解其毒性與症狀。新型混合式毒品常會發展成地區性的流通、短暫的盛行，需要第一線工作人員提升對藥物的敏感度來了解在地的藥品文化（Feng, 2020）。以下針對臺灣地區毒品混合包最常見的物質：安非他命類興奮劑、合成大麻、以及愷他命等物質進行藥理探討。

三、毒品混合包常見毒品各論：安非他命類興奮劑

在臺灣，毒品混合包最常見的成分為：安非他命類興奮劑，其中包含：安非他命（Amphetamines）、甲基安非他命（Methamphetamines）、合成卡西酮類（Cathinone）類如甲基甲基卡西酮（Mephedrone，又名喵喵）、3,4-亞甲基雙氧甲基卡西酮（Methylone）、3,4-亞甲基雙氧焦二異丁基（MDPV，又名浴鹽）、甲氧基甲基安非他命（Methoxymethamphetamine, MMA）、對甲氧基甲基安非他命（Para-methoxymethamphetamine，又名強力搖頭丸）等多重物質。

安非他命類興奮劑，對許多腦部神經傳導物質例如多巴胺、正腎上腺素、血清素都有極大的影響，對於自律神經系統亦有很強的作用。在中毒時，可能會出現心臟血管系統症狀例如心悸、臉部潮紅、出汗、心搏過速、血管收縮、血壓升高、心律不整、心臟衰竭等症狀。在神經及精神系統則會有躁動不安、意識混淆、肌肉震顫、僵直、局部抽搐、痙攣、中風、腦出血等症。長期使用，則會併發類思覺失調症的精神病症狀，包含：多話、狂笑、焦慮、害怕、注意力不集中、被害妄想、猜忌、錯覺、幻覺、強迫性行為等（Ordak, 2021）。

安非他命類興奮劑的成癮性強，是一個病程非常複雜的慢性疾病。其所造成的中毒或是戒斷的併發症，常引發許多的共病症狀：憂鬱、焦慮、失眠、幻覺、妄想、輕躁症或是躁症等，也常令施用者困擾並造成整體功能下降。重度使用者常常會引起更多的嚴重的行為問題，例如自傷、自殺、暴力等。

四、毒品混合包常見毒品各論：合成大麻類

合成大麻（Synthetic Cannabinoids），是多種非大麻植物製作的合成化學毒品。最常見的是大麻二環己醇、HU-210、CP47,497、JWH-018、JWH-073、JWH-250、JWH-122或AM-2201等成分，會產生類似於如服用大麻後之作用，造成欣快感、時間延遲感、增強味覺、聽覺，效果快但短，使用容易上癮、加重劑量、中毒時會造成焦慮、噁心、幻覺、妄想、心跳過速、情緒加劇、短期失憶、記憶受損、無方向感、意識混亂、狂躁、中度興奮、腦部認知功能改變、逐漸喪失協調性與專注力或昏迷之副作用，甚至會

傷害呼吸系統，持續使用並會產生如同大麻之成癮性與戒斷症狀（Fattore, 2016）。

五、毒品混合包常見毒品各論：愷他命

　　愷他命是一個臺灣流行的中樞神經抑制劑，亦有幻覺劑與解離劑效果。使用後愷他命後會產生類似迷幻藥的效果及視覺作用，藥效約可維持一至數小時，但影響吸食者感覺、協調及判斷能力則可長達十六至二十四小時。使用者會產生幻覺、興奮感、及愉悅感，而中毒後則會有幻覺、噁心、嘔吐、複視、影像扭曲、說話遲緩、暫時性失憶、身體失去平衡、甚至呼吸抑制等症狀。

　　由於高濃度的愷他命及其代謝物存在於尿液中，可能會對膀胱間質細胞產生直接的毒性作用，導致黏膜的發炎反應。除此之外，愷他命的濫用會對多樣的生理系統產生危害，包括泌尿道系統：間質性膀胱炎、膀胱萎縮、頻尿、血尿、解尿疼痛、腎積水、腎衰竭等；腸胃系統：腹部疼痛、胃炎、肝膽系統病變等；中樞神經系統：短期及長期記憶障礙、注意力無法集中、執行能力下降、暴力行為、惡夢、甚至癲癇等（Curran, 2000; Sih 2011; Smith, 2020）。

第四節　　毒品混合包之影響

一、行為與情緒的改變

　　當新型混合式毒品使用者用量增加，其臨床所造成之衝動（Impulsiveness）、煩躁（Irritability）常會衍伸出更多的情緒與行為症狀。許多相關的情緒、認知以及行為症狀亦常隨之出現，例如：情緒低落、暴力與攻擊性、自傷與傷人、行為失常、作息改變、不安全性行為等。因此，使用者常不知不覺會掉入了惡性循環，直到生活出現一些警訊。同時，許多的重要行為與認知概念更是不可輕忽，例如：安全性行為的落實、性傳染病的預防、情緒控管的加強、生活壓力的調適、自傷、自殺與暴力的預防等，都是面對新興混合式毒品的重要策略。

二、物質成癮（物質使用疾患）

　　毒品混合包是一個高度成癮性的物質，而成癮則是一個大腦失調的慢性疾病（Volkow, 2016），成因非常多元而複雜。除了物質使用的病程之外，遺傳、大腦的受傷與功能失調、人格的特質與脆弱性、社會價值與文化影響、情緒控制與認知功能等也對成癮行為的形成或維持造成很大的影響。

　　造成成癮最重要的生理機轉，主要在於腦神經系統的特殊路徑：「酬賞中樞」（Reward System）的失衡。成癮可大致分為三個反覆發生的階段：大量使用及中毒（Binge and Intoxication）、戒斷及負面情緒（Withdrawal and Negative Affect）、對藥物的關注及渴求（Preoccupation and Anticipation or Craving）。每個上述的階段都會伴隨特定神經生物迴路及對應的臨床、行為特徵（Volkow, 2016）。

　　強烈需要再次使用的「渴癮」（Craving）症狀，往往成癮者失去理智與自我克制力而再次施用。成癮者常常理性上想停藥，卻又同時衝動地、無法遵循自己的決心而持續用藥。因此，因為物質成癮而改變的大腦調控迴路，以及酬賞中樞、情緒反應的迴路改變，導致使用者大腦的功能失調，進而產生許多強迫行為與惡性循環。

　　毒品混合包含有多重藥物，包含了中樞神經興奮劑和抑制劑劑等，故容易有藥物交互作用，造成眾多身體併發症譬如心血管問題、猝死，根據臺大急診用藥者到訪的資料分析，毒品咖啡包多會被驗到體內多種藥物（Weng, 2021），因此成癮機轉也更為複雜，治療也更具挑戰性。

第五節　脫離毒品混合包與復元之路

一、整合式的成癮治療處遇

　　在協助毒品混合包施用個案時，應全面性地從生理、心理、社會角度介入。在進行處遇與治療時，應建立不批判的觀點，提供更多溫暖與彈性，避免一味地使用恐嚇式的教育策略。我們需要的是提供真實情境的衛生教育，預防復發策略，用同理心和涉毒個案站在一起，才可以進一步了解他（她），並且成為他（她）的支持。

　　治療毒品混合包濫用，醫療團隊必須參考到地區性、文化性等現況，生理上給予必要的藥物治療（例如抗精神病劑、抗憂鬱劑、抗焦慮劑等藥物），心理層面則以心理治療及長時間的追蹤，以建立個案對專業的信賴關係。許多伴隨而來的問題，例如暴力、不安全性行為、人際關係問題等也應提供適合的處遇。心理治療、家族治療、環境支持、甚至是安置處遇的需求都需仔細評估。

二、治療目標與復元的藍圖

　　一般而言，毒品混合包與其他非法藥物一樣，其戒除與治療的目標，是持續停止施用至少十二個月以上，才可算是精神科診斷手冊DSM-5診斷標準所定義的緩解（Remission）。（APA, 2013）治療的前期，特別是前三個月尤為關鍵，個案的身心較不穩定，必要時需要急性解毒、內科及精神科藥物治療。同時，認知行為技巧與策略的建立、定期的追蹤，則是行為改變的關鍵，而病情嚴重者則考慮接受急性病房住院治療。毒品混合包使用者，需要學習去了解自身與外界不斷襲來的外在誘因與內在誘因，並且發展有效務實的應對策略，才能穩健地走上復元之路。

三、毒品混合包的檢驗困難與追蹤過程的多重面向

　　新型混合式毒品檢驗在實務上非常困難，無法透過傳統的驗尿試劑了解使用者的施用情形，往往需要較高階的實驗室檢驗技術。在未來，亦需要開發便宜性可近的試劑（例如合成卡西酮試劑），以提供第一線人員（如教師、醫療院所）使用，使得篩檢量能提升。同時，尿液檢驗的困難，也同時考驗著第一線工作人員的基本功，那就是除了尿液檢驗之外，全面性評估之必要性，包含生理併發症、心理併發症、社會支持系統、改變與準備階段、復元環境等多重面向。

第六節　結　語

一、毒品混合包的防治挑戰

　　毒品混合包的檢驗困難、藥理複雜，是臨床的一大挑戰。在防治上，我們也需重新檢視毒品教育的策略，我們需要更貼近現實與情境化的毒品教育，而不是恐嚇策略。在教導青社年與社會大眾正確的拒毒觀念之餘，更落實紓壓、生活規劃、情緒管控、問題解決的技巧等生活能力的培養。

　　第一線工作者，包含醫療人員、輔導老師、助人工作者等，也需要培養更多的臨床敏感度與警覺心，方能提供更好的治療。對於涉毒個案的各種需求，例如：經濟獨立、安置、戒癮醫療、適應生活、人際互動、生活技巧學習、家庭關係促進等，都應全方面提供輔導與服務，更有賴於醫界、心理、社工、教育、警政、衛政、司法等多重單位跨領域的合作。

二、多元處遇的重要性

　　毒品混合包的使用者有其複雜的生理、心理、社會層面原因，使用者有年輕化趨勢，且多重藥物使用的危害極高，容易被使用者低估其危險性。因此，沒有一種固定療法能夠適用所有個案，常常需要多元處遇才能有好的效果。在衛生教育層面，也應納入多重藥物的危害與拒絕策略。唯有跨越專業的攜手合作，方能承接每一位需要幫助的使用者，邁向復元之路，並且享受嶄新的生活。

參考文獻

American Psychiatric Association (APA) (2013). Diagnostic and Statistical Manual of Mental Disorders. 5th ed., text rev.

Amy Peacock, Raimondo Bruno, Natasa Gisev, Louisa Degenhardt, Wayne Hall, Roumen Sedefov, Jason White, Kevin V Thomas, Michael Farrell, & Paul Griffiths (2019). New Psychoactive Substances: Challenges for Drug Surveillance, Control, and Public Health Responses. Lancet, 394(10209): 1668-1684.

Curran HV, Morgan C. (2000). Cognitive, Dissociative and Psychotogenic Effects of Ketamine in Recreational Users on the Night of Drug use and 3 Days Later. Addiction,

95(4): 575-590.

Dubey, M. J., Ghosh, R., Chatterjee, S., Biswas, P., Chatterjee, S., & Dubey, S. (2020). CO-VID-19 and Addiction. Diabetes Metab Syndr, 14(5): 817-823.

Lara Prisco, Aarti Sarwal, Mario Ganau, & Francesca Rubulota (2021). Toxicology of Psychoactive Substances. Crit Care Clin, 37(3): 517-541.

Liana Fattore (2016). Synthetic Cannabinoids-further Evidence Supporting the Relationship Between Cannabinoids and Psychosis. Biological Psychiatry, 79: 539-548.

Ling-Yi Feng & Jih-Heng Li (2020). New Psychoactive Substances in Taiwan: Challenges and Strategies. Curr Opin Psychiatry, 33(4): 306-311.

Li-Yuan Chen, Wan-Cheng Lee, Ming-Chyi Huang, & Lian-Yu Chen (2021). Clinical Correlates of Inpatient Adolescent Drug Users in Taiwan. J Formos Med Assoc, 120(3): 1036-1038.

Melamed, O. C., Hauck, T. S., Buckley, L., Selby, P., & Mulsant, B. H. (2020). COVID-19 and Persons with Substance Use Disorders: Inequities and Mitigation Strategies. Subst Abus, 41(3): 286-291.

Ordak, M., Zmysłowska, A., Bielski, M., Rybak, D., Tomaszewska, M., Wyszomierska, K., Kmiec, A., Garlicka, N., Zalewska, M., Zalewski, M., Nasierowski, T., Muszynska, E., & Bujalska-Zadrozny, M. (2021). Pharmacotherapy of Patients Taking New Psychoactive Substances: A Systematic Review and Analysis of Case Reports. Front. Psychiatry, 12: 669921.

Ornell, F., Moura, H. F., Scherer, J. N., Pechansky, F., Kessler, F. H. P., & von Diemen, L. (2020). The COVID-19 Pandemic and Its Impact on Substance Use: Implications for Prevention and Treatment. Psychiatry Res, 289: 113096.

Prosser, J. M. & Nelson, L. S. (2012). The Toxicology of Bath Salts: A Review of Synthetic Cathinones. Journal of Medical Toxicology, 8(1): 33-42.

Sih, K., Campbell, S. G., Tallon, J. M., Magee, K., & Zed, P. J. (2011). Ketamine in Adult Emergency Medicine: Controversies and Recent Advances. Ann Pharmacother, 45(12): 1525-1534.

Smith, H. S. (2010). Ketamine-Induced Urologic Insult (KIUI). Pain Physician, 13(6): E343-346.

Te-I Weng, Lengsu W Chin, Lian-Yu Chen, Ju-Yu Chen, Guan-Yuan Chen, & Cheng-Chung Fang (2021). Clinical Characteristics of Patients Admitted to Emergency Department for the Use of Ketamine Analogues with or without Other New Psychoactive Substances. Clin Toxicol (Phila), 59(6): 528-531.

Te-I Weng, Lian-Yu Chen, Hsien-Yi Chen, Jiun-Hao Yu, Yu-Jang Su, Sung-Wei Liu, Derek

K Tracy, Yen-Chia Chen, Chih-Chuan Lin, & Cheng-Chung Fang (2022). Gender Differences in Clinical Characteristics of Emergency Department Patients Involving Illicit Drugs Use with Analytical Confirmation. J Formos Med Assoc, 121(9): 1832-1840.

Te-I Weng, Lian-Yu Chen, Ju-Yu Chen, Pai-Shan Chen, Hsiao-Lin Hwa, & Cheng-Chung Fang (2020). Characteristics of Analytically Confirmed Illicit Substance-using Patients in the Emergency Department. J Formos Med Assoc, 119(12): 1827-1834.

Te-I Weng, Ming-Chyi Huang, & Lian-Yu Chen (2022). Psychiatric Manifestations of Para-methoxymethamphetamine Users in Taiwan. J Formos Med Assoc, 121(3): 725-728.

The European Monitoring Centre for Drugs and Drug Addiction (EMCDDA). European Drug Report 2022. https://www.emcdda.europa.eu/publications/edr/trends-developments/2022_en

United Nations Office on Drug and Crime (UNODC). World Drug Report 2022. https://www.unodc.org/unodc/data-and-analysis/world-drug-report-2022.html

Yu-Hsiung Chen, Mu-Hong Chen, Han-Ting Wei, & Lian-Yu Chen (2022). Survey of Substance Use Among Adolescent Drug Offenders Referred from Juvenile Courts in Taiwan: Clinical Epidemiology of Single Versus Multiple Illicit Substance Use. J Formos Med Assoc, 121(11): 2257-2264.

楊士隆、林鴻智、許俊龍

　　隨著時代的變遷與推展，並在媒體的推波助瀾之下，大麻物質已非洪水猛獸而不可談論的禁忌，相反地，大麻的各種相關資訊更是逐漸的走入人們的眼前（楊士隆、李志恒等，2019；林鴻智等，2020）。而各國對於大麻的法令規範也開始有所鬆動與轉變，過往以刑事法律處罰的入罪化定位，亦逐漸根據大麻的類型、運用目的來進行細分及分別規範。隨著加拿大等少數國家近年來對於大麻規範的鬆綁與合法化，國際間對於大麻定位的討論越發蓬勃，以及對於大麻影響的研究逐漸深入與廣泛，再加上團體的倡議下，大麻是否合法化、除罪化以及大麻製品中四氫大麻酚（Tetrahydrocannabinol, THC）含量允許值，在我國也逐漸的開始受到重視被提出討論。顯然，我國亦無法獨立於浪潮之外，大麻亦將成為民眾對話及訴求討論的熱門議題（公共政策參與平臺，2016；2020；陳潔，2020；洪宥鈞，2021）。

第一節　　大麻之國內外現況與發展

一、大麻之盛行率及全球現況

　　根據聯合國毒品和犯罪問題辦公室（UNODC）2022年所發布之世界毒品報告（World Drug Report）指出，2020年全球15至64歲人口中約有2.09億人於前一年具有大麻施用經驗，施用人口比例已逾全球人口4%。World Drug Report中特別指出，非醫療用大麻合法化的國家，其大麻使用有增加的趨勢。如最早通過非醫療用大麻合法化的科羅拉多州與華盛頓州，以及烏拉圭曾使用大麻人數比例至2016年已達33.6%（Junta Nacional de Drogas, 2016），而加拿大使用人口已從417萬人上升至530萬人（Statistics Canada, 2019）。大量的施用人口背後亦包含著龐大的大麻販運，2014至2018年間毒

品犯罪案件中有超過一半與大麻相關，若從緝獲數量來看，2010至2018年更有將近2倍的成長。2018年所查緝到的毒品販運中，大麻共有5,610噸，為數量次之古柯鹼1,311噸的4倍。另外，有別於他類毒品在種植上集中於部分國家，大麻在種植上廣布全球各地，2012至2020年間共有153個國家曾有種植大麻的案件紀錄。

過去十年（2010至2020年）以來，全球使用大麻施用之人數增加26%，15至16歲年輕人施用大麻之盛行率為5.8%，大麻已成為全球及年輕人施用人口數最多的毒品種類。此外，大麻是全球（含年輕人）最易取得與常使用的非法藥物之一。世界毒品報告（2021年）並首次以年輕人低估大麻之風險（youth underestimate cannabis dangers）為副標題警示世人。

此外位於倫敦的獨立研究機構全球毒品調查（Global Drug Survey, 2021）蒐集了2020年12月至2021年3月期間全球20多個國家／地區的3萬2,000多人的調查數據，發現在過去十二個月中全球施用毒品的前三種藥物（不包括酒精和煙草／尼古丁產品）是大麻、搖頭丸和古柯鹼。數據還證實了CBD（大麻二酚）產品在全球範圍內的廣泛使用，在過去十二個月中，CBD的使用人數超過了除酒精、煙草和含有大麻的THC（四氫大麻酚）以外的任何其他藥物。

根據聯合國2022年世界毒品報告，顯示2020年全球大麻的盛行率與2017年相較上升了0.4%，本文整理目前全世界各地區大麻盛行率如表7-1：

表7-1　全世界各地區大麻盛行率

區域	地區	2017年15至64歲大麻人口盛行率（%）	2020年15至64歲大麻人口盛行率（%）
非洲		**6.4**	**6.54**
美洲		**8.4**	**9.81**
	加勒比海地區	3.6	3.79
	中美洲（墨西哥除外）	2.9	3.12
	北美洲（包括墨西哥）	13.8	16.6
	南美洲	3.5	3.58
亞洲		**1.8**	**1.97**

表7-1　全世界各地區大麻盛行率（續）

區域	地區	2017年15至64歲大麻人口盛行率（%）	2020年15至64歲大麻人口盛行率（%）
	中亞和外高加索	2.9	2.58
	東亞和東南亞	0.8	1.20
	近東和中東／西南亞	3.1	3.07
	南亞	2.9	2.77
歐洲		**5.4**	**5.41**
	東歐和東南歐（包括土耳其）	2.6	**2.04**
	西歐和中歐	7.4	7.76
大洋洲		**10.9**	**12.0**
	澳大利亞和紐西蘭	11.0	**12.14**
全球		**3.8**	**4.12**

資料來源：2020年、2022年聯合國世界毒品報告及本文自行整理。

　　從表7-1觀察聯合國針對世界各地區所做大麻盛行率統計，2017至2020年全球大麻盛行率地區以美洲、大洋洲比例較高，以大洋洲盛行率12%最高，地區部分以北美洲（包含墨西哥）之盛行率16.6%最高；而亞洲地區大麻盛行率僅1.97%，遠低於全球平均盛行率4.12%，而東亞和東南亞盛行率僅1.2%，為全球各地區最低。除此之外，大麻同樣為全球種植最為廣泛的毒品作物，其種植國家高達135國，而大麻亦是全世界販運案件數最多的毒品（World Drug Report, 2021）。雖然大麻於我國的討論及關注尚不如其他種類的毒品，如海洛因、安非他命、愷他命等，但對於全球的毒品問題而言，從數據面我們可以得知，國際間大麻在施用上已成為全球人數最多的毒品種類，因此面對國際藥物濫用類型轉變的浪潮，如何應對、解決或防治顯然將成為當前最重要的課題之一。

二、大麻之臺灣現況

　　衛生福利部於2022年發布之藥物濫用案件暨檢驗統計資料年報顯示（表7-2）2021年各機關所通報的3萬2,021人中，566人為施用大麻者。通報人數雖相較2020年有所下降，但仍不可忽略通報個案從2018至2019年間增長了

41.6%，且大麻使用者的所占藥物濫用總人次比例由2019年1.9%上升至2020年2.3%。

　　而根據臺灣高等檢察署發布之2021年當前毒品情勢分析與緝毒策略指出2020年查獲之製造、運輸及種植大麻案件數成長153%，由2019年之71件，增加至2020年之180件。其中種植大麻案件數由2019年之31件增加至2020年

表7-2　年各機關（構）通報藥物濫用個案

單位：人次數

通報濫用藥物品項	2017年	2018年	2019年	2020年	2021年
海洛因	16,537	17,000	17,470	15,186	15,106
（甲基）安非他命	9,995	14,648	14,089	11,035	12,382
苯二氮平類安眠鎮靜劑	739	347	314	641	1,223
愷他命	2,278	2,361	2,222	1260	909
大麻	284	502	711	712	566

資料來源：衛生福利部。

註：1.各機關（構）係指「醫療院所、民間戒癮團體及衛生單位」等。

　　2.（甲基）安非他命統計數值係包含安非他命及甲基安非他命在內之數值。

　　3.同一個案可能濫用一種或一種以上之藥物。

查獲大麻製造、運輸、種植案件數 + 153%
108年（71件）→109年（180件）

■ 製造　　■ 運輸　　■ 種植

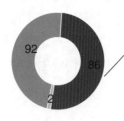

	大麻種植案件數	大麻植株數
107	41	5,309
108	31	1,946
109	86	5,863
110(1-10)	66	10,277

查獲大麻株數108年（1,946株）→109年（5,863株）+201%

圖7-1　109年大麻相關案件查緝案件數

資料來源：臺灣高等檢察署。

之86件。大麻植株數亦由2019年之1,946株增加至2020年之5,863株。2021年1月至10月大麻植株數爲1萬277株，成長至爲快速。前述統計資料顯示司法與警察機關近年查緝製造、運輸及種植大麻之案件、人數與株數呈現增加之趨勢，均不容小覷。

此外，根據臺灣大學公共衛生學院陳維堅教授執行之2018年全國物質使用調查，其針對全臺1萬8,626名年齡層在12至64歲的民眾進行研究，發現約有1.15%受訪者一生當中曾吸食過一次毒品；在各種非法藥物中，大麻占第四位，最常被使用的前五名毒品分別爲安非他命0.42%、愷他命0.40%、搖頭丸0.36%、大麻0.32%及改裝型混合式新興毒品0.18%。教育部委託國立陽明大學黃久美教授進行2019年藥物濫用防制認知檢測網路問卷資料統計分析，抽出全國學生總數5%：高中職以下學校層別內樣本學校抽出10%，大專校院樣本學校抽出20%；有效樣本計10萬6,048人，回收率71.67%，發現2016至2019年間，學生自陳曾經使用非法藥物比率於0.17%至1.03%間，國中及高中職日、夜間部學生大麻均占第三位，大專院校學生則占第一位。各項數據顯見大麻已逐漸成爲我國藥物濫用常用種類之一。

第二節　大麻之流行原因

一、外國法令政策鬆綁影響

Alexander Freund（2022）指出：「娛樂性大麻的商業銷售在加拿大和烏拉圭二個國家已合法化，美國在除華盛頓特區以外的所有已合法擁有的美國地方司法管轄區中亦同，許多國家也採取了有限執法政策，特別是在出售大麻的荷蘭有執照的咖啡店允許使用大麻。」另一方面，越來越多國家將醫療用大麻合法化，在此同時也有更多的研究支持下，大麻的危害和傳統印象在大眾間開始產生了翻轉。受到各國合法化浪潮的影響下，就如德國政府亦開始思考持有大麻合法化的可能性，社會民主黨（SPD）、綠黨和自由民主黨（FDP）所組成的政府聯盟提出在持有執照的商店中向成年人販賣供娛樂用大麻的構思。希望透過政府管控來保障大麻的品質與數量，減少劣質品項的流通，並嚴格禁止未成人的施用。

　　2018年10月17日加拿大通過全面開放娛樂性大麻使用的法律，是目前已開發國家的首例。相對亞洲國家大部分仍然將大麻視爲毒品，以法令予以規範禁止使用，但歐美各國對於大麻的管制相繼在法令上鬆綁。對大麻使用者而言，在一定的規範下可以合法的使用大麻，甚至在家中自己栽種大麻，在這些政策開放的國家無非已經將大麻視爲與菸、酒一般，僅是會傷害身體的物質。UNODC（2018）指出，雖然短期間尚無法論斷大麻政策開放後，對於該國的經濟、治安、人民健康等問題的影響，但大麻合法以來，在科羅拉多州18至25歲及以上的大麻使用人群有顯著的增加。隨著法令的鬆綁，以及現代訊息具有無國界且傳遞迅速的特性，法令鬆綁的影響已不單單僅限於該國，反而將成爲其他國家效仿、參考借鏡的對象。在嚴格法規範的鬆綁趨勢下，對於大麻的資訊知曉和討論勢必將會更多，未來若無相應的政策，大麻施用者的增加將會是可以預期的。

二、對大麻危害認知與態度之轉變

　　UNODC出版之世界毒品報告（2021年）指出，近年全球青少年對大麻毒品危害之認知持續下降，由1995年之每10名中八名認爲大麻施用是危險行爲，至2019年降爲每10名僅五名認爲大麻施用是危險的。這些認知與態度之轉變與部分研究大麻所帶來益處的發現或許具有關聯性，例如最近發表的一項西班牙研究發現，大麻消費者的性功能得到改善，並且他們體驗到更好的性高潮（Roman et al., 2022）；俄勒岡州立大學的美國研究人員最近提出將大麻素作爲一種預防和治療COVID-19的方法，因爲它們可以阻止病毒進入細胞，從而有可能提供針對冠狀病毒感染的保護（Breemen et al., 2022）。此外，大麻中的成癮和迷幻主成分THC，用其基劑做成的藥品Dronabinol（商品名Marinol）和nabilone（商品名Cesamet），已經通過美國食品藥物管理署的審查，可以由醫師處方，治療癌症化療患者的噁心嘔吐以及HIV/AIDS病人的食慾不振（NIDA, 2020）。

　　國內實證研究同樣顯示大麻施用者認爲大麻對於其自身的傷害遠小於其他毒品，更甚者並不認爲大麻將對其身體造成傷害，反而將帶來增進食慾或是舒緩病痛的效果。楊士隆等人（2020）曾透過綜合研究方法進行大麻施用成因與交易市場探討，針對臺灣大麻販賣或種植者八位及施用者八位進行個別訪談，研究發現大麻施用者於一開始多抱持著好奇的心態嘗試施用大

麻，在正面反饋大於負面作用下，獲得放鬆舒壓的感覺與目的後，促使其持續下一次的施用。而其對於大麻則認為是無危害性、不具成癮性，甚至是有益的看法，認知上常認為施用大麻並非道德上的犯罪行為，而是政府透過法律強加於社會上的拘束。除此之外，許俊龍（2021）針對八名具有大麻施用經驗者進行訪談同樣具有相似的發現，研究指出施用者並不認為施用大麻後將產生成癮或耐受性，且相較於大麻所帶來的弊端，反而更能認同施用大麻後所能帶來的正面效果，如助眠、放鬆與帶來舒服感等。不過大麻施用者的說法，與部分研究結果有所出入。依照美國國家藥物濫用研究所（National Institute on Drug Abuse, NIDA）的報告顯示，大麻使用會導致大麻使用障礙（Marijuana Use Disorder），將導致後續的戒斷症狀、依賴性，所以就如同其他毒品，也具有成癮性（NIDA, 2020）。

三、網路資訊之推波助瀾

UNODC出版之世界毒品報告（2020、2021年）指出，全球大麻之販運與交易主要是透過網際網路之線上交易完成，而暗網（Dark Net）之交易近年更成長4倍之多，透過虛擬管道聯繫的方式值得投入更多的關注。林鴻智等（2020）援引楊士隆、李志恒等（2019）之計畫樣本，對其中五位大麻種植、販賣、使用者進行質性訪談資料，及進行專家焦點座談後指出，臺灣近年大麻濫用之增加主要受到國外大麻合法化影響及網路資訊發達的結果所影響。資訊之便利與發達，促使毒品交易與流通更加迅速，臺灣等高檢察署（2021）在去年校園掃毒行動中亦發現大麻及新興毒品之販運查獲人數，透過網路進行交易者成長超過1倍，網路新興通訊之發達促使毒品之擴散更行迅速。

四、大麻商品開始展現新穎與質感包裝

伴隨著法規範與人們對於大麻概念、看法的轉變，更多的大麻衍生製品出現於商業市場之上。為了吸引更多關注進而提升銷售量，各廠商開始運用富有設計感的包裝來減少、擺脫過往人們對於大麻的厭惡和恐懼感。有別於傳統對於毒品充斥著邪惡、有害的印象，新型的大麻商品透過設計來使人們認為這些商品是時尚、潮流與別具質感。全球最知名的包裝設計競賽之一「Dieline Awards」，將大麻與菸草置於同一類別，並且獨立設有大麻、菸

草包裝設計的獎項。2022年獲得最佳NEENAH紙包裝獎項（Neenah Best Use Of Paper Award）的便是大麻商品，包裝設計運用了大膽鮮明的紅色作為主色調，其包裝上的更是以榮耀（Glorious）作為主視覺標語。在新穎與富有設計感的包裝意象感染下，進一步降低大眾對於大麻的排斥感，提升對於大麻的興趣，並將進而增進大眾的嘗試意願與討論度。

圖7-2　2021 Dieline Awards獲獎大麻商品包裝設計

資料來源：https://thedieline.com/blog/2021/1/6/a-golden-state-whole-flower-pre-roll-packaging?

五、重要他人之影響，視為叛逆、融入與炫富

　　加拿大藥物使用及成癮中心（The Canadian Centre on Substance Use and Addiction, CCSA, 2017），發表了「加拿大青少年對大麻的看法」，訪談了全國77名青少年，在報告中，CCSA指出年輕人最常見使用大麻的原因是受朋友的影響，他們渴望被自己喜歡的群體接納；不抽大麻是怕被朋友疏遠，也怕不獲邀請參加派對。有人用來增強社交自信，他們視抽大麻跟社交喝酒一樣，是朋友間消磨時間的玩意。家人使用大麻，子女也會很容易有樣學樣，缺乏成年人作好的榜樣，也是一個沾染大麻的潛在因素。例如父母經常不在家、成年人沒有預先和他們談及使用藥物的後果，青少年會以吸食大麻來顯示「叛逆」（McKiernan, 2017）。當大麻成為社交的工具時，在同儕的壓力下很容易就會嘗試使用，所以在重要他人的影響下，將會造成大麻的

圖7-3　2022 Dieline Awards Neenah Best Use Of Paper Award包裝設計

資料來源：https://thedieline.com/blog/2021/12/21/glorious-cannabis-co?

施用趨勢。青少年因缺乏社會歷練，判斷力較不爲周全，亦較容易受到周遭環境、同儕等重要他人所影響，因此在對大麻危害認知不高的狀況下，更容易合理化自己施用大麻的行爲（楊士隆等，2020）。

　　相較於成癮性較高的海洛因、古柯鹼等毒品，對於傷害性較低的大麻，有些人稱之爲「軟性毒品」。調查局毒品防制處發現，由於吸食習慣的變化，大麻已成爲高端人士及白領階級的新寵，調查局也分析出，大麻會成爲高端白領的新寵毒品，主因是可以「炫富」，相較於吸食施用只有行政罰的K他命，大麻的價格明顯較貴，吸食也顯得比較高檔，所以大麻的施用族群也比較特定（張孝義，2018）。楊士隆、李志恒等人（2019）研究發現在臺灣大麻施用者在社會的身分，多被視爲較成功的族群，一般皆有著較高的社經地位，與其他一、二級毒品的施用族群上具有相當的差異。因此有別於施用毒品的負面看法，施用者反而認爲施用大麻爲潮流、身分象徵的表現。

第三節　　大麻除罪化爭議

一、大麻毒品除罪化與合法化之全球現況

　　Alexander Fred（2022）在「大麻合法化：健康風險和益處」一文中指出大麻曾被稱爲危險的入門毒品，且許多研究指出大麻施用影響前額葉皮層功能及認知障礙等，惟近年來大麻已獲得更多民眾的認可，逐漸在越來越多的國家，娛樂消費用的大麻被視爲是合法的。

　　根據維基百科（2022）之彙整，「用於醫療和娛樂用途的大麻的合法性因國家而異，包括其擁有、分銷和種植。大多數國家的這些政策受三項聯合國條約的約束：1961年『麻醉藥品單一公約』、1971年『精神藥物公約』和1988年『禁止非法販運麻醉藥品和精神藥物公約』。根據單一公約條約，大麻被歸類爲附表藥物，這意味著簽署國可以允許醫療用途，但它被認爲是一種具有嚴重濫用風險的成癮藥物。」

　　在效用未定的背景下，各國又因應其社會脈絡與文化，產生了法規範上的差異。對於大麻的法規範上最寬鬆立法有娛樂用大麻合法化，次者將醫療用大麻合法化，最嚴格則將各種型態的大麻行爲皆定位爲犯罪。另外依其行爲又將區分爲運輸、製造、販賣、施用等態樣，針對不同行爲態樣又將有不同的規範。在我國，依據毒品危害防制條例之規定，大麻仍列爲第二級毒品，不論是運輸、製造、販賣亦或是施用皆仍具有刑責。

　　目前已有許多國家已將具有醫療價值的大麻，即醫療用大麻合法化，諸如澳洲、加拿大、紐西蘭、智利、哥倫比亞、德國、希臘、以色列、義大利、荷蘭、秘魯、波蘭和英國；另一方面有些國家對於單純施用大麻並不以犯罪論，採取寬鬆的執法政策，至多僅爲行政裁罰或是單純施用或持有法規規範下的大麻除罪化，如德國、荷蘭等。然而部分國家則仍保有嚴厲的處罰，例如一些亞洲和中東國家，即使持有少量大麻也會被處以數年監禁。

表7-3　各國大麻法律規範

大麻法律規範	國家
施用除罪化（非法）	歐洲：奧地利、克羅埃西亞、荷蘭、葡萄牙、瑞士、德國（持有非法，但消費合法） 美洲：智利、哥倫比亞、祕魯、阿根廷、墨西哥、巴拉圭 亞洲／大洋洲：以色列
醫療用大麻合法	歐洲：克羅埃西亞、捷克、丹麥、希臘、義大利、荷蘭、波蘭、葡萄牙、瑞士、德國 美洲：加拿大、烏拉圭、智利、哥倫比亞、秘魯、阿根廷、美國（37個州） 亞洲／大洋洲：澳洲、以色列、泰國
娛樂用大麻合法	歐洲：馬爾他 美洲：加拿大、烏拉圭、美國（18個州和華盛頓特區）

二、大麻毒品合法化之兩極聲浪

（一）反對合法化之理由

在健康議題上，大麻濫用屢被研究人員證實將危害腦部正常功能與健康、情緒調節與記憶，並可衍生許多意外事故與犯罪行為發生。如大麻施用者比起未使用者在選擇性注意力（Selective Attention）較差、分散注意力（Divided Attention）變弱、時間預估呈現扭曲（沒有使用大麻者會低估時間的長度，但使用者會過度估算時間的長度）（Anderson et al., 2010），且再者，大麻施用者通常具有注意力障礙（Chang et al., 2006）。

NIDA委託美國密西根大學Terry-McElrah、O'Malley與Johnston（2018）等對監測未來（Monitoring the Future）資料庫進行分析，研究發現長期大麻使用與成人晚期健康問題密切相關。其發現18歲以後至20餘歲晚期如長期使用大麻與其50歲時自陳報告健康問題之惡化具密切之關聯性。另法國亦有研究指出大麻的使用與心血管疾病相關且將造成嚴重的死亡率和危害（Jouanjus et al., 2014）。美國心理衛生與藥物濫用服務署（SAMHSA, 2019）對於大麻的風險報告指出，當人們在年輕時開始使用大麻時，大麻會造成長達8分的智力損失。即使戒掉大麻，這些智商也無法回復。在運動能力方面，使用大麻會影響運動的協調能力，影響運動的表現。在駕駛汽車方面，會造成反應較慢、車道偏離、協調性降低，及對於道路的信號和聲音反

應困難。在懷孕期間使用大麻，可能導致胎兒成長受限、早產、死胎和大腦發育問題，來自大麻的四氫大麻酚（THC）和其他化學物質也可以通過母乳從母親傳給嬰兒，進一步影響孩子的健康發育。日常生活表現上，研究表明使用大麻的人更容易出現關係問題，教育結果更差，職業成就更低，生活滿意度降低。在18歲以前使用大麻，有六分之一的人會導致上癮，成年人成癮的機率則為十分之一。

　　加拿大Tortono大學Anita Srivastava（2020）指出，加拿大雖在2019年10月批准可食用大麻、醫療製品及萃取物可在今年稍早銷售，但應注意這些製品之潛在危害，包括過度使用及不可預期之後果。Srivastava身為成癮醫學之醫師以及教授認為些可食用之產品影響及年輕人情緒、動機、睡眠及簡化之功能，大麻過度使用將造成心智之混亂及肢體之失能。亦有其他研究發現施用大麻對於青少年的大腦發展將具有負面影響，控制衝動、解決問題和計畫行動的大腦前額皮層相較未施用者明顯稀薄（Albaugh et al., 2021）。在美國科羅拉多州，可食用之大麻產品係中毒之主因，在該州因可食用之大麻製品中毒青少年移送至急診室之比例由2009年之每千人1.8人提升至2015年之4.9人。此外，國立臺灣大學生醫電子與資訊學研究所曾宇鳳（2022）指出，近年「類大麻活性物質」（Synthetic Cannabinoids）等NPS在臺灣造成負面衝擊，其為類似大麻中成分結構的人工合成化學品，開發合成速度快，種類繁複多樣，施用後生理反應常常超出預期，並對人體造成負面影響，值得特別關注。

　　此外，持續使用大麻者將進一步使用其他的非法藥物，學者Kendal（1975）曾提出入門藥理論（Gate Way Theory），大麻屢被證實係青少年進入硬性藥物（Hard Drug）如海洛因、嗎啡之入門藥（Secades-Villa et al., 2015；楊士隆等，2016）。除了大麻對於生理健康的影響之外，大麻的使用經常衍生犯罪行為。根據對於大麻使用者的縱貫研究，發現在青春期和成年早期使用大麻可能與隨後參與犯罪活動有關，然而這種相關似乎與各類毒品犯罪有關（Pedersen & Skardhamar, 2010）。

　　依據國立中正大學犯罪研究中心2019所做的「107年全年度臺灣民眾對司法與犯罪防制滿意度之調查研究」顯示，有95.4%之民眾反對大麻合法化，從中我們可以得知我國多數民眾對於大麻物質仍抱持著相當的反對態度。部分民眾擔心若貿然地將大麻除罪化或是合法化，將有可能導致施用

者呈現急速上升，亦或提升大眾接觸大麻的可能性而增加施用機會，就如加拿大於2018年10月將大麻合法化後，使用人口已從417萬人上升至530萬人（Statistics Canada, 2019），惟應注意這可能導因於原先施用黑數隨著合法化而浮出檯面，不一定準確代表是真實施用者的上升。政府政策層面上，規範機關基於大麻之成癮性、濫用性及社會危害性的考量下，亦並無調降列管級數與除罪化的規劃（公共政策參與平臺，2016；2020）。法務部亦強調現階段大麻合法化並無可能性，並且重申對於大麻宣戰、打擊大麻犯罪之決心（法務部，2021）。

（二）贊成合法化之理由

在我國，除了網路對於大麻除罪化的聲浪外，倡議團體更自2019年開始，每年於臨近4月20日上街表達鬆綁大麻管制以及反對將大麻妖魔化的訴求，同時透過辦理各類活動來表達對於大麻的看法及其功用、影響之宣導（綠色浪潮，2022）。

國外對於大麻合法化的研究發現，過去或是當前的大麻使用者，比起一般民眾更加支持大麻合法化的政策，除了是利己主義的原因之外，也發現使用者對於大麻對於健康傾向無害的認知（Palali & van Ours, 2017）。倡議者指出吸食大麻為個人自由之選擇，且目前科學研究顯示大麻為有害生理健康的影響程度尚未有所定論（NASEM, 2017）。惟多數研究認為大麻帶給人的成癮性與生理健康的傷害相較酒精、尼古丁與其他毒品來得低許多。例如New Zealand Medical Journal（2020）之社論指出，比較大麻Delta9-四氫大麻酚（THC）以及酒精飲料中的精神活性藥物乙醇之13個常見健康危害，發現酒精比大麻更具傷害（Alcohol is more harmful than cannabis），例如酒精過量和癌症風險，而其他方面，例如大麻是否會導致腦損傷和抑鬱症，現有研究並未明確確定。

此外，大麻內含之大麻二酚（CBD）亦具有醫療用途包括減少發炎與神經性疼痛，降低癲癇之發作等。CBD在治療一些最殘酷的兒童癲癇綜合症方面具效能。且動物研究、自陳報告或人類研究亦發現CBD可能有助於舒緩焦慮、失眠、慢性疼痛和神經性疼痛。根據對人類的一些研究，在某些條件下，CBD可以幫助降低對煙草和海洛因的渴望。而大麻素亦具有治療癲癇、抗發炎及焦慮、多發性硬化症、緩解化療後的噁心嘔吐症狀與食慾

不振的改善（Devinsky et al., 2014; Gururajan & Malone, 2016; NASEM, 2017; Soares & Campos, 2017）。

其他正面影響還包括毒品吸食者的去污名化、減少黑市帶給犯罪組織的高額利潤、降低黑道走私大麻或暴力犯罪等非法活動，亦可透過大麻合法化更可減少已經超過負荷的監禁人口及增加稅收（黃芳誼，2018）。歐美部分國家推動毒品除罪化政策，以葡萄牙為典範，除罪範圍僅包含施用毒品與持有微量毒品，統計顯示葡萄牙之藥物濫用死亡率較西歐各國為低，毒品問題呈現穩定及下降（EMCDDA, 2019）。而烏拉圭在無法有效遏止、減少大麻施用的情況下，希冀透過大麻的合法化達到減少非法黑市交易的數量及減少因販賣毒品所衍生的犯罪問題，並通過教育和預防運動來促進公共衛生、允許人們持有和使用但盡量避免更多的人使用大麻（Hudak et al., 2018）。

第四節　結　語

UNODC主任Antonio Maria Costa（2009）曾指出，人們施用藥物成癮後所需要的是醫療上的協助，而不應以刑事懲罰對待，卻也同時警告「以毒品合法化，解除毒害威脅，將是歷史性的錯誤。」呼籲各國政府應致力於兼顧公眾健康與公共安全，並投入更多資源於藥物濫用預防與藥癮處遇（楊士隆，2020）。

全球藥物濫用防制議題之前衛倡議者強調毒品政策的方向應由公共安全轉為公共衛生，對於微量毒品之施用、中下階層甚或非暴力之交易者予以除罪化，改採醫療處遇或其他配套措施取代刑事制裁（Global Commission on Drug Policy, 2016）。並建立一個以科學和證據為基礎、以人權為核心的嚴肅、現代和負責任的藥物管制框架（Global Commission on Drug Policy, 2021）。

有關大麻施用之生理危害與醫療功效論述各有實證數據支持，惟無論如何，近年大麻之施用日漸增加，受社會自由化氛圍之影響，加上網路資訊之推波助瀾及商業行銷，全球民眾對大麻危害認知與態度逐漸轉變，部分國家法令政策逐步鬆綁，影響將擴及各國之施用管制政策。

目前國際間大麻可應用於醫療用途日漸獲得共識，開放之國家日增，

娛樂性用途在美國與加拿大一些國家亦有擴增之跡象，至於大麻產品如電子煙、濃縮物和四氫大麻酚含量高的食品日益增加，而且事實上現有的大麻產品及類大麻活性物質往往比幾十年前提供的大麻藥草和樹脂危害更大。未來仍應致力於加強預防宣導教育，讓年輕人知曉施用大麻將引發的危害，避免其因好奇而嘗試、施用大麻。

　　大麻是否應合法化的辯論中另一個令人擔憂之處是巨型公司的影響力和投資日益增長。由於非醫用大麻的市場正在迅速擴大，龐大的利益影響下，可能導致非醫用大麻行業的走向與政策發展很可能受收入和利潤支配而不是由公共衛生方面的考慮因素決定（UNODC, 2020）

　　綜上所述，無論是多數民眾或是政府機關的態度，顯然與部分支持倡議團體及大麻施用者的看法有著極大的落差。在此氛圍下，可以預見有關大麻除罪化與其相關議題的討論勢必將更加激烈頻繁。據此大麻除罪化與否仍有待後續觀察加拿大、墨西哥、南非、烏拉圭，以及美國的18個州、2個地區和哥倫比亞特區等地實施之結果，再行進行嚴謹之政策評估與對話。在取得更多國內外實證與實施結果與影響之數據後，配合臺灣社會之發展以擬定較為周延之立法，減少倉促開放所帶來的風險，始將讓政策能符合國際趨勢與我國民情，並使規範更趨於完善與全面。

參考文獻

一、中文部分

公共政策網路參與平臺（2016）。二級毒品「大麻」調降至三級毒品與開放管制醫療研究。https://join.gov.tw/idea/detail/a2242d47-cf3e-4f13-a005-ff59550ce303

公共政策網路參與平臺（2020）。調降大麻及其相類製品的毒品分級，並調整大麻製品中四氫大麻酚（THC）含量的容許值以符國際標準。https://join.gov.tw/idea/detail/3a4aaa10-5db1-4c9a-9291-b8b7226f8b4a

林鴻智、楊士隆、曾淑萍、許俊龍（2020）。大麻犯罪黑數及查緝困境之研究。藥物濫用防治，第6卷第2期，頁15-36。

法務部（2021）。司法保護電子報（110年9月）。https://www.moj.gov.tw/media/20958/%E5%8F%B8%E6%B3%95%E4%BF%9D%E8%AD%B7%E9%9B%BB%E5%AD%90%E5%A0%B11110%E5%B9%B49%E6%9C%88%E8%99%9F.pdf?mediaDL=true

洪宥鈞（2021）發大財靠綠色經濟？菁琪律師：我支持台灣大麻合法化。太報。https://www.taisounds.com/w/TaiSounds/society_20061711554440841

張孝義（2018）。蔓延迅速 今年查獲總件數恐破千件！炫富不怕「麻」煩 高端白領新寵。https://www.chinatimes.com/newspapers/20180926000558-260102?chdtv

陳潔（2020）。一個美國，4種合法樣態——大麻合法為何這麼複雜？報導者。https://www.twreporter.org/a/cannabis-for-medical-use-usa-experience

曾宇鳳（2022）。以電腦模擬方式建置資料庫與評估類大麻活性物質。管制藥品簡訊，第91期。

黃芳誼（2018）。評析大麻合法化政策之發展與影響：以美國與加拿大為例。新社會政策，第57期，頁41-51。

楊士隆（2020）。臺灣毒品施用現況、影響與除罪化之可行性。月旦醫事法報告，第45期，頁7-16。

楊士隆、張梵盂、曾淑萍（2016）。青少年非法藥物使用進階之實證調查：以收容少年為例。藥物濫用防治，第1卷第2期，頁1-25。

楊士隆、李志恒、曾淑萍、林鴻智、許俊龍（2019）。大麻查獲量增加與大麻施用黑數產生原因之分析及防制對策。臺灣高等檢察署委託專題研究計畫。

楊士隆、鄭瑞隆、許華孚（2019）。107年全年度臺灣民眾對司法與犯罪防制滿意度之調查研究。國立中正大學犯罪研究中心。

楊士隆、李志恒、曾淑萍、林鴻智、許俊龍（2020）。大麻之施用特性、歷程與市場交易研究。藥物濫用防治，第5卷第4期，頁1-28。

綠色浪潮（2022）。2022.420｜綠色自由，解開枷鎖：一起創造屬於台灣的大麻嘉年華。https://wabay.tw/projects/green-sensation-2022?locale=zh-TW

臺灣高等檢察署（2021）。110年當前毒品情勢分析與緝毒策略。

衛生福利部（2021）。藥物濫用案件暨檢驗統計資料。衛生福利部。

衛生福利部食品藥物管理署（2019）。107年全國物質使用調查結果報告。衛生福利部食品藥物管理署。

二、外文部分

Albaugh, M. D., Ottino-Gonzalez, J., Sidwell, A. et al. (2021). Association of Cannabis Use During Adolescence With Neurodevelopment. JAMA Psychiatry, 78(9): 1031-1040.

Andrew Gibbs.(2021). A Golden State: Whole Flower Pre-roll Packaging. https://thedieline.com/blog/2021/1/6/a-golden-state-whole-flower-pre-roll-packaging?

Chloe Gordon (2022). Glorious Cannabis Co. Packaging Attracts Modern Millennials. https://

thedieline.com/blog/2021/12/21/glorious-cannabis-co?

EMCDDA (2019). European Drug Report 2019. https://www.emcdda.europa.eu/edr2019

EMCDDA (2019). New EMCDDA Report Highlights Greater Diversity of Cannabis Products, Increasing Potency and the Need for Close Monitoring of Health Effects. http://www.emcdda.europa.eu/news/2019/5/developments-in-the-european-cannabis-market_en

European Monitoring Centre for Drugs and Drug Addiction and Europol (2019). EU Drug Markets Report 2019. Publications of the European Union.

Freund, Alexander (2022). Cannabis legalization: Health risks and benefits. https://www.dw.com/en/cannabis-legalization-health-risks-and-benefits/a-60550387

Global Commission on Drug Policy (2016). The Five Pathways to Drug Policies That Work. https://www.globalcommissionondrugs.org/the-five-pathways-to-drug-policies-that-work

Global Commission on Drug Policy (2021). Time To End Prohibition. https://www.globalcommissionondrugs.org/reports/time-to-end-prohibition

Global Drug Survey (2021). GDS 2021 Global Report. https://www.globaldrugsurvey.com/wpcontent/uploads/2021/12/Report2021_global.pdf

Grand View Research (2021). Legal Marijuana Market Report. https://www.grandviewresearch.com/industry-analysis/legal-marijuana-market

Grinspoon, Peter (2021). Cannabidiol (CBD)—What We Know and What We Don't. https://www.health.harvard.edu/blog/cannabidiol-cbd-what-we-know-and-what-we-dont-2018082414476

Jouanjus, E., Lapeyre Mestre, M., Micallef, J., & French Association of the Regional Abuse and Dependence Monitoring Centres (CEIP A) Working Group on Cannabis Complications (2014). Cannabis Use: Signal of Increasing Risk of Serious Cardiovascular Disorders. Journal of the American Heart Association, 3(2): e000638.

Kandel, D. (1975). Stages in Adolescent Involvement in Drug Use. Science, 190(4217): 912-914.

MacGuill (2021). Breaking Stereotypes: Getting to Know the Cannabis Consumer. Published by Euromonitor International.

McKiernan, A. (2017). Canadian Youth Perceptions on Cannabis: Canadian Centre on Substance Abuse.

New Zealand Medical Journal (2020). Alcohol Is More Harmful than Cannabis. Editorial, 133(1520). https://journal.nzma.org.nz/journal-articles/alcohol-is-more-harmful-than-cannabis

Pedersen, W. & Skardhamar, T. (2010). Cannabis and Crime: Findings from a Longitudinal

Study. Addiction, 105(1): 109-118.

Ted Van Green (2022). Americans Overwhelmingly Say Marijuana Should Be Legal for Medical or Recreational Use. Pew Research Center, https://www.pewresearch.org/fact-tank/2022/11/22/americans-overwhelmingly-say-marijuana-should-be-legal-for-medical-or-recreational-use/

Research and Markets (2022). Global Cannabis Extract Market Report 2022: Focus on Oils, Tinctures, Full Spectrum Extracts, Cannabis Isolates, Solvent Based, Non-Solvent Based. https://sg.news.yahoo.com/global-cannabis-extract-market-report-114300643.html

Roman, P., Ortiz-Rodriguez, A., Romero-Lopez, A., Rodriguez-Arrastia, M., Ropero-Padilla, C., Sanchez-Labraca, N., & Rueda-Ruzafa, L. (2021). The Influence of Cannabis and Alcohol Use on Sexuality: An Observational Study in Young People (18-30 Years). Healthcare, 10(1): 71. MDPI.

Secades-Villa, R., Garcia-Rodríguez, O., Jin, C. J., Wang, S., & Blanco, C. (2015). 196 Probability and Predictors of the Cannabis Gateway Effect: A National Study. International Journal of Drug Policy, 26(2): 135-142.

Srivastava, Anita (2020). Cannabis Edibles Pose Serious Risks to Our Kids. https://theconversation.com/cannabis-edibles-pose-serious-risks-to-our-kids-130021

Substance Abuse and Mental Health Services (2019). Know the Risks of Marijuana. https://www.samhsa.gov/marijuana

United Nations Office on Drugs and Crime (UNODC) (2020). World Drug Report 2020. United Nations publication, Sales No. E.20.XI.6.

United Nations Office on Drugs and Crime (UNODC) (2021). World Drug Report 2021. United Nations publication, Sales No. E.21.XI.8.

United Nations Office on Drugs and Crime (UNODC) (2022). World Drug Report 2022. United Nations publication, Sales No. E.22.XI.8.

van Breemen, R. B., Muchiri, R. N., Bates, T. A., Weinstein, J. B., Leier, H. C., Farley, S., & Tafesse, F. G. (2022). Cannabinoids Block Cellular Entry of SARS-CoV-2 and the Emerging Variants. Journal of natural products, 85(1): 176-184.

許華孚、吳吉裕、梁信忠

第一節　前　言

　　近來青少年藥物濫用，嚴重戕害青少年身心健康，藥物濫用問題不斷推陳出新，其中又以愷他命和大麻的使用逐年激增，用藥年齡逐年下降等現象最令人憂心。根據警政署統計資料顯示，近五年查緝青年（18至24歲未滿）及少年（12至18歲未滿）毒品概況2015至2019年警察機關查緝毒品案嫌疑犯平均約5萬6,000人，青少年毒品嫌疑犯人數占總毒品嫌疑犯比率約一成五。據教育部校安中心學生藥物濫用統計顯示，2020年1月至8月學生藥物濫用人數合計394人，較去年同期357人增長10.3%，高中職生人數最多；且新興毒品越來越多，施用「其他」類藥物人數較去年13人增至45人，成長3倍多，成為校園反毒隱憂。國立中正大學犯罪防治學系暨研究所楊士隆教授表示，近來行政院大動作校園掃毒，數據增加不意外，但反毒宣導多，卻不一定有效，因此建議，政府應調整宣導方式，可深入探究施用者使用原因，才能「對症下藥」；他也提到，新興毒品越來越多，有些毒品試劑還跟不上檢驗腳步，施用者恐存在黑數，且2020年第一季已有42人因吸食新興毒品死亡，政府不可不慎。教育部政務次長蔡清華在2020年3月7日出席「績優春暉志工表揚」，針對學生藥物濫用情形提升，他會前受訪時表示，數據增加可能跟警方加強查緝勾稽有關，只要一查獲用藥，馬上就知道哪些有學生身分，不要有漏網之魚。蔡清華也表示，將加強春暉志工招募，除了對染毒學生個案輔導，也讓志工入班對學生進行系統性講解，另也規劃用「新媒體」進行反毒宣導，透過Instagram、網紅、網路媒體合作等青少年接收訊息管道，或讓好奇心重的學生，採「擬真體驗」，讓各年齡層都知道毒品的味道跟可怕（聯合報，2020）。

　　本文企圖深入了解青少年販毒世界的種種現象，本文探討的議題涉及青

少年吸毒行為的整體樣貌、吸毒族群結構、青少年販毒個案之生涯歷程、轉
為販毒者之關鍵因素，以及青少年販毒個案之內部組織結構及其外部交易網
絡等多元面向的深入探討，最後綜整青少年販毒背後的結構性問題，並針對
問題提出適當的防制對應建議。

第二節　青少年藥物濫用模型理論

一、社會控制理論

　　1950年社會學家嘗試以社會控制觀點解釋犯罪，青少年在社會化過程，
若與社會連結強而有力的社會鍵（Social Bond），個體則不易犯罪，包括
依附（Attachment）、投入（Commitment）、參與（Involvement）及信念
（Belief）。青少年吸毒、販毒成因之解釋，係因個體缺少附著、投入、參
與、信念等四個社會鍵。換言之，當青少年無法附著於家庭和學校，賦閒時
間無心參與正當活動，復缺乏守法觀念、不重視倫理道德，對於人生目標與
價值混淆等要素，較易導致少年藥物濫用。

二、門檻理論

　　門檻理論（Gateway Theory）旨在說明藥物濫用行為會出現一種漸進性
的進階過程。從使用藥物種類來看，藥物成癮具有階段漸進性，將其分為四
個階段，即從喝酒開始，然後吸菸、吸食大麻，最後進入非法成癮藥物的濫
用。MacDonald等人則以「使用頻率」區分藥物依賴之階段：試驗性使用、
偶爾使用、成癮等階段，頻率由少漸多，導致逐漸受制於藥物（劉美媛，
2005）。青少年會先使用合法成癮物質，若干年後才會逐漸成為非法物質成
癮者，且青少年由合法類成癮物質，進階非法類成癮物質，速度快於年長世
代組別（法務部，1998：23-24）。本文藉由上述理論闡述，擷取其重要理
論原則，研擬相關問卷架構進行施測，除藉以驗證理論的實證性，更能探知
青少年吸毒與販毒的真實世界，尋找犯罪原因，謀求適切可行的防處對策。

三、理性選擇理論

1968年美國經濟學者Becker在其「犯罪與懲罰：經濟觀點」論文中指出，有用的犯罪理論只是延伸經濟學對於選擇的分析而已，犯罪的決定機制與購買汽車、電視機及其他商品的既定機制是一樣的，在這過程中，人們傾向於選擇對自己最有利、最能滿足自己需求的行為。學者Clarke與Cornish（1986）提出了「理性選擇理論」（Rational Choice Theory），並認為大部分的犯罪對犯罪人而言，都有或多或少的計畫和預見，因此可說是「有限度的理性」。也就是說，人們雖不一定有完全的理性，但他們至少會有「有限度的理性」，其做某一行為時，雖不一定能滿足其最大需求，但他覺得至少能滿足其當下的需求。更言之，行為者是在思考後才行動，這種思考有可能是精心計畫且有演練的，但也可能是短暫考量的，而他這種短暫考量往往僅是根據當時顯而易見，且是立即的因素來判斷，往往會忽略長遠的因素。一般的犯罪者不會想到長遠的處罰與不良的後果，通常是不深思熟慮只有想到眼前的利益享樂。換句話說，一個人的決定犯罪行為，主要考量個人因素（例如：對毒品的需要、刺激感等）和情境因素（例如：對目標對象吸毒的成功機率及不逮獲的可能性）後而決定的，也就是在考量成本與利益後才做的決定；如果犯罪者認為其犯案所得經濟利益大於犯案所可能付出的代價或成本時，就可能促使其犯案；相反地，若犯罪所得利益不高，或被逮捕之風險太大，就會使其放棄犯案的念頭。因此，以理性抉擇理論來詮釋，犯罪是一種經理性判斷後而選擇的行為，犯罪人是在理性衡量犯罪成本效益後才決定是否犯罪的。故青少年欲使用毒品之前，當下會有藥物濫用的風險評估，才決定是否採取行動。根據理性選擇的概念，藥物濫用這種違法行為是發生在青少年考慮了個人因素（例如對毒品的需求、刺激、娛樂）和情境因素（目標物受到如何的保護及當地警方的效率）而決定的。

第三節　青少年販毒組織之探究

一、個案犯罪生涯成因討論

本文廣泛分析個案特質及其成長過程所處之家庭、學校、同儕及社會環

境，同時探究個案吸毒與販毒的生命歷程。

（一）基本概況分析

基於研究倫理及保護個案身分，凡涉及敏感身分資料均予刪除，僅整理「個人特質」、「學校環境」以及「家庭環境」等因素，探討個案涉入販（吸）毒生涯之可能成因（見表8-1）。

表8-1　個案概況

基本狀況	個案編號	阿明	雄哥	黑仔
基本資料	性別	男	男	男
	年齡	20	19	20
	學歷	國中三下肄業	高一肄業	國中畢業
	幫派組織	大型幫派○○堂	地方型幫派	無
	吸菸	國中一上	國中一上	國小五
	嚼食檳榔	無	國中一	無
	刺青	手、胸、臂	臂、胸、背	臂、胸
	信仰	民間信仰	基督教	民間信仰 八家將成員
	居住狀況	外面租屋	外面租屋	外面租屋
學校環境	曾遭霸凌	國小、國中	無	無
	學業成績	末段班	國小前段班 國中末段班	末段班
	翹課逃學	國一	國一	國一
	中輟	國二上	高職一上	國三上
家庭環境	父母職業	父：貨車司機 母：電子工廠	父：地方角頭，經營八大行業 母：導遊	父：貨車司機 母：市場小販
	翹家	國二上翹家	高一在外租屋	服役後在外租屋
	父母婚姻	良好	離婚	良好
	家庭成員	兄1、姐1、弟1	兄2、妹2	姐1、弟1
	經濟狀況	小康	小康	小康

（二）犯罪生涯歷程分析

1. 阿明吸毒與販毒歷程

個案因特殊族群身分，國小常被霸凌，而加入幫派糾眾報復，就讀國中一上常在校園打架，為學校頭痛人物，養成吸菸習慣。國中二上輟學，同時翹家，轉而投靠「大哥」藥頭照顧起居，除習得吸食愷他命（Ketamine、K他命），並成為小盤藥頭。2011年值18歲，在大哥引介下認識一線大盤藥頭而躍升中盤，個案吸毒與販毒約計五年（見圖8-1）。

2. 雄哥吸毒與販毒歷程

雄哥父親屬幫派分子，經營八大行業，個案居住環境複雜，受到鄰居同儕影響，國中一上吸菸，國中一下吸食愷他命。高職一上休學，由鄰居同學引介至舞廳當小藥頭，莫約三個月後認識同樓舞廳經營大哥（大盤藥頭、幫派組織），被吸收成為八大行業負責圍勢幕後幫派的販毒要角，淪為集團二線藥頭，吸毒與販毒合計約五年（見圖8-2）。

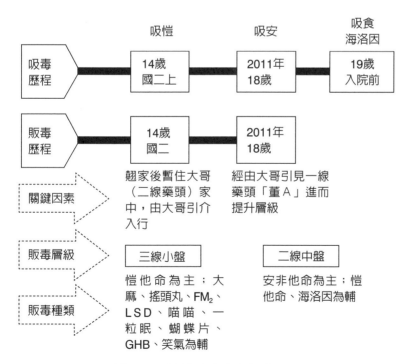

圖8-1　阿明販毒吸毒與販毒歷程

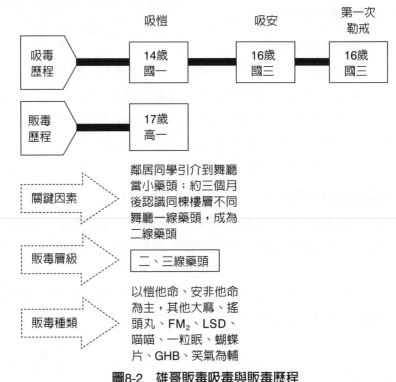

圖8-2　雄哥販毒吸毒與販毒歷程

3. 黑仔吸毒與販毒歷程

　　黑仔國小五年級受街舞同好影響，開始染上吸食愷他命惡習，國中二年級上學期加入八家將被「團長」吸收為小盤藥頭。2007、2008年曾接受二次勒戒，第二次勒戒後短暫停止吸毒。2010年再次染毒，因星辰線上遊戲點數兌換現金6萬元，於是向藥頭周轉2萬元購買較大量之毒品，從此躍身中盤藥頭。2010年由藥頭引介認識集團「大盤」，成為「中盤」，綜觀個案吸毒歷程約計九年；販毒約四年。

　　研究結果發現，青少年涉毒本身特質和家庭、學校以及所處環境有其密切關聯。家庭因素，如雄哥父母離異、父親亦為黑道大哥。父親不良行為示範、家庭功能不健全，可能因此讓子女無法感受親情溫暖，兒少時期不良社會化，促使個案在國中功課變差，逃學、逃家。學校因素，個案均於國、高中經歷逃學與輟學，學業完全中斷，個案面臨家庭和學校雙重挫敗，亦可能

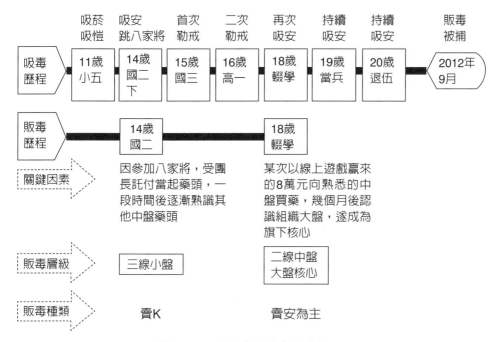

圖8-3　黑仔販毒吸毒與販毒歷程

導致青少年投靠藥頭，最後步入吸毒與販毒後塵。環境因素，研究發現社區不良居住環境或不良宗教社團（八家將）都可能影響青少年擇友，特別是同儕不良行為習染，都可能導致青少年價值、信仰及行為的偏差。

二、理論探討

（一）社會控制理論

　　本文在青少年藥物濫用成因，與本文文獻探討所提「社會控制理論」相互呼應，個案無論在父母、學校，或與正向同儕、團體及傳統價值的依附關係鍵上，均出現極端弱化現象；在投入傳統價值的個人學涯發展亦嚴重挫敗，更在本身被標籤為「問題學生」的負面身分形象，讓個案難以參與學校與社會的正常性傳統活動，而逐漸向偏差行為同儕靠攏，連帶影響個案遵守法律與道德規範的價值。易言之，當青少年無法附著於家庭和學校，賦閒時間無心參與正當活動，復缺乏守法觀念、不重視倫理道德，對於人生目標與價值混淆等要素，均是個案步入吸毒和販毒的關鍵要素。

本文亦發現，少年販毒者因身染毒癮，在缺乏購毒的經濟能力下，一旦步入販毒生涯，會因本身吸毒需求以及龐大販毒所得，更在身分定位與組織內部影響力等誘因下緊密依附於組織。因此，當個案因吸毒與販毒必須長期仰賴幫派供應毒品與保護時，個案將別無選擇地加入幫派，又販毒組織本身再與幫派結合，少年在販毒的幫派組織內只有唯命是從，遂行組織交付的任何任務，包括非法討債、圍勢等非法行為。類似行為現象，或許部分能引用本文「社會控制理論」加以詮釋，當個案一旦進入販毒組織，被吸收成為販毒成員，便受到組織內社會化的嚴格洗禮，為「依附」組織領導，會更積極投入幫派的各項活動，包括所有合法及非法活動，信念上會更貼近販毒組織的價值觀念，形成一種緊密而負面的社會鍵連接現象。

（二）門檻理論（Gateway Theory）

當個案經過三至四年販毒資歷，在資金和網絡等利基擴大後，經關鍵大盤藥頭引介而進入中盤，中盤藥頭大致以販賣安非他命（Amphetamine）為主，個案「入院接受感化教育」前的「販毒後期」已兼賣海洛因，形成吸毒和販毒前後連結的門檻進階現象。研究發現個案無論吸毒與販毒行為，行為歷程均驗證門檻理論現象。受訪個案，除吸毒與販毒行為均出現一種特殊的「販毒進階現象」。個案都經歷「吸毒」、「小盤藥頭」及「中盤藥頭」等逐次進階的門檻經歷。「販賣初期」以愷他命為小盤入門款，低階的三、四級毒品僅屬兼賣性質。

第四節　青少年販毒內部組織結構探討

本文為一窺青少年所屬販毒內部組織結構的神祕面紗，訪談重點廣泛涉入個案販毒的「組織架構」、「組織分工」、「人員結構」、「管理方式」以及「經營類型」等販毒圈內的禁忌話題，並將個案受訪內容，逐案加以彙整分析。

一、阿明所屬販毒集團內部組織結構與類型

（一）組織結構

隸屬國內大型幫派，內部組織若依結構、階級、管理及分工等功能，

大致可分為四個階級，層層管制、紀律嚴明，而旗下經營事業體、獲利能力與組織成員均為龐大、多元而複雜（見圖8-4）。第一層為幕後金主或主事者，是組織精神領袖，只問決策大事，不插手下層幫務執行；第二層設幫主，以下分屬約20個堂口，各有大哥負責掌理，並冠以特殊義意之國字為堂口名號，如四君子（梅、蘭、竹、菊）或八德（忠、孝、仁、愛……）命名，各部門依主事者的經營能力，跨足合（非）法行業，如色情、賭場、土地買賣、營造、毒品等，包括上游原料與製造，含大宗毒品交易及資金供應等；第三層為堂口分支單位，命名方式以第二層堂口名稱為首，依序命名（忠誠會、忠心會、忠勇會……），插足販毒，大致以毒品中盤買賣為主，同時尚需執行組織事業的保護、圍事及收帳工作；第四層是組織最底層、不負責管理工作，僅執行上層交付之任務，為一群剽悍、兇狠著稱的吸毒青少年，係捍衛組織先鋒的打擊部隊。個案「阿明」居組織第三層副會長身分（組長已故未補），主要負責中盤販毒，兼負上層交付之保護、圍事、收帳

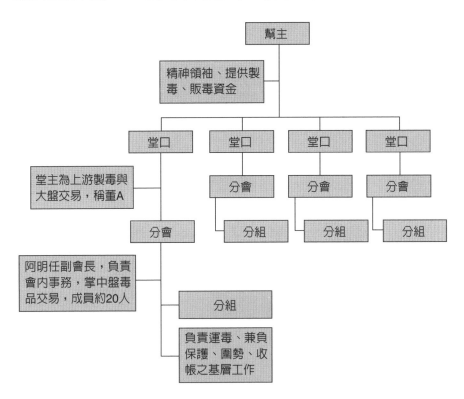

圖8-4　阿明販毒組織內部結構

等工作，二層大哥稱「董A」係堂口實際負責人，主管毒品上游原料取得與製造。

（二）組織類型

阿明所屬販毒組織爲國內典型「幫派複合組織類型」旗下經營的販毒系統，具有階層分明、紀律嚴明、經營複雜、據點廣泛等特色。販毒活動因得利組織系統的嚴密監控與保護，較不易被警方查獲與同業「黑吃黑」。

二、雄哥所屬販毒集團內部組織結構與類型

（一）組織結構

雄哥所屬販毒集團內部組織與阿明較爲類似，惟個案在組織職務並不明確，成爲中盤藥頭係八大行業的堂口大哥安插，負責該堂口經營或圍事的酒店、KTV、夜店等毒品供應，雄哥僱用三至四名吸毒青少年，以租用機車往返特定場所運毒交易（見圖8-5）。

（二）組織類型

雄哥所屬販毒組織型態較偏向「地方角頭型」，組織大致已具幫派組織雛型，通常爲地方角頭經營，販毒網絡有其特定地盤，如旗下經營或圍事之特種行業、吸毒族群及特定大、中盤藥頭等。

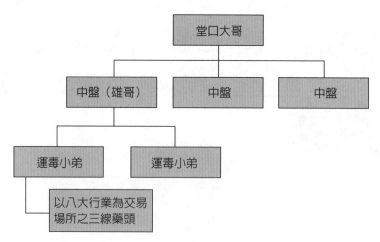

圖8-5　雄哥販毒組織內部結構

三、黑仔所屬販毒集團內部組織結構與類型

（一）組織結構

　　黑仔本是八家將團長底下販賣愷他命小藥頭，2010年第二次勒戒後再次吸毒，並向二線藥頭批貨，後因熟識二線藥頭遂成為一線藥頭得力助手，介於一線至二線藥頭間，黑仔旗下二線藥頭約七至八位，三線藥頭人數更為複雜。集團應屬典型販毒組織，一線藥頭是上層金主、集團實際負責人，若遭警方瓦解，成員可能逐一曝光，包括幕後金主（見圖8-6）。

（二）組織類型

　　黑仔所屬販毒組織係以單純經營販毒為宗旨之「販毒集團型」，組織經營專業化，產銷一體，管理類似科層制，組織至少具備四層結構，包括高層金主、二層具購買原料和製毒能力的大哥，及中層和下游藥頭。各層級獲利與風險存在明顯差異，越高層獲利越高、風險相對越低。結構單純專營販毒，由上游源頭的製毒至中、下游販售，形成結構層完整的產銷系統，因缺乏幫派保護，易為警方瓦解及遭同行黑吃黑。

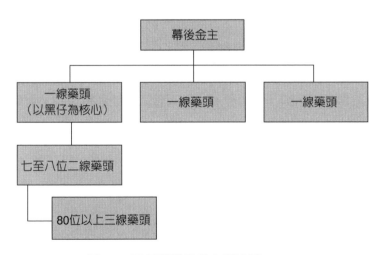

圖8-6　黑仔販毒組織內部結構

第五節　青少年販毒組織外部交易網絡之探討

　　本文之個案研究發現雖在組織為中盤藥頭，惟對於高層內、外運作知悉甚少，只了解1公斤安非他命以下交易細節，中盤交易以1兩、半兩、8公克、4公克居多，小盤以1公克、0.2公克、0.1公克為單位賣給吸毒者，若依本文個案區分，交易網絡型態可分為三類：

一、阿明經營之外部交易網絡

　　阿明經營的交易網絡，大致以學生、工人、外勞及上班族等特殊族群為對象，因而交易者地點散落某一特定區域內，藥頭交易網絡經常交織重疊，沒有太強烈的領域感，係屬「分散型」交易網絡。

二、雄哥經營之外部交易網絡

　　雄哥經營的交易網絡，以特定色情、搖頭店、酒店、KTV等八大營業場所為交易重心，具有強烈地盤概念，非所屬營業場所幕後老闆或圍勢組織的護航力挺，則無法打入此特殊網絡販毒，交易網絡型態較屬「固定集中型」。

三、黑仔經營之外部交易網絡

　　黑仔經營的交易網絡，中盤藥頭交易網絡分屬「區域型」的各類族群，以及賃屋定點交易的「集中型」，當兩者同時兼顧經營時，會形成兩者「混合型」的特殊交易網絡。

　　以下論述在特別探索吸毒與販毒行為，極少為外界見聞之「交易計價訊息」，讓青少年販毒現象的研究內涵更臻至完整：

一、毒品類別

　　目前青少年毒品交易以愷他命和安非他命為大宗，搖頭丸（MDMA、亞甲基雙氧甲基安非他命）、FM_2（Flunitrazepam、氟硝西泮）、LSD（麥角二乙胺、一粒沙）、喵喵（Mephedrone、4-甲基甲基卡西酮）、一粒眠（Nimetazepam、硝甲西泮）、蝴蝶片（Xanax、Alprazolam）、GHB（液態搖頭丸）、笑氣（N_2O、氧化亞氮）等毒品次之。愷他命因售價低於安非他

命，流通性廣，取得容易，吸食方便，遂成爲青少年吸毒者的入門款。

二、計價方式

毒品計價會更隨交易單位量的多寡出現差異，單次交易量越大、價格越低。安非他命大盤價每公斤約新臺幣160萬至165萬，惟中盤價格以4至8公克爲單位，出現「4公克1萬2,000元」而「8公克2萬2,000元」不同價差；小盤若再分裝成1公克，價格則已來到3,500元，轉嫁吸食者更高達4,000元（與4公克差價4,000元；與8公克差價1萬元），不同盤商轉手交易所出現的不合理高利潤，主要係將「逮捕風險」納入成本考量，概因販毒勾當是一條不歸路，一朝被逮量刑甚重，因此高額利潤係因高風險必然帶來的附加成本。

三、潛在獲利

「中盤藥頭」每日固定交易之「小盤藥頭」約10位（非固定藥頭尚不列入），每人每日交易「安非他命」至少1兩，10兩交易金額80萬元，扣除成本65萬元，每日獲利15萬元，此係阿明最保守獲利估計。由於「中盤藥頭」均染毒癮，每日平均吸食2至3公克，爲沖銷每日吸毒花費，與小盤藥頭交易時，小盤1兩只能拿到35公克，必先扣除2.5公克，視爲中盤藥頭基本福利與特殊行規。

四、風險控管

爲避免逮捕，少年藥頭在遂行交易時，通常會對應出許多躲避查緝的法則，特別在交易達到一定重量與金額時，交易模式會更加嚴密謹慎，以1公斤安非他命交易爲例，交易金額高達新臺幣160萬，因此交易進行當下，毒品與現金會分屬兩地同時進行，交易雙方並卸除身上所有通訊設備，以避免交易時暴露行蹤或防患通風報信，進而危及交易安全。交易前會慎選隱密租屋處，賃屋處所只允許一次交易，甲地交毒、乙地付錢，而交付現金時通常不會選在屋內，幕後主事之金主或大哥通常不會出現，由旗下二線藥頭代爲交易。

中盤藥頭通常會以賃屋方式，提供旗下小盤藥頭至定點交易，爲降低風險，租屋處所會經常轉換，以躲避警方查緝。而中盤以下金額較小的毒品交易，則是現地銀貨兩訖，賣方會先確認現金無訛後再交付毒品。交易前買方

會就現地環境先做觀察，確認無安全顧慮後才現身交易，毒品會隨機放置附近機車置物槽，確認現金無訛後，始告知買方毒品放置地點。

惟交易對象若分散不同處所，爲滿足「吸毒客戶」即時及安全的最高交易原則，藥頭通常會以租賃汽、機車代步，以降低查緝風險。

另外，通訊保密亦在交易安全上扮演重要角色，是藥頭必備的基本專業，藥頭與下線常見的聯絡方式，大致以手機、LINE、即時通等爲普遍。藥頭會不斷更換手機號碼，在每次交貨時告知新號碼，以規避監聽。藥頭會購買「王八卡」即所謂「無碼機」一卡10個號碼，一個號碼使用幾天後隨即更換。而網路LINE的使用因其便利性最受歡迎，更能躲避警方監聽，只要銷毀手機，則個人使用之任何通訊資料無從查證。

然爲預防交易時對方黑吃黑，而危及自身安全，只要淪爲販毒藥頭，身上必然攜帶槍械，不論平時或交易，總是槍不離身，因此手槍已成爲藥頭的基本配備；另販毒金主或一、二線藥頭，通常會利用人頭開立帳戶，由大陸地區轉帳洗錢，以漂白販毒所得，規避警方查緝。

第六節　防治輔導策略

青少年毒品防制工作在政策與執行面向事涉廣泛，然無論治本政策目標抑或治標實務工作，潛在藥頭的清源工作仍是標本兼治的共同標的。因此，發起「青少年藥頭清源工作」行動方案，斬斷毒品供應的源頭，絕對是青少年藥物濫用防制工作的首要。青少年反毒策略不能只偏重「防毒與拒毒」被動守勢，應以更主動、更積極態度，將「查緝行動綱領」列爲整體反毒戰線的前哨攻勢，使防毒陣線「攻守」兼具，藉由掃除藥頭、阻斷供應源頭的清源工作，讓青少年反毒作戰更爲主動積極。

臺中地方法院檢察署自2007年起強力掃蕩中、小盤藥頭後，實際成效相當顯著，根據統計施用者人數下降、新生毒品人口下降，自動戒毒人口上升，且施用毒品人口遭查獲時，大多無多餘備用毒品在身上，且多以一次施用量爲多，有效使施用人口因購毒不便而戒除、進入替代療法或減低需求量。準此，強力掃蕩販毒藥頭，特別是青少年販毒藥頭，主動打擊其販毒據點，亦能同樣實際發揮壓制青少年吸毒之成效。

　　研究也發現，個案陷入販毒生涯與個人成長歷程受到「家庭」與「學校」的雙重挫敗有很大關聯，涉毒夥伴多為輟學和逃家少年。因此，當青少年脫離家庭與學校的照護，日常生活所需立即陷入困境，加上不良夥伴牽引、染上毒癮，自然轉而依附足以提供生活與毒品需求的藥頭，在販毒組織吸收後淪為販毒藥頭。因此，研究建議，由「毒品危害防制中心」編列預算，以委辦方式，由政府社福機構或民間宗教、社福、社團（家扶中心、YMCA）等成立中輟學生少年暫時安養收容中心（中途之家），及時安置已離家、離校之中輟青少年。根據美國國家藥物濫用研究所（National Institute on Drug Abuse, NIDA, 2006）指出，提出青少年藥物濫用與預防，當首重鑑別青少年藥物濫用的危險因子與保護因子，針對可改變的因子規劃介入方案，降低促使青少年陷入藥物濫用的危險因子，並更廣泛進入家庭、學校以及社區。

　　青少年反毒工作若能納入「斷絕供應」的主動策略，便能夠在防制與打擊策略達到「多管齊下」的「標」、「本」兼治，使防制拼圖更臻完整。因此，有效反毒行動的執行策略應含括「行動目標」、「策略方法」及「執行方案」措施，符合多元性、全面性、整體性的整體思維。按我國現階段最高反毒行動目標「防毒」、「拒毒」、「戒毒」以及「緝毒」等四大工作，行動策略則為「降低需求、抑制供需」，所架構的目標與策略具體明確，符合多元、全面和整體的行動特性。

　　青少年藥物濫用問題，從前吸食強力膠，進化成安非他命侵入校園，到最近幾年愷他命進入校園、生活等廣泛蔓延之趨勢，不僅是青少年施用毒品的問題，也成為社會問題。藉由本文分析結果，冀望能提出相關建議與防治輔導策略如下：

一、預防性宣導多元化：菸、酒與拒毒宣傳同樣重要

　　在本文個案中證實，抽菸、喝酒與吃檳榔與少年施用毒品均達相關，而且是逐步進階，因此「物質進階理論」對青少年使用毒品的經驗史而言得以解釋，毒品濫用防制對策，不應只針對刑法上所規定之毒品種類，也要加入拒菸、酒的宣導。臺灣社會有不少家庭成員有抽菸、喝酒、吃檳榔的習慣，家庭或同儕中若有人抽菸、吃檳榔也會造成是「轉大人」的行為，造成青少年提早接觸到菸、酒、檳榔等不良行為甚至染上毒品。如何避免少年施用

菸、酒、檳榔，應該透過學校健康教育等宣導活動，家庭也需發揮監督教養系統，禁止未成年前嘗試菸、酒，以降低使用毒品的機會。

二、毒品宣導「內容」重點：青少年不是不知道毒害，而是不知該要如何拒毒

根據許多文獻調查發現大部分的青少年在面對免費毒品時，有把握拒絕毒品；然而卻有約一成的少年要「看情況」，另外有少部分是「沒把握」。在最近幾年來的反毒教育，政府已經投入非常多心力在預防毒品、反毒宣導活動上面，大多數青少年也知道毒品的危害，但仍有將近約一成青少年面對免費毒品誘惑還有遲疑空間。所以在宣導、教導學生認識毒品之外，對於自己心理「如何有效地拒毒」，理智地面對生活常見的愷他命（K他命）等非法藥物，有勇敢說不的勇氣和技巧，使青少年在面對毒品的吸引或同儕之間的壓力下，第一時間能很明確果決地拒絕毒品，這比教導「認識毒品知識」還重要。

三、預防宣導不只青少年，也應該將父母納入，提升父母知毒、識毒的能力

除了政府每年撥款預算給教育體系，對學生應提出有效具體的防毒宣導教育外，其實最應該上課的是「父母」，但反毒對象多只幫學生、青少年們上反毒課程，卻缺少了幫父母加強藥物濫用相關知識的教育。研究資料顯示家庭功能健全，就能降低親子間隔閡，若少年施用毒品必能即早發現並杜絕吸食毒品的狀況。因此家長絕對是藥物濫用預防教育實施的重要一環，應多培養父母與孩子間的溝通技巧，並提供父母基本的藥物濫用須知，讓父母了解青少年藥物濫用的可能原因、藥物濫用時的可能生理反應等，都是面對家有青春期少年的「父母必修課程」。因此幫助提升父母預防少年藥物濫用的知能，也能遏止降低近年來輕型毒品愷他命的蔓延。

四、輔助青少年健全身心，切勿局限於「反毒宣導」與「尿液篩檢」

青少年的藥物濫用行為是身心發展與社會適應不良的問題展現，傳統的反毒宣導無法完全協助青少年因應藥物濫用的危機或是解決身心發展與社會適應不良的問題，反而使得藥物濫用的青少年遭受到排擠。身心發展與社會

適應不良青少年無需透過尿液篩檢的方式得以識別，可以輔助青少年身心發展與社會適應爲主要的核心，降低使用藥物濫用的危險因子，並且增進藥物濫用的保護因子。

五、反毒宣導應該往下扎根

青少年的反毒宣導不只是在心理的課程，更應該往年級低的往下扎根：毒品使用的趨勢已年輕化，依據行政院衛生署「藥物濫用案件暨檢驗統計資料」，濫用藥物尿液檢出愷他命陽性數有逐年倍增趨勢。依據司法機關之緝獲毒品統計，愷他命緝獲量近五年均排名首位。另根據行政院衛生署2009年「國民健康訪問暨藥物濫用調查」結果，12至17歲未成年人首次使用非法藥物的平均年齡爲12.5歲。由本文發現三位個案分別爲國小五年級、國中一年級、國中二年級染上毒品，越是年輕越是無法自我控制，所以反毒的宣導應該是要往下投入更多的資源，才能及早預防。

六、家庭、學校更應該注意少年的交友狀況

同儕的相處中，學到了彼此同儕的認同行爲、態度與價值觀。根據本文，如果青少年同儕間有人有物質使用（包括抽菸、喝酒、嚼檳榔），其青少年使用毒品的機會高於同儕之間沒有使用（包括抽菸、喝酒、嚼檳榔）機會。青少年使用毒品有時並不是自己的意思，但因某種原因仍勉爲其難嘗試，免費嘗試後爲了獲取毒品，反而與有偏差行爲的同儕接觸，經常接觸結果形成吸毒者將逐漸被用藥的次級團體同化，進而認同偏差同儕行爲，因此青少年就容易因爲自己與同儕使用毒品關係，而「進化」成爲施用毒品的友伴。本文也發現，偏差同儕其實是預測少年施用毒品重要的危險因子，因青少年多是透過接觸、模仿、學習到毒品的價值觀與方式，因此家庭和學校教育應該多關心青少年因尋求刺激、好奇而與不良同儕的交往情況，將可有效降低青少年施用毒品的機會。

七、學校除了關心中輟學生外，也可透過外部支援系統的連結

青少年初次施用毒品之原因，大部分是因爲好奇、同儕壓力，且初次施用毒品來源多由偏差同儕提供，而這些偏差同儕大多都是校園中輟生，也就是離開校園教育的青少年，根據本文結果顯示，經常性地出入不正場所（酒

店、夜店、理容院……），有很高的比率會染上毒癮，也容易變成中輟生群聚的場所形成次文化，就算中輟生未施用毒品，也容易參與幫派或非法陣頭活動，絕對是青少年犯罪的高危險群。所以學校除建立完善通報機制，應掌握中輟學生動向外，也需主動與家長建立良好關係，青少年有行為偏差應主動了解並與家長保持密切聯絡，如果偏差行為已達或接近犯罪之情形，發現參與非法陣頭、幫派或學生施用毒品，也可透過與警察、社會局社工、法院相關單位部門合作，讓家庭、學校和警察、教育等平臺共同合作，降低青少年未來成年後成為毒蟲的機會。

八、警察單位應加強青少年施用毒品的高風險場所查緝

依據臺北市立聯合醫院昆明院區2013年1至4月辦理三、四級毒品危害講習統計發現，在276位受測者問卷分析中得知，平均年齡為28歲。使用藥物時的場所，第一名主要為夜店占40.58%，其次為PUB舞廳占18.48%，第三名是在家中使用占15.94%。而取得違法藥物方式，第一名主要為朋友占50.72%，其次為娛樂場所占23.91%，第三名是夜店占18.48%。使用非法藥物原因，第一名為好奇心占64.13%，其次為朋友慫恿下使用占11.59%，第三名是抒解壓力占10.14%。初次使用非法藥物以K他命為主要占82.97%，其次為搖頭丸占23.55%。可以明顯發現，在使用非法藥物時，還是以娛樂性為主。以上研究數據顯示不良的場所大幅增加少年接觸毒品的機會，也提供相關單位做毒品掃蕩的規劃重點，因此警政署每年於重點時期如寒暑假均會進行長時間的春安工作與青春專案，其中包括巡查少年的聚集場所，勸導少年深夜儘速返家，勿逗留不良場所，並取締非法場所。

九、提供正面刺激、好奇體驗課程並訓練適時勇敢說不，讓師長用關愛陪伴

根據資料顯示，毒品的日益變化讓青少年充滿著好奇與渴望，如何能夠比毒犯早先找到青少年，讓他們享受刺激、好奇又快樂的活動，並且青少年能夠得到父母、師長的認同，也能夠靠自己的力量完成夢想。當然在學業領域上這些青少年大概無法有好的成績表現，所以我們更應該設計正向活動課程，讓青少年能夠完成，譬如說登山、騎自行車環島、獨木舟、攀岩等有意義的體驗活動，讓青少年能夠參與，另外政府單位也應該要廣為設置健康活

動的場所，讓青少年能夠發揮活力，而這些課程活動設計讓青少年無暇被毒犯者吸引走，同時也可以在學校裡透過角色扮演活動的方式，模擬毒犯者如何利誘青少年吸食毒品，藉此也讓青少年能夠知道毒犯所用的伎倆，讓青少年在面對誘惑時，能夠有勇氣去拒絕與大聲說不，尤其是在青少年面臨到挫折難過時，毒犯就像好友一樣會立即到來給予關心與陪伴。我們面對的是青少年的好朋友，他（毒犯）能夠隨時給與青少年安慰與支持，不論青少年碰到任何挫折或是在過生日的時候，都會有這些毒犯好朋友們陪伴在一起，讓青少年感到窩心進而陷入陷阱當中，所以如何將青少年朋友導引到正向的道路，是需要家長、師長的關懷，能不能戰勝這一場毒品戰爭，是需要有無私的奉獻與愛。我們擁有的是「愛與關懷」，是否能夠擊敗毒犯的誘惑，就要看我們的愛與關懷能不能打動青少年的心。反毒的工作本來就不容易，然新興的毒品危害已經成為全世界的新趨勢，也影響到青少年的身體與心裡的傷害，如何有效地預防與打擊毒品是我們刻不容緩的事情。

參考文獻

一、中文部分

李易蓁（2010）。高風險用藥少年戒癮防治處遇之實務探討。刑事政策與犯罪研究論文集（13）。法務部編印。

法務部（1998）。委託研究計畫研究成果報告：新犯毒品施用者施用行為及毒品取得管道之研究。頁23-24。

劉美媛（2005）。校園藥物濫用防制之探討。生活科學學報，第9期。

優活健康網（2013）。使用毒品主要場所夜店居榜首！http://www.uho.com.tw/hot-news.asp?aid=27253

二、外文部分

Botvin, G. J., Griffin, K. W., Diaz, T., Scheier, L. M., Williams, C., & Epstein, J. A. (2000). Preventing Illicit Drug Use in Adolescent: Long-term Follow-up from Arandomized Control Trial of a School Population. Addictive Behaviors, 25(5): 769-774.

Combs, A. W., Blume, R. A., Newman, A. J., & Wass, H. L. (Eds.) (1974). The Professional Education of Teachers. 2nd ed., p. 446. Allyn & Bacon.

Dilthey, W. (1922). Briefwechsel zwischen Wilhelm Dilthey und dem Grafen Paul Yorck von Wartenburg, 1877-1897. M. Niemeyer.

Kilpatrick, D., Saunders, B., & Smith, D. (2008). Understanding Substance Abuse in Adolescents: A Primer for Mental Health Professionals, Youth Victimization: Prevalence and Implications, the National Child Traumatic Stress Network. 2nd ed., pp. 25-26.

EMCDDA (2006). Report 2006: The State of the Drugs Problem in Europe. https://www.emcdda.europa.eu/events/2008/annual-report

Golub, A. & Johnson, B. D. (2002). The Misuse of the "Gateway Therapy" in US Policy on Drug Abuse Control: A Secondary Analysis of the Muddled Deduction. International Journal of Drug Policy, 13: 5-19.

Graue, M. E. & Walsh, D. J. (1998). Studying Children in Context: Theories, Methods, and Ethics. Sage.

Guba, E. G. & Lincoln, Y. S. (1994). Competing Paradigms in Qualitative Research. In N. K. Denzin & Y. S. Lincoln (Eds.), Handbook of qualitative research, pp. 105-117. Sage.

Guba, E. G. & Lincoln, Y. S. (1989). Fourth Generation Evaluation. Sage Publications.

Mills, G. (2000). Action Research a Guide for the teacher Researcher. Upper Saddle River, Merrill/Prentice Hall.

NSDUH (2008). National Survey on Drug Use & Heath. https://oas.samhsa.gov/nsdukl.atest

UNODC (2012). World Drug Report. Trends in Word Drug Markets: The Dynamics of the World Drug Market. https://www.unodc.org/unodc/data-and-analysis/WDR/2012.html

馬躍中

第一節　前　言

　　清末的鴉片戰爭，對於中國近代史的意涵，不只是國力的削弱，也標誌者毒品對於國計民生之重大影響。因此，回顧過去的刑事政策，多採取重刑化的處遇。依我國法務部的統計資料，截至2013年底，矯正機關收容人6萬3,452人，較核定容額5萬4,593人，超收比率16.2%。然而，2021年底矯正機關收容人數共5萬4,000人，較2020年底減4,223人、減7.2%，連續三年下降（法務部統計處，2022），2020年底毒品案件在監受刑人2萬5,937人，占所有在監受刑人之48.5%，其中製賣運輸占70.4%，純施用占26.8%（2020國內毒品情勢快速分析年報，2021）。近年來，青少年藥物濫用之人數成長快速，加上新興毒品的盛行。其他，青少年在藥物濫用的成因、種類與法律適用皆於成年人不同，爲了聚焦議題，本文僅針對青少年藥物濫用的法律責任，加以論述，其次，所謂的「今日少年犯，明日的成年犯」，希望能強化法律的有效性，以降低青少年的藥物濫用。

　　藥物濫用者所指的範圍甚廣，可泛指因施用任何具備成癮性之毒品而受毒癮所影響之人，故於此先行定義本文所指之藥物濫用者與施用者。「毒品施用者」屬相近名詞，然程度上與「藥物濫用者」仍有所不同，毒品施用者係指所有施用毒品行爲之人，更加強調施用毒品的這個行爲，此常見於我國刑事司法中，因法律並非規定藥物濫用罪，而是規定只要一有施用行爲即觸法，無論施用者是否第一次使用或是否對該物質有上癮，而藥物濫用者則必須出現成癮之症狀，例如：戒斷症狀等。故嚴格來說，毒品施用者所指之範圍較大，也涵蓋本文所指之藥物濫用者的範疇。

　　實務運作上對硬性很難一眼區分二者，故我國設有觀察、勒戒的制度，其中觀察即用以辨別行爲人是否有成癮之現象，實務上硬性毒品施用者，多半不是第一次施用，以成癮者居多。惟實際情形仍有不同，本文在撰寫上，施用者與成癮者屬於不同概念。

第二節　青少年藥物濫用之成因

從各國的少年司法處遇措施，可以看到類似行政先行之制度已施行多年[1]。像美國1967年之「執法及司法行政委員會」（President's Commission on Law Enforcement and Administration of Justice, 1967）提出以提供少年服務、整合社會資源等避免造成少年負面標籤之方法，來替代一般司法程序。而日本的少年法第6條第2項規定：警察或保護人，對於虞犯少年，於直接移送或通知家庭裁判所前，認為先以兒童福利法所規定之措施為適當時，得直接通知兒童相談所處理。另外，聯合國兒童權利公約（Convention on the Rights of the Child, 1990）對於少年司法，於第40條第3項第2款亦規定：最適當、最好之方法是，要建立使兒童能在充分尊重人權與法律保障之下，不必經由司法程序而做適當處理之途徑（蔡坤湖，2014）。

相較於國外之措施，我國雖將少年虞犯列為少年事件處理法處理對象，但基本上並無轉向制度之設計。於1997年之修法討論中，雖曾將轉向制度列入修法草案，但因各方對「轉向委員會」之組成、性質等無法達成共識，而未通過該草案。就避免標籤的觀點來說，轉向應該於繫屬法院前（Pretrial）為之。故少事法第29條之轉介處分及第42條之安置輔導等，均非核心之轉向制度（蔡坤湖，2014）。然而少年施用毒品經司法處遇者之行為複雜性和多元性，需要更適切的處遇措施，以下分述如下：

一、個人因素

學者張春興曾指出，不良少年的問題是「病因種於家庭，病象顯於學校，社會使病情惡化」。可見個人、家庭、學校與社會等重要的因子與青少年之犯罪問題息息相關。

就心理發展的觀點，青少年介於兒童期與成年期的過渡時期；而此時期，青少年在對學校、家庭及社會環境做適度調適時，經常受到一些挫折與壓力，身心經常處於劇烈之變化。是故，心理學者常將此時期稱為「狂飆期」（Period of Storm and Stress）（蔡美雪，2006）。而遭遇的這些壓力、挫折、緊張，不僅令少年失去身心上的平衡，更可能引致偏差或犯罪行為的

---

[1] 青少年為12歲以上未滿18歲之人。

出現，而藥物濫用之行為也可能因而產生。

二、家庭層面

　　研究指出（一）家庭系統為學生問題的根源：學生問題常由其家庭引發出來；（二）家庭系統塑造個人系統：不當家庭管教方式會形塑其子女偏差性格（陳恆霖，2005），甚至產生犯罪行為。以下就相關研究做討論：

（一）家庭關係

　　過去的研究均著重於父母關係不睦、親子關係不良、父母管教不當、缺乏父母關愛或受到輕視等。許多個案因為缺乏家庭的溫暖、缺少家人關愛，最終選擇翹家。Gadwa與Griggs（1985）則發現，教育程度較低的父母，對子女在學業上的支持較少，親師互動比率低，故子女輟學率高。Rumberger等人亦發現，放任、消極制裁和非積極情緒反應的雙親，較少關心子女的課業，其子女輟學發生率較高（Rumberger et al., 1990）。子女輟學或翹家後，在外結交許多生活圈複雜的朋友，外在出現反抗行為，內心由愛生恨，而學者陳為堅（2006）研究中指出，有過翹家經驗者在物質濫用行為上會產生最大的危險性，與過去的研究有一致的結論。

（二）手足關係

　　家庭中有藥物濫用者，確實會使毒品施用者有不良的學習，比別人更容易碰觸到毒品；兄弟姊妹有濫用藥物之行為者，出現代間傳遞的現象。另一方面，家庭中父母有暴力或其他不良行為，子女容易模仿父母的行為，使得個案於青少年時期更導致偏差行為的發生（周碧瑟，2000；林瑞欽，2005；陳嘉玲，2006；李思賢等，2009）。

（三）學校生活

　　學校是青少年社會化的重要成長場所，對其自尊與自我肯定都有很深遠的影響，於教育程度方面，過去的研究指出，學歷以國中畢（肆）業居多（戴伸峰等，2011），而現今藥物濫用者，整體教育程度呈現上升的趨勢，與過往的研究有所不同，以下就相關研究做討論：

1. 學業成就感低落：學校裡的學業成就、教師、課程、管理方式亦會阻礙學生學習。陳叔宛（2004）發現，學業成就低落及較少感受升學壓力的

學生，較容易發生輟學情形。汪昭英（2001）則發現來自中產階級的老師，較難同理低社經背景的學生，甚至對他們產生偏見，此種師生互動可能讓學生不想上學。而有些有違規行為的學生，可能因為標籤作用，而用輟學來躲避異樣眼光（邱騰緯，2001）。最後，學生對學校無法產生認同感，覺得上學沒有意義，也感受不到自己的重要性，就可能失去向學的動力。青少年藥物濫用者在學期間因為在學業上找不到成就感，更不愛讀書，學習態度不佳，學業成就低落，最後導致經常轉學或中輟，中輟之後叛逆學壞，偏差行為更加嚴重。周碧瑟（2000）的研究中發現不在乎課業學生其用藥危險性是重視課業者的12.2倍。吳齊殷與高英美（2002）指出缺課嚴重的學生用藥程度較為嚴重，原因可能與學習狀況不佳有關。陳為堅（2002；2006）亦指出青少年不具學生身分以及有翹課經驗者在物質濫用行為上會產生最大的危險性。

2. 老師角色之重要性：大部分藥物濫用個案表示生命中皆有影響他們的重要他人——老師，無論是與師長相處互動良好或是惡劣，師長如何看待施用毒品者是染毒青少年改變之重要關鍵，老師對於他們的學習過程有很深刻的影響，師長的態度成為其戒毒歷程中一個很重要的因子。

（四）同儕影響

　　若身邊有施用毒品同儕，對青少年的影響成為重要的危險因子，大部分個案有家庭成為推力，使他們投奔朋友成為拉力，同儕因素對毒品施用者產生很直接的影響，以下就相關研究做討論：

1. 暴露危險因子環境的程度：李景美等人（2000）指出暴露於越多偏差行為者的環境中或是與有偏差行為者有越多接觸時，偏差行為的發生率會隨之提高。

2. 男女朋友：女性藥物濫用者多結交藥頭男友，用藥青少女大多呈現「家庭變故離家、中輟→依附朋友或男友→順應對方用藥→社交孤立，缺乏情緒支持→融入用藥次文化」之藥癮發展脈絡（李易蓁，2009）。

（五）社區環境

　　社區環境裡的幫派為擴大組織，常滲透校園，而在外遊蕩的輟學學生就常成為其鎖定的目標。此外，由於不良書刊畫報、色情或暴力影片、書籍充

斥市場，都會可能成為促發青少年不良行為的因素，亦可能導致他們無法向學（陳叔宛，2004），輟學行為發生後，由於加入幫派，進而提高藥物濫用行為之可能性。

國內外學者多認為，鄰里中存在高密度人口、物理環境惡化及高盛行犯罪率等，較容易形成青少年藥物濫用的問題與犯罪行為。鄰里附著性較差之社區，青少年發展成藥物濫用的機率亦較高。

第三節　青少年藥物濫用之法律責任

一、現行刑事政策

現行毒品防制策略[2]：拒毒、緝毒、戒毒以及防毒四大策略（圖9-1）。其次，我國以往反毒工作較偏重於供給面之毒品查緝，而對於需求面之拒毒及戒毒工作，所投入之資源相對較低，為澈底達到毒品防制之治本效能，反毒策略業於2006年「行政院毒品防制會報」跨部會工作會議決議，由過去「斷絕供給，降低需求」，調整為「首重降低需求，平衡抑制供需」，加強反毒之預防工作，並建立「防毒」、「拒毒」、「戒毒」及「緝毒」之四大工作區塊[3]。

二、法律規定

清末的鴉片戰爭，對於中國近代史的意涵，不只是國力的削弱，也標誌著毒品對於國計民生之重大影響。因此，回顧過去的刑事政策，多採取重刑化的處遇（參閱表9-1）。從1955至1997年間，基本上以「肅清煙毒條例」之重刑化處遇，作為抗制毒品犯罪的利器。然而，從「犯罪飽和理論觀之」，犯罪不可能被消滅，反而會因為肅清毒品犯罪造成人權的侵害（馬躍中，2006）。直至民國87年以後，制定「毒品危害防制條例」，對於施用毒品者，改採除刑不除罪之刑事政策，將煙毒犯轉向受戒治者之「病犯」思維。

---

[2] 毒品危害防制條例施行細則第2條：「防制毒品危害，由行政院統合各相關機關，辦理緝毒、防毒、拒毒及戒毒工作。」

[3] 參閱法務部無毒家園網（2016.9.30），http://refrain.moj.gov.tw/cp.asp?xItem=1029&ctNode=384&mp=1

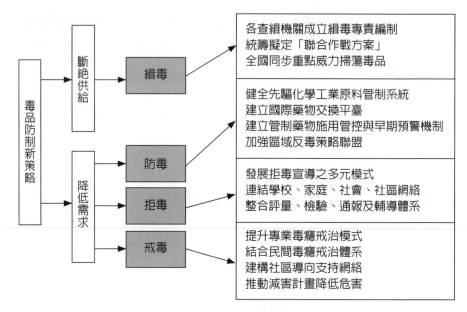

圖9-1　現行反毒策略

表9-1　我國毒品刑事立法的演進

時期	主要毒品政策
清初	只對販賣販鴉片煙，開設鴉片煙館、官吏失察等予以嚴懲。
清朝中期至清末	對買食者、販賣吸食器具者亦加以處罰，並以「清新刑律第二十一章」集大成，將煙毒犯罪完整地刑事立法。
民國初年	承襲清末之刑罰政策，並開啟以特別刑法規範毒品犯罪之先例，訂定「禁煙、禁毒暫行條例」、「禁煙、禁毒治罪條例」。
日據初期	「臺灣鴉片令」規定鴉片一律由官方專賣，經醫師診視領有牌照者，才準予購買官製煙膏吸食；凡從事鴉片買賣、開設煙館或製賣煙具者，經領取特許證並繳納稅額後才許營業。
日據末期	提同對吸食者之規範與處罰，並由醫師推動戒癮治療工作。
國民政府遷臺至1952年	接續施行國民政府於中國大陸推行之禁煙法令。
1952至1955年	恢復刑法鴉片罪章之適用。
1955至1997年	訂定「戡亂時期肅清煙毒條例」，後修訂為「肅清煙毒條例」，以嚴刑峻罰遏止毒品危害。
1998至2006年	對於施用毒品之行為改採除刑不除罪之刑事政策，訂定「毒品危害防制條例」，將煙毒初犯身分由「犯人」轉向受戒治者「病犯」思維。

　　青少年藥物濫用之法律責任，基本上，依其行為態樣，可能涉及毒品危害防制條例、少年事件處理法以及兒童權利保障促進法。本文先將青少年可能涉及的相關法規做基本的介紹，再就不同的行為態樣，做法律分析。

（一）毒品危害防制條例相關規定

　　目前毒品危害防制條例（簡稱「毒品條例」）主要規範如（馬躍中，2014）：

1. 販毒者重刑化傾向依舊：製售及運輸第一級毒品，最高可處死刑或無期徒刑得併科2,000萬元以下罰金（毒品條例第4條）。

2. 毒品區分為硬性毒品（Hard Drug）與軟性毒品（Soft Drug）（參照表9-2）：第一、二級毒品大致為「硬性毒品」，第三、四級毒品大致為「軟性毒品」。

3. 行為態樣的多元性（參照表9-3）：犯罪行為態樣不同，刑度亦有差異，共有七種：(1)製造、運輸、販賣；(2)意圖販賣而持有；(3)強暴脅迫、欺瞞或非法方法使人施用（毒品條例第6條）；(4)引誘他人施用（毒品條例第7條）；(5)轉讓（毒品條例第8條）；(6)施用（毒品條例第10條）；以及(7)持有（毒品條例第11條）。

4. 針對未成年人之特殊規範：成年人對未成年人犯強暴脅迫、欺瞞或非法方法使人施用、引誘他人施用或轉讓毒品之罪者，依各該條項規定加重其刑至二分之一（毒品條例第9條），此與少年事件處理法第85條[4]有異曲同工之效，但是否符合法治國刑事政策，有進一步比較研究之空間。

5. 針對單純施用毒品者：施用第一、二級毒品者，仍然入罪化（毒品條例第10條），但得自動請求治療為不起訴處分（毒品條例第21條）；施用第三、四級毒品業已經除罪化（毒品條例第11條之1），但已經改為行政不法，處新臺幣1萬元以上5萬以下罰鍰，並應限期令其接受四小時以上八小時以下之毒品危害講習。

6. 其他修正重點：(1)第4條：加重製造、運輸、販賣各級毒品罰金（如：第一級毒品併科罰金從新臺幣1,000萬提高到2,000萬）；(2)第11條：新增持有各級毒品一定量，加重處罰規定（純質淨重分別為10、20、20、20公

---

[4] 成年人教唆、幫助或利用未滿18歲之人犯罪或與之共同實施犯罪者，依其所犯之罪，加重其刑至二分之一。

克）；(3)第17條：修訂供出毒品來源，因而查獲其他正犯或共犯者，減輕或免除其刑；(4)第20條：五年後再犯施用第一、二級毒品者，適用觀察、勒戒及強制戒治規定；(5)少年犯特別規定：少年施用第三級或第四級毒品者，應依少年事件處理法處理，不適用罰鍰與講習（毒品條例第11條之1第3項）。

　　近一次修正係2019年12月17日三讀通過，修正重點為：提高製造、販賣、運輸毒品之刑度及罰金、將持有第三級、第四級毒品由20公克降為5公克以上，即懲以刑罰、加重販賣混合式毒品及對懷孕、未成年人販毒之刑度，同時擴大沒收、澈底剝奪毒販不法所得、擴大納入毒品審議程序之範圍，大幅縮短新興毒品列管時程、因應戒癮治療之需求，使檢察官可對緩起訴制度運用更為彈性，俾使毒品施用者獲得有利於戒除毒品之適當多元處遇，建立為戒癮治療、精神治療、心理輔導或其他適當處遇前之專業評估機制等。

　　上述修正採重罪重罰之立法態度，從速列管新興毒品以遏止散播，另新增擴大沒收制度以剝奪不法所得，降低犯罪誘因；而對犯行輕微或施用毒品之人，則給予自新及戒除毒癮之適當刑事處遇，使其能澈底脫離毒品危害，以落實寬嚴並濟之刑事政策。未來新法公布施行後，將更能有效打擊毒品犯罪，守護國人免於毒害，貫徹毒品零容忍之政府執法態度。

表9-2　毒品危害防制條例之毒品分級

分級	第一級毒品	第二級毒品	第三級毒品	第四級毒品
常見濫用藥物	1.海洛因 2.嗎啡 3.鴉片 4.古柯鹼	1.安非他命 2.MDMA 3.大麻 4.LSD 5.西洛西賓	1.FM$_2$ 2.小白板 3.丁基原啡因 4.愷他命 5.Nimetazepam 6.Mephedrone	1.Alprazolam 2.Diazepam 3.Lorazepam 4.Tramadol

表9-3　藥物濫用之行為態樣

1. 製造、運輸、販賣	死刑或無期徒刑（2,000萬元以下）	無期徒刑或七年以上有期徒刑（1,000萬元以下）	五年以上有期徒刑（700萬元以下）	三年以上十年以下有期徒刑（300萬元以下）
2. 意圖販賣而持有	無期徒刑或十年以上有期徒刑（700萬元以下）	五年以上有期徒刑（500萬元以下）	三年以上十年以下有期徒刑（300萬元以下）	一年以上七年以下有期徒刑（100萬元以下）
3. 強暴、脅迫、欺瞞或其他非法之方法使人使用	死刑、無期徒刑或十年以上有期徒刑（1,000萬元以下）	無期徒刑或七年以上有期徒刑（700萬元以下）	五年以上有期徒刑（500萬元以下）	三年以上十年以下有期徒刑（300萬元以下）
4. 引誘他人施用	三年以上十年以下有期徒刑（300萬元以下）	一年以上七年以下有期徒刑（100萬元以下）	六月以上五年以下有期徒刑（70萬元以下）	三年以下有期徒刑（50萬元以下）
5. 轉讓	一年以上七年以下有期徒刑（100萬元以下）	六月以上五年以下有期徒刑（70萬元以下）	三年以下有期徒刑（30萬元以下）	一年以下有期徒刑（10萬元以下）
6. 施用	六月以上五年以下有期徒刑	三年以下有期徒刑	2萬元以上5萬元以下罰鍰，並接受六小時以上八小時以下之毒品危害講習	1萬元以上5萬元以下罰鍰，並接受四小時以上六小時以下之毒品危害講習
7. 持有	三年以下有期徒刑、拘役或（5萬元以下）	二年以下有期徒刑、劑或（3萬元以下）	2萬元以上5萬元以下罰鍰，並接受六小時以上八小時以下之毒品危害講習	1萬元以上5萬元以下罰鍰，並接受四小時以上六小時以下之毒品危害講習
	純質淨重達10公克以上一年以上七年以下有期徒刑（100萬元以下）	純質淨重達20公克以上六月以上五年以下有期徒刑（70萬元以下）	純質淨重達5公克以上三年以下有期徒刑（30萬元以下）	純質淨重達5公克以上一年以下有期徒刑（10萬元以下）

（二）少年事件處理法相關規定

依毒品危害防制條例第20條規定：犯第10條之罪者，檢察官或少年法庭應先將被告或少年送勒戒處所觀察、勒戒，其期間不得超過二個月。經觀察勒戒後，無繼續施用毒品傾向者，應由檢察官為不起訴之處分或由少年法庭為不付審理之裁定。有繼續施用毒品傾向者，由檢察官聲請法院或由少年法庭裁定令入戒治處所施以強制戒治，其期間最長不得逾一年。法務部配合本條例規定，另頒布「觀察勒戒處分執行條例」及「戒治處分執行條例」配合因應。

戒治醫療處遇，採「觀察勒戒」、「戒治處分」、「追蹤輔導」三合一戒治政策。療程採宗教、醫療、專業、輔導、課程五大取向治療受戒治人。過去各戒治所附設於監獄，依據「戒治處遇成效評估辦法」等各項規定。並配合時程辦理各項技藝訓練，透過藉宗教進駐與社會資源之參與，改變個案心靈，塑造本土化戒治特色。

另外依毒品危害防制條例第11條之1規定：「少年施用第三級或第四級毒品者，應依少年事件處理法處理，不適用前項規定。」

（三）兒童及少年福利與權益保障法

依據兒童及少年福利與權益保障法第53條規定：「醫事人員、社會工作人員、教育人員、保育人員、教保服務人員、警察、司法人員、移民業務人員、戶政人員、村（里）幹事及其他執行兒童及少年福利業務人員，於執行業務時知悉兒童及少年有下列情形之一者，應立即向直轄市、縣（市）主管機關通報，至遲不得超過二十四小時：一、施用毒品、非法施用管制藥品或其他有害身心健康之物質。」並且依據同法第55條協助就醫。

（四）藥事法

藥事法第83條規定：「明知為偽藥或禁藥，而販賣、供應、調劑、運送、寄藏、牙保、轉讓或意圖販賣而陳列者，處七年以下有期徒刑，得併科新臺幣五千萬元以下罰金。」

（五）社會秩序維護法

青少年若施用「強力膠」或「甲苯」雖非煙毒或麻醉藥品，因為危害身體健康，破壞社會秩序之顧慮。依社會秩序維護法第66條第1款規定：「吸

食或施打煙毒或麻醉藥品以外之迷幻物品者」，處三日以下拘留或新臺幣1萬8,000元以下罰鍰。

其次針對「迷幻物品」之定義，內政部警政署依本署85年2月9日警署刑司字第14202號函頒解釋：「迷幻物品」係指該物經吸食或施打後，除有生理反應外，並產生心理之變化，能使個人知覺及經驗改變、情緒極端變化而與現實脫節，甚至有精神與軀體分離之感等情形而言。此外，「甲苯」係屬苯類有機溶劑，且為強力膠之主要成分，一般人吸食後，心理及生理會產生上述諸種現象，故如有吸食者，仍適用社會秩序維護法第66條第1款規定。

最後，值得一提的事。煙毒或麻醉藥品等物，因煙毒或麻醉藥品雖亦有迷幻功能，但其傷害不只迷幻，更會造成身體重大之傷害，故應依毒品危害防制條例加以處罰，而不依社會秩序維護法之規定加以處罰。

第四節　青少年藥物濫用之行為態樣

基本上，青少年藥物濫用之行為，不但牽涉到「毒品危害防制條例」各種行為態樣，也牽涉到「少年事件處理法」相關的程序規定。在法律的性質上，前者係特別法；後者係程序法，其次，由於我國對於毒品定位不清。使得在實務操作上，產生不少問題。同時，青少年施用毒品還結合其他違法行為，現就不同的行為態樣分述如下：

一、與製造、運送、販賣等行為相結合

行為人（即青少年）若其藥物濫用之行為與（一）製造、運輸、販賣；（二）意圖販賣而持有；（三）強暴、脅迫、欺瞞或其他非法之方法使人使用（參照表9-3第1.至3.之行為態樣）。

依據少年事件處理法第27條第1項第1款規定：「少年法院依調查之結果，認少年觸犯刑罰法律，且有左列情形之一者，應以裁定移送於有管轄權之法院檢察署檢察官：一、犯最輕本刑為五年以上有期徒刑之罪者。」因此，上述所列之行為態樣均屬最輕本刑五年以上有期徒刑，已屬刑事案件，應移送少年刑事法庭，適用刑事訟訴法相關規定。

二、非涉犯最重本刑五年以上之其他罪名

青少年若所犯為非最重本刑五年以上之毒品危害防制條例之罪名，如：引誘他人施用罪、轉讓毒品罪、施用第一、二級毒品罪以及持有一定重量以上之毒品罪（參照表9-3第4.至7.之行為態樣）。

此時，依少年事件處理法第67條第1項規定：「檢察官依偵查之結果，對於少年犯最重本刑五年以下有期徒刑之罪，參酌刑法第五十七條有關規定，認以不起訴處分而受保護處分為適當者，得為不起訴處分，移送少年法院依少年保護事件審理；認應起訴者，應向少年法院提起公訴。」亦即，青少年涉及本類型之行為態樣，青少年有可能依保護事件處理，基於保護少年之原則，盡可能得避免受到國家之刑事制裁。

三、單純施用一、二級毒品

若青少年並無上述構成刑事案件之行為態樣，但單純施用一、二級毒品，依現行毒品危害防制條例，仍須依毒品危害防制條例第20條規定：「犯第10條之罪者，檢察官或少年法庭應先將被告或少年送勒戒處所觀察、勒戒，其期間不得超過二個月。經觀察勒戒後，無繼續施用毒品傾向者，應由檢察官為不起訴之處分或由少年法庭為不付審理之裁定。有繼續施用毒品傾向者，由檢察官聲請法院或由少年法庭裁定令入戒治處所施以強制戒治，其期間最長不得逾一年。」法務部配合本條例規定，另頒布「觀察勒戒處分執行條例」及「戒治處分執行條例」配合因應。

四、施用三、四級毒品

依毒品危害防制條例第11條之1規定：「少年施用第三級或第四級毒品者，應依少年事件處理法處理，不適用前項規定。」此時，毒品危害防制條例之相關規定，如施用三、四級毒品應予以講習之相關規定，不適用少年。但以現行實務操作情形，若為警查獲，則以「虞犯」移送少年法庭；若在校發現，則以「行政先行」[5]，不移送少年法庭。

5　有關行政先行之意涵係指：查獲青少年施用三、四級毒時，應先交由學校先行輔導。

五、虞犯問題

存有疑義者，若青少年施用三、四級毒品，是否會構成虞犯？

依少年事件處理法第3條之規定：「二、少年有左列情形之一，依其性格及環境，而有觸犯刑罰法律之虞者：（六）吸食或施打煙毒或麻醉藥品以外之迷幻物品者。」

關於虞犯之認定，應有其實質與形式要件，以本案爲例，在實質上應符合：依其性格及環境，而有觸犯刑罰法律之虞者，亦即，少年若已對於三、四級毒品成癮；其次在形式要件：吸食或施打煙毒或麻醉藥品以外之迷幻物品者。當然符合虞犯之規定。然而，大多數青少年可能是因爲好奇誤用而未達成癮之階段，是否依虞犯處置，則存有疑義。

第五節　相關檢討

青少年藥物濫用涉及的層面甚廣，在法律適用上，常使人無法適從，爲有效整合或提出修法建議，除了要具備基本的少年犯罪學的概念，在法律層面而言，須了解並融會貫通相關法律規定，讓實務操作者，能迅速有效解決問題，才是治本之道。接下來將針對現行制度的檢討，最後再予以改進意見。

一、單純藥物濫用之刑事制裁

關於施用毒品是否應除罪化，在學說上有不同爭議，分述如下：

（一）除罪化之論點

此說認爲施用毒品應予除罪化，其理由如下：

1. 施用毒品之行爲無被害人存在

現代刑法是根植於他傷不法的概念上，而自傷行爲之所以不處罰，主要是著眼於自傷行爲中並無所謂的被害人（許福生，1993），進而無社會損害性，因此於刑法之中並無處罰自傷行爲之規定，對於自傷行爲或許可以從道德層面給予苛責，但是若將之施以刑事處罰，恐將刑法變成一種不能實踐之道德刑法。

2. 自傷行為應不處罰

施用毒品之行為僅係一偏差行為，一種次文化，施用者在施用之初多半是基於好奇、刺激、冒險、即時享樂等心態或是因為家庭關係的改變，對於社會抗壓性不足等原因而施用，而施用之後因為已對藥物產生依賴，或因對自己感到絕望而仍繼續施用（董玉整、董莉，1996）。因為自殺（Selbstmord）不入罪，如何能對自傷行為加以處罰？該行為實際上並無任何被害人（高金桂，1984）。

（二）入罪化之觀點

此說認為應將施用毒品之行為入罪，其理由如下：

釋字第544號理由書「……施用毒品，或得視為自傷行為，然其影響施用者之中樞神經系統，導致神智不清，產生心理上及生理上之依賴性，積習成癮，禁斷困難，輕則個人沉淪、家庭破毀，失去正常生活及工作能力，成為家庭或社會之負擔；重則可能與其他犯罪行為相結合，滋生重大刑事案件，惡化治安，嚴重損及公益。鑑於煙毒對國計民生所造成之戕害，立法者自得採取必要手段，於抽象危險階段即以刑罰規範，對施用毒品者之人身自由為適當限制。……」依該解釋理由書可知，反對施用毒品除罪化的最主要理由：為國家競爭、社會風氣、國民健康及治安問題等幾個角度切入。

本文觀點，毒品條例最新修正，施用第一、二級毒品者，仍然入罪化（毒品條例第10條），但得自動請求治療為不起訴處分（毒品條例第21條），已經有和緩之規定，但就刑罰最後手段性（Ultima Ratio）觀之，則仍有所不宜！而對於施用第三、四級毒品者，使用行政不法之罰鍰與講習，有多大功效？仍有待實證與法事實評估。

二、行政先行或司法先行

為保障少年健全之自我成長，特對觸犯刑事法及其虞犯之少年，由少年法院裁定不付審理、保護處分或移送通常司法程序等保護性司法處遇，惟依標籤理論，少年太早進入司法系統，易造成其負向標籤化之影響。以現行少年施用毒品為例，若施用一、二級毒品者屬刑事犯，而施用三、四級毒品屬虞犯，惟均應進入司法系統，然司法處遇成本較高，倘對單純虞犯，在司法裁定前，強化行政先行介入輔導措施，使其獲得即時的評估、輔導或資源扶

助，可能減少司法資源的浪費，也能避免過早進入司法系統而產生的負面影響。

　　為了符合「兒童權利公約」有關兒童及少年權利保障之規定，避免兒童及少年權利受到侵害，並積極促進兒童及少年權利實現，立法院在2019年5月31日三讀通過了「少年事件處理法」（簡稱「少事法」）部分條文修正草案，堪稱自1997年修正公布全文87條以來，最大幅度的修正，更是與世界兒少司法權益潮流接軌的重要里程碑。原少事法第85條之1規定，7歲以上未滿12歲之人，有觸犯刑罰法律之行為者，由少年法院適用少年保護事件之規定處理之。也就是未滿12歲的兒童若觸法，將適用少年事件處理程序，進入到司法體系。經過修改後的少事法部分條文針對未滿12歲的兒童實行「除罪化」，也就是7歲以上未滿12歲的兒童觸法，將回歸教育、社政等行政體系協助，不再適用少事法，為了讓修正條文能夠正式完整上路，該法訂出一年的日出條款，讓行政機關能夠利用一年的時間確定執行的方向和方式，而這項修正案已於2019年6月19日施行。去除「虞犯」的標籤，將「虞犯」改稱為「曝險少年」（Risk Exposure Teenage）。許多偏差行為都是孩子們正在社會化的過程，當所處環境及人不友善時，少年常會以防禦或攻擊的方式，去回應外在對他的負面反應，為改善如此不友善的社會生態或司法環境，進而輔導「曝險少年」的行為，因此修法以少年曝露於觸法邊緣危險程度和如何維護少年健全成長權為評估重點；其次，縮減列管行為態樣，將舊有七款虞犯列管行為刪減，僅餘「無正當理由經常攜帶危險器械」、「有施用毒品或迷幻物品之行為而尚未觸犯刑罰法律」、「有預備犯罪或犯罪未遂而為法所不罰之行為」等三款，並回應大法官第664號解釋案關注的逃學、逃家行為，自此不再被視為「犯」行。為了避免曝險少年再發生觸法事件，引入了「行政先行」機制，於2023年7月1日起由地方首長直屬的少年輔導委員會（簡稱「少輔會」）輔導，結合跨局處的福利、教育、心理、醫療等相關資源，先行對曝險少年輔導，如評估確有必要，也可請求少年法院處理，若行政輔導有效，少年回歸正軌生活，就無需司法再介入；因此，新制實施後將以「行政輔導先行，以司法為後盾」的原則，協助曝險少年不離生活常軌，不受危險環境危害。修法後，尊重少年的主體權及保障程序權，警察、法官、檢察官、學校、家長甚至是少年本身，如果發現有「無正當理由經常攜帶危險器械」、「有施用毒品或迷幻物品之行為而尚未觸犯刑罰法律」、

「有預備犯罪或犯罪未遂而爲法所不罰之行爲」等三項情形，才考量報請少輔會介入處理。

三、與藥事法競合問題

（一）案例事實

被告轉讓同屬禁藥之第二級毒品甲基安非他命（Methamphetamine）（未達法定應加重其刑之一定數量），經依法規競合之例，論以藥事法第83條第1項之轉讓禁藥罪，若被告於偵查及審判中均自白，得否適用毒品危害防制條例第17條第2項之規定減輕其刑？

（二）爭議

1. 肯定說

刑法第55條之想像競合犯，於2005年2月2日修正公布時，增設但書規定「但不得科以較輕罪名所定最輕本刑以下之刑」，以免科刑偏失，此種輕罪最低度法定刑於量刑上所具有之封鎖作用，在法規競合對於被排斥適用之部分遇有此種情形者，法理上自應同其適用（本院101年度第10次刑事庭會議決議壹、三參照）。爲符衡平，輕罪或被排斥適用之法規，如有減輕或免除其刑之規定者，於量刑時自應予以考慮，此乃當然之解釋。而於想像競合之輕罪沒收從刑如有特別規定者，應優先適用，早經本院著有判例（79年台上字第5137號）。題旨所示被告之行爲該當於藥事法第83條第1項轉讓禁藥與毒品危害防制條例第8條第2項之轉讓第二級毒品等罪名，依法規競合雖應優先適用藥事法第83條第1項處罰，惟被告於偵、審中自白，仍應適用毒品危害防制條例第17條第2項之規定減輕其刑，以免輕重失衡。

2. 否定說

對於不同刑罰法律間具有法規競合關係者，經擇一法律加以論科，其相關法條之適用，應本於整體性原則，不得任意割裂。實務上，於比較新舊法律之適用時，亦本此原則（本院27年上字第2615號判例意旨參照）。題旨所示被告轉讓甲基安非他命之行爲，因藥事法第83條第1項轉讓禁藥與毒品危害防制條例第8條第2項轉讓第二級毒品之法規競合關係，既擇一適用藥事法第83條第1項規定論處罪刑，則被告縱於偵查及審判中均自白，基於法律整

體適用不得割裂原則，仍無另依毒品危害防制條例第17條第2項之規定，減輕其刑之餘地。

3. 結論

104年6月20日最高法院104年度第11次刑事庭會議決議採否定說。

第六節　結語與建議

一、毒品查緝：檢警合作之強化

司法院及檢察機關之政策指令，以及法務部與警察機關關於查緝作業的配合，如何有效一貫作業強化查緝的顯著率，是相異機關行政作業合作的一大考驗。本文以為，有鑑於檢察機關之作業繁複多元，案件量十分甚鉅。就毒品施用相關案件而言，吸食毒品之行為本身，是一漫長且持續的食用行為，若要密切追蹤，實有賴於警察機關之高密度有效的查緝突襲，立即發現、阻斷，並追蹤其相關來源與施用者的後續強制戒治等程序。

是故，本文建議檢察機關以「毒品」為一獨立作業機關，另專設成單獨處理毒品案件之專門作業部門。其一，承辦施用毒品之檢察機關得以隨時確切掌握案源的進度，以及隨時變更指揮警察機關的查緝計畫，更能有效積極查緝施用毒品之相關作業；其二，透過確切縝密查緝行動，實有助於阻斷毒品市場的流竄及施用，降低毒品市場的流通；其三，獨立專門處理毒品案件之檢警機關，與警察機關之配合，能因專門、單一窗口的合作，配合度以及執行率得以大幅提高效率，避免盲目的雙頭馬車多重無效執行勤務。

二、預防層面

（一）「毒防中心」第一線運作機制

本於各縣市的毒品危害防治中心接收資料來源，係透過法務部獄政系統匯出至毒品成癮者單一窗口服務系統後，在進行分案作業。以及毒防中心自行列管個案的資料，均得由該系統框架下自由運用即時資訊的整合與分析。然而，有鑑於該系統並無匯出功能，就地域特性的挑選上，各毒防中心對於制定符合因地制宜需求的防制政策，仍需透過在確保資訊安全與個人資

料保護無虞之前提下，提請主管機關法務部申請開放所需原始資料，其程序十分繁雜。若為求符合地域性的即時第一手資料，該系統仍有待進步，尋找透過修正規則及系統資訊的調整，進一步簡化同意系統匯出資訊的應用及分析方案，各縣市政府即時掌握防毒動態及消息資訊。

（二）針對青少年族群之宣導與教育

　　青少年階段對於毒品的施用，具有潛在性，目前世界各國十分關注該年齡層施用毒品之可能。就青少年階段而言，施用毒品將導致相關執法單位無法直接介入的困境，因此各國積極針對此等年齡層年輕朋友，以各式各樣宣導方式，明確教育以及宣傳正確的觀念與避免陷入錯誤的各種可能，作為反毒重要策略，可供我國參考實施情形主要如下：1.英國：設置毒品問題求助專線（frank helpline）、強化各種軟式替代方案，諸如以社工與社區團體的長才，為學校制定適宜的適用方案於學校網路平臺分享相關教材與課程計畫，以及分享學校成功經驗，予以鼓勵提升信心；2.日本：研擬長達五年反毒策略目標－根除青年朋友毒品濫用與提升規範意識達已拒絕毒品濫用；3.新加坡：毒品防範教育；4.美國：盡可能利用各種網路平臺，提高宣傳能見度，結合媒體於各種媒介諸如臉書，傳達給青年朋友反毒訊息。並動員家長加入教育青少年拒絕施用毒品計畫、研擬支持大專校園物質濫用計畫等。

三、刑事政策論（中、長程立法建議）

（一）毒品除罪化

　　現行監所多以毒品犯為主，降低監禁人口最直接有效的方式就是將毒品成癮者轉介醫療院所治療。

（二）除罪化之相關配套措施

1. 法律層面

　　首要強化毒品製造、運輸、販賣之查緝作業，並提高製造半成品之刑罰，以防堵毒品除罪化後之變本加厲氾濫流通與濫觴，降低國民對於除罪化後毒品氾濫的憂慮。再者，有鑑於規範戒毒相關作業之部門涉及甚廣：法務部、內政部以及衛生署。設若施用毒品除罪化後，相關之行政措施，以及現

有法規範，均應立即重新逐條檢視刪除與修正，將相關規範合併統一作業，尤其將若干行政措施予以法規劃，執行上將得更加有魄力。

2. 重新檢視第三、四級毒品之刑罰妥適性及防範

有別於第一、二級毒品的較重刑責，第三、四級毒品的持有、施用，甚或運輸、販賣等行為，刑責來得較輕。甚至新興毒品不斷日新月異的更新及進步，以各式包裝假冒成食品、茶包等態樣，成為保護色，避免遭受查緝。施用毒品者在選擇上，較喜愛隱匿性高且刑責輕的第三、四級毒品作為吸食首選，也導致第三、四級毒品在毒品市場上更加猖狂的氾濫。

修法的腳步遠不及新興毒品的創新及產生，成為一大法律漏洞。施用毒品具有漸進性及隱匿性，在戒治上又具有困難性，目前我國偏向於採取衛生醫療模式，然相關法規應同步併進與更新，搭配治療策略的方針而行，避免毒品氾濫與過度施用毒品。除了能檢視對第三、四級毒品的防制成效外，尚可作為第一、二級毒品可否真正達到除罪化的成熟度，以及相關配套措施的實行可能性，作為標竿策略成效的一大參考依據。

刑度方面，本文建議比照第一、二級毒品量刑及處遇，重新調整各級毒品所屬的刑度，以防範施用者以身試法的決心。

參考文獻

一、中文部分

Denzin, N. K.，張君玫譯（1999）。解釋性互動論。弘智文化。

行政院衛生署管制藥品管理局（2008）。藥物濫用防制宣導教材。

吳明隆、塗金堂（2006）。SPSS與統計應用分析。五南圖書。

吳齊殷、高英美（2002）。看顧臺灣的未來——臺灣青少年藥物使用相關信念、態度與行為的長期研究。行政院衛生署管制藥品管理局90年度科技研究發展計畫（DOH90-NNB-1001）。中央研究院。

李志恒（1995）。赴韓國參加「亞太地區藥物就用研討會」報告。行政院及所屬各機關出國報告。

李易蓁（2009）。少女藥癮歷程發展及其相關要素分析。2009年全國反毒會議學術研討會手冊。教育部、法務部、外交部、行政院衛生署編印。

李思賢、林國甯、楊浩然、傅麗安、劉筱雯、李商琪（2009）。青少年毒品戒治者對藥物濫用之認知、態度、行為與因應方式研究。青少年犯罪防治研究期刊，第1卷第1期，頁1-28。

李景美、黃惠玲、苗迺芳（2000）。青少年物質使用之社會學習及社會連結因素研究——以在學生為例。健康促進暨衛生教育雜誌，第20期，頁17-34。

汪昭瑛（2001）。國中復學女學生之中輟與復學歷程研究——由家庭與學校經驗詮釋之。臺灣師範大學教育心理與輔導研究所碩士論文（未出版）。

周碧瑟（2000）。臺灣地區青少年藥物濫用流行病學調查研究。行政院衛生署88年度委託研究計畫（DOH88-TD-1064）。國立陽明大學社區醫學研究中心。

林瑞欽（2005）。犯罪少年用藥盛行率與社會及心理危險因子之探討。行政院衛生署管制藥品管理局93年度科技研究發展計畫（DOH93-NNB-1011）。

邱騰緯（2001）。阿美族父母角色扮演與國小子女智育成績關係之探討——以太巴塱國小為例。國立臺灣師範大學三民主義研究所碩士論文（未出版）。

馬躍中（2006）。經濟刑法：全球化的犯罪抗制。自版。

馬躍中（2014）。論毒品犯罪之刑事制裁。軍法專刊，第2卷第2期，頁84-109。

馬躍中、林志鴻（2013）。少年施用毒品現況研究——少年警察隊警察之觀察。青少年犯罪防治研究期刊，第5卷第2期，頁109-145。

高金桂（1984）。青少年藥物濫用與犯罪之研究。頁83。

許福生（1993）。無被害人犯罪與除罪化之探討。中央警察大學學報，第34期，頁287。

陳正祥（2002）。少年法院與社會資源之運用。司法院研究年報，第22輯，頁14。

陳叔宛（2004）。國中生中途輟學行為之相關因素研究——以高雄、臺南縣市為例。國立成功大學教育研究所碩士論文（未出版）。

陳恆霖（2005）。中輟復學生生態系統觀輟學成因及歷程之質性研究。國立高雄師範大學輔導與諮商研究所博士論文（未出版）。

陳為監（2006）。全國青少年非法藥物使用調查（第三年）。行政院衛生署管制藥品管理局95年度科技研究發展計畫（DOH95-NNB-1012）。國立臺灣大學公共衛生學院流行病學研究所。

陳嘉玲（2006）。運用互動式手冊於家長預防青少年藥物濫用之介入研究。國立臺灣師範大學健康促進與衛生教育研究所碩士論文。

黃義成（2013）。少年虞犯法理之省思與建構。臺大法學論叢，第42卷第3期，頁631-714。

黃徵男（2005）。新興毒品與青少年藥物濫用。行政院研究發展考核委員會委託研

究報告。

楊士隆（2012），校園犯罪與安全維護。五南圖書。

楊士隆、李思賢（2012）。藥物濫用、毒品與防治。五南圖書。

董玉整、董莉（1996）。毒禍論——毒品問題的社會透視。頁258、281。

鄒川雄（2003）。生活是界與默會知識：詮釋學觀點質性研究。載於齊力、林本炫編，質性研究方法與資料分析。南華大學南華教社所。

蔡坤湖（2014）。少年虞犯與行政先行制度。法扶會訊。

蔡美雪（2006）。生活壓力、制握信念、社會支持與青少年偏差行為之關係。國立成功大學教育研究所碩士論文（未出版）。

蔡維禎（2000），青少年藥物濫用及防治簡介。少年刑事法律專題研究。司法院。

蔡德輝、楊士隆（2013）。少年犯罪——理論與實務。五南圖書。

戴伸峰、曾淑萍、楊士隆（2011）。臺灣地區非法藥物濫用高危險群青少年對現行毒品防治政策成效及戒毒成功因素評估之實證研究。青少年犯罪防治研究期刊，第3卷第2期，頁51-72。

二、外文部分

Gadwa, K. & Griggs, S. A. (1985). The School Dropout: Implication for Councelors. The-school Counselor, 33(1): 9-17.

Göppinger (2008). Kriminologie, 6. Aufl., C. H. Beck München.

Rumberger, R. W., Ghatak R., Poulos, G., & Ritter, P. L. (1990). Family Influences on Dropout Behavior in One California High School.

楊士隆、曾淑萍、戴伸峰、顧以謙、鄭凱寶、許俊龍

因應青少年藥物濫用問題之日趨蔓延，各國及各地域均依其資源與文化，發展及採行其預防教育拒毒方案，以期紓緩其引發之負面效應。限於篇幅，介紹部分國家及地域之拒毒教育方案如下：

第一節　美國拒毒教育方案

一、DARE（Drug Abuse Resistance Education）

（一）起源

美國總統尼克森1971年提出反毒計畫（War on Drugs）之後，從此美國投入大量資源在反毒及拒毒教育的推廣上。在1986年，美國國會通過了無毒學校及社區法案（Drug-Free Schools and Communities Act），以推動全國的藥物濫用教育及預防方案。美國聯邦在州及地方層級投入大量的資源進行藥物濫用教育及預防方案的推廣，從1987年的1億8,900萬美金增加到1990年的4億6,300萬美金（Rosenbaum et al., 1994）。此外，美國各州及地方政府致力於藥物濫用教育及預防方案的推廣，主要集中在媒體宣傳跟學校拒毒教育層面，例如「This Is Your Brain On Drugs」計畫宣導大眾不要輕易嘗試毒品（Wysong et al., 1994）。在學校拒毒教育的眾多方案中，以1983年美國洛杉磯警察局與洛杉磯聯合學區合作訂立的DARE最為知名及最為廣泛實施的拒毒教育方案。DARE在1990年初在全美50州、超過3,000個社區、約2,000萬學生參與其中，DARE也推廣至其他六個國家，被譽為新一代學校拒毒教育之典範（Bachrach, 1995）。至今，此計畫已遍布全球，致力於推廣學生的拒毒教育。

（二）主要目的

　　DARE致力為學生提供無毒品、無暴力之學習環境。為此DARE提供拒絕訓練，教育他們如何有效拒絕幫派暴力及毒品。DARE聘請專家設計核心課程，針對國小兒童進入青春期時如何避免濫用藥物和暴力（Bachrach, 1995）。並設有以下目標：

1. 令學童更了解何謂濫用藥物及如何避免因同儕壓力嘗試毒品。
2. 提升學童自信。
3. 學習濫用藥物之替代方案。
4. 學習憤怒及衝突管理。
5. 培養風險評估及如何有效決策。
6. 減低使用暴力。
7. 提高溝通技巧及人際關係。
8. 避免學童加入幫派。

（三）主要課程及目標

　　DARE主要有五種課程（Wysong et al., 1994; Bachrach, 1995），包括：

1. 核心課程：課程針對國小五年級及六年級學童，主要的設想是這個階段的學生對於反毒訊息的接受度最高，也即將進入藥物使用的實驗期，此時的介入具有最大的效益。課程由經過訓練的專業講師帶領，連續十七週，每週一堂課。課程含有團體討論、角色扮演、測驗及書本練習。
2. 幼稚園到國小課程：簡單介紹DARE的核心思想，並教導學童遵守法律、個人安全及濫用藥物之影響。
3. 國中課程：提供學生藥物資訊及訓練拒絕技巧。整個課程為10堂課，內容包括憤怒管理及如何處理衝突，同時教導學生避免因壓力使用藥物。
4. 高中課程：課程針對高中生之生活情景設計，前五週採用DARE講師與學校老師協同合作，內容包括如何理智決策，憤怒管理及避免使用暴力。後五週則為學校老師主持，增強前五週之教學內容。
5. 家長課程：課程目標為家長，為期六週，每週兩小時，提供如何令學童健康、安全及生活技巧。另外，講師如何跟子女溝通、提高子女自信、辨別危險因子及認識基本毒品。除此之外，提供更多關於該社區戒毒及求助資源給家長。

（四）成效評估

　　儘管DARE被認爲是世界上應用最爲廣泛的方案，然而其成效並不如預期。例如，Rosenbaum等人（1994）進行一項縱貫性的隨機實驗研究，探討DARE對學生在藥物使用的態度、信念及行爲上有何影響。研究結果發現，DARE對於藥物使用行爲沒有顯著的長期效果，僅對學生使用藥物的態度或信念有少許的影響。在DARE的短期效果方面，Vincus等人（2010）針對DARE的國小課程進行短期的類實驗評估，研究發現DARE課程對於五年級學生在香菸、酒精及大麻（Marijuana）的使用行爲上，缺乏顯著的介入效果。然而，Hansen等人（1997）指出，雖然DARE效果不明顯，但在影響中介因子上有顯著影響。

　　另外，在針對DARE相關研究的後設分析，結果也不佳。例如，West與O'Neal在2004年之後設分析研究，蒐集了40篇相關研究，效果量Cohen's d爲0.023，代表效果微弱（West & O'Neal, 2004）。Ennett等人（1994）的研究亦同樣指出DARE短期效果微弱，效果量僅有0.11。Trembly等人（2020）針對14個DARE的研究進行後設分析發現，對於14個研究中92%的青少年，DARE對於其影響精神物質（Psychoactive Substances）之使用並無顯著的影響。McLennan（2015）認爲在此方案上所投資的沉默成本（不可回收的成本）及情緒投入，讓許多學校仍然繼續實施DARE。

二、Juvenile Drug Courts

（一）起源

　　美國少年法院原爲青少年犯罪問題而特意設計，但在處理青少年藥物濫用情況越來越顯得有心無力。另一方面，美國疾病控制與預防中心（Centers for Disease Control and Prevention）對青少年濫用藥物問題發出預警，令美國政府更重視青少年濫用藥物情況。隨著成人藥物法庭（Adult Drug Courts）之成功，少年法院法官希望可直接仿效，爲此將藥物濫用需要治療跟一般治療隊伍錯開，以加快青少年進入戒毒療程，終在1997年成立第一個少年藥物法庭（The Office of Justice Programs Drug Court Clearinghouse and Technical Assistance Project, 1998）。

（二）主要目的

少年藥物法庭提供青少年一個戒毒後重生之機會，並提供建設性支援及意見，以降低他們再犯機會。法院會進一步關注及支援他們在校表現及教導他們正確人際關係技巧，以製造一個無毒、健康之學習環境。除此之外，會視情況提供家庭指導以教導家長如何幫助子女不再藥物濫用（The Office of Justice Programs Drug Court Clearinghouse and Technical Assistance Project, 1998）。

（三）主要課程及目標

少年藥物法庭提供有16種策略以幫助社區及青少年，分別如下（Bureau of Justice Assistance, 2003）：

1. 合作協議：把社區相關戒毒團體組織起來，創造一個協調之系統以幫助青少年。
2. 團隊合作：開發和維持一個協調及系統性工作團隊。
3. 訂立明確目標和資格標準：以便審核誰可以接受少年毒品法院援助。
4. 司法介入和監督：增快司法審查，並小心處理因法院訴訟可能對青少年和其家庭之影響。
5. 監測和評估：建立一套監測和評價制度，以維持服務品質，並在戒毒領域做出實務貢獻。
6. 社區合作：與社區組織建立夥伴關係，擴大青少年和家庭的戒治資源。
7. 綜合治療規劃：為特殊個案訂立個人化服務，以滿足複雜和多變的需求，及更貼合家庭需求。
8. 發展適合服務：量身定制治療，以配合青少年的發展需要。
9. 性別的服務：更細緻化處理治療以解決不同性別的需求。
10.文化能力：因應文化差異訂立相關政策和程序，並培養相應專業人員。
11.看到有能力地方：在審訊期間，儘量從互動中看到青少年有能力、強項地方。
12.家庭參與：確認家庭在每一個審訊及治療都扮演重要角色。
13.教育聯繫：與學校協調，以確保每一個參與者出席每一個教育或是治療。
14.藥物測試：設計一種可以頻繁、隨機和易於觀察結果之藥物測試。

15.目標爲主之鼓勵和懲罰：建立明確獎勵及懲罰之規定，幫助青少年行爲改變。

16.保密：建立嚴謹隱私保密政策及程序，同時方便讓少年毒品法庭小組訪問關鍵資訊。

（四）成效評估

　　Stein等人（2015）以再犯率爲參考指標，指出少年藥物法庭爲有成效，但相比於成人藥物法庭，少年藥物法庭的成效不算顯著。另一方面，Eggers等人（2012）蒐集14篇少年毒品法院相關文獻，在酒精跟藥物濫用結果顯示效果不顯著（OR=1.06, n.s.），但在多種類藥物濫用上（濫用多於一種藥物），則效果較爲顯著，但仍未到顯著差異（OR=1.45, n.s.）。Belenko等人（2022）在一個針對犯罪青少年的實驗研究中，發現被分派到少年藥物法庭的青少年，相較於分派到傳統少年法庭的青少年，大麻使用的情形減少、獲得心理健康服務的機會增加；然而，此效果僅輕度至中度間，且正面效果較集中在藥物濫用與再犯之中高風險青少年。

三、Life Skills

（一）簡介

　　Life Skills主要教導學生如何積極正向面對生活困難之能力，其教育目的在於實踐和強化心理及社交技能。除此之外，Life Skills有助於促進個人和社會的發展，並進一步預防保健和社會問題發生（UNICEF, 2004）。

（二）主要目的

　　Life Skills透過加強學童知識，培養正向態度及建立正確價值觀，以及健康人際關係，去減少對藥品誤用以及錯誤觀念，並減少負向生活態度及進行危險行爲。Life Skills希望透過專業課程使學童成長爲一個負責任、有自信、公平並健康無毒的青少年。

（三）主要課程及目標

　　Life Skills課程主要考量個人及社會環境因素出發，課程內容以提升學童自信、情緒管理、提升抗壓力、有效溝通技巧、理性決策、處理衝突以及如何拒絕藥物，並設有五個範疇（UNICEF, 2004），參見表10-1。

表10-1　Life Skills課程的五個範疇

1.人際技巧	2.自我覺察	3.價值分析判斷	4.如何正確決策	5.壓力管理
同情心訓練 積極傾聽 非語言溝通 衝突訓練	自我評估 認識優缺點 正向思考 建立自我意像	如何判斷重要事 情以及事情影響 程度 建立健康價值觀	批判與創造性思 維 問題解決 風險評估 蒐集資訊能力	自我控制能力 如何處理壓力 時間管理 情緒管理 學會求助

（四）成效評估

　　Tobler等學者（2000）在分析學校防毒教育方案上之後設分析中，Life Skills效果量為顯著。而Schinke等人（2000）從27所學校蒐集了1,396名學童之數據，分析發現Life Skills能夠有效降低學童接觸毒品及酒精的可能性。另外，Nasheeda等人（2019）針對Life Skills方案進行系統性的後設分析，他們指出開發中國家與已開發國家實施的Life Skills方案有差異；整體而言，已開發國家實施較多系統性、旨在促進正向行為的Life Skills教育方案，並透過實證研究顯示方案對青少年的影響。相較之下，大多數發展中國家的Life Skills方案缺乏系統性的實施、評估與監測，且方案通常僅產生短期的效果。

第二節　荷蘭拒毒教育方案

　　在荷蘭，毒品施用者不被視為是犯罪人，而是需要協助改善其生理及心理健康的病人；毒品施用是公衛議題，其權責單位為衛生部負責協調福利和運動部及司法部。對荷蘭來說，並非所有藥物使用都被界定為濫用，而是必須要考量藥物使用的社會風險層面。另外，荷蘭政府抱持著容忍少量使用大麻的態度，主要是避免民眾吸食高成癮性之藥物，如海洛因，並且控制大麻吸食人口。

　　荷蘭的毒品政策之核心乃鴉片法案（The Opium Act），該法案立基於兩個主要原則，首先根據毒品之危害性將毒品分為硬性毒品（Hard Drug）：包含海洛因（Heroin）、古柯鹼（Cocaine）、安非他命（Amphetamine）、LSD（麥角二乙胺、一粒沙）；以及軟性毒品（Soft

Drug）：包含合理之大麻製成品（Hemp），如大麻（Marijuana）、印度大麻（Hashish）。其次基於犯罪之性質區分成：一、個人持有藥物；二、意圖販賣。

荷蘭於1912年舉辦首次國際鴉片會議——海牙鴉片會議，此次會議大部分都在討論訂定規範生產和銷售鴉片和古柯鹼法規的指導方針，在第9條中要求與會國制定相關法規，僅能販售醫療用途鴉片和古柯鹼，這也是目前討論到最重要的一點。該條文成為1919年荷蘭鴉片法的基礎（許春金，2013）。

此後歷經1919至1960年的選擇性執行鴉片法，1960至1970年因毒品氾濫而使政策趨嚴，而於1970年代開始，荷蘭對毒品政策即採實用的減害取向（harm reduction），毒品防治系統優先著重健康照護與預防，同時配合檢法單位強力掃蕩組織犯罪，使毒品使用的風險與危害縮減到最小。荷蘭的毒品政策不講求道德化，而是以務實態度處理毒品被濫用情形（楊士隆、吳志揚，2010）。因此，其毒品政策之主要目的在於預防或限制使用毒品所生之風險與危害，以下為荷蘭的拒毒工作相關作為（許春金，2013）：

一、預防與健康照護

荷蘭的毒品政策有四個主要目標：（一）預防娛樂性毒品施用並治療娛樂性施用毒品者；（二）降低毒品施用者面臨的傷害；（三）減少毒品施用者對社會秩序的擾動及維持鄰近社區的安全；（四）積極查緝娛樂性毒品走私和生產。

在預防方面，荷蘭政府營造出發展、執行和評估預防計畫，以校園毒品預防架構三法為例：（一）初級教育法：提倡健康的生活是國民小學的義務（WBO第9.1條h款）；（二）集體預防和公共衛生法：提供大城市及其健康照護服務，依據該法負責執行青少年健康風險的集體預防；（三）初級中學基礎教育法：營造出範圍更廣、更現代化的教育，健康促進的議題也包含於其中，並在此法下發展出健康學校和物質計畫。

在照護方面，1996年4月1日照護機構品質法生效。此法開始啟動照護創新歷程，政府非常關注這個議題，設立有適當照護目標的「麻煩照顧機構」，以及提倡現有成癮照護系統和更有效利用現有資源兩種方式，來照顧到這些麻煩的成癮者。提供機會給個案能由一機構轉往下一個機構，後續照

護的機構的治療目標與先前治療成果是一致性的。

二、訓練與教育

　　2009年12月3日，首批18位成癮專科醫師在Radboud University Nijmegen完成成癮醫學專科訓練，包括理論和實務階段，此一專科訓練是歐洲第一個專科訓練。同時，也展開成癮心理師的專業訓練。在2008年由高等職業教育（In Holland）建立官方網站（www.verslavingskundeplein.nl），此為學生、教師、專家和研究人員的資訊和教育入口網站。網站由五個群組組成，包括資訊、溝通（像是論壇）、知識、學習和發展。這象徵為所有毒品預防、治療和照護，以及毒品政策專家舉辦虛擬會議。

三、成癮照護監測系統

　　負責荷蘭成癮照護的機構中，有三個為典範，他們採行的治療模式是其他機構依循的標準做法，分別為：（一）由阿姆斯特丹成癮研究研究院（Amsterdam Institute for Addiction Research, AIAR）經營的認知行為生活模式訓練監測計畫；（二）住院病患動機中心監測系統；（三）雙重診斷治療監測系統。

四、減害措施

　　荷蘭認為毒品問題的起因是來自於國內社會狀況，而非國外引進毒品所引起。所以斷絕毒品供應就不被認為是一種合理的做法，就荷蘭的經濟運作模式而言亦不可能達成。荷蘭是一個人口密度相當高的國家，主要由Amsterdam、Hague、Utrecht和鹿特丹所組成的。在1960年代，荷蘭社會從一個傳統的社會，轉變成自由思想高且開放的社會。荷蘭國家有完整而多元的社會安全制度，包括完善的社會津貼措施（Social Benefits），和高度可近性、免費的醫療照顧和教育體系。因此，荷蘭毒品政策的最大特色在於，會將毒品做不同分類，也會將毒品使用者特性分群，而採取的措施主要是在風險降低之目標，相關減害措施如下（李思賢，2010）：

（一）針頭和針具發放和交換

　　為了降低愛滋病（AIDS）感染率以及B、C型肝炎感染者數目，荷蘭在1980年第一個開始實施針具交換計畫。乾淨的針頭及針具服務，可透過各種

地點，例如地方醫療服務機構、藥癮治療機構進行發放，另外，針頭和針具可以透過藥房或販賣機進行購買。透過此措施以降低愛滋病感染的機率。再者，荷蘭也提供藥癮者包括戒治中心場地、社會訓練與工作僱用機會，進而促進藥癮者回復到以往的社會功能。

　　阿姆斯特丹於1984年建立第一個移動式針具交換計畫，是由一個藥癮者組成的民間團體「廢人毒蟲聯盟」（Junkie Union），開始小規模地分發乾淨針頭和回收廢棄針頭的專案。兩年後，地方公共醫療機構認為廢人毒蟲聯盟移動式提供清潔針具，頗具愛滋防制與減害成效，決定接手進行針頭及針具的交換與發放，方法是透過美沙冬公車（Methadone Bus）。整個針頭與針具交換計畫，使得阿姆斯特丹在十年內愛滋感染率下降了，這也促使由藥癮者本身發起的民間推動計畫引起各國的注意。

（二）美沙冬替代療法

　　在預防人類免疫缺乏病毒（HIV）、B型肝炎病毒（HBV）和C型肝炎病毒（HCV）方面，約75%的荷蘭藥癮者接受照護服務與美沙冬替代療法後，維持相對正常的生活，因此立法提供藥癮者治療設備與照護服務，並於地方與區域建構多功能醫療與社會服務網路，進而減少對公眾的傷害。

（三）安全注射室

　　該計畫採取的是「Just Say Know」策略，為使用者及製造商提供藥品成分檢驗的服務，以確定安全與否，不但可藉此收集新藥，更可追蹤藥品來源，與製造商溝通停產危險藥品。荷蘭安全屋計畫把對毒品處理政策提升到從來源及製造商的層次，而非單方面對用藥者加以限制或禁止。所有舞會都有安全屋的工作人員在場，只需付臺幣40元，工作人員便會檢視藥品的成分是否安全，提供資訊給使用者自行判斷。除此之外，使用者或者零售商會自動送藥物給安全屋人員檢查，藉此收集新藥並追蹤藥品來源，與製造商合作以杜絕危險藥品（廖剛甫，2001）。

五、厄勒布魯預防計畫（Örebro Prevention Program, OPP）

　　厄勒布魯預防計畫乃由瑞典Orebro大學法律、心理學和社會工作學院發展研究中心的Nikolaus Koutakis博士所開發與倡議，該方案落實於1990年代末，乃針對13至16歲的青少年所設計，旨在通過增加父母對非行行為的

限制和禁止態度，來降低少青少年的未成年飲酒行為（Koutakis et al., 2008; Koutakis, 2011）。雖然起初設計為針對飲酒行為的預防，但後來此項以家長為基礎的預防計畫（parent-based interventions）也適用於各種物質濫用與偏差行為的預防（Kuntsche & Kuntsche, 2016），後為荷蘭所採用，並曾經進行多項研究評估其預防效果（Ina M. Koning et al., 2011; Ina M. Koning et al., 2013; Ina M. Koning et al., 2014; Verdurmen et al., 2014）。

（一）計畫目標

OPP計畫從青少年期開始，透過在學校的家長會議上進行有組織的示範與演練，來提升和維持家長對未成年人飲酒、吸食毒品、從事非行行為的限制和禁止態度。

（二）方案內容

配合學校的家長會議期間，OPP會每學期一次地進行OPP方案的講座，宣導人員利用三十分鐘向家長簡介OPP的內容，包括介紹10至18歲期間未成年飲酒、物質濫用的流行狀況、其潛在的短期和長期後果，以及暴力、吸毒和無保護的性行為等非行行為的樣態。此外，基於家長態度將影響青少年的態度和行為的觀點，OPP人員也會提供方案的理論依據、相關研究與文獻的說明。在簡介期間，OPP期望提升、維持家長對未成年人飲酒、物質濫用的限制性態度，並鼓勵家長向青少年傳達針對未成年飲酒、物質濫用的零容忍策略。

其後為了提供結構化的方案內容，OPP會在學校的家長會議上進行約二十分鐘的結構化介紹與示範，譬如如何制定足以約束未成年人飲酒的規則、如何有技巧地傳達父母的態度等更為具體的做法。OPP方案相當鼓勵父母制定一些有關其子女飲酒行為的規則，甚至鼓勵父母與子女共同簽署一份拒絕未成年飲酒的合約。OPP也鼓勵家長讓孩子共同參與各種的良性團體活動，幫助青少年參與更多親社會的活動，減少青少年和同儕共同從事非行行為的機會，如喝酒、物質濫用、危險性行為等。在每次家長會中的OPP說明與演示講座後，為了強化家長的記憶和學習，家長會收到一份OPP訓練的簡短摘要，在整個學期之中，OPP也會向家長郵寄介紹社區活動和有組織活動的小冊子。

（三）方案成效

　　OPP在近期又被稱為「Effekt」計畫，其方案成效經過不同實施國家的實行與測試，發現在特定條件控制下，大部分的方案落實具有一致的結果，少數的結果呈現混合的效果。在初期的研究中，OPP的實行對於青少年預防物質濫用具有相當正面的成果，父母參加該計畫的青少年比父母未參加計畫的青少年於過去一個月總體酒精使用量、酒醉頻率顯著較低，偏差行為的參與程度也較低（Koutakis et al., 2008）。Ina M. Koning等人（2014）為了解不喝酒的學生經過干預後之每週飲酒變化，其將3,490名荷蘭青少年進行隨機分配實驗，共分為四組，分別為單獨針對家長介入組、單獨針對學生介入組、聯合家長－少年介入組與對照組。研究結果指出，綜合的宣導措施可顯著抑制「一開始不飲酒的青少年」和「本來就會飲酒的青少年」隨著時間成長的飲酒量。與基線時「本來就會飲酒的青少年」相比之下，「一開始不喝酒的青少年」的飲酒量隨著時間推移之增加幅度較低。該研究認為，實施此種家長－學生聯合的宣導措施改善已經開始接觸酒精的青少年的物質濫用行為也是有效的。利用同一組數據，Ina M. Koning與Vollebergh（2016）針對以家長為基礎的預防酒精計畫（Prevention of Alcohol Use in Students），分析對每週吸菸和每月使用大麻的影響，研究以超過3,000名荷蘭早期青少年依照介入方法分為四組，研究結果指出在單獨介入家長的處遇組別中，於十個月的追蹤期下，該組吸菸的風險略為上升，於十、二十二個月後之追蹤期中的大麻使用可能性也上升。單獨介入學生組別，可延遲在追蹤第三十四個月之每月使用大麻的時間，但聯合家長－少年介入組會增加了在追蹤第三十四個月使用大麻的風險。於愛沙尼亞，一項同樣評估Effekt有效性的研究，針對當地66所學校（34所學校為實驗組，32所學校為控制組）的985名五年級青少年和790名家長，進行了2012至2015年的評估研究，其指出無論追蹤十八個月或三十個月，青少年飲酒的起始點、終生醉酒、過去一年飲酒、父母飲酒以及青少年對父母限制性態度的看法，在兩組之間都沒有明顯差異，只有父母的態度上有差異（Tael-Öeren et al., 2019）。換句話說，愛沙尼亞版的Effekt計畫，可以增強對父母反對物質濫用之認知與嚴格態度，但執行該計畫並沒有辦法有效延遲或降低青少年的酒精使用行為。此些研究表明，以家長為基礎的預防計畫的對於物質或藥物濫用的預防效果可能是需

要分不同目標、不同組別、在不同控制條件下進行介入，才能更爲精確地評估與呈現出預防方案之成效。

第三節　日本拒毒教育方案

　　根據日本政府警察廳於2014年公布資料顯示，2013年全年度，在日本因爲藥物濫用遭到逮捕的犯罪嫌疑人（藥物事犯）之總人數爲1萬2,951人，其中1萬909人（84.2%）爲興奮劑類藥物，1,555人（12.0%）爲大麻，487人（3.8%）爲其他藥物（警察廳，2014）。從二次大戰後迄今，日本經歷了三次的藥物濫用高峰期，然而隨著社會時空變遷、法律的嚴懲化修正以及強力執法的行動，日本成功地度過了前三次的藥物濫用高峰危險。近年來，日本藥物濫用現狀雖然在數量上並沒有出現大幅度增加，但是分析其藥物濫用人口特徵可以發現一些顯著的變化，其中又以下列幾項爲主：大麻濫用人數增加以及濫用層擴大、青少年濫用興奮劑類藥物增加、新興合成藥物頻繁出現（崛口，2016）。爲了因應藥物濫用快速產生的「質」的變化，日本在政府最高層級（內閣府）成立由國家領導人（內閣總理大臣）所主導的「藥物濫用對策推進會議」，並由內閣總理大臣指定藥物濫用對策特命政策大臣統籌相關事項辦理，藉以統一事權，以求得對於打擊藥物濫用的效率以及成果。接下來本節將從日本之藥物濫用現況介紹、藥物濫用防制教育理念，以及藥物濫用防制教育具體做法（中央及地方）分段介紹。

一、日本藥物濫用現況

　　如前所述，在各級政府的通力合作下，日本的藥物濫用問題相較於其他先進國家而言屬於平緩且持續改善的狀態，根據崛口（2016）的實證調查結果顯示，日本國民在各類型心理藥物的生涯接觸比率上與英、美、法、德等四個國家的同年齡層民眾相比，顯著偏低。針對不同接觸藥物類型進行的分析結果發現，最高的生涯接觸率爲大麻（1.2%），其次爲興奮劑類藥物（安非他命等0.4%），海洛因、古柯鹼類藥物的生涯接觸率幾乎無法達到統計上的存在意義。雖然在量化數據上顯示日本的藥物濫用問題並不嚴重，但是由日本文部科學省（同臺灣教育部、科技部）於2012年針對藥物濫用意

識進行的廣泛民意調查卻顯示出日本民眾對於「藥物濫用」的許多不正確概念。舉例來說，年紀越大的回答者越傾向於認為「藥物濫用是濫用者當事人的個人責任，只要不會妨礙到其他人，就不必管他們」；甚至有高達一半左右的回答者認為「安非他命之類的藥物不可能只使用一次就造成濫用者死亡，只要少量使用問題不大」是正確的。這些對於心理藥物成癮性、危害性、犯罪延伸性的偏誤認知的改正，成為日本在制定最新階段（第四次藥物濫用防止五年戰略）的重要參考與改進方向。

二、日本拒毒教育總指揮：藥物濫用防制五年度戰略（薬物乱用防止五力年戰略）

　　藥物濫用防制五年度戰略為日本政府處理藥物濫用問題的主要政策方針，為了統合反毒事權，由日本內閣府主導推動，並由內閣總理大臣指派相關部會首長加入以利橫向工作的聯繫與推展。自2008年開始到2013年為止，日本政府執行第三次藥物濫用防制五年戰略計畫，得到豐碩的成果，在五年內，因為興奮劑類藥物濫用遭到逮捕的青少年以及早成人人數減少三分之一，大麻濫用遭到逮捕的青少年以及早成人人數則減少一半。在反毒教育部分，因為興奮劑類藥物或是有機溶劑類藥物濫用遭到逮捕的青少年人數則減少超過90%；對於藥物回答「永遠都不能使用，一次都不能碰」的高中生比例也從七成上升到九成，不管在藥物濫用的數量打擊以及教育成效上都有其貢獻（日本內閣府，2013）。

　　但是第三次戰略計畫執行後，日本政府進行通盤檢討發現，藥物濫用以另外的樣貌呈現出其嚴重性，其中被列為高嚴重性的問題如下所列：
（一）因藥物濫用被逮捕的人數無法持續下降。
（二）藥物濫用再犯率連年上升，達到歷史高點的61.1%。
（三）以「合法草藥」為名義販售的興奮劑類藥物廣泛流行。
（四）除了店頭陳列外，網路購物成為新興藥物最重要的購入管道。
（五）海外走私嚴重，毒品走私來源國日趨多元。
　　為了針對上述問題提出有效且持續性的因應對策，日本內閣府提出新的「第四次藥物濫用防制五年戰略計畫」，作為新世代藥物濫用總指揮之依據，其主要戰略目標有下述五項：
（一）藉由提升青少年、家庭、社區社會對於藥物濫用的法律意識以及檢舉

敏感性，推動藥物濫用之防範於未然。

（二）充實並強化藥物濫用者之治療以及社會復歸支援，同時加強對其家人之支援以澈底貫徹防止藥物濫用的再犯現象。

（三）撲滅藥物走私販賣集團，強化對於藥物使用者之取締，強化對多樣化新興藥物的監視以及指導。

（四）澈底執行海關以及邊防查緝，阻止非法藥物走私進入日本。

（五）推展打擊非法藥物走私之國際合作。

上述五項目標中與本節所揭示的拒毒教育做法有較高關聯的部分為第一項，接下來本節將詳述之。

從第三次藥物濫用防制五年戰略計畫的執行成果分析，防範青少年藥物濫用問題於未來是有效解決藥物濫用問題的重要方法，其中透過提升青少年對於藥物濫用的危害性認知以及對藥物濫用的正確知識，進一步提高青少年勇敢「向毒品說不」的守法意識是其當務之急。崛口（2016）針對日本反毒教育實務做法進行分析，日本最早採用引進美國「Just Say No!」的觀點，推行所謂的「ダメ、ゼッタイ」（絕對不行運動），將拒毒教育的重點放置在「尚未接觸非法藥物」的青少年，同時透過「恐懼訴求」為宣傳手法，希望建立青少年對於非法藥物的恐懼感以及戒心，以求得能夠達到嚇阻青少年對藥物的好奇心，並進一步拒毒。這項運動的推展淺顯有力，易於了解，在推展初期成效並不差。但是藥物濫用所帶來的危險性以及對身體的危害並不像是宣傳活動上所呈現的負面影像那樣駭人，絕大部分的心理藥物在成癮初期帶給濫用者的感受幾乎都以快感、滿足、放鬆等正面感覺為主。因此以恐懼訴求作為宣傳主軸，漸漸出現反效果。尤其在年紀較輕的青少年身上，時常可以聽到類似「學長都在用藥，也沒有看到他們有什麼不適應的問題呀！」的聲音出現，加上新興藥物的流行，很快地，恐懼訴求的反毒教育竟然出現年輕人覺得「政府誇大宣傳」、「成年人都說謊」的負面宣傳效果。因此在第四次藥物濫用防制五年戰略計畫中，主要加強的部分就是藥物濫用的真實性以及科學性介紹，從過去的「恐懼訴求」改變為「理性訴求」。為了達成藥物濫用理性訴求的教育效果，在新的藥物濫用防制戰略計畫中，拒毒教育內容做了大幅度的修正，其中最重要的內容修訂如下列：

（一）心理藥物的腦神經科學機制的科普化介紹。

（二）將藥物濫用的觀念由「犯罪」導引為「成癮症」（脫罪入病式的教

育）。

（三）心理藥物使用的初期效果與濫用後之危害比較。

（四）前導性成癮物質之作用及成癮預防。

（五）新興心理藥物（合成藥物）的介紹。

（六）大麻危害性以及其他國家之大麻政策分析介紹（以大學生爲主要教育對象）。

　　接下來，本文將介紹針對上述理性訴求的教育方針轉換爲實務的做法。

　　北垣（2015）針對日本一般市民進行藥物濫用關聯知識學習經驗之調查結果顯示，在20歲以下的年輕族群中，有超過85%的回答者表示他們的藥物濫用知識是在學校所舉辦的各項課程以及宣導中習得，隨著拒毒教育的推展，幾乎接近100%的日本國高中學生都曾經在學校內接受過拒毒相關教育。因此，藥物濫用理性化訴求教育的第一個實施場域便以學校作爲主軸。

　　在拒毒教育的學校教育部分，由日本文部科學省結合課綱內容審定，針對小學六年級、國中三年級、高中一年級等三個年級學生在其「總合學習科目」時間進行藥物濫用防制教育。其中小學教材的教育目標主要在於小學生較容易入手的合法有機溶劑（強力膠）濫用之防制爲主，主要教育內容爲有機溶劑濫用之危險性、成癮觸發性以及其對於生心理之影響機制；同時進行藥物濫用之相關法律教育，不以艱深的罰則介紹出發，而是單純建立「藥物使用不是個人問題，國家法律也有相關規定」的知法觀念。到國中階段，其教材教育目標則轉變爲「前導性成癮物質」之介紹，其中又以香菸以及飲酒問題爲主。主要教育目標希望透過相關教育讓青少年了解香菸以及飲酒所帶來的成癮症狀，容易導致後續的藥物濫用成癮，同時也強化宣導未成年使用菸酒的法律責任以及生心理影響，並且提供匿名性、具治療性的戒癮管道。在最後的高中教育階段，因應藥物濫用可能發生的多樣性變化，其教材教育目標爲「興奮劑類藥物」、「大麻」、「麻醉劑類藥物」之濫用生心理機制，以及其延伸性犯罪的重大性影響。此部分的教育因應高中生已經具備較爲成熟的生物學基礎知識，因此以腦部神經機制受到藥物之影響介紹爲主，提供青少年藥物的正確知識，以及藥物使用的社會人際影響等，透過青少年對自己身體的愛護心理強化其拒絕藥物的勇氣以及決心。

　　前段所述爲日本針對「尚未接觸藥物青少年」所進行的理性訴求拒毒教育，這部分又被稱爲藥物濫用一級預防，但是在面對藥物濫用高危險群或是

已經有接觸經驗或是已經藥物成癮的青少年，其拒毒教育方向也做了修正，並制定「高危群教育策略」作為關聯教育主軸。所謂的高危群教育策略主要是從青少年的成癮症治療觀點出發進行戒癮介入。成瀨（2012）研究發現，青少年期出現成癮（非法藥物、香菸、飲酒）症狀的成癮者多具有以下特徵：自我評價偏低、缺乏自信、難以信任他人、不敢說出自己的真心話、對於被人排斥感到極大的不安、常感到孤單與寂寞、不懂得愛惜自己。這些成癮者除了成癮現象外，也很容易出現類似自殺、他殺、事故、亂性、運動不足、飲食失調等危害健康的行為模式。成瀨（2012）總結指出，青少年的成癮行為比成年人成癮具有更大的身心健康破壞性、其成癮行為持續性比成年人更長、青少年成癮行為容易因為時間的演進更加惡化。因此藥物濫用成癮的防範未然以及早期介入成為面對高危險群的重要教育目標。

　　在第四次藥物濫用防制戰略計畫中，針對藥物濫用高危群青少年期教育目標訂定為「生命力的養成」以及「正確知識的習得」。北垣（2015）提出青少年成癮行為階段示意圖，如圖10-1所示，青少年對於成癮物質的知識常常是一知半解，同時也覺得「自己不會接觸到」導致產生一種事不關己的無關心感受。如果在同學引誘或是好奇心驅使下，一旦使用一次，就可能終生成為心理藥物濫用成癮的俘虜，因此透過正確知識的習得，以及對於自我身體的尊重，自我狀態的喜愛及滿足等提高自我生命力的教育，達成對於嘗試行為的阻斷效果。

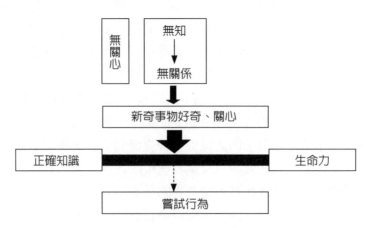

圖10-1　青少年成癮行為階段示意圖

學校拒毒教育獲得改善及充實後，日本拒毒教育將觸角伸向家庭教育的充實，希望透過家庭關係的重整以及融洽，讓家庭成為拒毒的溫暖避風港。在針對家庭以及家長監護人所進行的拒毒教育部分，主要乃利用學校教育單張發放的方式，請學生攜帶教育單張回家後，由家長協助閱讀進行教育。此部分的教育方針以及目標在於提升家長對於改善家庭氣氛以及親子關係的動機以及企圖。崛口（2016）的研究發現，若是從校園內藥物販賣者（藥頭）的觀點來看，家庭關係疏離、缺少家人互動、蹺家等家庭失能的青少年是最容易受到引誘加入販毒行列的預備軍，這些青少年就算自己在學校或是社會上遭遇到藥頭吸引或是其他的麻煩事，他們都傾向於對家人保持沉默或是不尋求家人協助，如此造成家長無法切實有效地在第一時間就伸出援手幫助青少年。因此在家庭教育的部分，最重要的就是鼓勵家長先了解學校做法，希望家長認同學校已經改變中的「理性訴求」拒毒教育理念，同時希望家長協助學校一臂之力，除了學校的教育外，在家庭內塑造和諧的、可溝通對話的親子氣氛，鼓勵家長面對自己的小孩，與小孩進行與藥物濫用相關議題的討論。此外提供家長便利的匿名求助管道，以避免家長在發現小孩濫用藥物時求助無門，或是乾脆將小孩窩藏在自己家庭內阻礙警方協助的現象發生。

本節主要以日本第四次藥物濫用防制五年度戰略計畫中，針對拒毒教育部分進行介紹。日本在經歷了三次藥物濫用高峰期的危機後，目前進入藥物濫用的質的轉變重要階段，雖然在案件數量上並沒有大幅度的增加，但是隨著新興藥物的快速出現，大麻合法化的國際潮流所引起的大學生大麻濫用問題，以及舊式教育理念的失效，日本在最新的藥物濫用防制戰略中，將教育目標從「恐懼訴求」更改為「理性訴求」，切實地從科學層面、生理層面介紹藥物的作用，不再以單一的、簡單的恐嚇口號進行宣導，寄望能夠建立比恐懼訴求更為深刻的認知改變，從知識層面徹底建立民眾對於藥物的認識以及戒心，引導拒毒教育成為更多元、更具有彈性的教育目標，以達成徹底掃除毒害的遠大目標。

第四節　　臺灣拒毒教育方案

一、新世代反毒策略

　　臺灣自1993年正式向毒品宣戰，多年來，政府在反毒工作的投入不遺餘力，但毒品氾濫問題始終未能獲得有效控制。面對當前毒品現況與困境，行政院於2017年5月11日提出「新世代反毒策略」，以「人」為中心追緝毒源頭，並以「量」為目標消弭毒品。希冀透過阻絕毒品製毒原料於境外、減少吸食者健康受損、減少吸食者觸犯其他犯罪機會、強力查緝製造販賣運輸毒品，降低毒品需求及抑制毒品供給（行政院，2017）。

　　為使毒品防制及緝毒作為更加精進，以澈底滅絕毒害，「新世代反毒策略」更展開第二期超前部署，預計於2021至2024年內投入約150億元經費，以跨部會、跨地方、跨領域之整體作戰方式，斷絕物流、人流及金流，並強化校園藥頭查緝及佐以再犯預防機制，全力達成「溯毒、追人、斷金流」等「斷絕毒三流」之反毒總目標（行政院，2020）。本期推動重點有以下五項：

（一）緝毒

1. 境外合作＋邊境防堵：由臺灣高等檢察署建立國際緝毒案件之整合聯繫窗口及情資協調機制，並提高緝毒案件之國際合作、國內溯源及阻絕境外之獎金；同時優化關務署於關口、海巡署於海上之查緝工具、提高查緝量能及查驗密度，堅實邊境管理網。

2. 境內壓制：結合檢、警、調、憲、海關及海巡等六大系統，執行「安居緝毒專案」，並提升檢驗量能，即時檢驗PMMA（為一種新興的毒品，毒性強）成分，以溯源斷根，壓制新興毒品之危害。另建立校園友善反毒通報機制，並將增加581名無毒校園專任警力，阻絕毒品進入校園。

3. 完備法制、解決實務困難：修訂「防制毒品危害獎懲辦法」，鼓勵民眾檢舉並激勵辦案人員緝毒；另將增訂「科技偵查法」，以取得科技偵查蒐證之授權依據。

（二）驗毒

1. 邊境防堵：落實毒品情資互通及關務風險管制，同時將手持式拉曼光譜

儀（不需破壞外包裝，直接進行非接觸、非破壞性快速檢測，當場即可確認）偵測品項從第一期1,688項擴增為2,008項，以強化邊境快篩，防杜製毒原料假冒進口及非法使用。

2. 強化檢驗：新興毒品標準品質譜圖資料庫將從第一期396項提高到716項，並分享予國內各毒品檢驗實驗室，協助檢警調等司法機關提升自扣案物中檢出新興毒品之能力。另外，強化民間機構尿液檢能力，將從第一期16家次提高至36家次。並將全國尿液廣篩檢驗量能，從第一期輔導3萬6,000件增加為11萬1,000件，使施用毒品者無所遁形，亦可使誤用毒品者儘早停用。

（三）戒毒

1. 提升藥（毒）癮治療處遇涵蓋率：目標是從108年18%提升至28%，藉由各項藥癮治療費用之補助，降低藥癮個案就醫經濟障礙，提升治療動機，並鼓勵醫療機構積極投入藥癮治療服務，強化治療成效，讓藥癮個案早日重返社會。

2. 提升美沙冬替代治療服務可近性：推動美沙冬跨區給藥服務之目標從2019年20縣市參與增加為21縣市，藉由補助部分開辦費及相關營運成本，維持或擴大辦理現有美沙冬替代治療服務；另將推廣「丁基原啡因」藥物輔助治療服務，增加鴉片類成癮之藥物治療選擇性。

3. 培育處遇人力：發展藥癮治療及處遇專業人才培訓制度，基礎訓及治療模式之人力將從2019年的1,187人、59人，分別增加為1,200人、100人。

4. 提升就業媒合率：連結網絡資源加強就業準備，以一案到底服務協助施用毒品者促進就業，推介就業率由2020年30%逐年提升至2024年35%。

（四）識毒

1. 提升學生自覺接收到毒品危害、拒絕技巧等訊息普及率：從第一期的80%提升到95%。

2. 提升學校案情資提供溯源通報比例：目標從60%提高到80%。

3. 提升校園個案輔導完成率：目標從70%增加至80%。

（五）綜合規劃

1. 推動矯正機關毒品施用者之個別化處遇，逐步達成心理、社工、個案管

理等專業人力與收容人之人力比為1：300之目標，以落實新收毒品施用者之心理社會需求評估、在監輔導、出監前輔導及出監轉銜，協助吸毒者戒除毒癮及早日回歸社會。

2. 針對少年毒品問題，配合「少年事件處理法」的修正，讓法院及行政機關對涉少年建立妥善聯繫機制，降低校園藥物濫用輔導完成個案之再犯率。

3. 訂定「再犯防止推進計畫」，自偵查階段開始就介入追蹤輔導毒品施用者，全方面協助與保護，以有效降低吸毒者高再犯問題。

　　此外，針對拒毒預防各部會更不遺餘力辦理各類分級分眾藥物濫用防制宣導活動，希冀透過宣導及活動辦理來達到1.強化社會大眾宣導，喚起全民反毒意識；2.提供用藥高風險群體必要介入，建構拒毒預防網絡；3.公私協力，共同打造拒毒預防陣線之目標。有關我國政府部門詳細拒毒策略及行動將於下章詳細說明。

二、大學院校具特色之反毒宣導

　　除了政府部門致力於推展反毒行動之外，各大專院校及高中職亦相繼成立春暉社、紫錐花社等學生社團。一方面讓學生自主規劃，藉由青春學子的創意，設計更多元的反毒活動；另一方面藉由學生的親身參與，強化宣導的效能及增加學生對於反毒的興趣，亦可讓反毒宣導及相關活動增添更多的活力。

　　而大學作為我國高等教育的最高學府，推廣反毒教育自當是重要任務之一。有鑑於此，各大學院校陸續實施拒毒萌芽反毒宣導，並投入非法藥物預防、藥理機轉與戒癮治療等研究，其中以國立中正大學建置防制藥物濫用教育中心最具特色，概述如下：

（一）防制藥物濫用教育中心成立緣起

　　為協助國內年輕學子儘早認識毒品，了解吸毒的原因及嚴重後果，以發揮警惕、震撼的預防效果，行政院於2010年2月2日召開第四次毒防會報，行政院研考會提「毒品防制政策整體規劃報告」，其中國立中正大學學務長、犯罪防治學系楊士隆特聘教授建議參考法務部調查局或香港模式，在臺灣中南部設置防制藥物濫用教育中心。2011年12月5日獲教育部補助建置此中

心，並於2012年12月2日蒙總統及教育部部長揭牌成立。其建立不僅因南部長期缺乏藥物濫用資訊網絡中心，更能提供中南部年輕學子認識毒品、拒絕毒品之便捷管道。期能從教育的立場與角度，結合政府機構（教育部、法務部、衛福部與內政部等）之相關資源，攜手為藥物濫用防制努力。

（二）防制藥物濫用教育中心之特色內容

此中心，以反毒宣導教育以及防制藥物濫用學術推廣為主軸。

反毒宣導教育方面，採用多元影音互動遊戲宣導模式，新增各式藥物濫用預防遊戲，透過青少年所流行之遙感式互動、觸控遊戲及VR體驗（圖10-2、圖10-3、圖10-4、圖10-5），以有趣、生動的方式，讓參訪者在遊戲過程中強化反毒精神，扭轉過去宣導較為制式的刻板印象，以輕鬆的方式加深其藥物濫用防制觀念與印象，並常態化各校學生至防制藥物濫用教育中心參觀互動。

圖10-2　防制藥物濫用教育中心：模擬高風險情境場域

另外，新世代反毒策略行動綱領第一期（2017至2020年）推翻既有單一的反獨思維，以整合各部門之反毒策略為導向，其中教育部著重提升各年齡層學生之毒品辨識與高風險個案輔導之能力。防制藥物濫用教育中心亦培訓大學生與志工人員作為專業導覽人員，協助不同屬性之參訪民眾參觀防制藥物濫用教育中心導覽設施（分齡分眾教育宣導），獲取防制藥物濫用的知

圖10-3　防制藥物濫用教育中心：毒品氣味模擬區

圖10-4　AR擴增實境：模擬濫用藥物變化

識與資訊，適性引導參訪者對於藥物濫用防制宣導產生更高的興趣，並使整體參訪活動增添趣味性。該中心預期能帶給參訪者的，不僅止於了解相關知識，而是希望能幫助參訪者對於接觸毒品後，對自己、家庭、社會所造成的損害有所警惕，進而產生內省效果。因此，防制藥物濫用教育中心之導覽內容，除介紹成癮案例陷入藥物濫用的過程，也教導參訪者如何避免陷入藥物濫用的深淵。

圖10-5　互動觸控遊戲

　　防制藥物濫用學術推廣方面，中正大學推廣反毒教育宣導行之有年，包括辦理多場藥物濫用防制座談、青少年藥物濫用預防與輔導知識研習、毒品防治中英文電子報推廣、舉辦青少年藥物濫用預防與輔導國際學術研討會、發行藥物濫用防治學術期刊等，作為全國學術界、實務反毒相關之學者專家學術交流平臺，分享當前政府反毒政策、國內外最新藥物濫用防制研究新知，以及第一線反毒、輔導或矯治之人員之實務經驗分享，是為全國反毒知識之先驅與推廣中心，亦是配合政府推廣青少年反毒教育的好幫手。此外亦透過青少年藥物濫用防治電子報之發行、藥物濫用防治期刊之出版以及官方LINE之訊息推播，傳遞專業反毒知識及活動資訊，將有效協助相關單位、學生輔導人員與青少年等了解藥物濫用之最新發展，將拒毒教育之推展更加全面化，以完善落實拒毒教育，提供相關實務機關制定合適之拒毒政策與方案。

第五節　香港拒毒教育方案

　　香港政府為推廣及支持有助遏止吸食毒品問題且值得推行的禁毒計畫，尤其是針對青少年吸食毒品問題的計畫，並鼓勵社會各界支持禁毒運動，舉

辦各類禁毒計畫。特於1996年設立禁毒基金，並持續運用禁毒資金之資源資助社會上不同機構推行持續的禁毒工作，以下簡述兩項基金目前執行計畫（保安局禁毒處，2022）：

一、健康校園計畫

（一）起源

近年來，香港青少年吸毒事件的數字逐漸上升，以及大眾傳播媒體廣泛的報導，政府已認知到青少年吸毒已成為一個嚴重迫切之問題。2009至2010和2010至2011學年間於大埔區23間中學制定及推行「大埔區校園驗毒試行計畫」。與該項計畫同步進行的評估研究報告顯示，試行計畫對鞏固學生遠離毒品的決心，建立無毒校園文化，以及鼓勵有需要的學生尋求協助等，有正面影響。而研究亦顯示先前教師、學生及家長曾擔心出現的——如測檢可能產生標籤效應，測檢可能會影響父母子女關係、師生關係、家長對學校的信任以及學生對學校的信任等——潛在負面影響則未有出現。

研究亦指出，測檢不是一服獨立的靈丹妙藥，反而應是推行健康校園政策的全面計畫中，其中具預防和阻嚇作用的關鍵部分。測檢計畫應以教育為焦點，目的是培養學生的正面態度和價值觀，促進學生與學校之間的和諧關係，以及加強學校的抗毒文化。

因應有關報告的建議，加上大埔試行計畫所累積的實踐經驗，政府決定在香港進一步發展校園測檢，推行含測檢元素的「健康校園計畫」，鼓勵學校與非政府機構合作，推行各類型的抗毒活動及支援工作，以切合不同學生的需要，全面落實健康校園政策。

（二）主要目的

「健康校園計畫」是一個包括校園測檢元素，以校為本的多元化校園活動計畫，測檢具有預防及警惕作用，目的是鞏固沒有吸食毒品的學生繼續遠離毒品的決心，及觸發吸食毒品學生（尤其是初期接觸毒品的學生）的戒毒和求助動機。不同的單位應該攜手合作，協調執行測檢工作。除了以校園測檢作為其中的關鍵部分之外，「健康校園計畫」還包含多個成分，譬如為學生提供禁毒教育及建立良好生活習慣和正面人生態度的活動，和向家長提供支援、協助教師為有需要的學生擔當輔導及支援的角色。

（三）主要課程及目標

　　「健康校園計畫」除了以校園測檢作爲關鍵部分，多元化及全面的抗毒活動亦能進一步推廣無毒校園文化，促進學生身心健康成長。學校可以與合作的非政府機構商量，根據學校的需要及發展，設計有關活動內容。

　　抗毒活動可以涵蓋校內外的課外活動，或整合於課程內容之中，以下是一些計畫中的活動範疇建議：

1. 預防禁毒教育活動：學校可舉行健康生活教育展覽或攤位遊戲活動，以輕鬆方式傳遞抗毒資訊和知識，推廣反吸毒文化，提倡無毒健康生活。學校更可考慮進一步將有關宣揚健康及禁毒資訊，推廣至社區。
2. 技能訓練和生活體驗：學校可以青少年喜愛的興趣項目如划艇、舞蹈等活動，作爲介入策略，發展他們的興趣並訓練他們的生活技能，從而協助他們發揮自我潛能，提升學生的自信心，以及建立正面而良好的心理質素。而多元化的生活體驗活動，例如歷奇訓練營，則可以擴闊學生的視野，培養堅毅精神、強化意志力及積極面對挑戰的態度。
3. 健康生活正確價值觀：學校可以從個人身體檢查的活動推廣至全校模式參與的健康週，關懷學生在身心方面的健康成長，提升全校學生對健康人生的重視，遠離毒品。而健康大使等計畫，更可由學生出發，主動引導同儕一起建立健康生活模式及正確的價值觀念。
4. 對家長的支援：家長的支持是建立健康校園不可或缺的重要一環，透過連同家長及教師策劃和推動的禁毒活動，除了可增加家長對於毒品的認識外，亦可改善家長和子女的溝通技巧，從而建立良好的家庭關係和信任。

二、動敢抗毒

（一）起源

　　建立健康的生活方式有助青少年遠離毒品，而體育活動正是健康生活的重要一環。青少年透過體育活動，除了可強身健體、舒展身心、紓解精神壓力，亦可建立社交圈，增進人際關係，培養合作精神。有見及此，香港禁毒處自2017至2018學年起推行「動敢抗毒」計畫（前稱「參與體育、拒絕毒品」計畫）。

（二）主要目的

　　透過中學生參與籌辦與體育及／或健康相關的活動，以及支持學生運動員參加體育比賽，在校園推廣健康生活及拒絕毒品的訊息。

（三）主要活動及目標

　　動敢抗毒計畫的最主要核心是，由學生主導、設計、籌備規劃及推行相關預防教育活動。藉由參加計畫的學生發揮豐富創意，設計、籌備及推行多元化活動內容，在推動同學參與體育的同時，亦有效地加強對毒品及其禍害的認知。2022至2023學年間更以「大麻和可卡因的禍害」、「販毒的法律後果」及／或「如何拒絕引誘吸毒」作為拒毒主題，以下列舉可籌辦的活動例子：

1. 透過體育以建立健康生活及拒絕毒品訊息的活動（如健康體育大使計畫）：
(1)一組學生擔任健康體育大使，在學校推廣參與運動以建立健康生活及拒絕毒品的訊息。
(2)在學校舉辦各種與體育及／或健康相關的活動，例如展覽及遊戲攤位，並在當中帶出建立健康人生以拒絕毒品的訊息。
2. 支持學生運動員參與比賽的活動（如攝影比賽）：邀請學生為學生運動員在參加體育比賽時拍攝照片，並在學校展出，以鼓勵學生支持學生運動員，提高他們對於比賽精神的認識，並藉此推廣健康生活。
3. 維持社交距離的活動例子（如網上運動鍛鍊）：由體育學會的學生製作各類體能鍛鍊和運動項目的示範影片，並加入抗毒訊息。有關影片定期上傳到學校的社交平臺（如Facebook、Instagram等），以鼓勵學生培養運動的習慣、建立無毒的生活模式。

第六節　澳門拒毒教育方案

　　澳門禁毒教育宣傳工作主要由社會工作局防治賭毒成癮廳轄下之預防藥物濫用處負責執行，該處透過講座、展覽、培訓課程及傳媒等，向學校、社區、家庭及各階層人士進行禁毒教育及宣傳工作，全面地向社會宣傳禁毒資訊及相關資料；同時鼓勵和資助民間機構舉辦預防濫藥活動，致力提高公

眾的禁毒意識，共建無毒社區。預防藥物濫用處並設有「健康生活教育園地」，向小學生推行健康生活的禁毒教育及向青少年人及居民提供各類文、體、藝活動，帶出禁毒及健康生活資訊（澳門特別行政區政府社會工作局，2022）。

一、健康生活教育課程

（一）簡介

「健康生活教育課程」是一項國際認可的健康教育及預防濫用藥物的課程，旨在提高小學生認識健康生活的益處及濫用藥物的危險性，從而達到預防藥物濫用的目標。課程於2000年9月開始投入運作，由澳門社會工作局預防藥物濫用處負責推行，2016年遷至健康生活教育園地上課，並增設在地化多媒體教學設備。

（二）主要課程及目標

「健康生活教育課程」涵蓋四個主要範疇：身體知識、食物營養、藥物知識及社交技巧。課程編排是按照兒童成長需要，循序漸進地培養學生健康生活的觀念及正確使用藥物的態度，在面對藥物引誘時，可以充滿信心地說「不」。課程設計從低年級認識身體不同部分及基本功能、認識呼吸系統、空氣污染的來源、二手菸的概念及影響；中年級認識藥物對身體的作用和影響，並建立朋友間互相尊重和接納重要性的觀念、藥物對身體的作用和影響，以及探討壓力的原因及處理方法；高年級認識危害精神毒品的影響，並培養運用批判思考的能力，以及如何處理同儕壓力，練習拒絕的技巧，認識如何做決定及尊重他人。

包括獨特的發光人體模型、身體系統圖、會說話的腦袋、會唱歌的課程吉祥物長頸鹿「哈樂」及影音儀器等。所有課室增設了擴增實境（AR）和體感（Kinect）教學科技系統，為學生帶來新體驗。課堂活動在導師的帶領下，透過遊戲、討論及角色扮演等，讓學生愉快地學習。

二、中學藥物教育課程

為增加並鞏固健康生活教育課程，澳門政府進一步設計以國高中學生為主要對象的一系列互動教學課程，其中亦以不同年級規劃不同的分級教育課

程。藉由課程學習使青少年認識藥物對身體的影響及相關法律責任，並釐清青少年對藥物濫用的迷思，以及提高危機意識及培養承擔責任能力，最後並提供澳門及國際防治資源：

（一）吸煙多面睇（國一）：認識傳統菸、電子菸和二手菸對身體的危害；拆解菸草商的銷售策略；探討青少年面對誘惑做決定時所受的壓力和影響；發展學生的拒絕技巧和策略，以應對吸菸的邀請。

（二）Cool Teen有計（國二）：認識藥物定義、分類及特點；拆解酒精迷思以及濫用酒精對健康及社交的影響；發展處理及分析危機能力，以保障個人安全；加強應對不同飲酒情景的邀請及拒絕技巧。

（三）無藥一樣Cool（國三）：探討大麻對身體的影響；拆解青少年對大麻的迷思及同儕壓力的影響；了解澳門禁毒法例及相關責任。

（四）不藥而愉（高一）：加強學生對可卡因及其他常被濫用藥物的認識；提高學生危機意識，從而培養承擔責任的能力；思考真正朋友的積極作用；探討澳門及鄰近地區相關法律。

（五）迷而不惑（高二）：認識全球濫藥趨勢及防治濫藥理念和資源；透過真實個案的故事了解濫藥的成因及後果；探討處理壓力、情緒的有效方法。

參考文獻

一、中文部分

行政院（2020）。新世代反毒策略2.0——溯源斷根，毒品零容忍。https://www.ey.gov.tw/Page/5A8A0CB5B41DA11E/dd0ee74c-82b9-4b7b-9030-5c2d0869a165

李思賢、楊士隆、束連文、莊苹（2011）。毒品減害措施之研究。行政院研究發展考核委員會委託研究報告。

保安局禁毒處（2022）。禁毒基金。http://www. https://www.nd.gov.hk/tc/bdf.html

許春金（2013）。毒品施用者處遇及除罪化可行性之研究。行政院研究發展考核委員會委託研究。

楊士隆、吳志揚（2010）。青少年藥物濫用防制策略評析。行政院研究發展考核委員會。

廖剛甫（2001）。Let's go party：台灣銳舞（Rave）文化之研究。東海大學社會學研

究所碩士論文（未出版）。

蔡明彥（2010）。美國毒品問題與歐巴馬政府反毒戰略走向。「非傳統安全──反洗錢、不正常人口移動、毒品、擴散學術研討會」發表之論文。

澳門特別行政區政府社會工作局（2022）。澳門禁毒網。https://www.antidrugs.gov.mo/

二、外文部分

Bachrach, D. (1995). Drug Abuse Resistance Education. TELEMASP Bulletin, 2(3).

Belenko, S., Dennis, M., Hiller, M., Mackin, J., Cain, C., Weiland, D., Estrada, D., & Kagan, R. (2022). The Impact of Juvenile Drug Treatment Courts on Substance Use, Mental Health, and Recidivism: Results from a Multisite Experimental Evaluation. The Journal of Behavioral Health Services & Research, 49(4): 436-455.

Bureau of Justice Assistance. (2003). Juvenile Drug Courts: Strategies in Practice. https://www.ncjrs.gov/pdffiles1/bja/197866.pdf

Dye, T. R. (2002). Understanding Public Policy.

Eggers, A., Wilson, D. B., Mitchell, O., & MacKenzie, D. L. (2012). Drug Courts' Effects on Criminal Offending for Juveniles and Adults. No. 11 of Crime Prevention Research Review. U.S. Department of Justice, Office of Community Oriented Policing Services.

Ennett, S. T., Tobler, N. S., Ringwalt, C. L., & Flewelling, R. L. (1994). How Effective is Drug Abuse Resistance Education? A Meta-analysis of Project DARE Outcome Evaluations. American Journal of Public Health, 84(9): 1394-1401.

Hansen, W. B. & McNeal, R. B. (1997). How DARE Works: An Examination of Program Effects on Mediating Variables. Health Education & Behavior, 24(2): 165-176.

Koning, I. M., Van den Eijnden, R. J., Verdurmen, J. E., Engels, R. C., & Vollebergh, W. A. (2011). Long-term Effects of a Parent and Student Intervention on Alcohol Use in Adolescents: A Cluster Randomized Controlled Trial. American Journal of Preventive Medicine, 40(5): 541-547.

Koning, I. M., van den Eijnden, R. J., Verdurmen, J. E., Engels, R. C., & Vollebergh, W. A. (2013). A Cluster Randomized Trial on the Effects of a Parent and Student Intervention on Alcohol Use in Adolescents Four Years after Baseline; No Evidence of Catching-Up Behavior. Addictive Behaviors, 38(4): 2032-2039.

Koning, I. M., Lugtig, P., & Vollebergh, W. A. (2014). Differential Effects of Baseline Drinking Status: Effects of an Alcohol Prevention Program Targeting Students and/or Parents (PAS) among Weekly Drinking Students. Journal of Substance Abuse Treatment, 46(4): 522-527.

Koning, I. M. & Vollebergh, W. A. M. (2016). Secondary Effects of an Alcohol Prevention Program Targeting Students and/or Parents. Journal of Substance Abuse Treatment, 67: 55-60.

Koutakis, N. (2011). Preventing Underage Alcohol Drinking through Working with Parents. Örebro university.

Koutakis, N., Stattin, H., & Kerr, M. (2008). Reducing Youth Alcohol Drinking through a Parent-targeted Intervention: The Orebro Prevention Program. Addiction, 103(10): 1629-1637.

Kuntsche, S. & Kuntsche, E. (2016). Parent-based Interventions for Preventing or Reducing Adolescent Substance use 一 A Systematic Literature Review. Clinical Psychology Review, 45: 89-101.

McLennan, J. D. (2015). Persisting without Evidence Is a Problem: Suicide Prevention and Other Well-intentioned Interventions. Journal of the Canadian Academy of Child and Adolescent Psychiatry, 24(2): 131-132.

Nasheeda, A., Abdullah, H. B., Krauss, S. E., & Ahmed, N. B. (2019). A Narrative Systematic Review of Life Skills Education: Effectiveness, Research Gaps and Priorities. International Journal of Adolescence and Youth, 24(3): 362-379.

Mitchell, O., Wilson, D., Eggers, A., & MacKenzie, D. (2012). Drug Courts' Effects on Criminal Offending for Juveniles and Adults. Campbell Systematic Reviews, 8(4).

National Institute on Drug Abuse (2014). Principles of Adolescent Substance Use Disorder Treatment: A Research-Based Guide. https://www.drugabuse.gov/sites/default/files/po-data_1_17_14.pdf

Rosenbaum, D. P., Flewelling, R. L., Bailey, S. L., Ringwalt, C. L., & Wilkinson, D. L. (1994). Cops in the Classroom: A Longitudinal Evaluation of Drug Abuse Resistance Education (DARE). Journal of Research in Crime and Delinquency, 31(1): 3-31.

Schinke, S. P., Tepavac, L., & Cole, K. C. (2000). Preventing Substance Use among Native American Youth: Three-year Results. Addictive Behaviors, 25(3): 387-397.

Stein, D. M., Homan, K. J., & DeBerard, S. (2015). The Effectiveness of Juvenile Treatment Drug Courts: A Meta-analytic Review of Literature. Journal of Child & Adolescent Substance Abuse, 24(2): 80-93.

Tael-Öeren, M., Naughton, F., & Sutton, S. (2019). A Parent-Oriented Alcohol Prevention Program "Effekt" Had No Impact on Adolescents' Alcohol Use: Findings from a Cluster-randomized Controlled Trial in Estonia. Drug and Alcohol Dependence, 194: 279-287.

The Office of Justice Programs Drug Court Clearinghouse and Technical Assistance Project (1998). Juvenile and Family Drug Courts: An Overview (95-DC-MX-K002). https://

www.ncjrs.gov/html/bja/jfdcoview/dcpojuv.pdf

Tobler, N. S., Roona, M. R., Ochshorn, P., Marshall, D. G., Streke, A. V., & Stackpole, K. M. (2000). School-based Adolescent Drug Prevention Programs: 1998 Meta-analysis. Journal of Primary Prevention, 20(4): 275-336.

Tremblay, M., Baydala, L., Khan, M., Currie, C., Morley, K., Burkholder, C., ... & Stillar, A. (2020). Primary Substance Use Prevention Programs for Children and Youth: A Systematic Review. Pediatrics, 146(3): 1-22.

UNICEF (2004). Life Skills-based Education for Drug Use Prevention Training Manual. UNICEF. http://www.unicef.org/lifeskills/files/DrugUsePreventionTrainingManual.pdf

Verdurmen, J. E., Koning, I. M., Vollebergh, W. A., van den Eijnden, R. J., & Engels, R. C. (2014). Risk Moderation of a Parent and Student Preventive Alcohol Intervention by Adolescent and Family Factors: A Cluster Randomized Trial. Preventive Medicine, 60: 88-94.

Vincus, A. A., Ringwalt, C., Harris, M. S., & Shamblen, S. R. (2010). A Short-term, Quasi-experiemntal Evaluation of DARE's Revised Elementary School Curriculum. Journal of Drug Education, 40(1): 37-49.

West, S. L. & O'Neal, K. K. (2004). Project DARE Outcome Effectiveness Revisited. American Journal of Public Health, 94(6): 1027-1029.

Wysong, E., Aniskiewicz, R., & Wright, D. (1994). Truth and DARE: Tracking Drug Education to Graduation and as Symbolic Politics. Social Problems, 41(3): 448-472.

内閣府（2013）。第四回薬物乱用防止五ヵ年戦略。薬物乱用対策推進会議。

北垣邦彦（2015）。青少年による薬物乱用の現状と家庭・地域・学校の防止対策。文部科学省報告。

成瀬暢也（2012）。若年の依存症者の特徴。第62回全国学校保健研究大会講義。

堀口忠利（2016）。薬物乱用防止の戦略について。臺湾法務部講演講義。

吳林輝、張惠雯、蘇郁智

第一節　　政府部門推動毒品防制工作歷程

　　毒品戕害國民身心健康，世界各國皆致力防堵毒品危害，而2006年間因國內毒品問題主要為販賣、吸食海洛因及嗎啡等，行政院著眼毒品犯罪影響社會層面極大，須防範新興毒品不斷衍生、吸毒或販毒人口年齡層下降等現象，整合相關部會自該年起恢復召開「行政院毒品防制會報」，訂定全新的反毒思維，不再僅強調查緝毒品，而是從「防毒」、「戒毒」、「拒毒」、「緝毒」層面的新做法多管齊下，藉由各部會掌握毒品現況並擬定執行策略，期能澈底消弭毒品危害，維護國民健康生活。

　　依行政院毒品防制會報設置要點，在中央政府層級由相關部會分別組成「防毒監控組」、「拒毒預防組」、「緝毒合作組」、「毒品戒治組」及「綜合規劃組」，由各組主責機關按毒品防制專案任務需求，研擬執行方案及協調公私部門合作等。而在地方政府層級由相關局、處組成「毒品危害防制中心」，整合轄內衛政、警政、社政、教育、勞政等資源，並與各矯正機關及地方檢察署合作，作為綜整規劃業務的平臺，落實推動各項反毒工作。

　　2017年國內發生混用多種毒品致死案及國軍基地染毒事件，政府部門的反毒政策全面進行檢討及修正，將2015年行政院核定「有我無毒，反毒總動員」方案進行大幅度修正調整，各部會積極與民間單位等研商對策、盤點及整合資源，經行政院於2017年5月11日提出「新世代反毒策略行動綱領」（簡稱「本綱領」），以2017至2020年四年為一期，調整以往僅偏重「量」之反毒思維，改著重以「人」為案件中心追緝毒品源頭，並以「量」為目標消弭毒品存在，強化跨部會功能整合，提出各分組具體反毒行動方案，同時增加預算資源與修法配套措施，藉以有效降低涉毒者之各種衍生性犯罪，並以抑制新生毒品人口增加為指標，維護世代國民健康。

　　本綱領參考行政院毒品防制會報分組任務，明確訂定各組工作項目，其

重點概述如下：

一、防毒監控組由衛生福利部食品藥物管理署主責，掌握藥物濫用流行病學資料、管制藥品使用管制、健全先驅化學品管制系統及強化新興濫用藥物監測機制為工作目標。

二、拒毒預防組由教育部主責，以整合各界宣導資源，提升預防工作成效，營造健康無毒家園，運用在地化反毒網絡，強化預防介入機制及建立跨機關橫向合作模式，並完善關懷輔導服務為主要任務。

三、緝毒合作組由法務部主責，持續強化國際及兩岸緝毒合作機制，提升我國邊境及海關區域毒品緝毒效能，依任務特性整合緝毒團隊，以緊密聯繫支援團隊合作，並持續推動司法協助毒癮戒治方案。

四、毒品戒治組由衛生福利部主導資源調配，以橫向跨部會協調，整合中央部會毒品戒治相關政策及督導地方政府毒品危害防制中心，結合在地民間資源與醫療戒治機構，提供藥癮者可近性治療、職業訓練、就業媒合等服務。

五、綜合規劃組由法務部主責，並視毒品防制專案任務之需要，擇定權責機關督導辦理。

　　經各部會落實推動本綱領行動方案屆滿四年，具有相當成果並獲民眾正面肯定，惟反毒團隊持續專注毒品發展趨勢，如我國監獄收容之受刑人當中，有大半係因毒品相關犯罪入監服刑，刑滿出獄後再犯比率偏高，長期耗費龐大社會資源。

　　有鑑於此，行政院召集相關部會共同研商，並徵詢學者、專家建議進行滾動式檢討方案，以符合當前毒品發展情勢，於2020年12月31日函頒本綱領第二期計畫（2021至2024年），以「減少毒品供給、減少需求、減少傷害」為策略目標，並借鏡日本「再犯防止推進法」的基本理念與治理策略，制定「施用毒品者再犯防止推進計畫」推行貫穿式保護等措施，調整社會復歸資源之布建，深化公私協力與全民參與之效益，藉以有效減少阻礙毒品施用者更生之因子，逐步達成「抑制毒品再犯」與「降低毒品新生」之第二期雙重目標。

第二節　基於三級預防理念的反毒教育

　　在前一節闡述的整體架構下，教育部身為全國最高教育主管行政機關，乃扮演拒毒預防工作分組的主要角色。因此，教育部於1993年訂頒「春暉專案」實施計畫，於預防宣導工作上深耕至各級學校，並作為整體反毒工作的扎根基礎。於1995年鑑於「酗酒」和「嚼食檳榔」對國民健康危害日趨嚴重，且食用年齡階層有下降的趨勢，因此又將這兩項納入於1997年起推動的「春暉專案」當中，以採取積極的服務措施。此外，更全力協助於各級學校校園中成立「春暉社團」，以落實推動校園反毒工作。

　　透過「春暉專案」的推動與落實，教育部乃是採用公共衛生領域的三級預防機制理論，以杜絕毒品問題於未然。三級預防機制的概念是指初級、二級、三級，其中初級預防策略為減少危險因子、增加保護因子，其目標希望學生活得健康、適性發展、無藥物濫用；二級預防策略為進行高危險群篩檢，並實施介入方案，主要目標為早期發現，早期介入，預防藥物濫用、成癮或嚴重危害；三級預防策略為結合醫療資源，協助戒治，其目標為降低危害、有效戒治、預防再次使用（教育部，2021）。

　　因應上述三級預防的理念，各級學校推動防制學生藥物濫用工作可進一步發展出「教育宣導」、「關懷清查」、「輔導戒治」等三級處理工作重點，分述如下：

一、教育宣導

　　教育部建置「防制學生藥物濫用資源網」，以統整反毒相關資源及宣導工作資訊等：

（一）辦理「防制學生藥物濫用」各項校園宣導活動，運用宣導通路，結合部會資源及民間團體辦理多元宣導計畫，加強學生反毒意識，並針對不同宣導年齡層製作相關文宣素材，由學校結合相關活動、友善校園週及親職座談等時間宣導，或將宣導資訊放入相關研習手冊、學生手冊或家長手冊等，以強化學生、家長及民眾建立正確毒品防制觀念。

（二）製作「防制學生藥物濫用」補充教材，將反毒宣導納入校園教育中，提供師長運用相關藥物濫用危害內容，以落實藥物濫用防制教育，針對高危險族群加強重點宣導，期以降低濫用藥物之比例。

（三）補助學校經常性辦理各類育樂、社團活動，鼓勵學生培養正向、健康休閒嗜好，提供精力與情緒宣洩管道，並落實學生生涯發展教育與職業探索教育，協助學生了解自我優勢能力。

（四）利用毒品防制基金，補助教育單位辦理「防制學生藥物濫用多元適性教育活動補助計畫」，提供藥物濫用人數較多地區以及偏（原）鄉地區之高級中等以下學校，整合校內外資源，針對所轄學生規劃多元適性教育活動，激發學習潛能，避免在外遊蕩或出入不良場所，發生偏差或藥物濫用行為，如辦理藝術、探索、民俗與體育等活動。

二、關懷清查

（一）由教育部於2004年起將學生藥物濫用事件納入校安通報項目（建置校安通報系統），函頒「各級學校特定人員尿液篩檢及輔導作業要點」，加強特定人員的關懷與輔導，並滾動調整工作項目及流程。並於2012年建置「藥物濫用個案輔導管理系統」，以提升學生藥物濫用防制成效。

（二）為保護青少年學生之校外安全，各縣（市）學生校外生活輔導會結合地方政府警察局，聯合實施校外聯合巡查及青春專案等工作，加強查巡在高風險熱點區域遊蕩之學生，發現違常之學生均列冊追蹤輔導。

（三）整合公部門資源，強化學校、縣市與中央聯繫合作機制，建立「教育與警政機關（單位）三級聯繫機制」，定期與警政機關召開聯繫會議，藉由交流訊息、針對當前學生毒品及校園安全問題進行討論，並研商因應做法，以即時調整各縣市教育與警政機關實務做法，減少學生藥物濫用情形，維持健康安全校園環境。

三、輔導戒治

（一）依「各級學校特定人員尿液篩檢及輔導作業要點」，學校於確認檢驗尿液檢體中含有　用藥物或其代謝物者（包含自我坦承、遭檢警查獲或接獲其他網絡通知涉及違反毒品危害防制條例、非法施用管制藥品或其它有害身心健康之物質者），應完成校安通報，並組成春暉小組實施輔導三個月，輔導期間應適時使用快速檢驗試劑實施篩檢，以及填報相關輔導紀錄。

（二）個案學生經春暉小組輔導三個月後，將採集尿液檢體送檢驗機構檢驗，如確認檢驗 液檢體中含有 用藥物或其代謝物者，應再實施輔導一次，期間三個月，並協請家長將個案轉介至衛福部指定之醫療機構請求治療及請警察機關協助處理。

（三）如檢驗尿液檢體中無含有濫用藥物或其代謝物者，學校將召開春暉小組結案會議，解除春暉小組列管，並持續關懷學生，避免其再次施用各級毒品及濫用藥物。

（四）學生藥物濫用個案的輔導以關懷、陪伴及支持最為重要，教育部推動「春暉認輔志工」，協助輔導、關懷與陪伴學生，並補助縣市教育單位成 「防制學生藥物 用諮詢服務團」，招募現職或退休教師、教官、春暉認輔志工，協助推動探索教育、體能活動、職業試探及教育參訪或才藝活動等課程，提升高關懷個案學習動機。

（五）編製「藥物濫用學生輔導教師手冊」（依個案藥物濫用程度區分經常使用、好奇誤用等不同版本）及學生學習心情手札，以加強春暉小組輔導人員相關輔導知識與技能，提升春暉小組輔導成效。

第三節　教育部防制學生藥物濫用教材之發展

　　隨著毒品問題在臺灣社會中發酵，甚至成為社會治安的隱憂，社會大眾對於認識毒品危害的需求日益增加，家長及教學現場皆對於推陳出新的毒品項目、樣貌及相關預防、覺察與輔導知能有所需求。教育部依據毒品議題發展趨勢，開發相關藥物濫用教材以提供給現場教學教師更多的資源，以輔助教師們在教學現場進行適切的反毒教育宣導與輔導工作（可於教育部「防制學生藥物濫用資源網」瀏覽查看）。

　　考量二級預防方面早期缺乏具體明確的流程，致各校觀念混淆、做法不一，有待研訂具體而微的標準作業流程，以供各校依循。據此，教育部開發「春暉小組輔導工作手冊」、「藥物濫用學生輔導教師手冊」與「愛他，請守護他藥物濫用青少年家長親職手冊」等系列出版品，並根據法規修訂及濫用藥物現況等加以研修，以提供藥物濫用青少年之老師及家長參考。

　　分齡教材部分，早在2007年教育部即函文要求各縣市國民中小學在每

學期的「健康與體育」課程中實施一節課的反毒課程，以增強學生的反毒認知。此外，為使教師們能將相關反毒宣導內容適時、適切地隨機融入教學與生活中，教育部開發國中版的防制學生藥物濫用補充教材，辦理推廣研習，使老師能夠掌握教學重點與技巧，有效達到教育目標。而隨著日益繁複的社會變化，處於好奇心旺盛階段的青少年們，往往易受到環境的影響而濫用藥物或誤觸毒品，遺憾終身。為防範於未然，教育部編製「防制學生藥物濫用補充教材彙編（高中職篇）」，其內容涵蓋青少年容易接觸與濫用之菸、酒、檳榔、藥物與毒品之介紹、相關法規與案例之說明，更提供拒絕毒品的實用技巧、相關的輔導與戒治資訊，透過實務的案例與測驗題，另配辦理教師研習，以提供教師在實際教學中能掌握最新的消息且能進一步的旁徵博引，加深學習者的印象。

　　另鑑於菸、酒、檳榔及非法藥物等成癮物質濫用之年齡層已有下滑趨勢，而上述物質濫用防範若未予以落實將影響青少年身心健康與發展，且兒童與青少年因心智尚未發展成熟，卻最易因認識不清、把持不住、受同儕及父母影響等因素，受物質濫用影響，戕害身心而無法自拔。因此，如何在國民小學教育階段，於其接受小學教育的同時，也建立其對防範物質濫用的正確認識，並適當地運用拒絕策略，避免其於進入國中之後輕易嘗試毒品、誤入歧途，不僅是物質濫用防制的重要課題，亦是小學教育不可迴避的責任與挑戰。考量教育部整體防制學生藥物濫用補充教材尚缺國民小學教育階段教材，因此自2013年起開發國民小學階段防制學生藥物濫用補充教材，以初級預防為主，「珍愛生命」為核心價值之數位化補充教材，內含飲料、食物、藥物、菸酒、檳榔以及毒品等主題，著重於上述六個主題對健康的影響與危害，並提供相關的拒絕技巧與法律觀念，以觀念引導，避免零碎而無成效的知識學習。

　　教育部為落實「新世代反毒策略行動綱領」行動方案，強化分眾、分級反毒宣導，編製及修訂前述各項教材工具，以符合防制學生濫用之教育現場實況，例如開發以生活技巧訓練（Life Skills Training, LST）為主軸之國小、國中及高中職教材，藉以持續培訓並認證校園反毒守門員種子師資及宣導志工等，並以入班宣導方式加深藥物濫用防制宣導之可近性及普及率。

第四節　學校學生的藥物濫用輔導工作

在學學生藥物濫用的預防與輔導工作，除了宣導師資以及相關的教材配套之外，「關鍵人物」的參與，才是得以打造「無毒校園」的核心議題，而關鍵人物指的正是校長、教師等在學生學習生涯中能夠提供正向引導、關懷輔導的「重要他人」（Significant Others）。

欲達到二級預防的目標，必須落實防制學生藥物濫用之尿液篩檢與輔導工作。其中「尿液篩檢」是指對特定人員於適當時機進行尿液採集，並檢視尿液中有無 用藥物或其代謝物者反應；而「輔導」係對藥物濫用之學生，由學校成立春暉小組，進行為期三個月的開案輔導，其結果可分為輔導完成、輔導中斷與輔導無效：

一、輔導完成者：係指學生經春暉小組輔導期滿，經確認檢驗 液檢體中無含有 用藥物或其代謝物者，學校召開春暉小組結案會議，解除春暉小組列管，並持續將學生列為特定人員關懷。

二、輔導中斷者：係指學生於春暉小組輔導中，如經司法判決至矯正機構實施觀察勒戒等處遇，其追蹤輔導工作因故致無法完成，待返校後接續輔導期程。

三、輔導無效者：係指學生經春暉小組輔導三個月後，採集尿液再送檢驗機構檢驗，經確認檢驗 液檢體中含有 用藥物或其代謝物者，再實施輔導一次，期間三個月，並協請家長將個案轉介至衛福部指定之醫療機構請求治療及函請警察機關協助處理。

學校在執行藥物濫用學生三級預防計畫時，其重心著重於二級預防，目前各校執行二級預防的靈魂人物，在高中職為學校生輔組長及教官，在國中則為生教組長（教育部，2021）。

在針對藥物濫用學生的關懷及輔導上，為避免高風險群學生藥物濫用，學校教師端會加強觀察，如覺察學生有眼眶泛黑、經常性地流鼻水、臉色蒼白、上課時沉睡很難叫醒且被叫醒時會發怒、精神狀況不好且眼神呆滯空洞、上課中常要上廁所，有時一節課要去好幾次等外顯行為徵兆，則應視個案情況將學生提列特定人員名冊以及早關心、及時介入。

當學校發現藥物濫用個案後，則應針對藥物濫用個案成立春暉小組施予輔導，為強化春暉小組輔導成效，教育部於2014年辦理「藥物濫用學生輔導

課程試辦實驗計畫」，除有44校藥物濫用高中職學生參與試辦輔導課程的實驗外，並於2016年出版印製四個版本的輔導課程教師手冊，除供各界參考運用外，另函送全國高中職校參考運用，期給予現場教師更具理論與輔導架構之實體運用參考手冊。

輔導工作推動上的目標爲家庭、學校及社會三方輔導層面密切配合，統合發展，力量集中；此外，各學制間之輔導體制力求延續連貫，可使得輔導工作事半功倍。另鑑於藥物濫用學生多來自於失功能之家庭，藉由輔導資源的介入以提供青少年學生家庭之外的另一支持系統，並輔以春暉認輔志工、開發藥物濫用學生輔導課程、推動專業諮詢服務團輔導及轉介醫療戒治等相關配套，以協助輔導藥物濫用學生。

教育部依據「新世代反毒策略行動綱領」內「拒毒策略」之具體作爲，於2019年函頒「教育部防制學生藥物濫用實施計畫」，積極防制新興毒品進入校園以及強化學生藥物濫用三級預防成效，以藉由健康促進概念的宣導、綿密的環境預防措施、積極性的輔導資源投入，營造健康、無毒品校園環境。計畫方向與架構係將重點置於18歲以下未成年學生防護網絡的建立，透過中央與地方、政府與民間的通力合作，發揮「整合服務體系、綿密安全網絡」概念，以愛與關懷爲核心，提供所有學校學生整體性與持續性服務與協助，以達成學生身心健康、遠離有害物質爲目標。

第五節　社區及民間團體的協力合作

藥物濫用預防宣導依前述公共衛生領域理論著重於強化保護因子，另改變或減少危險因子；宣導的場域不只學生學習的校園環境，更應擴及學生生活與活動的範圍場域；對象上，以分齡、分眾的概念強化社區內高風險族群、家庭及學生主要照護者的預防宣導教育。

爲此，教育部與法務部、衛生福利部食品藥物管理署攜手推動「『無毒有我・有我無毒』反毒教育宣導計畫」，自2010年迄今於各個社區、學校、監所辦理各項反毒宣導工作，2011年推動「熱血反毒青春起藝」名人反毒、反毒競賽及線上反毒遊戲、2012年推出「戰毒紀」反毒教育宣導整合行銷計畫，除拍攝多元反毒宣導短片外，亦請過來人現身說法，以自身戰毒

歷程，呼籲青年學子千萬不要以身試毒，終身遺憾。2013至2014年合作計畫著重培訓在地化反毒志工與種子師資，由22縣市毒品危害防制中心辦理「反毒教育博覽會暨人才培訓活動」，積極培訓在地化反毒志工與種子師資約計4,000名，並於2015年賡續辦理「師資回流進階課程」，以「多元宣導素材」、「創新行銷管道」、「深化拒毒觀念」及「鼓勵全民參與」爲執行策略，具體落實分齡、分眾、分群之反毒宣導教育。另針對流行於學生族群之第三級毒品愷他命，協助轉發由慈濟大學所開發製作之「K他命運交響曲」（Ketamine Symphony）反毒動畫光碟至高中職以下學校，並置於教育部「防制學生藥物濫用資源網」以強化宣導效益。

　　爲擴大團隊合作效益，自2016年起結合各縣市政府毒品危害防制中心、慈濟教師聯誼會等公私部門共同推動「反毒師資社區巡講計畫」、「親子成長暨觀摩見習（親子探索營）」等多元宣導活動，加強新興毒品樣態及拒絕技巧，提倡健康休閒活動爲減少危險因子、強化保護因子。教育部亦於全國大專校院運動會等運動賽事中融入反毒、健康、愛人愛己的生命意象，也與教育部體育署合作，於各類賽事中加強反毒宣導工作，期積極地建構無孔不入的反毒宣導防護網，以不斷強化保護因子來降低危險因子的發生機率。

　　鑑於反毒宣導的主題較爲生硬，不易喚起民眾注意且易流於教條式、給人八股宣導的刻板印象，教育部自2015年起與紙風車文教基金會、元大文教基金會等合作辦理反毒短劇「拯救浮士德」校園巡迴宣導活動，透過戲劇表演的方式，以貼近年輕人的語言於全臺國中巡演反毒劇碼，期待用戲劇表演獲得共鳴，以藝術人文帶動青少年體驗生命教育，並運用同儕教育的正面引響力肯定青年學子勇於對毒品說不。

　　與中國信託反毒教育基金會合作辦理「識毒——揭開毒品上癮的眞相」巡迴特展，幫助民眾認識毒品上癮的眞實樣貌，並專爲大專院校學生開發「機智拒毒生活——校園巡迴特展」，以大學生常見的觸毒情境爲出發點，提升對於觸毒風險的敏感度及認識常見新興毒品。

　　配合「新世代反毒策略行動綱領」之拒毒策略目標，落實分眾、分級之反毒宣導，與國立自然科學博物館合作開發各項反毒教具，例如「防毒好遊趣」教材、「3D反毒巡迴箱」等，發送各縣市政府毒品危害防制中心及民間團體推廣運用，並於各縣市辦理「反毒行動博物館」、「當名畫遇到毒品特展」、「畫說成癮」等反毒特展，透過毒害影像展示、體驗操作展品與提

供求助資訊等，拓展反毒宣導效益。2023年起爲觸及更多不同群體，結合青少年宮廟、陣頭文化，提升民眾及學生觀展動機與興趣，辦理「藥魔鬼怪民俗反毒展」教育特展，提供多元、創新宣導主題促使更多民眾受益，減少新生施用毒品人口。

第六節　結　語

　　教育部近年積極落實行政院「新世代反毒策略行動綱領」，長期重視學生藥物濫用問題，未來持續關注趨勢發展，即時提出具體策進作爲，以強化對高危險族群的宣導與輔導及加強公私協力合作爲重點，並將相關做法納入年度重要工作項目，具體做法大致可歸納爲下述三個方向：

一、結合網絡部會資源、部屬館所及中國信託反毒教育基金會等民間團體，辦理巡迴反毒特展並強化親子教育宣導，精進整體藥物濫用防制宣導策略。

二、精進藥物濫用學生評估、輔導處遇與結案機制，修訂教育部「各級學校特定人員尿液篩檢及輔導作業要點」，對違反「毒品危害防制條列」之各級學生，強化持有、運送、轉讓等非施用毒品個案後續輔導處遇機制。

三、落實「施用毒品者再犯防止推進計畫」，逐步建構防制兒少施用毒品服務網絡，協助施用毒品者減少再犯、延緩復發、增加社會復歸支持力量，達到「抑制毒品再犯」之目標。

　　爲避免學生受毒品僞包裝引誘，好奇施用非法藥物並減少再犯，教育部除持續推動藥物濫用三級預防策略外，滾動修正防制學生藥物濫用年度工作重點，強化警政機關查獲疑似學生身分之涉毒嫌疑人與教育單位之勾稽作業，遏止毒品入侵校園。防制青少年藥物濫用非教育單位單方努力能竟其功，須長期性、持續性與全面性地推展與適時調整，整合相關資源，調整因應對策，並藉由家庭、學校及社區的合作網絡，方能有效減少毒品施用的新生人口，打造無毒的健康家園。

參考文獻

法務部、衛生福利部、教育部（2016）。2016年反毒報告書。

教育部（2021）。春暉小組輔導工作手冊2.0。

楊士隆、劉子瑄、巫梓豪

第一節　藥物濫用預防之意涵

　　藥物濫用預防為一系列持續過程，有關部門根據當代社會環境制定多元策略以預防、延緩、減少或中止任何與施用非法藥物相關之活動，其目的在於創造健康環境，鼓勵個人做出合乎社會規範之決定，促進個人選擇健康的生活方式，並提供社會大眾有關藥物濫用之必要資訊，進而防止或減少濫用非法藥物之不良後果。其目的並不僅限於預防非法藥物之濫用，針對一般大眾而言，亦致力於延緩或避免其開始使用非法藥物；針對非法藥物濫用者，則著重於延緩或防止其非法藥物濫用行為之惡化。藥物濫用之預防必須連結藥物濫用治療處遇，並針對藥物濫用者進行長期評估與照護，方有助於整體藥物濫用防治體系趨於完善（EMCDDA, 2009）。

　　美國物質濫用和心理健康服務局（Substance Abuse and Mental Health Services Administration, SAMHSA）指出，藥物濫用之預防應以提升藥物濫用者之保護因子（Protective Factor）及降低其風險因子（Risk Factor）為基礎，再輔以藥物濫用預防網絡之建立（SAMHSA, 2019）。藥物濫用者之風險因子往往涵蓋多種環境因素，且個體在人生不同階段中所面臨之風險因子與保護因子不盡相同。除此之外，風險因子與保護因子兩者往往呈現負相關，亦即風險因子越多，保護因子則越少（Compton, 2009）。而一個風險因子往往會誘發出更多的風險因子，例如家庭暴力事件易引起個人之心理焦慮、憂鬱等心理健康問題。故藥物濫用之預防不僅需要兼顧各個面向，亦需了解風險因子和保護因子兩者間之相互作用，進而制定出相對應的干預措施。

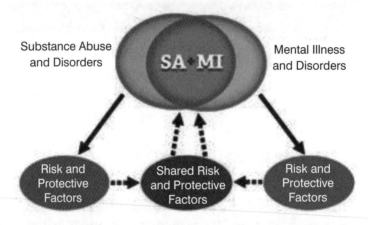

圖12-1　藥物濫用者之危險因子與保護因子之相互作用圖

資料來源：SAMHSA (2011).

第二節　藥物濫用預防之模式

　　過往藥物濫用預防模式以公共衛生疾病預防模式（Public Health Model of Disease Prevention）為發展基礎，藥物濫用預防策略針對三級預防階段實施防制對策，在初級預防（Primary Prevention）方面，以教育宣導為主，策略在於增加保護因子及減少風險因子，針對一般大眾及潛在藥物濫用者進行預防工作，以避免個人接觸並使用非法藥物；次級預防（Secondary Prevention）之核心理念在於清查，辨識高風險藥物濫用群體後加以篩檢，並給予早期介入；三級預防（Tertiary Prevention）則以戒治輔導為核心，結合醫療及輔導資源，提供藥物濫用者專業戒治輔導處遇，目的在於幫助藥物濫用者恢復正常生活。惟公共衛生疾病預防模式無法描述過於複雜的藥物濫用行為，特別是針對藥物濫用成癮者，公共衛生疾病預防模式較無法提供適當策略以延緩或減少其藥物濫用行為（EMCDDA, 2009: 63-65）。

　　美國醫學研究所（Institute of Medicine, IOM）於1994年將藥物濫用照護模式區分為預防、處遇與維持三大階段（圖12-2）。預防階段分別由廣泛預防（Universal Prevention）、選擇預防（Selective Prevention）以及特定預防（Indicated Prevention）三大預防策略組成，藉以補充三級預防模式

之不足（Haggerty & Mrazek, 1994）。歐洲毒品和毒癮監測中心（European Monitoring Centre for Drugs and Drug Addiction, EMCDDA）整合新近預防策略後，於2009年新增環境預防（Environmental Prevention）策略，四項藥物濫用預防策略彼此互補，爲藥物濫用預防開展全新框架（Brotherhood & Sumnall, 2011），各項策略內容說明如下：

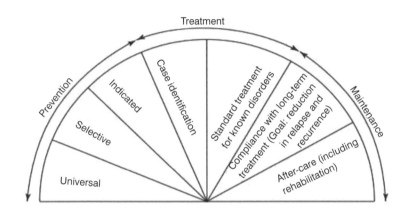

圖12-2 美國醫學研究所之藥物濫用照護模式示意圖

資料來源：EMCDDA (2009).

一、廣泛預防策略

廣泛預防策略係針對一般大眾所實施之藥物濫用預防策略，目標群（Target Population）爲未獲證實具備藥物濫用風險之群眾，即一般大眾；換言之，此一策略假定每個人都具有施用非法藥物之可能性、風險或情境（Springer & Phillips, 2007），故必須針對社會大眾施以藥物濫用預防之宣導。相較於其他預防策略而言，廣泛預防策略所需之成本較低，且對於實施對象所可能造成之負面影響亦較小（Haggerty & Mrazek, 1994）。除此之外，無論青少年是否藥物成癮、處於何種藥物濫用階段，亦或是年齡大小，各類針對藥物濫用問題所做之介入措施對於青少年而言皆有所助益（Mee-Lee et al., 2001），故父母、師長或其他成年人應時刻關注青少年之藥物濫用問題，方可及時提供必要協助。

一般而言，廣泛預防策略之推動可分爲家庭、學校及社區三大層面。以

家庭層面為基礎的藥物濫用預防方案應強化家庭成員的關係與親職技能，使家庭成為藥物濫用預防之重要基地。以學校層面為基礎的藥物濫用預防方案則應傳播藥物濫用預防之相關訊息，增加學生對於非法藥物的認識並強化拒絕毒品之技能、態度與信念。除此之外，學校應排除學生藥物濫用的危險因子，例如偏差行為、中輟、不良同儕之影響。以社區層面為基礎的藥物濫用預防方案，應提供社區民眾藥物濫用之相關資訊，規劃反毒課程及活動，連結學校及家庭強化反毒技能，提升藥物濫用之預防效能。整體而言，廣泛預防教育希望透過家庭、學校及社區三大層面，強化個體與父母或同儕之互動技巧，進而提升其社會生活，預防其濫用非法藥物。

　　藥物濫用之預防方案必須結合家庭、學校及社區各層面，相對於僅鎖定單一層面之預防方案更加有效，亦可發揮更大之影響力（楊士隆、李思賢主編，2020）。惟廣泛預防策略之缺點在於忽略個體間或群體間之危險因子往往有著明顯差異，需要針對不同差異提供相對應強度之預防方案，且其預防成效相對難以衡量。

二、選擇預防策略

　　選擇預防策略係指針對高風險群體之預防策略，目標群鎖定具有高藥物濫用風險之個人或次級團體，主張高風險群體之社會關係及資源短缺，故預防策略應側重於高風險群體生活及社會條件之改善。選擇預防策略之特色在於實施對象（即高風險群體）之辨識，以避免花費過多成本，惟應特別注意標籤效應對於實施對象之影響（Haggerty & Mrazek, 1994）。IOM於2007年修訂藥物濫用照護模式之架構時，針對不同預防策略之目標群提出一般性說明，其目標群係指藥物濫用風險即將或終生顯著高於一般群眾之特定次級群體。選擇性預防策略利用社會及人口指標，分別從家庭層面、學校層面、社區層面及社會環境層面辨識藥物濫用高風險群體之風險因子（Springer & Phillips, 2007）：

（一）家庭層面：具藥物濫用史之家庭、弱勢家庭及家庭暴力等皆為高風險群體。

（二）學校層面：中輟、學業失敗或擁有不良同儕等皆屬藥物濫用之風險因子。

（三）社區層面：貧窮街區、充斥街頭少年以及幫派之社區為高風險之群體。

（四）社會環境層面：流連夜店、從事色情行業、曾遭受虐待之被害者以及邊緣化的少數族裔皆爲高風險之群體。

　　前述危險因子指標雖有助於識別可能進行藥物濫用之高風險群體，但卻無法有效得知群體中的個人是否爲高風險之個案，故相關預防策略之施行仍應謹慎，以避免將個體貼上不良標籤。選擇預防策略聚焦於生活環境之改善，在識別出高風險群體後，針對其社會條件之不利因素提供協助，例如提供具偏差行爲問題之學生課後活動方案或輔導中輟學生回歸校園等，改善高風險群體之生活環境。運用此項預防策略可將各類別之高風險群體進行分眾宣導，分爲高風險家庭、高風險青少年、高風險社區、少數族群以及精神症狀患者等，選擇預防策略聚焦於高風險群體及高風險場域，較可能發揮明顯成效。惟此預防策略之缺點在於高風險群體判別不易，且預防策略之成效仍難以評估。

三、特定預防策略

　　可將特定預防策略視爲繼廣泛及選擇預防策略後，整體藥物濫用預防階段中的第三部分。特定預防策略與前述兩種預防策略之主要差異在於目標群，特定預防策略之目標群爲具有可察覺的徵兆或症狀顯示可能出現藥物濫用行爲，但尚未符合精神疾病診斷與統計手冊（DSM）藥物依賴診斷標準之高藥物濫用風險者，可能是已遭列管追蹤（過往曾經濫用藥物，目前尚無藥物濫用症狀）者，亦可能是已具有藥物濫用初期症狀之個體（McGrath et al., 2006）。特定預防策略之重點在於預防具有藥物濫用早期警訊（如學業成績不佳、飲酒或施用其他入門藥物）之個體開始濫用非法藥物，將強化個體對於自身人格特質或精神方面病症之能力的處理應對，避免其越陷越深（Springer & Phillips, 2007）。特定預防策略之推動對於實施對象而言可能具有部分風險，如標籤效應或部分風險因子未必會導致藥物濫用行爲產生，所需耗費之成本較其他兩項預防策略而言較高，但一般來說仍可控制於合理範圍內（Haggerty & Mrazek, 1994）。

　　針對個人層次之藥物濫用預防策略，評估並識別藥物濫用之高風險個人，其高度相關之指標可約略分爲以下幾個層面：

（一）個人層面：特定預防策略中，藥物濫用高風險個人通常具有以下之危險因子：患有精神障礙或其他心理健康問題，如憂鬱症、自殺行爲、

創傷後壓力症候群（PTSD）等，皆會影響個人之藥物濫用行為，通常患有心理疾病之個人可能會併發共病（Comorbidity）症狀（NIDA, 2007）。

（二）家庭層面：藥物濫用高風險個人通常缺乏家庭層面之保護因子（如父母的監督與支持），或家庭依附關係不佳等。而家庭層面之風險因子，如父母均為藥物濫用者，也會影響個人藥物濫用行為。EMCDDA（2009: 41-42）的研究發現，寄養家庭之兒童或青少年容易因為被疏忽或虐待，而比一般家庭之青少年有較多濫用藥物之行為。

（三）學校層面：學業失敗，具有人際交往之問題、反社會行為、犯罪行為或是有不良同儕者，容易具有使用非法藥物或毒品的早期跡象。

以上幾個層面之危險因子可能產生累積作用，進而影響個人濫用藥物之行為，特定預防策略之目的不只是使高風險個人拒絕或停止藥物濫用，亦著重減少其持續使用毒品之時間、延緩毒品之濫用及降低其藥物濫用之嚴重程度。

特定預防策略需要跨層面、跨部門的密集合作，重點為評估或解決環境的影響。特定預防策略之第一階段係專業人員對個人實施評估與識別個人之高風險行為以及心理行為健康之問題，之後對藥物濫用高風險之個人進行早期干預，針對家庭、學校、社區進行跨層面之干預、輔導、醫療、建立社會心理支持以及轉介，降低個人之藥物濫用風險因子，例如偏差行為和其他心理健康問題及障礙，防止高風險之個人從藥物使用之早期跡象進一步惡化為藥物濫用行為（EMCDDA, 2010）。

為了清楚界定特定預防策略之目標群，必須清楚定義目標群之納入標準與後續藥物濫用問題間之關係。EMCDDA（2009）總結相關研究並提出以下觀點：

（一）特定預防策略之介入係為了避免高藥物濫用風險者朝向藥物依賴發展。

（二）特定預防策略應針對藥物依賴性及藥物濫用相關危害，而非只是關注非法藥物之初次施用或後續使用。

（三）特定預防策略之指標與藥物濫用問題的關聯性需要較選擇預防策略更強。

（四）必須運用一套審查工具或流程，辨識具藥物濫用風險之個體。

（五）家庭、同儕或社區層面之指標較不合適，與個體相關之指標較爲合適。

　　綜上所述，三項預防策略主要是以「目標群之藥物濫用風險程度」爲主要界定依據。廣泛預防策略以具一般藥物濫用風險之群眾爲目標群，選擇預防策略則鎖定藥物濫用風險逐漸升高之群體，特定預防策略則以呈現初期藥物濫用問題之個體爲主要介入對象。

四、環境預防策略

　　針對社會環境或社會系統之藥物濫用預防策略，旨在改變文化、社會、物理與經濟環境中會導致人們選擇施用非法藥物之因素。此種預防策略考量到藥物濫用者並非純粹因個人特性而選擇施用非法藥物；相反地，此一策略主張係環境中各項因素之組成，使個體做出濫用非法藥物之選擇，例如社區中對於其生活方式之期待、政府機關對於非法藥物相關規定之制定、大眾對於藥物濫用相關資訊之接收程度或者是菸品、酒精與入門毒品等之可取得性等。重要之環境因子有以下三項（EMCDDA, 2007）：

（一）社會規範：社會之道德規範乃爲社會中不成文之規則，會影響個人之道德觀，進而影響其藥物濫用之信念與行爲。

（二）非法藥物或毒品之可得性：意即個人需耗費多少時間、精力和金錢，才能獲得非法藥物或毒品。非法藥物或毒品取得的困難性會影響個人

圖12-3　環境預防策略架構圖

資料來源：Haggerty & Mrazek (1994).

　　藥物濫用之行為，當非法藥物或毒品越難取得時，非法藥物或毒品之
使用率會隨之降低。

（三）法規制定：強制性的法令規章會對藥物濫用者使用非法藥物或毒品之
　　　行為產生立即性的影響。因此，環境預防策略通常透過強制性之政策
　　　及法律之制定，來防止人們濫用藥物。

　　簡言之，環境預防策略希望透過社會規範與外在環境之改善，預防藥物
濫用問題之發生。因此，環境預防策略通常係藉由一系列不得人心卻成效良
好的政策或法規加以推行，例如加強菸品及酒精之年齡控管或加重菸品及酒
精稅收等。為了打造一個具有保護性及規範性的社會環境，必須透過具強制
性的法規命令影響青少年，避免其輕易地選擇施用菸品、酒精、入門毒品，
進而走向濫用非法藥物一途（Toumbourou et al., 2007）。

　　除了強制性的法令規章之外，環境預防策略亦可透過非強制性措施加以
落實，例如：改善校園內建築物之設計，降低校園死角，亦或是針對學生之
校園生活進行妥適規劃，降低青少年濫用非法藥物之機率。另外，大眾傳播
媒體也是環境預防策略中相當重要的一環，當大眾傳播媒體（如電影、電視
節目或廣播節目等）過度地傳播藥物濫用相關訊息時，無形中會提供個人學
習如何使用或取得非法藥物及毒品之機會，進而帶動整體社會藥物濫用盛行
的風氣。雖然媒體高度關注藥物濫用問題可能會引起不良影響，但若媒體策
略運用得當，亦有助於終止藥物濫用之不良風氣。除此之外，政府可利用大
眾傳播媒體使大眾了解藥物濫用產生之不良影響，教導大眾拒絕非法藥物以
及毒品之知識與技能，並藉由媒體檢討現行法律和相關政策。因此，政府與
大眾傳播媒體之緊密合作，使其在社會規範、法規以及政策之制定與修正中
發揮關鍵作用，亦為環境預防中的重要策略（EMCDDA, 2009）。過往研究
亦發現，青少年對於自身藥物濫用問題之認識相當缺乏，通常不會有尋求處
遇協助的需求，也很少主動向他人尋求協助。此一情況下，法規命令之強勢
介入或嚴屬制裁對於青少年參與、維持並完成藥物濫用處遇，便存有相當重
要且關鍵的影響（Miller & Flaherty, 2000）。

第三節　藥物濫用預防之國際準則

一、聯合國毒品和犯罪問題辦公室（UNODC）

　　UNODC於2013年3月11日之麻醉藥品委員會中提出藥物濫用預防國際準則（International Standards on Drug Use Prevention），全球合計有85名專家參與該會議，包含毒品相關研究人員、政策制定者和毒品防治方案之實施者，其目標爲擬定全面和有效的藥物濫用預防措施，建立藥物濫用防治網絡以提高聯合國會員國的能力，包括基於科學證據開發通用的藥物濫用預防工作，制定與選擇有效的毒品防治政策和干預措施，促進安全和健康的生活方式和預防許多危險行爲（包括暴力、危險性行爲、輟學等）（楊士隆、劉子瑄，2013）。在此藥物濫用預防之國際準則中，藥物濫用防治之範圍涵蓋個人每一階段的預防方向，包括學齡前兒童時期、兒童時期、青少年時期以及成人時期等各種藥物濫用預防階段（詳見表12-1及表12-2），相關內容詳述如下：

　　學齡前兒童時期之預防方式乃以發展家庭依附與強化親職教育爲基礎，針對高風險群體（如家長爲藥物濫用者）採取選擇性預防策略，強化家庭預防功能，政府相關單位必須提供必要之資源，強化具有藥物濫用高風險之家庭社會支持和解決問題的技能。

　　兒童時期與青春期早期之藥物濫用預防場域主要以學校爲主，這個時期之孩童與青少年喜歡扮演大人的角色，必須建立其良好之藥物濫用信念與健康之心理和情緒，對於一般的孩童採取廣泛預防策略，藥物濫用預防方案須以學習拒毒技能爲基礎，並利用大眾媒體之宣導，培養孩童反毒技能。針對高風險藥物濫用之群體採取選擇預防策略，進行分眾宣導，藥物濫用預防聚焦於高危險族群及高風險場域。

　　青少年與成人時期必須使用多元之藥物濫用預防方式，藥物濫用預防場域必須從家庭擴展至工作場所、學校、娛樂場所和社區，因爲青少年與成年人有較高風險濫用藥物且較不會尋求幫助，必須採取選擇預防策略與特定預防策略，結合衛生保健系統，協助辨別高風險藥物濫用之個人與群體，建構藥物濫用預防干預機制，強化並連結高風險群體與個人所需資源之合作、提供適當的諮詢、轉介或治療（UNODC, 2012）。

表12-1　嬰幼兒時期至青少年時期不同藥物濫用預防介入，呈現正向之措施

	Prenatal & infancy	Early childhood	Middle childhood	Early adolescence	Adolescence	Adulthood
Family	*Selective* Prenatal & infancy visitation ★★					
	Selective Interventions targeting pregnant women with substance abuse disorders ★					
			Universal & selective Parenting skills ★★★★			
School		*Selective* Early childhood education ★★★★				
			Universal Personal & social skills ★★★			
			Universal Classroom management ★★★			
			Selective Policies to keep children in school ★★			
				Universal & selective Prevention education based on personal & social skills & social influences ★★★		

說明：表中「★」代表各種藥物濫用預防方案之強度：★代表預防方案是有限的、★★代
表適當之預防方案、★★★代表好之預防方案、★★★★代表很好之預防方案、
★★★★★代表非常好之預防方案。

資料來源：SAMHSA. About the Strategic Prevention Framework (SPF). from http://captus.
samhsa.gov/access-resources/about-strategic-prevention-framework-spf.2013

表12-2　青少年時期至成人期不同藥物濫用預防介入，呈現正向之措施

	Prenatal & infancy	Early childhood	Middle childhood	Early adolescence	Adolescence	Adulthood
School				*Universal* School policies & culture ★★		
		Indicated Addressing individual vulnerabilities ★★				
Community				*Universal* Alcohol & tobacco policies ★★★★★		
	Universal & selective Community-based multi-component initatives ★★★					
				Universal & selective Media campaigns ★		
				Selective Mentoring ★		
					Universal Entertainment venues ★★	
Workplace					*Universal, selective & indicated* Workplace prevention ★★★	
Health sector				*Indicated* Brief intervention ★★★★		

說明：同表 12-1。

資料來源：SAMHSA. About the Strategic Prevention Framework (SPF). from http://captus. samhsa.gov/access-resources/about-strategic-prevention-framework-spf.2013

　　UNODC和WHO於2018年邀請專家再次更新藥物濫用預防之國際準則，特別強調健康與人類福祉。主要預防目標在於因應新興毒品，特別強調對年輕族群（非侷限於成人）藥物使用之避免及遲延其初次使用時間；如若是已開始施用者，則改善其藥物濫用之成癮與依賴程度，減少藥物濫用之危害（UNODC & WHO, 2018）。藥物濫用之一般預防目標較前述之主要目標更為廣泛，著重於確保孩童及青少年之健康與安全。有效的預防策略必須增強孩童、青少年及成年人於其家庭、學校、職場與社區各層面之參與及正向連結。

　　基於無論是孩童、青少年或成年均可能為藥物濫用之受害者，有效的

國家藥物濫用預防體系必須基於科學證據，提供不同年齡及再犯風險之整合性介入與政策。由於藥物濫用成因之複雜性，不可能以單一預防策略為之，必須包括個人、環境與發展之綜合策略。此外，為提供完善的整合性預防方案，需要下列重要基礎進行配搭：（一）支持性之政策與法律框架；（二）科學證據與研究；（三）跨部門與部會間之合作參與；（四）對制定政策者與實務工作者進行專業研習；（五）長期提供適當資源與支持。

二、歐洲毒品和毒癮監測中心（EMCDDA）

　　EMCDDA於2011年訂定「歐洲藥物預防品質標準」（European Drug Prevention Quality Standards, EDPQS），這本手冊是由EMCDDA與歐盟委員會聯合製作，內容為建立藥物濫用預防之品質標準。手冊中考量歐洲範圍內現實生活、文化、政策和預防中的實現差異，來制定標準。

　　EMCDDA按照藥物濫用預防策略，鎖定目標之年齡區分為四大類，即嬰兒及兒童早期（6歲以內）、兒童期中期（6至10歲）、青少年時期（11至18歲）、青少年晚期及成年期（18歲以上）；又依照預防策略實施場所之不同，分為家庭、學校、工作場所與社區四類；按照鎖定目標之特性，再將預防策略區分為一般預防策略、選擇預防策略及特定預防策略（EMCDDA, 2019）。

　　針對青少年階段所實施的藥物濫用預防策略，較常見的類型包括：父母教養能力之提升、社交技能之訓練、學校相關政策之推動，以及對於青少年個體特性與心理困擾之關注等。父母教養能力之提升，主要目的在於家庭連結（family bonding）之強化，例如：透過規則設立、對於子女休閒時間及交友狀況之認識、參與子女學習過程等方式，建立父母與子女間相互溝通之管道。至於社交技能之訓練，則著重於青少年對於非法藥物及同儕壓力之拒絕能力，同時教導青少年如何採取健康的做法應對生活中可能遭遇的挑戰。不僅需要幫助青少年了解藥物濫用常見的迷思，也需要讓青少年知曉濫用非法藥物後可能產生的不良結果。學校相關政策之推動除了可提供青少年系統性認知藥物濫用預防策略的機會，亦可於校園內建立一個舒適、安全的正向環境，保護青少年免於非法藥物之誘惑。針對心理狀態不穩定、情緒方面屢受挫折或個體問題較為複雜者，個別心理諮商輔導便有其必要性。諮商輔導人員可運用專業工具檢視其問題，進而了解其心理狀況與情緒感受，再經由

諮商輔導過程給予支持，逐步改善其問題。

　　為了有效改善藥物濫用預防策略之發展，避免效率不佳的作為再次被執行，同時確保預防策略係由專業組織或人員進行推展，EMCDDA設計EDPQS作為參考準則。EDPQS將藥物濫用預防方案分為八階段進行檢視，於每一階段中，都必須針對方案原先鎖定之目標群眾進行設計與評估，務求能依照目標群眾之需求訂定出以實證為基礎的藥物濫用預防方案（EMCDDA, 2013）。八大階段分別是：

（一）需求評估（Needs Assessment）：本階段之工作項目包括了解藥物濫用相關的政策和立法；評估藥物濫用使用和社會的需求；以及了解預防之目標人群。

（二）資源評估（Resource Assessment）：本階段之工作項目包括評估目標人群和社區資源，與評估內部能力。

（三）方案制定（Programmer Formulation）：本階段之工作項目包括定義目標人群與預期目標，以及設定預防之時間表。

（四）干預設計（Intervention Design）：本階段之工作項目包括評估干預方式之效益，並建立最終評估規劃。

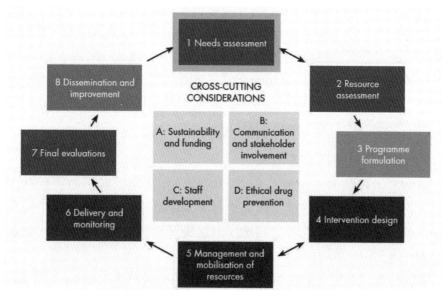

圖12-5　藥物濫用預防週期之八大階段

資料來源：EMCDDA (2013).

（五）管理和調動資源（Management and Mobilization of Resources）：本階段之工作項目包括管理和統籌資源與招募參與者。

（六）傳遞和監督（Delivery and Monitoring）：本階段之工作項目包括監測使用之預防方式並調整預防方案之內容，使預防工作能順利進展。

（七）最終評估（Final Evaluations）：本階段之工作項目包括實施過程與結果評估。

（八）傳播和改進（Dissemination and Improvement）：本階段之工作項目包括確定程序是否應持續進行，傳播資訊與做成最終報告。

此外，各階段的關聯性，包括持續的資金挹注、溝通和利益相關者的參與、員工發展以及非法藥物（毒品）預防之倫理。

三、美國國家藥物濫用研究所（National Institute on Drug Abuse, NIDA）

NIDA以預防科學（Prevention Science）為基礎，於2011年8月修訂整合16項藥物濫用預防之原則（NIDA, 2021），分為以下幾種類型：

（一）鑑別藥物濫用的風險因子與保護因子

風險因子（可能有強烈藥物濫用可能性）與保護因子（能降低藥物濫用可能性的因子）可分為個人、家庭、同儕、學校與社區幾大層面。針對可以改變的因子規劃適當的介入方案，提升保護因子，降低危險因子。NIDA提出以社區監控（Community Monitoring Systems, CMSs）之方式來鑑別當地藥物濫用之風險因子與保護因子，提供家庭以及學校擬定藥物濫用預防政策與干預措施之參考（O'Connell, 2009）。

（二）藥物濫用預防計畫之擬定

藥物濫用預防方案應囊括所有形式的藥物濫用問題，並包括個人、家庭、學校與社區幾大層面。除此之外，其策略必須以能夠降低危險因子與提升保護因子為方案之首要目標，且能夠針對個人之特性做彈性之調整（SAMHSA, 2011: 76-78）。

家庭計畫之實施重點包括強化家庭成員連結繫帶（Bonding）與家庭教育。學校計畫之實施重點包括學生藥物濫用危險因子之改善、情緒覺知與處理、社交技巧、問題解決能力、人際溝通、自我效能與自信之培養與拒絕藥

物之態度與技巧，並增設互動式的學習方案，讓個體學習到更多的藥物濫用相關問題與拒絕藥物濫用的技巧，例如透過同儕的討論、角色扮演等。而學校的老師也必須接受反毒的培訓課程，強化教室對藥物濫用預防工作之責任與相關技能。社區計畫之實施重點必須連結學校、社區組織團體、宗教團體等，擴大影響層面，且應避免對可能陷於藥物濫用的高危險群體產生標籤與社會排斥（Compton, 2009: 65-68）。

（三）藥物濫用預防計畫之執行

藥物濫用預防計畫之執行必須以研究為基礎，其核心之方案策略需要經過建構與評估。預防方案除了針對一般大眾之外，需要培訓藥物濫用預防人才，包括學校教師、社區工作人員以及家長。最重要的是藥物濫用預防計畫必須要結合社區、學校與家庭。當藥物濫用預防計畫基於個人、家庭、學校或社區需求而需要調整預防方案內容時，仍應要保留以研究為基礎而研擬的一些核心要素，包括方案的架構、方案的核心要旨、實施和評估。而藥物濫用預防方案也應根據當地人口特性來做規劃以及調整（SAMHSA, 2011: 79-82）。

NIDA提出之16項藥物濫用預防之原則（NIDA, 2021），詳述如下：

1. 藥物濫用預防計畫應加強保護因素，並推翻或減少風險因素。
2. 藥物濫用預防方案應解決各種形式的濫用藥物問題。
3. 藥物濫用預防方案應解決當地社區之藥物濫用問題，目標為改變危險因素，並加強保護因素。
4. 藥物濫用預防方案必須因應高風險群體之濫用問題，提高預防方案的有效性。
5. 以家庭為基礎的藥物濫用預防計畫應加強家庭依附與提升家庭之反毒技能。
6. 藥物濫用預防方案必須包括對高危險之孩童及青少年實施早期干預。
7. 小學生的藥物濫用預防方案應針對藥物濫用相關知識之提升和情緒健康管理，以降低藥物濫用之危險因子。
8. 國高中學生的藥物濫用預防方案應該增加藥物濫用相關知識、社交能力、自我效能感和自信與反毒信念加強。
9. 藥物濫用預防方案必須減少標籤並促進家庭、學校和社區之結合。
10.社區之藥物濫用預防方案應結合兩個或兩個以上的有效方案。

11. 社區之藥物濫用預防方案必須在多個場所實行，例如家庭、學校、俱樂部等場所。

12. 社區之藥物濫用預防方案必須符合不同文化族群之需求。

13. 藥物濫用預防方案應是長期並反覆實施，以加強原有的預防目標。

14. 有效的藥物濫用預防方案應包括獎勵學生之反毒行為，並增加教師培訓，強化師生之反毒信念。

15. 角色扮演與互動課程是最有效的藥物濫用預防方案，可讓學生反毒技能之學習。

16. 藥物濫用預防方案應以科學研究為基礎，才能符合成本效益。

第四節　青少年藥物濫用預防策略之借鏡

　　近年來，隨著政府各相關單位針對青少年藥物濫用防制對策之推展，國內青少年藥物濫用現況已略有改善，雖然青年毒品嫌疑犯之數量未能有所下降，但少年毒品嫌疑犯之數量已逐漸減少，表現應予以肯定。惟新興影響精神物質（New Psychoactive Substance）對於整體社會之危害日益加劇（李志恒主編，2021），國內有關部門應及早重視此類新興毒品之相關議題，研擬合適防治策略以避免危害青少年之身心發展。

　　有別於傳統毒品，新興毒品之包裝樣式與施用型態皆有所不同。包裝樣式方面，新興毒品多以飲料（如咖啡包、奶茶包或果汁等）或零食（如果凍、梅粉或糖果等）的零售包裝加以偽裝，再搭配新穎酷炫的圖案降低青少年之戒心，進而吸引青少年受好奇心驅使而初次使用，導致使用新興毒品之人數快速增加；施用型態方面，不同於傳統毒品常見之靜脈注射或吸食方式，飲用飲料或含食糖果等方式看似不會造成立即傷害，不僅有助於降低青少年之警覺心，且易於公開場所（如夜店、音樂季等）或半公開場所（如KTV包廂、私人派對等）使用。除此之外，由於新興毒品多為混合型態，內容物往往混雜不同非法藥物或人工化學合成物質，不僅容易讓使用者因使用後感受不一而產生新奇感或期待感，亦大幅提升執法機關之檢驗難度。因現今製藥化學工業之發達，改變化學結構以規避毒品分級制度及相關法規早已不是新鮮事；換言之，法規規範新興毒品氾濫之能力遭到限縮，亦可能使

有關部門嚴重低估新興毒品之濫用問題。因此，針對新興毒品議題制定合宜的青少年藥物濫用防治策略實以刻不容緩，不僅教材內容需要全面翻新，相關師資之培訓亦需加緊完備。

有關我國青少年藥物濫用防治策略，建議可參考鄰近先進國家之做法，以完善我國針對青少年所提供之藥物濫用預防教育。以新加坡政府中央肅毒局（Central Narcotics Bureau, CNB）爲例[1]，新加坡政府推動藥物濫用預防教育時不僅鎖定青少年群體進行規劃，亦針對社區層面提供教育資源。社區層面之教育資源又可分爲行政機關、教育人員（或青少年諮商師）及父母三大面向，依照對象特性之不同，設計或統整使用手冊或懶人包，強化接收對象對於相關資訊之吸收。另外，新加坡政府中央肅毒局亦推動一系列核心課程促進藥物濫用預防教育之成效。除了於校園內舉辦反毒講座或相關展覽活動之外，亦針對不同階段之學生編排反毒幽默短劇或設計互動教材與漫畫故事以吸引青少年目光，甚至透過反毒巴士提高反毒資訊之能見度與可及性。爲了增加青少年參與反毒教育活動之學習經驗，亦大量運用擴增實境（Augmented Reality, AR）技術，協助青少年認知濫用藥物所可能產生之生理危害。爲了避免青少年因自身對於大麻的迷思而輕易施用，新加坡政府亦透過網站及相關刊物針對大麻的常見迷思、相關法規、大麻合法化後可能的負面影響、醫療用大麻之觀念及其他各類資訊進行完整介紹。

新加坡中央肅毒局所規劃之藥物濫用預防教育資源內容完整且對象多元，一些傳統常見的方式在我國亦已逐步推動，惟部分創新作爲仍相當值得參考借鏡。時下青少年人手一臺智慧型手機，透過反毒遊戲應用程式吸引青少年目光便不失爲一項可嘗試之構想。透過玩遊戲達到反毒教育之想法並非不切實際，我國已有企業與網路學習系統合作舉辦反毒電競賽，邀請國內青少年組隊參加[2]。相較於過往透過影片或文宣等方式反覆強調毒品危害之恐怖，以「寓教於樂」爲核心之做法或許更爲有效。另外，亦可妥善運用智慧型手機可隨時連結網際網路之特性，建構線上即時諮詢平臺，提供另一項諮詢管道給有求助需求之青少年。

綜上所述，我國青少年藥物濫用防治策略應在現有基礎上重視新興毒品

1　新加坡政府中央肅毒局，https://www.cnb.gov.sg/
2　2022國泰反毒英雄爭霸賽，https://www.esportsopen.pagamo.org/

對於青少年所可能產生之危害，依據新興毒品之特性修正策略內容，並強化教育師資、教材內容及宣導方式。此外，亦可參考新加坡政府之規劃，成立專責機構以統籌建構我國藥物濫用預防教育系統，整合相關資源，靈活運用科技產品之創新做法，以增進青少年學習動機與經驗為目標，提升青少年藥物濫用防治策略之成效。

第五節　藥物濫用預防之建議

　　過往藥物濫用預防策略以公共衛生三級預防模式為基礎，但其模式無法描述過於複雜的藥物濫用行為，為補充三級預防之不足之處，EMCDDA整合新近預防策略，分為廣泛預防策略、選擇預防策略、特定預防策略及環境預防策略，四項藥物濫用預防策略彼此互補，為藥物濫用預防開展一個全新框架（EMCDDA, 2009）。

　　根據廣泛預防策略，未來應以「倡導健康、全民免疫」為主軸，教育民眾認識毒品，讓「健康生活，拒絕毒害」的觀念，形成新生活運動。選擇預防策略則強調藥物濫用預防應強化分眾宣導，聚焦於高危險族群及高風險場域，使藥物濫用預防教育之推行更具成效。特定預防策略之核心在於建立一套高藥物濫用風險者之篩選機制，辨別個人之危險因子與保護因子，進行個別藥物濫用預防之需求評估，再依據評估結果進行早期干預，必須強化並連結個人所需資源，以提供連續性服務、照護與支持。最後，環境預防策略主張政府應利用具強制性的法令規章並強化整體社會道德規範，進而影響個人藥物濫用之信念與行為。政府機關不僅可透過強力執法增加民眾取得非法藥物或毒品之困難性，亦可利用大眾傳播媒體從廣告政策宣導、電影、影集等多元管道，強化社會大眾之反毒意識，並教導民眾拒絕非法藥物及毒品之技能。此外，政府機關亦可從傳播媒體對於民意展現之反饋，了解現行法規或政策應修正調整之處。

　　NIDA（2021）指出，藥物濫用預防方案具相當效益，研究發現投資1元之藥物濫用預防，可在藥物濫用處遇上節省10元成本；未來臺灣應持續挹注資源投資藥物濫用之預防教育。本文根據UNODC、NIDA及EMCDDA所訂定之國際準則及相關藥物濫用預防作為，提供以下之建議（楊士隆、劉子

瑄，2013）：

一、參考美國監測未來方案（Monitoring the Future）[3]，以自陳報告（Self-reported）方式，定期調查國內國、高中學生藥物濫用盛行率，以對青少年藥物濫用各項問題行為進行監測與評估，並進行本土實證性科學研究，辨識青少年藥物濫用或問題行為的危險因子與保護因子，於實證基礎上規劃藥物濫用預防策略的相關政策與配套措施。

二、藥物濫用預防方案之範圍應涵蓋個人生命所有週期，並囊括所有形式的藥物濫用問題，而藥物濫用預防需從個人、家庭、學校、社區及工作場所各層面建立多元反毒基地，以降低危險因子與提升保護因子為核心目標，且針對個人特性做彈性調整。藥物濫用預防計畫之執行必須整合既有藥物濫用監控，以實證科學為基礎，進行內容建構與成效評估。

三、積極強化拒絕菸品與檳榔使用等毒品入門藥物宣導，研究發現當收容少年曾有菸酒物質之使用經驗時，其越有可能會具有非法藥物之使用經驗；此外，收容少年使用菸品與檳榔等物質之頻率越高，其越有可能使用非法藥物（楊士隆等，2016），因此建議教育部與衛生福利部國民健康署等相關部門加強合作，共同推動拒毒工作。

四、藥物濫用預防工作應與相關專業機構、學術組織合作，對制定政策者與實務工作者進行專業研習，及大量培養不同領域的預防教育宣導人才，設計專業培訓課程並建立評估系統，使反毒預防工作能發揮最大效能（楊士隆、李宗憲，2020）。進行宣導工作時應避免過於八股或傳統教條式的做法，必須嘗試運用創新作為如Podcast、電競比賽及遊戲軟體等寓教於樂的方式，以符合青少年之需求，吸引其關注。

簡言之，政府相關部門應持續挹注資源推動藥物濫用預防教育，並以社會大眾為反毒理念之宣導對象。再者，必須綜合廣泛預防策略、選擇預防策略、特定預防策略及環境預防策略之核心概念，進而完善現有的青少年藥物濫用防治策略。藥物濫用預防教育之推展則可嘗試運用科技產品或新媒體等網際網路之特點提升青少年之學習動機與成效。至於方案內容之建構與執行成效之評估則應以實證科學為依歸，以有效降低危險因子與提升保護因子。建構以科學證據為導向之青少年藥物濫用預防宣導創新方案尤為重要，因傳

3　Monitoring the Future, https://www.drugabuse.gov/drug-topics/trends-statistics/monitoring-future

統藥物濫用防治宣導作爲大多係針對成年人之需求及特性加以擬定，應透過實證研究定期監測並評估我國青少年之藥物濫用特性，以年輕學子之實際需求爲主要切入點，進而檢視當前臺灣各地區之宣導作爲與成效，方有助於發展符合青少年需求之藥物濫用預防宣導方案並協助政府有關部門擘劃青少年藥物濫用防制政策相關措施。

參考文獻

一、中文部分

李志恒主編（2021）。2021新興影響精神物質・毒性、防制與政策。高雄醫學大學藥學院

楊士隆、劉子瑄（2013）。藥物濫用預防模式與國際預防準則之探討。刑事政策與犯罪研究論文集，頁85-107。

楊士隆、張梵盂、曾淑萍（2016）。青少年非法藥物使用進階之實證調查：以收容少年爲例。藥物濫用防治，第1卷第2期，頁1-25。

楊士隆、李宗憲（2020）。青少年藥物濫用問題與防治對策。載於楊士隆、李思賢主編，藥物濫用、毒品與防治。五南圖書，頁379-380。

楊士隆、李思賢主編（2020）。藥物濫用、毒品與防治（三版）。五南圖書。

二、英文部分

Brotherhood, A. & Sumnall, H. (2011). European Drug Prevention Quality Standards: A Manual for Prevention Professionals. European Monitoring Centre for Drugs and Drug Addiction.

Compton, M. T. (Ed.) (2009). Clinical Manual of Prevention in Mental Health. American Psychiatric Pub.

European Monitoring Centre for Drugs and Drug Addiction (EMCDDA) (2007). EMCDDA 2007 Selected Issue — Drug Use and Related Problems Among Very Young People (Under 15 Years Old).

European Monitoring Centre for Drugs and Drug Addiction (EMCDDA) (2009). Preventing Later Substance Use Disorders in at-risk Children and Adolescents: A Review of the Theory and Evidence Base of Indicated Prevention. Thematic papers. Office for Official

Publications of the European Communities. http://www.emcdda.europa.eu/publications/thematic-papers/indicated-prevention

European Monitoring Centre for Drugs and Drug Addiction (EMCDDA) (2010). Prevention and Evaluation Resources Kit (PERK). doi: 10.2810/27577

European Monitoring Centre for Drugs and Drug Addiction (EMCDDA) (2013). European Drug Prevention Quality Standards: A Quick Guide. Publications Office of the European Union.

European Monitoring Centre for Drugs and Drug Addiction (EMCDDA) (2019). European Prevention Curriculum: A Handbook for Decision-makers, Opinion-makers and Policy-makers in Science-based Prevention of Substance Use. Publications Office of the European Union.

Haggerty, R. J. & Mrazek, P. J. (Eds.) (1994). Reducing Risks for Mental Disorders: Frontiers for Preventive Intervention Research.

McGrath, Y., Sumnall, H., McVeigh, J., & Bellis, M. (2006). Drug Use Prevention Among Young People: A Review of Reviews. National Institute for Health and Clinical Excellence.

Mee-Lee, D., Shulman, G. D., Fishman, M. J., Gastfriend, D. R., & Griffith, J. H. (2001). ASAM Patient Placement Criteria for the Treatment of Substance-related Disorders. Chevy Chase, MD: American Society of Addiction Medicine.

Miller, N. S. & Flaherty, J. A. (2000). Effectiveness of Coerced Addiction Treatment (Alternative Consequences): A Review of the Clinical Research. Journal of substance abuse treatment, 18(1): 9-16.

National Institute on Drug Abuse (NIDA) (2007). Drugs, Brains, and Behavior: The Science of Addiction (No. 7). National Institute on Drug Abuse, National Institutes of Health, US Department of Health and Human Services.

National Institute on Drug Abuse (NIDA) (2020). Prevention Principles. Retrieved December 1, 2020, from https://www.drugabuse.gov/publications/preventing-drug-use-among-children-adolescents/prevention-principles

National Institute on Drug Abuse (NIDA) (2021). Preface. Retrieved December 21, 2022, from https://nida.nih.gov/publications/drugs-brains-behavior-science-addiction/preface

O'Connell, M. E., Boat, T., & Warner, K. E. (2009). Preventing Mental, Emotional, and Behavioral Disorders Among Young People: Progress and Possibilities. National Academies Press.

Springer, J. F. & Phillips, J. (2007). The Institute of Medicine Framework and Its Implication for the Advancement of Prevention Policy, Programs and Practice. Community Prevention Initiative.

Substance Abuse and Mental Health Services Administration (SAMHSA) (2011). Leading Change: A Plan for SAMHSA's Roles and Actions 2011-2014. HHS Publication No. (SMA) 11-4629. Substance Abuse and Mental Health Services Administration.

Substance Abuse and Mental Health Services Administration (SAMHSA) (2019). A Guide to SAMHSA's Strategic Prevention Framework. Center for Substance Abuse Prevention. Substance Abuse and Mental Health Services Administration.

Substance Abuse and Mental Health Services Administration (SAMHSA). About the Strategic Prevention Framework (SPF). http://captus.samhsa.gov/access-resources/about-strategic-prevention-framework-spf.2013

Toumbourou, J. W., Stockwell, T., Neighbors, C., Marlatt, G. A., Sturge, J., & Rehm, J. (2007). Interventions to Reduce Harm Associated with Adolescent Substance Use. The Lancet, 369(9570): 1391-1401.

United Nations Office on Drugs and Crime (UNODC) (2012). Youth Initiative Discussion Guide.

United Nations Office on Drugs and Crime & World Health Organization (2018). International Standards on Drug Use Prevention, Second updated edition. Licence: CC BY-NC-SA 3.0 IGO.

郭鐘隆、黃久美

第一節　簡　介

一、資訊通訊科技（ICT）與智慧健康（eHealth）

　　eHealth是醫療資訊學、公共衛生和商業交叉領域的一個新興領域，指的是通過網路和相關技術提供或增強的健康服務和資訊。從更廣泛的意義上講，eHealth這個詞不僅代表了一種科技發展，而且還代表了一個思維狀態、一種思維方式、一種態度和一種對網路化、全球思維的承諾，通過使用資訊和通信技術來改善當地、地區和全球的醫療保健（Eysenbach, 2001）。

　　世界衛生組織（World Health Organization, WHO）對eHealth定義為「ICT（Information and Communication Technology）在醫療及健康領域的應用，包括醫療照護、疾病管理、公共衛生監測、教育和研究等」。

二、智慧健康（eHealth）中的10個e

（一）**效率（Efficiency）**：能提高醫療保健效率，降低成本。例如避免重複或不必要的診斷或治療介入，像是增強醫療保健機構之間的溝通可能性，以及患者積極進行治療。

（二）**提高照護品質（Enhancing Quality of Care）**：提高效率同時也提高照護品質，確保患者接收到資訊的品質良好且固定，且不同的患者獲得的資訊，也能相互進行比較。

（三）**以證據為基礎（Evidence Based）**：介入能以證據為基礎，醫療介入的有效性及效率皆透過科學方法進行驗證。

（四）**賦予權力（Empowerment）**：增強消費者和患者的權利和能力，透過網路獲取正確的醫學知識，瀏覽並建立個人電子紀錄，為以患者為中心的醫學開闢了新的途徑。

（五）**鼓勵**（**Encouragement**）：鼓勵患者和衛生專業人員之間建立新的關係——真正的夥伴關係，以合作的方式做出決定。

（六）**教育**（**Education**）：透過線上資源（醫學教育）和消費者（健康教育、為消費者量身制定的預防資訊）對醫生進行教育。

（七）**啟用**（**Enabling**）：使醫療保健機構之間以標準化方式進行資訊與訊息交換和溝通。

（八）**擴展**（**Extending**）：將醫療保健的範圍擴大到其傳統界限之外，使消費者能夠輕鬆地透過網路從全球獲得在線醫療服務。

（九）**倫理**（**Ethics**）：倫理涉及新形式的醫病關係，並對在線專業實踐、知情同意、隱私和公平問題等道德問題提出新的挑戰和威脅。

（十）**平等**（**Equity**）：目前eHealth可能會加深富人與窮人之間的差距，因此為使弱勢族群也能公平獲得服務，更需要政府或是醫療機構的認同和支持。

　　除了這10大eHealth不可缺少的元素之外，也應該便於使用（Easy-to-use）、具有娛樂性（Entertaining）、能夠激動人心（Exciting），且必須存在（Exist）（Eysenbach, 2001）！

三、智慧健康（eHealth）整體發展方法的策略和原則

　　van Gemert-Pijnen等專家於2011年提出了一種開發電子健康技術的整體方法，是基於審查框架的結果、實證研究以及從與研究人員討論框架（eHealth會議）中獲得的見解。此框架意味著人類特徵、社會經濟和文化環境以及技術彼此密切相關，電子健康技術影響著人們的日常生活。人們的心理狀況、儀式和習慣以及社交技巧，都會影響他們的個人和職業環境，且顯然會影響他們與技術互動的能力（Julia et al., 2011）。

　　為了可視化和概述整體方法，創建了一個框架並提出了CeHRes路徑圖（The Center for eHealth Research Roadmap）（如圖13-1）。該圖可作為實用指南，幫助規劃、協調和執行eHealth之參與式開發過程。該路徑適用於開發人員（例如技術人員、設計師和醫療保健專業人員）、研究人員和政策制定者，並用於教育目的（例如學生和醫療保健提供者），更可以作為一種分析工具，用於就電子衛生保健技術的使用做出決策。

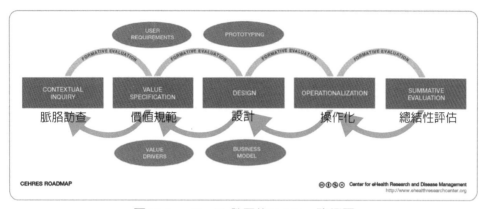

圖13-1 eHealth發展的CeHRes路徑圖

資料來源：van Gemert-Pijnen et al. (2011).

　　CeHRes路徑圖主要由五個部分組成，分別是脈絡訪查（Contextual Inquiry）、價值規範（Value Specification）、設計（Design）、操作化（Operationalization）、總結性評估（Summative Evaluation），以下就每一個部分進行概述。

（一）**脈絡訪查**：從預期用戶和實施該技術的環境中蒐集訊息。

（二）**價值規範**：對關鍵利益相關者的經濟、醫療、社會或行為價值的認可和量化。

（三）**設計**：構建符合價值觀和用戶要求的原型。

（四）**操作化**：涉及技術在實踐中的實際引入、採用和使用。

（五）**總結性評估**：指技術的實際採用及其使用，以及電子衛生技術在臨床、組織和行為方面影響的評估。

　　除了CeHRes路徑圖主要的脈絡訪查、價值規範、設計、操作化、總結性評估五大向度，其中又透過使用者需求（User Requirements）、產品原型（Prototyping）、價值導向（Value Drivers）、商業模型（Business Model）四大層面連結不同向度。

四、智慧健康（eHealth）在毒品防制的介入與應用

　　由歐洲議會研究發展總局（European Parliamentary Research Service, EPRS）於2017年發表的「藥物濫用的創新科技策略」（Technological Innovation Strategies in Substance Use Disorders）中提到，藥物濫用是影響歐

盟數百萬人的複雜社會和健康問題，在過去的二十年裡，藥物成癮領域的專家開始利用網路和新技術的發展，使用介入以提升相關防制策略。

所有針對藥物濫用的科技基礎介入（Technology-based Interventions, TBIs）都基於心理社會介入，旨在改變參與者的吸毒行為。這些介入在不同程度上側重於新增參與者對藥物使用的洞察力，新增其改變行為的動機和處理欲望的能力，並制定應對策略，以改進復發狀況的預防方法，以及改善對行為的控制。

Barak等人於2009年提出的藥物濫用導致的TBI介入分類為四種，分別是基於網路的介入、在線諮詢和治療、人工智能和虛擬現實治療軟體，以及社交媒體的治療用途與其他在線活動（如圖13.2），如下所述：

（一）基於網路的自助介入：主要指自我領導的介入，該定義包括三種基於網絡的介入子類型，如基於網絡的訊息和教育介入、基於網絡的自我指導治療介入、人際支持基於網絡的治療介入。

（二）在線諮詢和治療：指治療師與患者之間通過網路進行的交流，包含同步（即時）或非同步（非即時，如電子郵件）通信（基於文本、音頻或視頻）面對面過程的指導，治療師可以通過網路提供以治療為導向的遠距指導。

（三）人工智能和虛擬現實治療軟體：這部分包括多種技術，例如人工智能（例如治療師的機器人模擬）和虛擬現實的環境，提供一個「虛

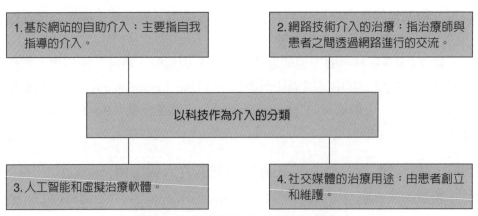

圖13-2　以科技作為介入的分類圖

資料來源：European Parliament et al. (2017).

擬」空間，使人們可以在其中互動並由化身（如VTuber之類的虛擬人物）來代表自己。

（四）社交媒體的治療用途：治療途徑由患者創立和維護，而非由醫事人員介入，社交媒體例如臉書、推特、電子郵件、在線支持小組和各種通訊軟體皆是，但其中也包括由衛生工作者主持的服務。

五、運用資訊科技在毒品防制的介入與應用之有效性與優缺點

由EPRS於2017年發表的「藥物濫用的創新科技策略」中，也有歸納出將資訊科技應用在毒品防制的介入與應用，有以下有效性與優缺點分析。

（一）效用與功效

1. 科技基礎介入對於物質使用問題是有效的，但許多研究表明，行為改變的成功程度往往是微小到中等效果。
2. 儘管如此，需要積極考慮這些效用，因為從公共衛生的角度來看，即使是很小的變化在母群中，還是有意義的。（A minor change in a population is a big change.）
3. 需要更多的研究設計、受試者特性、觀察時間和結果測量，因為這種變化很大的研究，異質性會使得難以確定一致的療效預測因子。

（二）優點與缺點

表13-1　運用資訊科技在毒品防制的介入與應用之優缺點

優點	缺點
1.以科技為基礎的介入可以擴大藥物濫用治療的可用性。 2.靈活性和便攜性，適用於各種環境。 3.二十四小時可用性。 4.量身定做的健康介入。 5.提供高度標準化和即時的訊息。 6.以科技為基礎的介入被認為是具有成本效益的治療方法。 7.以科技為基礎的介入可以改善隱私問題。	1.以科技為基礎的介入可能並不適合所有患者。 2.使用上可能會對於科技素養較低的人有困難。 3.新技術可能使人們暴露於吸毒的風險。 4.無法分析個案的生化資料（如尿液篩檢）。 5.緊急情況下應用以科技為基礎的介入相對不適當。 6.缺乏面對面的互動。

第二節　數位平臺

　　本文以教育部防制學生藥物濫用資源網、法務部反毒大本營網站、國立中正大學犯罪研究中心防制藥物濫用教育中心網站爲例，作爲數位平臺運用在毒品防制的介入與應用例證。

一、教育部防制學生藥物濫用資源網

　　教育部防制學生藥物濫用資源網爲教育部學生事務及特殊教育司管理，其中，提供中央政府相關法令計畫、拒毒預防、諮詢機構等資料查閱（如圖13-3）。

圖13-3　教育部防制學生藥物濫用資源網入口網站

資料來源：https://enc.moe.edu.tw/

　　另外，也提供眾多E化資源供縣市、學校、老師應用，如文宣專區提供海報、電子書與教材、教學漫畫、反毒影音、反毒報告書等（如圖13-4）。

二、法務部反毒大本營網站

　　法務部反毒大本營網站提供三種不同取向之資源，分別爲專業版、民眾版、親子版，依照分眾不同需求提供相對應的資源（如圖13-5、圖13-6、圖

圖13-4　教育部防制學生藥物濫用資源網：文宣專區

資料來源：https://enc.moe.edu.tw/

圖13-5　法務部反毒大本營網站入口網站

資料來源：https://antidrug.moj.gov.tw/mp-4.html

13-7）。另外，也有求助e點通、青少年專區、毒品危害防制中心諮詢專線等，提供民眾點閱及瀏覽相關資訊。

圖13-6　法務部反毒大本營網站：民眾版（認識毒品）

資料來源：https://antidrug.moj.gov.tw/mp-4.html

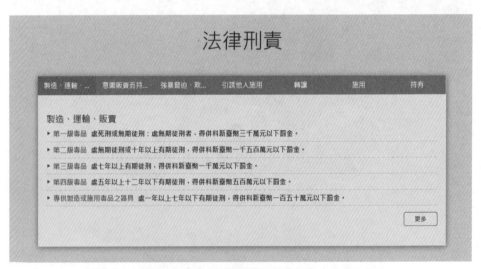

圖13-7　法務部反毒大本營網站：民眾版（法律刑責）

資料來源：https://antidrug.moj.gov.tw/mp-4.html

　　除了民眾版相對簡要的資源，法務部也提供相關數據、統計資料供專業
人員參考，如專家學者、政府局處、學校師長參考（如圖13-8、圖13-9）。

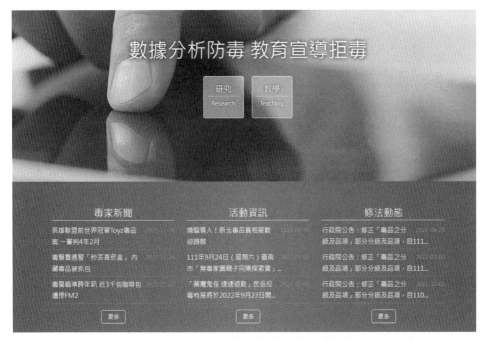

圖13-8　法務部反毒大本營網站：專業版

資料來源：https://antidrug.moj.gov.tw/mp-4.html

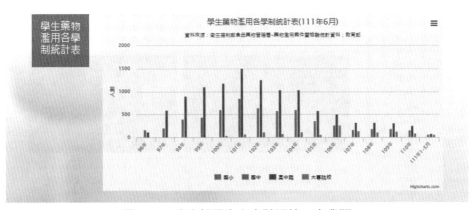

圖13-9　法務部反毒大本營網站：專業版

資料來源：https://antidrug.moj.gov.tw/mp-4.html

三、國立中正大學犯罪研究中心防制藥物濫用教育中心網站

　　國立中正大學犯罪研究中心防制藥物濫用教育中心網站有多元資源可供應用，如教育參訪、學術園地、認識毒品等（如圖13-10）。

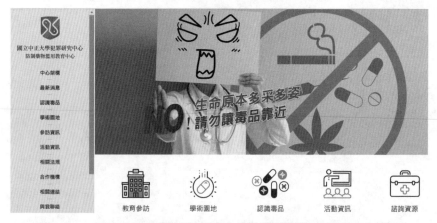

圖13-10　國立中正大學犯罪研究中心防制藥物濫用教育中心網站

資料來源：https://deptcrc.ccu.edu.tw/

　　國立中正大學犯罪研究中心除了提供相關單位預約教育參訪，也設立線上導覽專區，拍攝多部藥物濫用相關影片，供民眾線上觀賞（如圖13-11）。另外，也有認識毒品相關資訊可供查閱，如毒品分級、毒品對人體的

圖13-11　國立中正大學犯罪研究中心防制藥物濫用教育中心網站：線上導覽專區

資料來源：https://deptcrc.ccu.edu.tw/

圖13-12　國立中正大學犯罪研究中心防制藥物濫用教育中心網站：認識毒品

資料來源：https://deptcrc.ccu.edu.tw/

影響、如何遠離毒害等（如圖13-12）。

　　以上以教育部防制學生藥物濫用資源網、法務部反毒大本營網站、國立中正大學犯罪研究中心防制藥物濫用教育中心網站舉隅，作為數位平臺提供毒品防制的例證。

第三節　使用智慧型手機來進行社會心理介入

　　由EPRS於2017年發表的「藥物濫用的創新科技策略」中，亦有以「智慧型手機技術：治療的新機會」為題，論述智慧型手機應用於藥物防制之貢獻。

　　在網路上，有各式各樣的藥物防制支持性健康工具，例如教育網站、評估和心理治療網站、自助計畫、社交網路治療社區及系統等。這些應用將智慧型手機和其他移動技術工具，用於藥物使用的治療和研究，雖然可以有效引起人們的興趣、好奇和期望，但也同時引發了人們對其使用上有關道德方面的隱憂。

　　以遠程監控設備開發為例，持續監控正在接受成癮治療的人的生理反應或復發的前兆，也可以使用特殊儀器測量生理訊息（血壓、心率、血液中的

物質濃度等）。醫事人員可以利用智慧型手機蒐集的數據，來提供詳盡的訊息和建議，幫助患者控制他們的情況。

智慧型手機也有應用程式，可以即時提示和記錄患者的情緒、社交、生物和行為狀態及活動，也可以被動記錄環境中的運動模式及所在位置。

一、背景

由郭鐘隆教授指導的廖容瑜博士生，於2019年發表的博士論文「行動應用程式對於用藥高危險青少年之成效探討」以智慧型手機作為載具，設計行動應用程式介入用藥高危險青少年，進行成效探討。

二、研究概述

目前在預防高危險青少年非法吸毒方面的介入較少，然而高中是一個關鍵的過渡時期，他們將進入下一個人生階段，例如大學、工作或婚姻，如果有不順遂或失敗的情形，他們有高度可能會開始或重新開始使用藥物。

因此，該研究從有吸毒經歷的青少年和與他們陪伴者的角度出發，開發一款名為「QD-Health」的智慧型手機應用程式，並以解構式計畫行為理論（Decomposed Theory of Planned Behavior, DTPB）進行評估，QD-Health的有效性是根據健康素養、社會支持和不使用藥物的意願進行評估。

此研究共招募了40名高危險族群的青少年，他們在兩個月內使用QD-Health，並在首次使用後、第一個月和第二個月，進行三次測量。基於DTPB模型，使用多元迴歸來檢視重要預測因子，檢驗評估QD-Health在不使用藥物、健康素養、社會支持（包括有感、情感和評估支持）方面的有效性。結果發現，基於DTPB模型，發現態度（滿意度）和輔導員的影響顯著（Liao, 2019）。

第四節　利用AR來進行毒品防制教育

一、背景

隨著網路普及，許多青少年透過同儕或網路獲得不正確之藥物相關知識與錯誤訊息，加上新型態毒品也快速在青少年次文化中蔓延流行，一旦落入

毒品的深淵，往往會造成個人無法自拔，甚至危害到家庭和社會，青少年使用毒品大部分出自於好奇心，大人則多爲壓力。

家長在青少年成長階段中扮演重要的角色，爲提升青少年對於藥物的知識、態度、技能，藉此運用桌遊結合日常生活，並在遊玩中學習知識、溝通及團隊合作能力，提升青少年對於反毒的行爲技能，玩桌遊的進行方式不僅可以增加趣味性，並促進親子之間的情感交流，也能透過遊戲讓青少年認識毒品危害性，培養拒絕毒品的技巧，養成正確的人生觀，讓青少年在健康的環境中成長並建立親子之間親密的情誼。

二、研究概述

郭鐘隆、黃久美健康數位教材研發團隊設計兩款AR桌遊進行毒品防制教育，團隊成員王美智、宋慶禾以「高中職生對於AR反毒桌遊之評價」爲題，探究高中職學生對於此教材之態度與使用評價。並且，強調以往傳統教學方法已經很難符合現今青少年之需求，團隊運用AR桌遊結合擴增實境特效，將AR桌遊融入藥物濫用防制教育。

研究結果發現近八成學生對於AR桌遊教材與課程是非常滿意的，因此研究建議未來可以開發更多藥物濫用結合科技產品的運用，可以有效吸引學生目光以及學習動機，更可以強化學生學習之深度及廣度。

其中，第一款「魔法森林新出口」（如圖13-13）是結合新型態毒品及對身體危害的知能，遊戲架構以精靈與魔法師在魔法森林裡要尋找出新型態毒品的所在處並消滅它，在這趟旅途中充滿了魔法寶石、新型態毒品、魔法術等；假如精靈與魔法師成功地開闢一條道路通往新的出口，他們就可以利用自身的魔法將新型態毒品毀滅掉；最後到底鹿死誰手，就要各憑本事；遊戲勝利條件爲找到新型態毒品所在並將它毀滅以及團隊積分，高分者團隊獲勝。第二款桌遊爲「建構人生之塔」則是將反毒相關知識與技能融入人生規劃的觀念，每個人本質和基礎點都不盡相同，對於人生規劃亦是如此，在建構自己人生之塔的過程中，從中感受往上建構的過程，而建構每一個樓層也是過去經驗帶來的基礎，有些人基礎薄弱，容易受外在環境影響，在建構人生之塔的過程中也較辛苦，有些人基礎較穩固，則可以較安穩地一步一步往上蓋，對於反毒亦是如此，在學生生命早期階段就先打好穩固基礎很重要，如果學生在早期就接觸毒品，容易累積錯誤經驗而影響學生後半人生，導致

圖13.13　AR桌遊「魔法森林新出口」內容舉隅

資料來源：圖片由國立臺灣師範大學郭鐘隆教授提供；桃園市政府教育局版權所有。

未來人生之塔的倒塌，遊戲勝利條件為建築樓層最高者為贏家（王美智、宋慶禾，2020；Huang et al., 2022）。

第五節　利用VR來進行毒品防制教育

一、背景

　　依據衛生福利部食品藥物管理署統計，學生藥物濫用在學制上，以高中學校的件數最多，且由於大多數的反毒課程授課方式都以講述方式為主，無法吸引學生注意力。以下兩則研究為採用學生有興趣的3D VR反毒教材，來提高學生對學習反毒知識的動機。

　　郭鐘隆教授指導的陳志哲博士生，在VR開始盛行時，即應用解構計畫行為理論檢驗，以3D VR為特色之教育介入，探討此策略對藥物濫用防制的成效。該研究篩選愷他命尿液呈陽性反應個案，共32位學生，分別來自臺灣北區五所高中職，在實施3D VR影片介入後，以結構式問卷進行調查，並詢問學生對於觀看3D VR動畫之意見，進行徑路分析。結果顯示，輔導員影

響、資源條件分別與主觀規範、知覺行為控制有顯著相關，而主觀規範、知覺行為控制與行為意圖顯著相關，但態度與行為意圖關係不顯著。因此，輔導員影響、資源條件能透過主觀規範、知覺行為控制影響行為意圖，顯示此教育介入對學生用藥行為意圖有影響。學生對於3D VR動畫的接受度高，認同此種創新媒體教學模式，但期望動畫呈現觀感，能有如真人般的感受，此研究未戴頭盔，所以學生比較沒有沉浸式的感覺（陳志哲等，2016）。

　　郭鐘隆、黃久美健康數位教材研發團隊曾設計「毒品失樂園五單元」，應用VR進行毒品防制教育，以某高級中等學校學生為研究對象，以解構式計畫行為理論探討其對於3D VR反毒教材的評價，將學生自身的動機喚起、行為改變的相關技能，以熟悉的遊戲形式呈現，並將知識延伸為3D VR反毒教材，觀察到學生有正向提升學習的意願，更由全新的角度分析學習歷程。

　　依據「建置大專校院藥物濫用學生多元輔導課程計畫」內藥物濫用防制領域專家學者之意見，以及藥物濫用學生之特質需求，一共設計五個單元，分別為轟趴的陷阱、藥命的人生、歹路不可行、不藥・回頭、健康新世界（如表13-2、圖13-14、圖13-16），讓學生戴HTC的VIVE頭盔，所以學生有沉浸式VR感覺。該研究地點位於臺北市某高中，參與者是90名高中生，藉由質性訪談方法、量性問卷，請高中生表達他們對3D VR反毒教材的看法。

表13-2　郭鐘隆、黃久美健康數位教材研發團隊「毒品失樂園五單元」之單元內容規劃

單元名稱	單元一 「轟趴的陷阱」	單元二 「藥」命的人生	單元三 歹路不可行	單元四 不「藥」不回顧	單元五 健康新世界
學習目標	1. 覺察菸、酒、檳榔等成癮物質使用，會增加藥物濫用的風險 2. 學會辨識偽裝毒品的能力 3. 面對毒品誘惑情境，展現健康選擇的能力 4. 學會遠離毒品的技巧與能力	1. 了解並觀察吸毒對身體傷害後的結果 2. 了解毒品對工作、生活造成的影響	1. 培養環境的自我覺察能力 2. 學會辨識毒品運送偽裝的能力 3. 了解嚴密查緝毒品機制與行動，以及刑責的嚴重性	1. 學會為自己健康做決定的能力 2. 建立戒治毒品的意願與決心	規劃正當休閒活動，建立健康生活型態

表13-2　郭鐘隆、黃久美健康數位教材研發團隊「毒品失樂園五單元」之單元內容規劃（續）

單元名稱	單元一「轟趴的陷阱」	單元二「藥」命的人生	單元三歹路不可行	單元四不「藥」不回顧	單元五健康新世界
場景	家裡、motel	戶外公園	印尼雅加達機場過境大廳	勒戒所、醫院	家、籃球場
遊戲	打擊新型態毒品：將新型態毒品圖片打倒	改「投」換面：健康流汗運動	「尋尋」善誘：打毒品藏匿處	邁向幸福人生：接好球	期許美好未來：一放天燈

資料來源：國立臺灣師範大學郭鐘隆教授提供。

圖13-14　「毒品失樂園五單元」沉浸式VR反毒：劇情示意圖

資料來源：國立臺灣師範大學郭鐘隆教授提供，現於國立中正大學犯罪研究中心防制藥物濫用教育中心提供各界體驗。

圖13-15　「毒品失樂園五單元」沉浸式VR反毒：銜接遊戲示意圖

資料來源：國立臺灣師範大學郭鐘隆教授提供。

二、研究概述

上述第二項研究為應用解構式計畫行為理論之變項來探討使用者對使用行動科技的意圖，其中的問卷內容包含知覺有用性、知覺易用性、知覺相容性用來預測行為意圖；輔導人員的影響、外部影響預測對主觀規範的影響；自我效能、資源助益條件、科技助益條件對於知覺行為控制的影響。測驗採用Likert五分量表，由研究對象依據自身對於量表各題項之敘述之感受來勾選分數，計分選項為「非常同意」、「同意」、「中立意見」、「不同意」及「非常不同意」，分別以5、4、3、2、1計分，得分越高表示對於3D VR運用於反毒知能學習之認同度越高，得分越低，則反之，重複這個過程，直到所有網格全部被填滿。記錄參與者的量性使用評價後，從中挑選出30位參與者進行深度訪談及整合描述，而後完成結果部分的陳述。

研究結果顯示，模型的測量模式具有良好的信效度，運用PLS-SEM路徑分析，共有八個分析路徑有顯著相關，在結構模式方面則發現（一）對於

態度構面，知覺有用性以及相容性皆呈現正向顯著影響，而知覺娛樂性則呈現不顯著；（二）對於主觀規範構面，重要他人影響呈現正向顯著影響；（三）在知覺行為控制構面，資源助益條件及自我效能呈現正向顯著影響，而科技助益條件並未呈現顯著的結果；（四）態度、主觀規範以及知覺行為控制構面亦皆對未來使用3D VR反毒教材之行為意圖有顯著正向影響。

使用3D VR反毒教材的高中生態度、主觀規範、知覺行為控制對於行為意圖的解釋力達到55.4%，結果顯示與科技結合之創新的反毒教材，對青少年學習反毒的意願有正向的效果，值得後續研發並推廣。

成癮科學的研究中，VR仍處於對生理及心理的影響，但臺灣對於以VR用於青少年反毒的文獻仍為有限，研究發現學生對於3D VR動畫的接受度高，認同此種創新媒體教學模式，但期望動畫呈現觀感，能有如真人般的感受，故若有更多經費挹注在軟體開發上，可開發更細膩、擬真感更高的畫面。國內外文獻多以量性問卷來分析學習的成效，較少質性的深度訪談，研究發現反毒3D VR教材介入有助於提高高中生對於反毒知識的學習興趣，藉以達到防範藥物濫用的成效。此研究為國內第一個應用3D VR後，進行藥物濫用的質性訪談和量性分析，成為國內研究3D VR反毒教材領域之先河，也具備有未來性及前瞻性（張盈潔等，2021）。

第六節　利用機器人來進行毒品防制教育

一、背景

毒品氾濫為現今全球須共同面對的嚴重問題，而非法藥物流入校園使得青少年更容易接觸。透過校園反毒課程，盡早提升其認知、態度、拒毒技能為必要之工作，隨著科技的進步，傳統教學方式已無法引起足夠的學習動機，應發展創新反毒教育方法，提升學習動機以達更好的成效。

郭鐘隆、黃久美健康數位教材研發團隊設計「藥物濫用預防2.0教材」（如表13-3），應用凱比機器人與課程簡報教材（如圖13-16）進行毒品防制教育，以某中等學校學生為研究對象，並以解構式計畫行為理論探討其評價。

表13-3　藥物濫用預防2.0教材（內容舉隅）

單元名稱	課程內容
要High不要害	1.認識物質濫用與非法藥物 2.認識菸、酒、檳榔與非法藥物的關係 3.批判思考技能
藥物，傷很大	1.認識非法藥物的各種影響 2.非法藥物的用藥歷史 3.了解新型態毒品的種類與危害
「藥」你決定	1.認識非法藥物的使用原因 2.學習做出好的決定 3.演練做決定技能
危險，速速退	1.認識非法藥物使用常見的危險因子 2.學習減少危險因子的具體做法 3.認識非法藥物使用者可能會出現的行為表徵

資料來源：國立臺灣師範大學郭鐘隆教授提供。

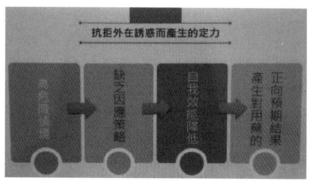

圖13-16　凱比機器人與課程簡報教材

資料來源：國立臺灣師範大學郭鐘隆教授提供。

二、研究概述

　　由郭鐘隆教授指導的張軒寧同學大專學生研究計畫——「北部某校中學生對於反毒機器人教材之使用評價：以解構式行為理論為例」，運用解構式計畫行為理論概念，探討臺北市中等學校學生對於反毒機器人之使用評價。研究對象為北區某校國中學生至少30名與反毒機器人進行互動介入後，以結構式問卷進行調查，藉此觀察此與科技結合創新的反毒教材對於青少年的影

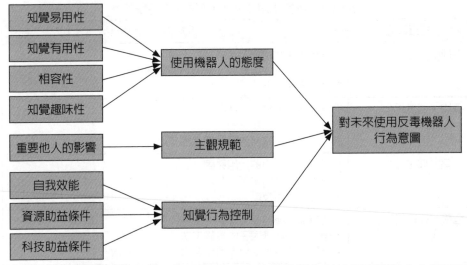

圖13-17　解構式計畫行為理論探討臺北市中等學校學生對於反毒機器人之使用評
　　　　價研究架構圖

響及成效預期，反毒機器人的使用相較於傳統教學方法，能有效提升青少年
學習毒品知識、技能之意願（如圖13-17）。研究結果指出，針對臺北市某
中等學校學生應用解構式計畫行為理論發展反毒機器人的相關教育介入是有
效的（P< 0.01），值得繼續推動並作為藥物濫用防制教材發展方向參考。

　　根據該研究結果，中等學校學生的重要他人影響對於其使用機器人反毒
教材的主觀規範有顯著相關。於知覺行為控制向度，可知自我效能、資源助
益條件對於知覺行為控制無顯著相關，但科技助益條件有顯著相關。整體而
言，即便中等學校學生的主觀規範對於行為意圖無顯著相關，但其態度及知
覺行為控制的行為意圖路徑有顯著相關。

　　除了量性的資料分析之外，收案過程中，於問卷回收後有詢問學生教育
介入後的心得感想，學生表示與機器人互動能提升參與藥物濫用防制課程的
動機，然而部分學生反映，問答過程中凱比機器人偶爾出現無法正確辨識語
音的情況會影響其使用意願，推測受到疫情期間須戴著口罩說話影響，仍建
議日後可以提升機器人語音辨識敏感度以及正確性。

　　總體而言，中等學校學生的態度、主觀規範、知覺行為控制對其使用反
毒機器人的行為意圖解釋力達71.8%，證實此結構模型具有顯著成效，結果

顯示與科技結合之創新的反毒教材對青少年具有顯著效用，因此以機器人創新的反毒教材是可以成爲未來努力的方向，值得後續研發並推廣。

第七節　利用穿戴式監測科技監測藥物濫用者之生理變化

有鑑於現代人習慣穿戴智慧型手錶，因此將手錶結合健康數據監測蔚爲潮流，例如doctor+watch的R9防拆健康紀錄手錶可監測與蒐集健康數據，作爲日常提醒的依據。Roth等人（2021）使用穿戴式手錶監測吸毒者與鴉片類藥物過量使用的生理變化，發現此方式可行，但需要更靈敏的生物傳感器，來促進多個生理數據的三角測量，也需要更長時間且更大規模的研究確定其的可行性。

呼吸困難、心率減慢和身體不活動，是鴉片類藥物過量相關的標誌性生理變化，在臨床環境中，脈搏血氧儀或呼吸監測儀等可穿戴生物傳感器是監測鴉片類藥物生理影響的黃金標準。然而，目前還缺乏關於可穿戴設備是否具有遙感功能的訊息，隨著個人的日常生活，技術可以可靠的監測吸毒者。

此研究大多數參與者被確定爲非西班牙裔白人（93%）和男性（53%），平均年齡爲42歲。他們的平均注射毒品的時間爲十九年，大多數人（87%）在他們的一生中曾經過量服用鴉片類藥物，27%的人認爲他們在某種程度上或很可能在未來再次服用過量。該研究發現，可穿戴生物傳感器可以用於監測吸毒者的呼吸頻率，以了解吸毒者是否有呼吸困難的狀況發生，但在研究中並沒有檢測到急性呼吸困難或抑制的情況，也因此期待透過科技改進，這類型的穿戴型裝置或是生物傳感器，可用於在單獨使用事件期間進行介入及監測（Roth et al., 2021）。

第八節　結　語

本文以各種角度闡述並分析如何運用資訊通訊科技於毒品防制，首先，定義ICT與eHealth之間的連結，並解釋eHealth中的10個e，強調eHealth不可

缺少的元素，以整體發展方法的策略和原則闡述ICT於毒品防制領域的應用，並以歐盟的指引舉例資訊通訊科技在毒品防制的介入與應用，以及運用資訊科技在毒品防制的介入與應用之有效性與優缺點。

此外，提及臺灣毒品防制的三大數位平臺，其中包含教育部防制學生藥物濫用資源網、法務部反毒大本營網站、國立中正大學犯罪研究中心防制藥物濫用教育中心網站，供相關專業人士與家長、學生參考。

也分別以使用智慧型手機進行社會心理介入，並利用AR、VR、機器人進行不同媒介的毒品防制教育，以期未來於毒品防制領域中，能有更多不同的智慧健康、資訊通訊科技應用，能達到更好的防制與治療成果。

參考文獻

一、中文部分

王美智（2020）。紙本與AR桌遊運用於反毒教學成效之探討：以某市高中職生為例。國立臺灣師範大學健康促進與衛生教育學系碩士論文。

王美智、宋慶禾（2020）。高中職生對於AR反毒桌遊之評價。健康生活與成功老化學刊，第12卷第1期，頁1-12。

張盈潔（2021）。某高級中等學校學生對於3DVR反毒教材的評價：以解構式計畫行為理論為例。國立臺灣師範大學健康促進與衛生教育學系碩士論文。

張盈潔、王詩文、呂莉婷（2021）。應用解構式計畫行為理論探討高中學生對3D虛擬實境反毒課程使用意圖之質性研究。教育科學研究期刊，第66卷第4期，頁133-165。

陳志哲、廖容瑜、張萩琴、黃久美、郭鐘隆（2016）。應用理論建構以3D虛擬實境為特色之教育介入對高中職濫用愷他命學生的成效。數位學習科技期刊，第8卷第3期，頁51-69。

二、外文部分

Barak, A., Klein, B., & Proudfoot, J. G. (2009). Defining Internet-supported Therapeutic Interventions. Annals of Behavioral Medicine, 38(1): 4-17.

European Parliament, Directorate-General for Parliamentary Research Services, Quaglio, G., Esposito, G. (2017). Technological Innovation Strategies in Substance Use Disorders. European Parliament.

Eysenbach, G. (2001). What Is e-health? J Med Internet Res, 3(2): e20.

Huang, C. M., Chang, L. C., Wang, M. C., Sung, C. H., Lin, F. H., & Guo, J. L. (2022). Impact of Two Types of Board Games on Drug-use Prevention in Adolescents at Senior High Schools. Games for Health Journal, 11(4): 242-251.

Liao, J. Y. (2019). The Effectiveness of a Smartphone Application for Illegal Drug Use Prevention Among at-risk Adolescents. [doctoral dissertation, Department of Health Promotion and Health Education, National Taiwan Normal University].

Roth, A. M., Tran, N. K., Cocchiaro, B., Mitchell, A. K., Schwartz, D. G., Hensel, D. J., ... & Lankenau, S. E. (2021). Wearable Biosensors Have the Potential to Monitor Physiological Changes Associated with Opioid Overdose Among People Who Use Drugs: A Proof-of-concept Study in a Real-world Setting. Drug and Alcohol Dependence, 229(Pt A): 109138.

van Gemert-Pijnen J., Nijland N., van Limburg M., Ossebaard H., Kelders S., Eysenbach G., & Seydel E. (2011). A Holistic Framework to Improve the Uptake and Impact of eHealth Technologies. J Med Internet Res, 13(4): e111.

郭鐘隆

第一節　前　言

　　近年來臺灣地區由於經濟的發展、政治的民主化與社會的開放自由，臺灣整體的社會結構正處於急遽的變遷。在這樣的變遷轉型過程中，一方面固然使臺灣更進一步朝向現代化國家邁進，逐漸與歐美日等先進國家並駕齊驅；但另一方面也帶來一些負面的影響。例如，在各先進國家經常發生的現象像青少年犯罪及青少年吸食非法藥物的問題，也在我們的社會中浮現。吸食非法藥物之行為對青少年身心所造成的戕害，是一項不爭的事實，因此，所有國家莫不竭盡所能地防制非法藥物吸食的泛濫，然而不論是藉由法令上的禁止、教育的宣導、以及文化價值的導正等途徑來加以防制，吸食非法藥物的誘惑仍不時會籠罩著許多青少年的生活，並對其身心發展造成負面的影響。

　　以下將依照藥物濫用輔導之意涵、藥物濫用輔導之模式與策略、臺灣實施藥物濫用輔導之現況進行介紹，並於最後提出藥物濫用輔導之未來建議。

第二節　藥物濫用輔導之意涵

　　藥物濫用輔導主要是針對高關懷學生進行初篩後進行持續性輔導作業，讓學生藉由輔導過程增加對藥物的資訊、培養相關生活技能等，引發學生想自動改變的動機及價值觀，以維護學生健康為主要目的。

　　藥物濫用預防教育屬於公共衛生三段五級預防中的第一級，輔導屬於三級預防中的第二級，在青少年藥物濫用防制當中，這兩項都是非常重要的工作。青少年與成人不同，其使用非法藥物主要是因為無聊、好奇，另外就是受到同儕引誘，而成人使用非法藥物多數是因為有較長的濫用歷史，常是因

為成癮，毒癮發作而強迫性地使用，已脫離好奇使用、同儕引誘的範圍。因此，在青少年對非法藥物成癮之前，給予適當的藥物濫用預防教育與輔導，便有機會使青少年停止使用非法藥物，防止其成癮，換言之，此一時期是一黃金時期，防止高危險族群成為非法藥物規律使用者，特別是國中與高中職生。臺灣地區的青少年在高中職是非法藥物使用的高峰期，然而，高中職亦是青少年轉成人的一個重要階段，他們即將面臨步入社會的多項選擇，包括結婚、生子、繼續升學、或是進入職場，研究顯示，處於高中時期的青少年非法藥物使用者若沒有成功轉變或是根本沒有轉變，其進入社會後繼續使用非法藥物的可能性非常高（Bachman et al., 2013）。

另外，成人使用非法藥物的問題已轉變為成癮問題，因此其著重在藥癮復發的治療，預防他們的一犯再犯，進而預防因毒品導致的各種犯罪的行為之必要性。然而，青少年使用非法藥物並非因成癮所造成，加上青少年有接受國民教育的義務，因此，在非法藥物使用防制策略上，藥物濫用輔導便相當重要，且宜以學校為場域，輔以家庭和社區的處遇方式，以增加多元性及有效性，方有成效。

第三節　藥物濫用輔導之常見模式與策略

一、跨理論模式

跨理論模式（Transtheory Model, TTM）是由Prochaska與DiClemente（1983）所倡導，強調個人行為是一個連續循環的過程，並說明人們如何在行為上做改變。該理論包含五個行為改變階段（The Stages of Change）的核心概念，強調行為是一個不斷變化的動態過程，如圖14-1。

此外，Prochaska與Diclemente（1983）認為行為改變無法被單一理論來解釋其複雜性，因此，處於不同階段應運用不同介入計畫，強調個別的改變階段之重要性。根據不同階段，提出提高覺察（Consciousness Raising）等10個改變方法（Process of Change），Pollak等人（1998）將10個方法分為經驗方法（Experiential Process）與行動方法（Behavioral Process）。

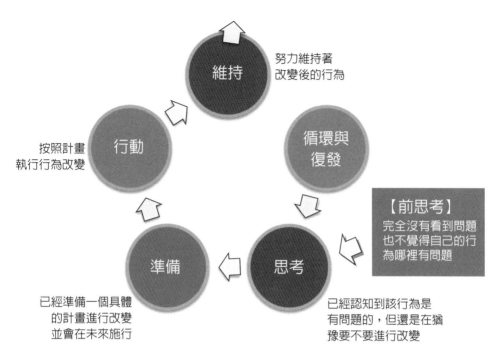

圖14-1　跨理論模式階段改變過程

　　此外，決策權衡（Decision Balance）與自我效能（Self-efficacy）亦是跨理論模式重要概念之一。決策權衡為判斷改變階段移動之指標，與戒除菸癮、戒除毒癮（Cocaine）等行為問題息息相關（Prochaska et al., 1994），是動機改變的主要因素，其最早源自1977年Janis與Mann之研究，它包含兩個主要衡量點，亦即好處與壞處（Pros & Cons）或所謂之利益（Benefits）與障礙（Barriers）。意指個人會對行為改變做利弊得失（Pros & Cons）的衡量，進而考慮是否從事行為改變（Prochaska et al., 1992）。許多研究也證實Pros和Cons與Stages of Change間有關。當人們感受知覺利益大於知覺障礙時，則會跨越準備期進入行動期及維持期；反之，當知覺障礙大於知覺利益時，就會停留在早期階段或產生復發（Relapse）（Segan et al., 2002）。團體輔導與個別諮商的過程應該強化用藥學生對於戒除的知覺利益大於知覺障礙，如此則可有效的前進下一行為改變階段，有效的促進行為改變。

　　自我效能在此一理論則是扮演成功改變最後關鍵因素，也是Bandura社會學習理論中的核心概念之一，為預測和解釋未來行為發生的重要變

項（Bandura, 1986）。自我效能是指個人評估自己在特定情境下，衡量是否產生某特定行為的把握程度。它也是預測和解釋未來行為發生的重要變項（Bandura, 1986）。也有學者指出自我效能具有激發行為產生的作用，是行為動力的來源（孫志麟，1991）。自我效能已廣泛應用在運動、戒菸及體重控制等許多健康行為上，且是有效的行為預測因子（Marcus & Owen, 1992）。當效能越高時，則越會採取所預期的健康行為（Martinelli, 1999）。團體輔導與個別諮商的過程應該強化用藥學生的自我效能，跨理論模式的諸多研究顯示，所處行為階段越後者，其自我效能通常高於前一階段，以本計畫為例，若能提高學生自我效能，則可有效的促進用藥學生戒除行為。

二、生活技能

「生活技能」為適應性強、積極向上的行為舉止所需具備的各種能力，可以用於個人行為或是對待他人的行為中，也可使用於環境變得對健康有益的行為中（Huang et al., 2012），國外著名的相關生活技能研究計畫如Project STAR與Multisystemic Therapy（MST），強調增進青少年壓力調適、社交技能與拒絕物質濫用之技能，相當具成效性。生活技能包含14種，其分為以下三大類：

（一）認知技能：批判性思考（Critical Thinking）、創造性思考（Creative Thinking）、解決問題（Problem Solving）與做決定（Decision Making）。

（二）人際技能：同理心（Empathy）、有效溝通（Effective Communication）、人際關係技能（Interpersonal Relationship Skills）、自我肯定技能、（Assertiveness Skills）、協商技能（Negotiation Skills）與拒絕技能（Refusal Skills）。

（三）情緒因應技能：自我察覺（Self-awareness）、情緒調適（Coping with Emotions）、抗壓能力（Coping with Stress）與自我健康管理／監督的技能（Healthy Self-management/Monitoring Skills）。

三、動機式晤談與5A5R

動機式晤談法（Motivational Interviewing）源於臨床心理治療，在進

行復發預防時，通常會結合認知行爲治療，頗具成效（Marlatt & Donovan, 2008）。此外，動機式晤談法（參表14-1）亦被應用在成癮行爲戒除前，作爲幫助病患克服心理衝突的臨床處遇策略，亦或是用於非法藥物（毒品）短期介入（Brief Intervention）（Winters & Leitten, 2007）。統合分析指出，其平均效果量爲0.77，一年後追蹤仍還有0.30（Hettema et al., 2005）。動機式晤談法之原則參考如下：

5A5R最早是爲使醫師及照護提供者之短時間介入可有效增加動機並改變吸菸行爲，美國健康照顧及政策研究委員會（Agency for Health Care and Policy Research, AHCPR，現稱爲Agency for Health Care and Quality, AHCQ）於1996年提出5A，應用在短時間之介入（如醫師直接門診）效果良好（Pieterse et al., 2001），其步驟包含詢問（Ask）、忠告（Advise）、評估（Assess）、協助（Assist）、安排（Arrange），更進一步再發展出五個與人有關聯的原則，稱爲5R。參照Clinical Practice Guideline for Treating

表14-1　動機式晤談法之原則

行動	策略
表達 同理心	◆ 教育人員應接納學生，此有利於學生改變。 ◆ 教育人員應對學生表達同理心。 ◆ 學生若有矛盾心態，應視此爲正常的。
讓學生了解 不利己之後果	◆ 讓學生了解藥物濫用對自己所造成的後果，可請學生列出藥物濫用的好處與壞處之分析。 ◆ 教育人員可在旁引導，主要爲引發學生自己由衷地感受。
避免爭論	◆ 和學生爭論只會造成反效果。 ◆ 對學生攻擊只會引發學生心理的防衛作用。 ◆ 不要對學生貼標籤。
不要硬碰	◆ 讓學生感到被「邀請」一起來解決藥物濫用的問題，而不是被「強迫」的。 ◆ 重視學生身邊的資源。
增強學生的 自我效能	◆ 讓學生相信「我是可以改變的」。 ◆ 讓學生知道若對自己有期望，終可以成功。 ◆ 讓學生對自己有責任感。

資料來源：李建德，衛生福利部食品藥物管理署。

Tobacco Use and Dependence（Fiore et al., 2000），5A指進行戒菸個別輔導的步驟，包括詢問、建議、評估、協助及安排等，參表14-2；當學生屬無意圖期、意圖期，輔導員可根據5R原則進行輔導，以增進學生的戒菸動機，5R原則包括與個人的相關性（Relevance）、濫用藥物的危機（Risks）、不濫用藥物的好處（Rewards）、戒除藥癮的障礙（Roadblocks）及反覆嘗試（Repetition）等，參表14-3。

　　5A5R在減重、運動、戒菸和過量飲酒等行為改變諮商以團體、電話、電腦等各種形式廣泛地被運用（Serdula et al., 2003; Pinto et al., 2005; Krist et al., 2008）。研究證實，5A運用在短期戒菸介入較為合適且頗具成效，

表14-2　5A原則

行動	策略
詢問（Ask）	了解學生濫用藥物的狀況，並將其記錄在紀錄表中。
建議（Advise）	給予學生清楚明確的訊息，訊息最好和此學生有關，以鼓勵學生戒除。
評估（Assess）	了解學生戒除的意願。
協助（Assist）	當學生願意戒除時，使用行為諮詢及藥物療法的協助。
安排（Arrange）	協助學生轉介。

表14-3　5R原則

行動	策略
與個人的相關性（Relevance）	給予學生增強動機之訊息，若此能與學生所關切之議題、疾病狀態、家庭或社交現狀有所關聯，將能發揮良好的影響。
濫用藥物的危機（Risk）	應要求學生指出濫用藥物負面的後果。教育人員可強調此學生所最在意的負面後果。
不濫用藥物的好處（Reward）	要求學生指出停止濫用藥物的感覺，而且此感覺是學生所關心的。
戒除藥癮的障礙（Roadblock）	要求學生找出戒除藥癮的障礙，並指出能夠克服障礙的方式。
反覆嘗試（Repetition）	每次面談時，可反覆提醒學生要戒除藥癮。 如學生先前曾戒除藥癮失敗，應告知絕大部分藥癮者在真正成功戒除前，都是經過反覆嘗試的。

Puschel等人（2008）針對芝加哥吸菸女性，探討基層醫療運用5A為短期戒菸介入模式之成效，發現運用5A模式可使吸菸盛行率有效降低約15%。

第四節　臺灣實施藥物濫用輔導

一、春暉輔導小組

　　學者曾提出，防制藥物濫用的工作若能全校教職員工通力合作，在校園營造充分的藥物濫用防制氣氛可提升工作的成效（Dewey, 1999），各校應採取專業分工的方式進行各項查察、輔導工作，各司其職，使每個角色能發揮其最大功效，例如教官宣導、查察與通報、輔導室專業輔導、體育與訓育舉辦活動與人力動員、教務處將課程調整配合、導師隨班輔導、出缺席應通知教官及家長等。因此，教育部為幫助青少年停止使用非法藥物，成立春暉小組，並結合學校、社區及專業輔導、醫療機構等人力、資源及做法，加強預防宣導，建立預防網絡與標準作業程序，提供各級學校依循參考，並採取適切周延做法，以有效防制學生藥物濫用，運作春暉小組的流程如圖14-2，各校可斟酌使用，用正向思考來面對此機制，因為毒品乃是管制藥品，校方本有權利介入，並應運用各種合宜之方法來引導與管教學生，但應依時地制宜。

　　另應培養並善用校內、社區以及相關單位之春暉認輔志工人力資源，使社區、學校等各個環境無死角，除了讓社區與學校更安全之外，亦能補校內人力之不足。各校可與學生校外輔導會等配合，另依狀況之不同，與少年警察隊、觀護所及法院等單位保持密切聯繫。

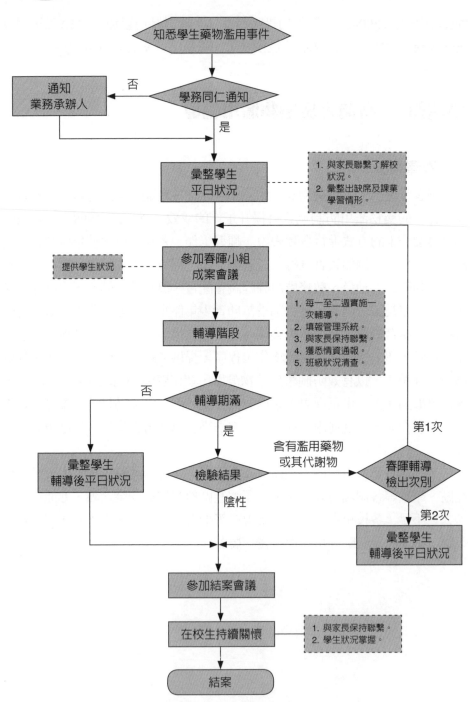

圖14-2　各級學校春暉小組運作標準作業流程（導師版）

資料來源：春暉小組輔導工作手冊2.0。

二、藥物濫用輔導課程（春暉輔導）：跨理論模式與生活技能之應用

　　臺灣教育部結合相關藥物濫用輔導模式的概念，依據「好奇誤用」、「經常使用」不同程度以及「團體輔導」、「個別輔導」不同需求的藥物濫用學生，已開發一套「藥物濫用學生輔導課程」（參圖14-3）。青少年從初次使用非法藥物、經常使用到成癮，需要一段時間，藥物濫用輔導的目的便是期望能夠及時介入，幫助處於初次使用或經常使用的藥物濫用青少年，改變青少年的用藥行為，避免成為成癮者。為防微杜漸，對於藥物濫用學生，宜善用輔導戒治措施，協助青少年脫離藥物濫用的危害。期望能夠協助青少年遠離毒害、保護自己，快樂學習與成長。

高中職藥物濫用學生輔導課程教材

國中藥物濫用學生輔導課程教材

圖14-3　藥物濫用學生輔導課程

(一)設計理念一：區隔目標族群

　　青少年從接觸非法藥物一直到成癮，基本上可以區分為好奇誤用、經常使用兩個階段，一般處於「好奇誤用」的青少年藥物濫用者尚未成癮，使用非法藥物的次數並不多，而「經常使用」者則因為已有多次使用非法藥物的經驗，可能有「藥物成癮」的問題，而處於不同時期的青少年，所需要的輔導內容大不相同。因此，將目標族群區隔是很重要的，藉由青少年用藥行為評估來了解青少年用藥行為的狀況，選擇適當的輔導內容，才能真正對症下藥，幫助青少年改變行為。

　　用藥行為評估的指標之一是行為頻率，另外，評估量表在國外也是經常被使用的工具之一，例如Drug Abuse Screening Test（DAST）。其評估流程如圖14-4。

(二)設計理念：運用跨理論模式於輔導介入的活動

1. 行為改變階段評估

　　了解青少年行為改變所處階段也是一重要的評估項目，藉此可了解青少年藥物濫用者對於停止用藥行為之想法。此一評估可分為青少年的自我評估，及輔導人員的評估：

(1)青少年的自我評估

　　請輔導人員準備自我評估的量尺（圖14-5），然後簡單詢問：「在這條線上的哪一點最能反映出你要改變藥物使用的程度？」讓青少年表達出他目前準備改變的階段為何，輔導人員可以此作為評估的一項參考。

　　注意！須向青少年強調在量尺上做的評估並不會讓他受到任何的批評跟處罰，此評估只是為了能夠協助他，發展適合他的輔導介入，這樣青少年才能夠放心並誠實的評估自己的狀態。

(2)輔導人員的觀察評估

　　輔導人員觀察第一次的談話內容及青少年表現，依據圖14-6各階段之描述，評估青少年改變過程中的哪一個階段。

2. 依據評估內容量身打造適合的輔導課程內容

　　從一個階段到下一個階段都有需要完成的重點歷程（表14-4），當輔導人員助青少年往下一個階段邁進時，要清楚在這中間的轉換歷程有哪些，才

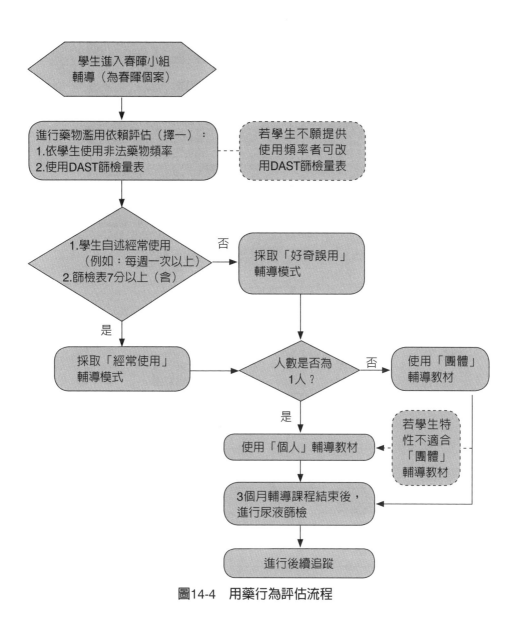

圖14-4　用藥行為評估流程

完全沒有　　　　考慮　　　　　　準備　　　　　已經開
想要改變　　　　改變　　　　　　改變　　　　　始改變

圖14-5　量尺評估

前思考期

· 沒有想到要停止 / 覺得沒事，一切都很好啊！ / 沒有發現問題

思考期

· 考慮是否要開始停止 / 開始思考自己會影響其他人 / 嘗試做一點小改變

準備期

· 有一個戒癮計畫 / 看到停止使用的好處 / 有逐漸縮減用量

行動期

· 已經停止使用 / 逃開誘因 / 希望得到別人幫助

維持期

· 已經很長一段時間不使用 / 幫助其他仍在使用者 / 完全接納自己

圖14-6　評估青少年改變過程的五階段

表14-4　行為階段的輔導重點

階段改變	重點歷程	實踐內容
前思考期 ↓ 思考期	提高覺察	√ 生活問題與藥物使用的問題連結 √ 藥物知能與危害 √ 生涯發展與影響
思考期 ↓ 準備期	自我評估	√ 自我效能評估 √ 用藥背後的原因 √ 停止用藥的動力
	環境評估	√ 誘發的情境與場域 √ 行動改變的障礙
	決策平衡	√ 歸納行為好壞處 √ 自我對話
準備期 ↓ 行動期	行動建構	√ 生活技能的重建 √ 他人經驗累積
	目標設定	√ 擬定行動計畫 √ 承諾
行動期 ↓ 維持期	認知 / 環境重建	√ 避免接觸 / 移轉誘發情境 √ 正向自我對話
	增強管理	√ 自我經驗累積
	協助關係	√ 社會支持 √ 資源的介入
保持維持	預防復發	√ 認識復發模式
	強化自我效能	√ 生活技能的強化

能夠貼切青少年的需求，達到行為改善的終點。

　　行為改變階段移動並不是每個都能夠順利的往前進，甚至到達行動或維持階段時，又很有可能有復發的機會，這並不代表著失敗，而只是倒退了一點，或是重新落入循環中，它所代表的只是要再重新的走過一次改變的階段。輔導人員千萬不可以因為暫時的失足而認定是永遠的失敗或灰心喪志，更需要鼓勵青少年再繼續努力，往設定的目標邁進。

　　(1)輔導課程

　　「好奇誤用」、及「經常使用」類型的輔導課程以生活技能貫穿整個課程，但其著重的內容不大相同。「好奇誤用」模組在課程前半的重點為藥物濫用原因與探討，並藉由尋找生命的出口，透過他人的生命歷程了解藥物濫用使用的後果；課程中後半則開始辨識會「引誘」使用藥物的情境或情緒，鼓勵自己，並強化停止用藥之正向思維，削弱負向思維，待成功拒絕非法藥物的使用後，教導學生能夠安排健康的替代活動。

　　而「經常使用」類型的輔導課程，由於其目標族群為依賴非法藥物的高危險群，故「經常使用」課程模組在前半的重點是讓學生認知自己的用藥行為是屬於衝動還是渴望，能夠選擇適切的處理方法來因應；評估用藥的利與弊，並選擇健康的活動取代用藥行為；另外需加強擬定行動計畫，強化學生改變的決心，並讓學生知道可尋求的支持與資源，並建立面對復發的心態並預防復發。

　　此外，「好奇誤用」的輔導課程以「拒絕技能」為主，「情緒管理與調適」為輔，而「經常使用」則以「情緒管理與調適」為主，「拒絕技巧」為輔。完整的課程參考如下：

　　(2)高中職輔導課程好奇誤用版（以個別輔導為例）

單元名稱	單元目標
用藥狀況自我評估	1.增加輔導人員與青少年之熟識度、增強參與輔導活動的動機。 2.建立輔導人員與青少年間的約定與規範。 3.青少年自我評估使用藥物的狀態。
藥物濫用原因探討	1.了解自我藥物濫用之原因。 2.察覺自我藥物濫用之態度。
藥物濫用危害與迷思澄清	1.了解新興藥物的種類及危害。 2.澄清藥物濫用的迷思。 3.認識健康的自我管理。

（續）

單元名稱	單元目標
明智做決定	1.了解使用藥物對個人生活的影響。 2.能在進行生命捲軸過程中，學習做出好的決定。 3.明白「命運」是掌握在自己的手裡。
覺察誘發情境	1.辨識藥物濫用之高誘發情境。 2.轉換使用藥物的高誘發情境。 3.增進自我效能。
自我正向語言	1.提升分析自我思考的能力。 2.演練面對藥物邀約的正向自我對話。
拒絕技巧	1.了解拒絕的方法。 2.學會平衡拒絕他人後的衝擊。 3.練習「八不」的拒絕法。 4 .演練如何拒絕同儕的誘惑。
情緒管理與調適	1.認識情緒。 2.了解紓壓的重要。 3.了解負向情緒對行為的影響。 4.學習情緒管理與壓力因應方式。
健康的替代活動	1.發覺重要他人的支持力量。 2.增強正向經驗避免再次使用藥物。 3.找到不使用藥物的替代活動。
自我效能增強	1.複習新興藥物的危害。 2.複習之前所教導的認知與情意的內容。 3.摘要、統整前面課程所學內容。 4.體認用藥會對自己人生造成莫大的衝擊，不再用藥會讓生活更美好。

(3)高中職輔導課程經常使用版（以個別輔導為例）

單元名稱	單元目標
用藥狀況自我評估	1.增加輔導人員與青少年之熟識度、增強參與輔導活動的動機。 2.建立輔導人員與青少年間的約定與規範。 3.青少年自我評估使用藥物的狀態。
認識衝動與渴望	1.了解對生活事件的渴望與衝動程度。 2.學習選擇處理渴望與衝動的適切方法。 3.了解使用藥物的個別成因。

（續）

單元名稱	單元目標
藥物濫用危害與迷思澄清	1.了解新興藥物的種類及危害。 2.澄清藥物濫用的迷思。 3.認識健康的自我管理。
健康的替代活動	1.辨識用藥行為的利與弊。 2.針對利與弊的重要性進行優先排序。 3.找出個人可行的替代活動，如規律運動、唱歌。 4.腦力激盪想出新的替代活動。
自我正向語言	1.辨識會「引誘」使用藥物的情境或情緒。 2.發展出適當的策略方法來避免或改變那些誘惑的情境。 3.在面對「引誘」時學習正向的自我對話。 4.強化停止用藥之正向思維，削弱負向思維。
擬定行動計畫	1.整合前幾堂課之學習經驗。 2.複習處理生活情境之誘因與思維管理。 3.制定一個最適合自己的行動計畫。
情緒管理與調適	1.認識戒斷症狀。 2.了解紓壓的重要。 3.練習正確呼吸法與肌肉放鬆技巧。 4.了解負向情緒對行為的影響。
拒絕技巧	1.了解拒絕的方法。 2.練習「八不」的拒絕法。 3.演練如何拒絕同儕的誘惑。
問題解決	1.了解問題解決的技巧（方式）。 2.運用問題解決的技巧至用藥的狀況。
目標設定	1.了解成功者的特質。 2.發掘自我成功經驗，增強自我效能。 3.運用目標設定技巧，學會創造成功經驗。
支持與資源	1.尋找協助戒毒的支持關係。 2.發覺重要他人的支持力量。
預防復發策略	1.發覺復發誘因並學習預防策略。 2.預防復發之生活應用。 3.建立面對復發的心態。 4.學習對抗復發的策略。
自我效能增強	1.總單元回顧。 2.體認用藥會對自己人生造成莫大的衝擊，不再用藥會讓生活更美好。

(4)國中輔導課程好奇誤用版（以個別輔導為例）

單元名稱	單元目標
關係建立	1.和學生互相認識，並進行關係建立。 2.利用談話的過程增加師生之間的認識與歸屬感。
辨識「誘因」與心理機轉	1.學生辨識會「引誘」使用藥物的情境或情緒，並省思與寫下其深層原因。 2.學生發展出適當的策略方法來避免或改變那些誘惑的情境與學習正向自我對話。
停止用藥後之壓力調適	1.讓學生認識停止用藥後，會如何影響身體及行為。 2.教導學生練習放鬆技能，如深呼吸、放鬆練習、注意力轉移。
停止用藥後的替代活動	1.讓學生了解培養停止用藥後替代行為的重要性。 2.學生找出個人可行的替代活動，如規律運動、唱歌。 3.學生腦力激盪想出新的替代活動。
行動計畫擬定	1.學生能開始撰寫停止用藥行動計畫（如：如何克服身癮與心癮、如何有效拒絕用藥邀約、如何建立有益的人際關係、如何建立良好的生活型態）與撰寫停止用藥日誌。 2.學生分享自己的行動計畫。
行動計畫修正	1.學生能檢視行動計畫之有效性與重新發展可行的行動計畫。 2.學生分享自己的行動計畫。
拒絕用藥邀約與學習有效的拒絕與溝通技能	1.學生學習面臨各種用藥邀約（如：被動的、攻擊的、肯定的），可以不卑不亢地有效拒絕與溝通技能。 2.學生檢視自己和其他用藥者的溝通型態不會引發衝突與社會壓力。
處理用藥同儕的批評和排斥，發展新人際關係	1.學生學習如何適當地接受其他用藥同儕的批評和排斥。 2.學生學習如何和用藥同儕建立新的互動模式。 3.學生學習發展新的人際關係。
停止用藥後之思維管理	1.學生強化停止用藥之正向思維，削弱負向思維。 2.學生學習列舉停止用藥的好處（Pros）和障礙（Cons）。
處理停止用藥後的渴望與衝動	1.學生討論與辨識有效處理身癮的方法（如正常作息、多喝開水、接受適當醫療服務）。 2.學生學習檢視各種處理身癮方法的相對成效，並發展有效的個人化計畫。
復發預防	1.學生能了解容易復發的各種情境並避免（如不出入可能用藥的場所，減少或不與用藥學生來往，克服自己因為重大挫折產生的負面情緒……）。 2.學生能了解在復發預防模式的各步驟之自我管理。
複習與結束	1.學生複習輔導進行過程中所討論的各主題。 2.學生討論輔導過程中所做的各種改變以及進展。 3.活動結束，祝福與期望。

(5)國中輔導課程好奇誤用版（以團體輔導為例）

單元名稱	單元目標
解凍遊戲與團體動力	1.和學生互相認識並進行解凍遊戲（關係建立）。 2.利用團體動力過程增加學生彼此的認識與歸屬感。
辨識「誘因」與心理機轉	1.學生辨識會「引誘」使用藥物的情境或情緒，並省思與寫下其深層原因。 2.學生發展出適當的策略方法來避免或改變那些誘惑的情境與學習正向自我對話。
停止用藥後之壓力調適	1.讓學生認識停止用藥後，會如何影響身體及行為。 2.教導學生練習放鬆技能，如深呼吸、放鬆練習、注意力轉移。
停止用藥後的替代活動	1.讓學生了解培養停止用藥後替代行為的重要性。 2.學生找出個人可行的替代活動，如規律運動、唱歌。 3.學生腦力激盪想出新的替代活動。
行動計畫擬定	1.學生能開始撰寫停止用藥行動計畫（如：如何克服身癮與心癮、如何有效拒絕用藥邀約、如何建立有益的人際關係、如何建立良好的生活型態）與撰寫停止用藥日誌。 2.學生分享彼此的行動計畫並互相支持。
行動計畫修正	1.學生能檢視行動計畫之有效性與重新發展可行的行動計畫。 2.學生分享彼此的行動計畫並互相支持。
拒絕用藥邀約與學習有效的拒絕與溝通技能	1.學生學習面臨各種用藥邀約（如：被動的、攻擊的、肯定的），可以不卑不亢地有效拒絕與溝通技能。 2.學生檢視他們和其他用藥者的溝通型態不會引發衝突與社會壓力。
處理用藥同儕的批評和排斥，發展新人際關係	1.學生學習如何適當地接受其他用藥同儕的批評和排斥。 2.學生學習如何和用藥同儕建立新的互動模式。 3.學生學習發展新的人際關係。
停止用藥後之思維管理	1.學生強化停止用藥之正向思維，削弱負向思維。 2.學生學習列舉停止用藥的好處（Pros）和障礙（Cons）。
處理停止用藥後的渴望與衝動	1.學生討論與辨識有效處理身癮的方法（如正常作息、多喝開水、接受適當醫療服務）。 2.學生學習檢視各種處理身癮方法的相對成效，並發展有效的個人化計畫。
復發預防	1.學生能了解容易復發的各種情境並避免（如不出入可能用藥的場所，減少或不與用藥學生來往，克服自己因為重大挫折產生的負面情緒……）。 2.學生能了解在復發預防模式的各步驟之自我管理。
複習與結束	1.學生複習個別輔導進行過程中所討論的各主題。 2.學生討論輔導過程中所做的各種改變以及進展。 3.活動結束，祝福與期望。

三、輔導人員

　　輔導人員可能遇到成年的進修部學生，他們可能已進入職場，此時若能透過一些技巧與原則，可促進輔導課程的成效。

（一）輔導技巧：5A5R應用

1. A1（詢問）：在拜訪時需有系統性的定義所有的吸毒者

　　建置一個辦公環境，以確保每位個案到時，其吸毒情形皆被確實詢問及記錄。詳述吸毒者的血壓、脈搏等生理指標的數據，或使用一個普遍性的辨識系統

　　生理指標

　　血壓：＿＿＿＿＿＿＿＿＿＿＿＿＿＿＿＿＿

　　脈搏：＿＿＿＿＿＿＿＿　　體重：＿＿＿＿＿＿＿＿

　　體溫：＿＿＿＿＿＿＿＿＿＿＿＿＿＿＿＿＿

　　呼吸頻率：＿＿＿＿＿＿＿＿＿＿＿＿＿＿＿

　　吸毒情形：正在吸食　　過去吸食　　從未吸食

　　身體不適症狀：＿＿＿＿＿＿＿＿＿＿＿＿＿

　　〔包括莫名地疲倦、提不起勁、長期頭暈、喉嚨有異物感、呼吸不順需要大力吸氣（但並非真的喘）、胸口緊緊的、心跳加快、手腳麻木、無來由的疼痛等，特別在緊張、壓力大時會更加明顯。〕

　　（圈選）

註：a.在這些被詳細記載的醫療紀錄中，「未曾吸毒者」及「這幾年皆未吸毒者」不需重複評估。

　　b.另一種詳述生命跡象的方法是用貼紙來標示吸毒者的吸毒情形或用電子醫療紀錄或電腦提示系統來標示吸毒者的吸毒情形。

2. A2（勸告）：強力勸告吸毒者戒治

　　設定一個清晰、強而有力且個人化的方法，力勸每位吸毒者戒毒。勸告應該有以下要點：

(1) 清晰：「我認為現在戒掉毒癮對你來說非常重要，而且我可以幫助你」、「趁你還未病入膏肓前快點戒掉」。

(2) 強而有力：「身為你的輔導人員，我必須讓你知道，戒毒對於保護你現

在和將來的健康是非常重要的。而春暉小組成員和我都會幫助你。」

(3) 個人化：用現在的健康／疾病、吸毒的社會與經濟成本、動機程度／戒治的意願、和吸毒對家人的影響。

3. A3（評估）：自願戒治的企圖

請有意願停止使用非法藥物者參加（如未來三十天），評估個案的戒治意願：

(1) 如果個案這次願意進行戒治，則給他提供協助（參閱A4策略：協助）。

(2) 如果個案欲參加密集性的治療，則爲他提供這樣的戒治，或進行密集性的介入。

(3) 如果個案明確地指出他／她這次不願意參加戒治，則進行動機介入。

(4) 如果個案屬於特殊族群（如：青少年、孕婦吸毒者、種族／少數民族），需考慮提供其更多補充資訊。

4. A4（協助）：幫助個案戒毒

(1) **使用戒治計畫幫助個案，當個案準備戒毒時**

　①設定一個期限：理想的戒治日期應該在二週內。

　②告訴家人、朋友和同事有關戒毒的事，且取得了解和支持。

　③先預期戒毒會碰到的挑戰，特別是在關鍵的前幾週，這些挑戰也包括毒品戒斷症狀。

　④將毒品從你的環境中抽離，戒毒最重要的事是避免在你待最多時間的地方吸毒（如工作場所、家中、車內）。

(2) **提供實際的忠告（問題解決／技能訓練）**

　①禁毒（零容忍）：禁毒是必要的，即便只是在戒毒後只吸一口毒也不行。

　②戒掉過去的習慣：在過去的戒毒經驗中，找出哪些是對戒毒有幫助的、哪些是會造成你恢復吸毒的？

　③避免其他物質使用：因爲如香菸、電子煙、酒品容易造成毒癮復發，個案在戒毒時應該考慮節制／避開其他物質。

　④家中其他吸毒者：當家中有其他吸毒者時，戒毒會變得非常困難，個案該鼓勵其他人一起戒毒。

(3) 提供內部治療的社會支持

　①在鼓勵個案提高戒毒意願時，需提供一個支持性的環境，如「我辦公室的員工和我都能夠幫助你」。

(4) 幫助個案獲得治療以外的社會支持

　①幫助個案發展他／她在治療環境以外的社會支持，「請你的家人、朋友和同學支持你戒毒」。

(5) 提供補充資源

　①資源：提供非營利性戒毒組織、或地方／中央健康單位戒治機構名單。

　②種類：提供適合個案（包括文化、種族、教育程度、年齡層等）閱讀的資訊。

　③地點：在每個門診提供舒適合宜的工作地點。

5. A5（安排）：安排追蹤聯繫，無論透過面談或電話

(1) 時間：追蹤聯繫應該儘快在戒毒後，最好是第一週內，第二次的追蹤則建議在第一個月內，之後再例行性追蹤。

(2) 在追蹤期間的動作：恭賀成功！

(3) 如果再犯，則可以回顧之前的過程引導其繼續戒毒。提醒個案可以將此小失誤作為一個學習經驗，並確認已經發生的問題和預期戒毒會碰到的挑戰。評估藥物治療的使用和問題的產生，可考慮使用藥物治療或轉介至更深入的治療。

6. R1（關聯）

　　鼓勵個案說出更多戒毒對其個人的意義，盡可能越獨特越好。動機資訊有很大的影響，因為這有可能和個案的疾病狀況、風險、家族史、社會地位、對健康的關心、年齡、性別和其他重要的特徵（如之前的戒毒經驗、造成個人中斷的阻礙）有關係。

7. R2（風險）

　　輔導人員應該讓個案認知使用毒品的潛在負面後果，提供建議並強調那些對個案來說最有相關負面影響。輔導人員也應該強調吸毒會有以下危險：

(1) 心理創傷：心神恍惚、脾氣暴躁、幻覺、幻聽、記憶力和思考力受到傷

害等。

(2) 生理創傷：肝臟及腎臟功能受損、因骨髓受到抑制，而發生腦病變現象、孕婦可能生出畸形兒、長期注射部位扎爛、發生蜂巢組織、引起感染等。

(3) 個性與行為變異：憂鬱、害羞、意志薄弱、情緒不安、缺乏工作意願、無參與感等。

(4) 對工作及生活的影響：對工作及學習失去興趣、降低學習效率及工作效率、為獲致毒品，易受歹徒誘惑或控制，做出犯法勾當等。

8. R3（獎賞）

輔導人員應該讓個案了解戒毒的各種好處，建議並強調那些對個案來說最有相關好處，例如以下好處：

(1) 促進健康

(2) 省錢

(3) 自己覺得比較舒服

(4) 不必再擔心吸毒帶來的諸多問題

(5) 為親人建立一個好榜樣

(6) 可以擁有健康的人生

(7) 不需擔心讓其他人發現後受到排斥

(8) 生理功能變好

(9) 有較佳的身體活動能力

(10) 減少肌膚老化

9. R4（障礙）

輔導人員應該讓個案了解戒毒會面臨的阻礙，和標示出可以解決這些阻礙的治療方法（問題解決、藥物治療）。阻礙的種類可能包括：

(1) 戒斷症狀

(2) 害怕失敗

(3) 缺乏支持

(4) 意志消沉

(5) 享受毒品

10.R5（重複）

缺乏動機的個案在每次並告訴這些曾經戒毒失敗的個案，大部分的人在成功戒毒之前，都不斷的在增強戒毒的動機。看診時，應該重複的進行動機介入。

（二）輔導原則

1. 接納與同理

輔導人員必須能夠對學生有充分的接納，雖然這些孩子的行為或是價值觀有偏差，但重點不在於去否定他們，或是急著想要糾正他們觀念，而是要去理解這些 狀態產生的原因為何，運用其自身的經驗，從中設計介入輔導。

2. 三不：不排斥、不標籤、不指責

輔導人員進行藥物濫用學生輔導時，必須撇開以往對於藥物使用之成見，以及非行少年的刻版印象，不以有色的眼光去看待眼前的個體。這群學生在社會中、學校裡等，時常被視為「有問題」或「麻煩」的一群人，因為不被認同所以逐漸邊緣化，輔導人員要做的不是順應著社會去批評他們，而是協助他們如何改變並獲得社會的認同。

3. 保密原則

保密原則是輔導工作的基本道德要求，除非經過學生同意，或是有需要醫療或法律的介入，否則應避免將學生的資訊透露，以達到學生的基本保障。輔導人員應與學生討論保密原則的界線，才能確保在輔導過程中的信任關係與保護學生不受威脅。輔導人員須向學生解釋，輔導過程是要確保學生能夠穩定的改變與成長，若學生做出傷害自己或是傷害他人之行為（包含持續使用就是傷害自己，慫恿或販賣非法藥物予他人也是傷害自己與他人的一種型態等），則不在保密的範圍內，學生若有依據現行法律必須通報之行為，輔導人員還是有回報／通報的責任，而回報／通報並不是要針對他的行為給予懲罰，而是要了解他有哪些行為是有狀況需要輔導人員幫助的。

4. 輔導人員的原則界線

輔導人員在輔導過程中，給予學生極大的包容與寬容，並且在同理與

尊重的原則下，須對學生完全的接納，然而這並不表示學生就可以恣意的做任何他想做的事情，或是以輔導人員體諒當作行為的擋箭牌。輔導人員還是得依循各個學校的規則為準則，以學校的作息或是規定，作為最低遵守的規範，才不會讓學生因為自己一時的特殊，而濫用自己的特權，帶領學生回歸正常的生活才是輔導人員最終的目標。

5. 各方面的進步都是改變的關鍵

使用藥物的青少年，行為問題絕對不是單一的，可能會包括抽菸、翹課（家）、夜歸等非行行為，雖然我們重點在處理藥物使用的情況，然而其他行為問題的改善亦有助於用藥行為的改變。須仔細觀察學生表現，敏銳的指出看到的差異為何，並突顯值得繼續維持或值得獎勵的行為，進而增強停止藥物使用的概念與執行。

6. 告知學生對自己的行為負責

輔導過程中，當學生決定執行的行為與課程的規範（或目標）有所背離，且又無法聽從輔導人員之勸告時，須了解學生決定前所考慮的層面，並帶領思考可能產生的後果，如學生執意決定要這麼做，就抱持著客觀的立場，尊重學生所做的決定。例如輔導課程是不允許翹課或中途離開，若學生因為自身的事件而決定這麼做，輔導人員應試圖了解為何他要這麼做，以及告訴他如果他真的這麼做，有可能會被記曠課，或受到校方的懲處，這是他必須為自己的行為所付出的責任，學習三思而後行的技能。

7. 不吝嗇的讚美與鼓勵是改變的動力

任何一個人，都會因為別人的讚美而感覺到自己的重要性、存在感，對於這群被忽略的學生而言，讚美更是難得的奢求。看到他的優點，並說出正向讚美、鼓勵的話，期待他有更好的表現，改進缺失，就一定可以看得到效果，對他說「我相信你可以做到」，他也才會跟著相信自己是可以辦到的。

8. 「彈性」是輔導過程中很重要的一環

彈性也是輔導過程中相當重要的特質，因為課程的訂定都是事先預想的，但實際接觸的過程中可能會隨著空間、時間、或是學生差異而有所改變，所以要能夠及時因應處理，在不失課程目標與宗旨情況中做調整與變化。評估學生的狀態，了解學生的特質與能力，再使用課程的各單元進行調

整輔導，將課程的各單元做彈性的規劃，不是絕對的順序，也並非一單元就是一堂課，而是視學生需求，做出適合個別差異的搭配與設計，對於輔導的效果會更趨理想。

9. 驗尿的執行是了解並協助，而不是挑剔與責罰

建議在執行輔導的期間，一定要澈底執行驗尿的工作（不一定要是輔導人員來做，可請學校的教官或負責春暉事務的人員來執行），驗出來的結果輔導人員一定要知道。告知學生驗尿只是一個監督的手段，讓輔導人員了解學生目前的用藥情況，不讓輔導人員無法分辨學生陳述的用藥情況是否與實際狀況相符，才知道該如何協助。驗尿的結果並不是用來證明「你看你在說謊吧！」或是以此來威脅學生要進行懲罰；而是藉由驗尿結果，了解學生的狀況為何，被驗到時須了解為什麼進行監督的過程中無法停止的原因，若是在監督的過程中，學生持續地被驗出有在使用的情況（連續三至五次），就要思考是否該引進醫療等相關資源，協助學生停止用藥行為。為增強學生停止使用的動力，可設置獎勵機制，例如持續幾次驗尿結果都是呈現陰性反應，就可以獲得小禮物或是獎狀，以茲鼓勵。

10.持續關懷

在人類的發展階段中，青少年正處於認同混沌的挑戰中。輔導資源的介入，讓這群學生了解有問題的時候可以向誰請教，也增加了他們對於成人的信任感，為了延續學生正向的態度與社會的連結，可做後續的追蹤，建議最少半年以上，不定期的給予關心、關懷，讓他們在無助的時候還能夠找到一絲的希望，不會再落入負向行為的漩渦中。

11.注意性別平等教育法及個資保護相關法令

輔導過程中請注意性別平等教育法及個人資料保護法之相關法令，勿洩露學生個人資料，以及避免與學生有不當的肢體接觸，以免觸法。

四、國外介入方式

國外在相關非法藥物（毒品）預防與教育介入研究相當多，比較著名的計畫含Life Skill Training（LST）、Project STAR、Project ALERT、Multi-systemic Therapy（MST）、Drug Abuse Resistance Education（DARE）、

Seattle Social Development Project（SSDP）等，研究對象從國小至高中職，介入策略有：多元課程、生活技能、社區模式、多媒體、家庭模式、同儕領導、學校環境、網路課程等元素，課程設計方面，教材節數為10節以上，SSDP課程更是長達六年，在藥物使用行為方面，不僅能夠減少青少年濫用藥物的次數，也能降低初次使用之人數。

Hawkins等人（2005）的研究顯示，預防青少年藥物濫用課程介入時間長，其介入效果則更為顯著，呈現劑量反應效應，因此多年期計畫效果更佳。在教學策略運用上，多數課程皆強調其教師與學生之互動性，如使用角色扮演、小組討論、學習單的教學策略。

此外，部分國外預防物質濫用計畫有追加教學之設計，綜觀文獻可發現，國外物質濫用預防課程之追加教學節數約三至八節，時間為一至二年者，學生為國中階段。而追加教學內容除複習主教學的課程內容外，在教學的策略上，亦結合社區、學生家庭、大眾媒體、戲劇演練、問答法、角色扮演法等，以強化並維持預防效果為目的。

五、案例分享

以下提供三個案例，讓輔導人員對藥物濫用學生有所了解。

案例一

個案年齡	高中進修部學生
個案概況	個案生長在單親家庭，母親單獨經營理髮店，個案學習成就低，經常曠課，愛吸菸，對生活沒有熱情。所幸能打工賺錢，也因此遇到幾個接觸毒品的同事
輔導過程	由學校教官參照教育部藥物濫用輔導手冊—好奇誤用版進行輔導工作，從認識孩子、聊聊過去、認知常識、強化關懷、忘記過去、強化心靈、信仰能量到想像未來、面對自己。
輔導結果	經過一連串的輔導，個案對於毒品已有一定的抗拒，成功一年後，個案還是因學習意願低，無法按時到課而宣告休學，所以個案的壓力還是來自於生活、工作與學習成就。
結論	輔導過程中增加各種活動確實與以往個案輔導有不同的思維，但是重點還是輔導員的輔導技巧，可視個案情況調整輔導深度與方式，能感受到對個案關心的廣角度，不僅僅是關心孩子有沒有吸毒，而是關心孩子生活當中失去關心的那個孩子。

案例二

個案年齡	高中生
個案概況	使用藥物：K他命（Ketamine、愷他命）（好奇誤用） 家庭狀況：父親為公路交通警察、原住民 學習狀況：學習意願低落 其他偏差行為：抽菸、喝酒、交友複雜 接觸藥物原因：於102年元旦連續假期，至友人家中吸食K菸
輔導過程	依據「學生藥物濫用輔導」模式教材指導，並結合個案特性運用，於102年3月11日起規劃「認清自我」、「藥物危害」、「案例經驗」、「自覺自省」、「正向思考」、「拒毒技巧」等相關互動課程，密集實施輔導矯正。
輔導結果	每週實施一次個案輔導，建立個案正確認知與自信，迄6月14日止，共計輔導12次，成效良好；之後分於6、7月對個案實施臨機性尿篩，均呈陰性反應，輔導顯見成效。
結論	須獲得行政及學校單位支持與協助。 教材可為輔導過程之依據。 學生在校學習及課後家庭聯繫同樣重要。 每週輔導情形告知家長、請家長共同協助與鼓勵孩子改變偏差觀念及行為。 教材搭配學生生活實況切入主題。 依不同學生特質修正輔導進度及活化教材。 依個案狀況進行深入訪談。 配合學生上課時段實施輔導，教官課程進度須做適度調整。 不要說教，而是給予學生自覺反思。 高中生社會歷練較國中生多，輔導教材需適時增加深度（社會新聞案例）。 鼓勵學生參加校內、外正當休閒活動。 協助學生找尋未來生活目標。 增加課後勵志書籍及參與公益活動，透過「特殊人物」人生經驗，激發學生正向思考及正確價值觀，強化教育效果。

案例三

個案年齡	高中生
個案概況	餐飲科學生，在學期間遭警查獲使用一次愷他命，學校尿篩查獲二次，單親家庭且為獨子，個性活潑大方，交友廣闊（也相當複雜），經常與朋友（還有朋友的朋友）出入KTV等場所聚會喝酒，坦承用藥都是與朋友聚會時發生。
輔導過程	由於學生已是第三次接受輔導，彼此已相當熟悉，因此直接說明除了照以往方式約談外，會增加課程內容以協助其認清自己的狀況，強化戒除的決心。學生藥物濫用輔導教材中提供了多媒體的設計如Flash遊戲、動畫影片，讓輔導過程更加生動有趣。
輔導結果	每週實施一次個案輔導，共計輔導12次，成效良好。

案例三（續）

結論	由於學生在戒除的路上中斷過，在輔導課程最後預防復發策略單元裡，運用教材提供之字卡讓學生了解復發階段及解決方法，討論時學生認為復發了會被責怪被看不起，提醒學生應該誠實面對問題，積極找出沒能持續的原因，記取失敗經驗繼續努力。 最後一次約談時播放動畫「重生與希望」，討論時學生表示會繼續加油，堅定自己的意志去抗拒誘惑，肯定學生這些日子的努力，並一同製作了御守，提醒學生不要忘了自己許下不再用藥的承諾，教官也會繼續關心與支持，這真是一個善用輔導教材成功輔導的案例。

第五節　學生藥物使用預防教育示例

一、預防課程

「國中預防課程」之設計，以計畫行為理論（TPB）作為理論基礎，依序由個人、同儕、學校與社會之層次為設計脈絡，藉由提升學生之反毒知識、反毒態度、主觀規範、知覺行為控制，以強化並鞏固其行動意圖；並融合生活技能的演練，結合學生可能會碰到的日常生活情境，經由示範、演練、修正等學習歷程，幫助學生在生活中持續應用生活技能預防藥物濫用。

「高中職預防課程」以個人、同儕、學校與社會之層次為設計脈絡，透過個人的覺察、探究理解、健康行動、尋求資源及最後的統整與評量為內容進程，運用藥物濫用的各種真實情境案例、新聞事件，搭配趣味教學活動，如賓果、對對碰、密室逃脫等遊戲，結合批判性思考、做決定、拒絕、倡議等各種生活技能練習，幫助學生提升反毒知識與態度、培養解決健康生活需求與挑戰的行動力與素養，並能應用生活技能預防藥物濫用，培養「識毒、拒毒、反毒」之能力。

國中及高中職預防課程完整的課程參考如下：

二、國中預防課程

單元名稱	單元目標
要High不要害	1.認識物質濫用與非法藥物。 2.批判思考技能。

（續）

單元名稱	單元目標
藥物，傷很大	1.認識非法藥物的各種影響。 2.認識常見的新型態毒品。
「藥」你決定	1.認識物質濫用的常見原因。 2.做決定技能。
危險，速速退	1.認識危險因子及減少危險因子的具體做法。 2.辨識物質濫用者。
擺脫死纏爛打的糾纏	1.辨識高危險情境。 2.有效拒絕技巧。
法律小學堂	1.物質濫用的法律責任。 2.培養法治精神。
同學，幫幫忙	認識保護因子及增加保護因子的具體做法。
放飛你的壓力	1.自我壓力檢視。 2.紓壓技巧。
反毒新主張	1.認識協助與戒治之相關資源。 2.學習倡議宣導技能。
藥物擂臺賽	1.生活技能總複習與強化。 2.藥物濫用知識懶人包。

三、高中職預防課程

單元名稱	單元目標
藥與毒的距離	1.覺察濫用成癮藥物產生的健康威脅與嚴重性，養成正確用藥的態度。 2.了解成癮處方藥物〔包括新興影響精神物質（NPS）〕的管道、種類及潛伏危機。 3.覺察成癮處方藥物濫用情境，應用做決定生活技能，避免濫用。
毒你千變（一）	1.分析青少年藥物濫用的原因。 2.認識常見毒品的種類（含新興毒品與電子煙）及其對健康的危害。 3.判斷接觸毒品的危險情境。
毒你千變（二）	1.覺察使用藥物的特殊行為，不慎接觸毒品的求救管道與緊急處理方法。 2.了解成癮的歷程。

（續）

單元名稱	單元目標
毒品絕緣體	1.應用批判性思考於毒品的迷思。 2.應用做決定的生活技能與拒絕的技巧於毒品的邀約。
毒品與法律的邂逅	1.了解與毒品相關的法律。 2.了解毒品濫用的處遇方法與資源。
識毒誓毒	1.複習本主題所學之認知、情意與技能。 2.應用倡議技能呈現自己反毒與拒毒的立場。

第六節　藥物濫用輔導之未來建議

一、組織制度面

（一）相關法規、政策之評估與精進

　　目前國內各部會反毒相關業務，應每年進行評估以精進內容，回應社會脈動，提出與時俱進的反毒政策。各機關的年度反毒工作可回歸到零基預算的精神，對於有實證性的計畫與工作優先予以支持，而非辦理例行性的年度活動，這是應該優先努力的方向。

　　對於青少年的藥物濫用防制，需要將少年戒治或觀護體系納入思考，考慮如何將少觀所和後續的系統做連結。

（二）推動實證型研究計畫，作爲擬定本土化相關政策之參考

　　規劃預防研究重點，配合預防目標（長程／中程／短程）發展研究重點項目、區分研究型計畫或實務型計畫、結合研究者與實務工作者攜手合作、增進實務工作者的研究知能（含評價研究及設計）、將理論轉換爲可執行的政策、及與國際接軌、合作研究。

　　對於國內外具實證性的計畫與研究，在有效轉譯後，擬定本土化的各層面推動原則及有效方法，如社區、家庭、學校及職場非法藥物預防計畫。

二、預防工作的執行面

（一）防制深入社區，增加相關吸毒家庭的家庭輔導及預防教育

於街頭遊蕩的未升學、未就業、翹課，甚至翹家的邊緣青少年，屬於高危險族群，仍生活於社區情境。因缺乏學校約束、規律生活與家庭照顧，本即容易接觸不良同儕，不管是接觸非法藥物或復發用藥的危機均明顯增高，對於青少年校外生活的輔導、保護措施、及成癮防制實屬刻不容緩。

吸毒家庭子女之輔導與預防教育，應加強毒品危害防制中心的社工對使用非法藥物學生家庭的關懷，關懷內容主要在於生活協助及避免再犯。但毒品危害防制中心社工案量負荷大，如何有效避免再犯，社工也是有他們的困難度，如何群策群力、連結其他社會資源，宜儘快將毒品危害防制中心之社工法制化，設置專業反毒社工來輔導使用非法藥物學生家庭，應是未來努力的方向。

（二）毒品防制衛教宣導後續宜銜接相關政策

預防與教育工作容易流於參與人數、場次統計之表象，真正有需求的對象未必參與，且具體成效難以呈現，需進行相關實證研究以評估其效果。

政府舉辦大型活動，社會大眾可以覺察到反毒議題，後續若沒有結合相關政策推動，易流於嘉年華性質的活動，政府機關應持續與民間團體配合政策的推動，以提升預防宣導的深度、廣度與成效。

（三）宣導雖已分眾，但需要精確掌握目標對象及評估其需求

尚未使用藥物的青少年，依危險因子可分為低危險群、高危險群與有立即可能使用非法藥物之虞犯。國內許多單位均認真進行教育宣導，但通常是針對低危險群，後兩者做得不夠落實，應加強宣導。

國內反毒宣導的師資缺乏相關的認證機構或認證人員，宜仿照環境教育法第10條第1項規定，得依其學歷、經歷、專長、薦舉、考試或所受訓練予以認證；其資格、認證之有效期限、撤銷、廢止、管理及其他應遵行事項之辦法，由中央主管機關定之。高危險群的青少年由於中輟的比例偏高，對於反毒、拒毒、戒毒等資訊或教材內容相對於低危險群學生反而更缺乏接觸參與的機會，應該找出有效管道，提供預防教育。

（四）中央機構及民間團體需資源整合

民間團體對於反毒工作熱心投入，目前反毒宣導有許多機構（包含NGO、教育體系）都在進行，但教育宣導內容不一、宜利用已有實證研究支持或政府出版的教材來進行教育宣導。

政府與多元民間資源之連結仍有待開拓：目前反毒政策與策略主要由政府主導，有部分基金會與民間協會參與拒毒、驗毒篩檢與戒毒工作。政府單位各司其職，民間單位的組織及人力有限，如果缺乏橫向聯繫與整合，對於全民的反毒教育將無法充分落實與深耕。

（五）非專業基層教師及第一線工作人員對非法藥物（毒品）使用防制之相關知能應持續加強

現行學校相關的反毒教育時數不足，僅規定反毒教育時數為一節課。大多數國中及國小往往沒有足夠的合格健康教育專業師資，對於教授現行「健康與體育學習領域」的非法藥物（毒品）單元往往力有未逮，宜針對非專業基層教師持續加強相關反毒知能研習。值得慶幸的是，目前教育部已經研發出教育人員毒品防制專業訓練的課程架構（黃久美等，2021），各界在辦理教育訓練時可以參照。

（六）防制學生藥物濫用承辦人員工作負荷龐大，人員流動率極高，缺乏有效傳承

學校教師兼任訓導主任、生活輔導（教育）組長，工作負荷極大，現行教育行政制度並無太多支持措施，導致人員異動頻繁，應打破學校內各行政組長同酬不同工的觀念，對於業務繁忙的生輔組長，研擬加給制度、加班費或較高積分。

（七）學校由於少子化，因應減班導致教師員額控管，在校代理老師比例增加且流動性高

校園反毒，學校導師是重要角色之一，教育部從2007年開始研編教材，但因少子女化減班，控管正式教師員額，造成代理教師兼導師比例增加，流動性高，難以有效全面掌握學校學生生活動態與社區背景狀態。輔導資源、經費與人力仍需要投入更多：教育單位受經費與人力限制，目前雖有招募志工、春暉役男、輔導人員的相關辦法，但杯水車薪，還是不足供學校輔導非

法藥物學生之用，宜加強各縣市成立學生藥物濫用諮詢輔導團，以解決學校人力不足之問題。

（八）強化各單位之合作聯繫，共同建構非法藥物使用防制之輔導網絡

1. 主動（非被動求助）提供危險因子家庭求助與關懷的管道，使青少年有遠離非法藥物誘惑的機會。
2. 主動（非被動求助）提供藥物成癮者及其家庭求助與關懷的管道，使成癮者能夠尋求協助。
3. 增加戒毒者求助與關懷的管道，並增強其家庭支持系統。
4. 對於有需求的家庭可提供經濟補助、職業訓練、更生保護、協助就業等，協助整個家庭脫離非法藥物的危害，使青少年遠離非法藥物的機會增加。
5. 運用各部會反毒志工資源，協助高關懷學生，強化親職教育。

三、研究發展面

　　預防與教育容易執行，但成效難以呈現，必須透過實證研究加以評估，根據以往研究指出，發現一個有效的非法藥物使用預防計畫能夠使在校學生對於拒絕藥物態度、主觀規範、知覺行為控制、生活技能及行為意圖等有所進步，並維持其成效及影響力，而實驗組學生使用非法藥物的人數顯著低於控制組學生；針對使用非法藥物的學生之輔導課程，目前已有學者進行相關的研究與發展，分為「好奇誤用」及「經常使用」兩類，並依其與是否與同儕使用分為團體與個人組，結果發現實驗組學生的用藥行為在後測均為「停用」狀態，且介入前、後之用藥意圖下降、停用滿意度提升，而對照組學生較多退步，似乎對於用藥學生若沒有輔導介入，假以時日這些學生的自我保護能力可能更為弱化（如：壓力調適、挫折復原力、拒絕技能、不用藥自我效能），將來面對用藥誘惑情境，再度使用的機會較大。

　　國外在介入對象及臨床處遇模式方面已經多元發展，針對一般少年，濫用特定物質之已用藥或高危險群少年、或家長分別實施較深度長期之個別、團體、居住型方案或社工街頭外展介入。在治療模式應用上則涵蓋居家關懷、多元戒癮介入、認知行為治療、心理認知教育、十二步驟／階段戒癮處遇、家族與認知行為整合治療、動機晤談、行為改變技巧教導等，並以預防偏差行為、強化受教育及就業狀態、強化社會功能與生理健康、增強戒癮

自我效能、促進親子溝通、教導拒絕藥物與情緒控制技巧爲改變媒介，且會考量應強化接受處遇動機與追蹤輔導等，目前臺灣已經發展出相關有效的預防性教育課程、社會心理輔導課程和戒治方案，如何全面地訓練師資與社區人員有效地利用與幫助青少年拒絕非法藥物，爲未來的首要挑戰（郭鐘隆等編，2014）。

參考文獻

一、中文部分

郭鐘隆（主編）（2014）。藥物濫用學生輔導教師手冊─團體版（經常誤用）。教育部。

郭鐘隆、黃久美（2013）。春暉小組輔導工作手冊。教育部。

郭鐘隆、葉大華、黃英信、曾淑萍、胡菊芬、吳嫦娥、林淑君、廖容瑜編（2014）。國家衛生研究院政策建言報告書：藥物成癮防治策略論壇─預防與教育【青少年組】。衛生福利部。

郭鐘隆主編（2014）。藥物濫用學生輔導教師手冊─個人版（好奇誤用）。教育部。

郭鐘隆主編（2014）。藥物濫用學生輔導教師手冊─個人版（經常誤用）。教育部。

郭鐘隆主編（2014）。藥物濫用學生輔導教師手冊─團體版（好奇誤用）。教育部。

黃久美、郭鐘隆、林芬郜（2021）。110年校園藥物濫用防制專業師資培訓課程架構之研究。教育部。

二、外文部分

Bandura, A. (1986). Social Foundations of Thought and Action. Prentice Hall.

Bachman, J. G., Wadsworth, K. N., O'Malley, P. M., Johnston, L. D., & Schulenberg, J. E. (2013). Smoking, Drinking, and Drug Use in Young Adulthood: The Impacts of New Freedoms and New Responsibilities.

Fiore, M. C., Bailey, W. C., & Cohen, S. J. (2000). Clinical Practice Guideline for Treating Tobacco Use and Dependence. The Journal of the American Medical Association.

Hawkins, J. D., Kosterman, R., Catalano, R. F., Hill, K. G., & Abbott, R. D. (2005). Promoting Positive Adult Functioning Through Social Development Intervention in Childhood: Long-term Effects From the Seattle Social Development Project. Archives of Pediatrics & Adolescent Medicine, 159(1): 25-31.

Hettema, J., Steele, J., & Miller, W. R. (2005). Motivational Interviewing. Annual Review of Clinical Psychology, 1: 91-111.

Huang, C. M., Chien, L. Y., Cheng, C. F., & Guo, J. L. (2012). Integrating Life Skills into a Theory-based Drug-use Prevention Program: Effectiveness Among Jnior High Students in Taiwan. Journal of School Health, 82(7): 328-335.

Marcus, B. & Owen, N. (1992). Motivational Readiness, Self Efficacy and Decision Making for Exercise1. Journal of Applied Social Psychology, 22(1): 3-16.

Marlatt, G. A. & Donovan, D. M. (2008). Relapse Prevention: Maintenance Strategies in the Treatment of Addictive Behaviors. Guilford Publication.

Pieterse, M. E., Seydel, E. R., DeVries, H., Mudde, A. N., & Kok, G. J. (2001). Effectiveness of a Minimal Contact Smoking Cessation Program for Dutch General Practitioners: a Randomized Controlled Trial. American Journal of Preventive Medicine, 32(2): 182-190.

Pinto, B. M., Goldstein, M. G., Ashba, J., Sciamanna, C. N., & Jette, A. (2005). Randomized Controlled Trial of Physical Activity Counseling for Older Primary Care Patients. American Journal of Preventive Medicine, 29(4): 247-255.

Pollak, K. I., Carbonari, J. P., DiClemente, C. C., Niemann, Y. F., & Mullen, P.D. (1998). Causal Relationships of Processes of Change and Decisional Balance: Stage-specific Models for Smoking. Addictive Behavior, 23(4): 437-448.

Prochaska, J. O. & DiClemente, C. C. (1983). Stages and Processes of Self-change in Smoking: Toward an Integrative Model of Change. Journal of Consulting and Clinical Psychology, 5: 390-395.

Prochaska, J. O., DiClemente, C. C., & Norcross, J. C. (1992). In Search of How People Change: Applications to Addictive Behaviors. American Psychologist, 47(9): 1102-1114.

Prochaska, J., Velicer, W., Rossi, J., Goldstein, M., Marcus, B., Rakowski, W., ... & Rosenbloom, D. (1994). Stages of Change and Decisional Balance for 12 problem Behaviors. Health Psychology, 13: 39.

Segan, C. J, Borland, R., & Greenwood, K. (2002). Do Transtheoretical Model Measures Predict the Transition from Preparation to Action in Smoking Cessation? Psychology and Health.17: 417-435.

Serdula, M. K., Khan, L. K., & Dietz, W. H. (2003). Weight Loss Counseling Revisited. The Journal of the American Medical Association, 289(14): 1747-1750.

Winters, K. C. & Leitten, W. (2007). Brief Intervention for Drug-abusing Adolescents in a School Setting. Psychology of Addictive Behaviors, 21(2): 249-254.

邱獻輝

第一節　前　言

　　目前世界各地的青少年藥物使用的問題不斷地惡化，除了發生率不斷地提高、使用年齡下降、同時多重藥物合併使用的情況也相當普遍，因此現在各國都非常關注青少年藥物濫用與成癮的問題，這種情況不僅讓北美、歐洲各國深感憂心（EMCDDA, 2012; Conway et al., 2013），臺灣少年違反毒品危害防制條例的統計數據也令人相關關切：在2002年時才17件，占該年度全體少年刑事案件的3.3%，但是到了2012年則快速上升到221件，並且已經占該年度少年刑案的58.47%（法務部，2014）。所幸在我國政府且戮力防治之後，此問題有了改善的跡象；從衛生福利部（2015；2021）的統計結果來看，校園非法藥物濫用的通報數據在2012年達到2,432人次的高峰後，近年來已經逐年下降到2019年的608人次；惟此數據顯示，仍有許多少年需要協助，考量毒品危害之重，切不可輕忽。

　　就心理學或精神醫學的界定來看，毒品使用與對個體適應困擾屬於與物質使用有關聯的疾患（Substance-related Disorder），其可粗分為兩大類（First & Tasman, 2004; APA, 2013）：其一是物質使用疾患（Substance Use Disorder, SUD）。其二是物質誘發之疾患（Substance-induced Disorder），其乃藥物作用於中樞神經系統所造成的直接結果，例如物質中毒（Acute Intoxication）、戒斷作用（Withdrawal Reaction），此外這個類別也包括物質誘發之精神性疾患、情感性疾患、焦慮性疾患、睡眠性疾患等。基本上，青少年藥物濫用與依賴的諮商與矯正，通常指涉的是第一大類，因此本文也將以此為限，探究青少年藥物使用防治諮商之道；以下將依序介紹三個適合用以協助青少年藥物使用防治諮商的模式，包括跨理論模式與動機式晤談等兩個諮商（Counseling）模式，以及筆者過去所建構的諮詢（Consultation）模式。

第二節　　跨理論模式之架構

　　跨理論模式（Transtheoretical Model, TTM）發展至今已有三十年的歷史，最初由Prochaska與DiClemente（1982）提出，旨在探究吸菸者戒癮的改變歷程，其集結多個行為改變過程中會涉及的理論，綜合成一整合性模式，發展至今已經廣泛運用在各個領域與議題。基本上這已經是個頗為成熟的理論架構，但是在華人諮商領域較少引用；筆者認為在青少年藥物濫用之諮商介入，實可多加應用此理論模式。

一、改變的階段

　　跨理論模式由Prochaska與DiClemente（1982）認為改變是一個歷程，包括六個階段：其一是懵懂期（Precontemplation），這個階段的青少年案主不會有改變自己藥物濫用或依賴的想法，因為案主此際並不認為自己有問題，會來接受諮商都是被逼迫前來的非自願性個案，因此諮商師如果告知案主他有問題，他可能會很驚訝；如果諮商師給予建議，通常只會有反效果（Rollnick & MacEwan, 1991）。在操作定義上意指六個月內沒有改變藥物使用的狀態。然而個體周遭的人則認為他是有問題的，例如青少年的父母、師長或沒有藥物濫用的同儕。

　　其二是沉思期（Contemplation）。此時青少年自己意識到藥物使用已經造成自己的適應問題了，因此內心會承受比較大的壓力，並且開始探索問題的本質（例如藥物的特性、對身體的影響、對生活作息或課業的干擾）。然而這並不意味著個體已經要進行自我改變，因為他正面臨權衡「應該改變」與「維持使用藥物」兩者利弊與障礙的矛盾掙扎之中；就操作定義來看，儘管個體尚未承諾要改變，但是已經打算在六個月內採取改變的行動。

　　其三是準備期（Preparation）。這是一個比較短暫的過渡階段，案主開始傾向樂於參與行動導向的計畫，並且對於成功改變的預期會高於前面兩個階段的狀態；基本上，處於此階段的個體將在一個月內進行改變自己的行動，同時在過去一年內，已經出現過某些新的行為。

　　其四是行動期（Action）。此階段的案主已經採取行動，針對問題來改變自己，並且公開自己改變的情況，因此受到他人的認同、並且比較容易受外界影響。由於他們對於藥物使用的戒治有比較好的自我效能感，因此自尊

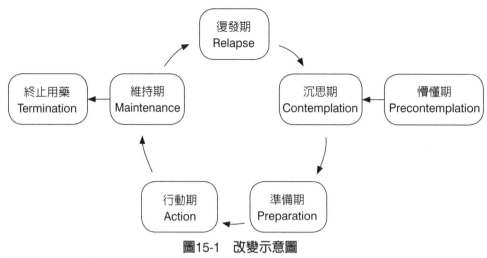

圖15-1　改變示意圖

資料來源：編譯自Prochaska & DiClemente (1982).

也會較高（DiClemente et al., 1995）；在藥物濫用的戒治，意指個體在過去六個月內已經停止使用藥物，並且對自己的生活型態做了特定而明顯的調整。

　　其五是維持期（Maintenance）。這個階段的任務就是維持改變的成果，然而防止復發卻是頗具挑戰性的；具體而言，當個體採取行動達六個月以上，並且有信心繼續維持新行為，即屬此階段。

　　其六是復發期（Relapse）。藥物使用的復發是很可能的，以戒菸為例，Prochaska與DiClemente（1982）就發現吸菸者大約需要經過三至七次（平均四次）的復發、重新再努力的循環，才會真正戒除菸癮，每次的復發代表案主可能更接近復原；若以改變輪（Wheel of Change）（參見圖15-1）來看，當個體從懵懂期進入沉思期之後、尚未脫離此輪之前，可能就需要在此輪中繞轉數次，才能順利脫離。因此，這絕對不意味著諮商師要讓案主陷入挫折中、或鼓勵其復發，而是協助其有信心的重新進入下一個循環中，往復原前進。

二、改變的測量

　　要評估跨理論模式諮商介入的成效時，除了評估改變的標的行為變化之外，還包括兩個中介與結果變項的測量，其一是各個改變階段決策平衡

（Decisional Balance），意指個體對於行為改變後的利弊衡量（Pros and Cons From）（Velicer et al., 1985; Prochaska et al., 1994; Velicer et al., 1998）。舉例來說，不同改變階段對於藥物使用行為的利弊分析結果就會不同（參見圖15-2），在懵懂期時會認為停止藥物使用的弊端大於獲益，因此個體會選擇不停止藥物使用；到了沉思期時則認為藥物使用的利弊相當，但是在準備期、行動期、維持期等階段裡，則意識到停止藥物使用的獲益就重於弊端，因此個體就會選擇戒除藥物。

其二，另外一個測量的變項是改變標的行為的自我效能感（Self-efficacy）或誘惑（Temptation）（Velicer et al., 1998）。自我效能是從Bandura（1977）社會學習論引用過來的，意指某個特定情境下，個體有信心避免藥物濫用或成癮的再犯（Relapse）。誘惑剛好與自我效能的意思相反，意指個體在某個困境中，渴望使用藥物的強度；在測量上，自我效能與誘惑是一樣的概念結構，只是受試者回應的形式不同，兩者在改變過程中剛好呈現消長的現象（參見圖15-3）；自我效能可在改變的後面階段過程中敏感地測到進步情形，並且作為再犯的預測變項（Velicer et al., 1998）。

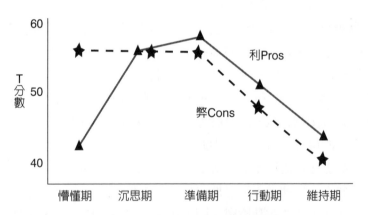

圖15-2　不同階段的決策平衡圖

資料來源：編譯自Velicer et al. (1998).

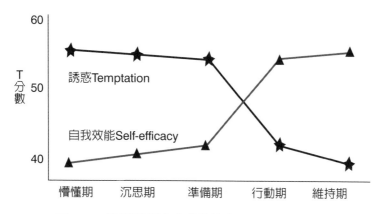

圖15-3　改變過程中自我效能與誘惑的相對關係

資料來源：編譯自Velicer et al. (1998).

三、改變的策略

　　由於不同的改變階段有不同的心理特徵，因此需要不同的介入策略（Perz et al., 1996）。Prochaska與DiClemente（1982）提出10個改變的歷程（Processes of Change）作為適切的方法，促使個體在改變過程中邁向後續的階段，最後達到戒癮的目標，其又可分為兩個類群：其一是屬於經驗的（Experiential）改變歷程，包括：（一）意識覺醒（Consciousness Raising）：亦即增加覺察（Increasing Awareness），指個體對自己與行為本質的訊息掌握能夠增加；（二）戲劇性緩和（Dramatic Relief）：亦即情緒的喚起（Emotional Arousal），指個體的情緒被內在或外在的刺激引發，因而經驗到負面的情緒（例如害怕、焦慮），因而產生改變的動機；（三）自我再評估（Self-reevaluation/Self-reappaisal）：指個體檢視目前行為對自己的影響（例如吸毒讓自己變得沮喪），藉以了解目前行為與其個人價值觀、生活目標的衝突，藉此進行情感與認知上的再評估，檢視自己如果改變後的可能結果；（四）環境再評估（Environment Reevaluation）：亦即社會性評估（Social Reappraisal），當個體意識到自己的行為對其他人或環境有負面影響時，就可能激發起改變的動機；（五）社會釋放（Social Liberation）：亦即環境的機會（Environmental Opportunities），意指個體可以認識環境的資源、或者創造出特定的環境，讓自己有替代性的行為選擇，幫助自己改變目前的藥物濫用行為。

其二是屬於行為的（Behavioral）改變歷程，包括：（一）刺激控制（Stimulus Control）：此為重新策劃（Re-engineering），藉由避開或改變誘發藥物使用的刺激，來避免問題行為的產生，例如避免與藥物使用的同儕在一起；（二）協助關係（Helping Relationship）：亦即支持性（Supporting）系統，由於積極尊重、同理、信任、開放的關係能夠支持個體改變，因此個體可尋求支持性的網絡協助自己改變；（三）反制約（Counter Conditioning）：此為替代（Substituting）的概念，意指面對無法避免的刺激時，以健康的行為反應來取代藥物使用的行為，例如在壓力情境下，透過運動或鬆弛訓練來取代藥物使用；（四）增強管理（Reinforcement Management）：此指運用獎賞（Rewarding）達到正向行為的後效強化；（五）自我釋放（Self-liberation）：此指個體對於改變的承諾（Committing），通常個體相信自己改變的效能、有較高自主性堅持自己的信念時，會有比較堅強的改變意志（Velicer et al., 1998; Eckhardt et al., 2004）。

Velicer等人（1998）建議上述10個改變歷程可運用在不同階段，以發揮個體行為改變的效率，若加上前述的決策平衡與自我效能，可彙整如表15-1

表15-1　個體在不同改變階段的改變歷程

改變階段	從懵懂期到思考期	從思考期到準備期	從準備期到行動期	從行動期到維持期	保持在維持期
最有關的改變歷程	意識覺察				
	戲劇性緩和				
	自我再評估	自我再評估			
	環境再評估	環境再評估			
	決策平衡	決策平衡			
		自我效能	自我效能	自我效能	自我效能
			自我釋放	自我釋放	自我釋放
			刺激控制	刺激控制	刺激控制
			反制約	反制約	反制約
				增強管理	增強管理
			協助關係	協助關係	協助關係
		社會釋放			社會釋放

資料來源：編譯自Velicer et al. (1998).

所示，例如在懵懂期就可善用意識覺醒、戲劇性緩和、自我再評估、環境再評估。

第三節　動機式晤談的介入

在探討藥物使用防治的諮商介入上，動機式晤談（Motivational Interviewing）是一個頗值得關注與採用的治療架構——與其說是架構，毋寧將其視為一種態度或更貼切。動機式晤談由Miller與Rollinick（1991; 2002）提出，其理念與觀點可以與跨理論模式結合，特別是在各個改變階段中運用各種改變歷程時，如果能夠以動機式晤談的精神來進行，將可以使成效大為提升，目前動機式晤談的成效評估研究正逐漸在累積過程中，國內也有學者引入矯正機構中實施。

動機式晤談引用諸多案主中心療法的精神與態度（Miller & Rollnick, 1991; 2002），其有五個基本原則：其一，同理心。該治療取向認為接納可以催化改變的產生，因為直接指責或要求青少年案主改變，容易造成案主的抗拒，但是回應式的傾聽則可協助案主表達出是否繼續使用藥物的矛盾與猶豫不決，透過諮商師的接納，讓案主感受到改變的決定權在自己；這種尊重的態度有助於建立起治療的同盟關係、維繫案主的自尊，讓案主感受到被理解，促使案主有意願探索與藥物使用有關的經驗感受與想法。因此動機式晤談並不將案主在治療初期不願承諾改變、或者承諾之後又反覆再犯的狀態視為抗拒或病態，而是人類改變歷程中自然發生的現象。

其二，創造不一致。Miller借用Festinger（1957）的認知失調論（Cognitive Dissonance Theory），引導案主去發現使用藥物的信念想法與自己其他價值信念或需求的不一致，引發案主內心的衝突與不安，以促成改變的動機——思欲放棄或改變藥物使用的認知信念、遷就其他價值信念的心理傾向，藉以消除衝突、恢復內心的調和。Miller的做法就是引導案主覺察自己使用藥物、酗酒的後果，並且與目前重要目標進行比較，使案主覺察到自我的矛盾，在此過程中也會引用各種評估資料，使案主的不一致不斷地擴大、明顯化，因此動機式晤談強調的是內在改變動機的啟動，而非外在壓力的威脅（例如離婚、解僱、法庭判決），因此動機式晤談強調改變的意

願表達要由案主自己說出口，而不是諮商師的建議（Miller & Rollnick, 1991; 2002）。

其三，避免爭辯。動機式晤談法採取溫和說服的「軟性面質」，主張避免直接面質案主、要案主承認自己有藥物使用的問題，因為標籤化案主的過程容易與案主爭辯、引起反彈、助長案主的自我防衛而形成針鋒相對的窘境；一旦引起案主的抗拒，諮商師就得要改變介入策略（Miller & Rollnick, 1991; 2002）。就筆者實務工作或督導經驗來看，要求青少年案主承認自己的錯誤，很多時候是滿足治療者自己的成就感，表示案主已經有所進展；或者只是想要降低治療者的焦慮，擔心案主不承認錯誤就會再犯；但事實上案主接受診斷的標籤並非治療效果的保證，因為案主是否會改變的重點，在於對自己承認，不是對別人承認。

其四，與抗拒纏鬥。套用跨理論模式來看，抗拒是諮商師採取的策略不適合案主當下所處的改變階段，例如當案主處在懵懂期、根本尚未覺察到改變的需要，諮商師卻催促他改變，案主的反擊也就不難理解。基於對案主的尊重且相信案主有能力洞察自身的問題，動機式晤談認為改變的過程引發案主積極參與的動機，因此面對案主的抗拒，除了將其狀態回饋給案主，亦可策略性地誇大案主對自身問題的忽略、揭露案主的矛盾、繞道間接處理、強調案主改變的控制權，或者善用認知行為治療的重構技巧（Reframing）、或者家族治療中的矛盾意象法（Therapeutic Paradox）協助案主覺察到藥物使用的後果與影響（Miller & Rollnick, 1991; 2002; Goldenberh & Goldenberg, 2008; Beck & Weishaar, 2011）。

其五，支持自我效能感。動機式晤談與跨理論模式一樣，都將自我效能感視為改變藥物使用行為的關鍵因素，這也是兩個理論契合的原因之一。基本上，前述四個晤談原則的目的，都是希望案主覺察到藥物使用已經對自己造成嚴重的負面影響，但是如果沒有同時讓案主感到改變的信心與希望，還是難以讓案主產生行動的動力，因此提振自我效能感也是動機式晤談的基本原則之一；為了讓案主具有自我效能感，動機式晤談會提供成功楷模的案例、移走障礙、讓案主選擇有利於自己的改變策略，並將改變的決定與責任交付給案主，不會傳達「我會改變你」的訊息，而是「如果你願意，我會協助你」（Miller & Rollnick, 1991; 2002）。

雖然晤談過程以案主為中心、強調改變動機的引發，但是諮商師仍有

某種程度的指導性，例如：改變案主藥物使用及其相關的行為，並且探究系統性的行為改變策略，同時諮商師也會適時表達個人意見與建議、選擇性地使用同理回應、針對案主的改變予以增強，甚至突顯／強化案主的不一致狀態，令其感到不舒服、而思考改變的必要性（DiClemente et al., 1995; Miller & Rollnick, 1991; 2002）。

第四節　結合教師與家長諮詢

協助青少年戒除藥物使用，不宜由諮商人員獨自工作，宜採取團隊合作的方式，這有兩層的意義：其一，藥物使用已經涉及司法與校規介入範圍，因此需要融入矯正諮商（Correctional Counseling）的考量，此類案主常屬於非自願性個案，而且再犯率非常高，案主常為了規避法律或校規的懲處，難免會隱瞞、淡化自己藥物使用的行為，因此諮商保密的限制就相對比較多，這是因為為了有效協助此類案主，除了透過諮商協助案主進行「內在自我管理」（Internal Self-management），也必須協調案主的重要照顧者，進行適切的「外部監控」（External Supervision），提供案主在生活上的即時協助與必要的監督，以截斷案主的「再犯循環」（Relapse Cycle）（Gorski, 1996; Mongold & Braswell, 2007），這些外部的監控可能就需要學校導師、教官、任課教師、以及家長共同分擔，並且定期與諮商人員聯絡、交換案主戒除藥物使用的相關資訊，發揮團隊介入的效能。其二，青少年藥物使用涉及諸多複雜的心理機制，相關的外部監控人員未必熟悉這些概念，因此諮商人員有必要在與這些人員互動時，適時適切提供相關的知識與技術，例如精神作用物質（Psychoactive Substance）的分類，物質濫用（Substance Abuse）與物質成癮／依賴（Substance Addiction/Dependence）的概念，物質中毒（Acute Intoxication）、耐藥性（Tolerance）與戒斷作用（Withdrawal Reaction）的症狀辨識，生理依賴、心理依賴物的機制與診斷的判準，治療的基本架構、案主內心的矛盾、好奇與同儕壓力或引誘、復發的可能、維持歷程等概念等（曾寶民、邱獻輝，2016；邱獻輝，2017）。

為了有效達到上述外部監控與傳達相關專業知能，筆者認為可以透過諮詢的架構來進行。所謂諮詢意指諮商專業人員與學生的主要照顧者（如家

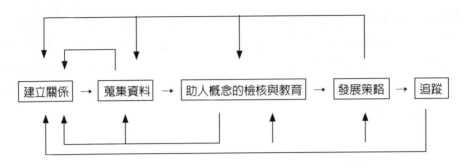

圖15-4　諮詢歷程圖

資料來源：修改自邱獻輝（2002）。

長、教師、輔導工作者）之間所形成的合作過程，其目的在藉由諮商專業人員的心理輔導專長，協助當事人主要照顧者有效能地協助學生成長；此時諮商專業人員稱為諮詢師；當事人的主要照顧者則稱為求詢者（邱獻輝，2003），邱獻輝（2002）曾建構一個適用於校園、提供諮商輔導人員用以與教師／教官／行政人員、家長的諮詢模式（參見圖15-4），試說明詳細步驟如下：

一、關係建立

　　關係建立（Relationship）所指的諮詢是「專業心理協助的諮詢服務」，植基於效率性、影響性、預防性、自願性、平等性、合作性、自主性等理念與態度，與專家取向色彩濃厚的醫療模式諮詢有很大的不同（邱獻輝譯，2002），為了維持團隊積極合作的關係，一開始就宜在主動自主的氣氛下，區分清楚彼此在協助學生戒除藥物使用過程中的權責（例如導師觀察學生的平日表現並安排同儕輔導、教官定期尿篩宣導）、聚會討論的時程，為了維持安全、信任、尊重的氣氛，諮商輔導人員宜善用諮商技巧與團體動力的技術。

二、蒐集資料

　　青少年的藥物使用行為可能只是適應困擾的表徵，通常還會有其他相關聯的問題存在，例如學業適應、自我認同、人際需求、親子衝突等，倘若要有效協助案主，就需要一併處理相關的問題，因此蒐集資訊（Information

Collect）就要涵括案主使用藥物的危險因子與保護因子，包括案主的優點、興趣、專長、課業表現、生活重心、崇拜的偶像、對當事人具有影響力的重要他人、生涯期望、家庭狀況、教室行為、師生互動狀況、與求詢者的關係，同儕關係等，以擴展求詢者留意輔導當事人的有利資源，與當事人的優點，擴展其對當事人的多面向看法，避免只注意到當事人的負向表現，應驗其自我預言！

此外，為了尊重與善用每位求詢者的資源與觀點，因此也可探詢家長或學校人員：「根據你的經驗，你覺得現在怎麼做，對這個學生最好？」「同儕是否也會如此？」藉以了解求詢者對當事人思考的角度、情緒感受、已經使用過的處理方法。在此過程中，尤其需要肯定與增強導師、訓輔人員的付出，並且處理家長可能出現的自責、憤怒與挫折等情緒（邱獻輝、鄔佩麗，2004），方能強化團隊工作的效能。

三、助人概念的檢核與教育

諮詢的本質是問題解決取向，其協助的對象原本是設定在已經具備藥物使用戒治基本知能者，但是相關的教師、警政、司法或家長未必具備相關的專業知識與技術，若要進行普遍性的基本教育，恐怕緩不濟急、或者對已經有相關知能的求詢者則顯得多此一舉，因此可採擷Brown、Pryzwansk與Schulte（2010）的看法，在進行後續策略之前，先檢核教師或家長是否具備策略所需的相關概念，再決定做多少程度的教育和說明。

四、發展策略

基本上，在蒐集資料的同時，也要同時檢核求詢者有關藥物使用的相關概念，且同時思索可行的介入策略並發展策略（Develop Strategies）。在進行諮詢時，由於教師、警政、司法、家長的輔導知能差異性頗大，因此必須採用不同的協助方式。對於自我功能良好、輔導理念清晰、具有創造力與助人技巧者，往往只需要透過引導討論，對問題有所澄清之後，就能夠自行找到合適的輔導策略。反之，則可能需要提供教導、建議、示範、或進行角色模擬演練。甚至可能會有一些求詢者陷在與學生的對立或情緒中，則除了多給予支持、賦權（Empower），若屬於主題干預（Theme Interference）的現象，則應採取低主題干預的技巧（Erchul & Martens, 2010）。

五、追蹤

　　藥物使用的戒治需要面對高再犯率的挑戰。因此即使案主行為有所改變、自信提升了，但是很可能在某些挫折或引誘的情況下，就又重新使用藥物，所以需要持續追蹤（Follow Up）。當然，學校老師與家長可能有自己的專長和特殊背景，因此提供諮詢時要尊重其策略選擇的觀點與決定，畢竟諮詢是一種對等關係的服務，更何況求詢者往往最清楚自己的優勢與限制。再者，隨著案主藥物使用的情況改善之後，可能會有新的問題與挑戰出現；或者家長、警政、司法人員與教師第一個求詢的問題，只是在測試諮商人員的專業能力，等到信任感建立後才會提出真正困擾的核心問題。對這些諮詢過程可能出現的挑戰，諮商輔導人員在從事諮詢服務時，除了自己要能夠平心靜氣地接受此現象，也要引導團隊人員肯定自我的努力與貢獻。

第五節　結　語

　　青少年藥物使用行為近幾年來不斷地惡化，不僅使用人數攀升、初次使用的年齡也不斷下降，這也造成諮商人員的重大挑戰，因為藥物使用帶來的不僅是學習的問題，也影響到生活、健康、公共衛生等諸多議題。在本文中，筆者嘗試彙整在國外已經發展多年的藥物戒治模式，包括跨理論模式與動機式晤談，這是國內諮商比較少觸及的理論概念，希望能夠有助於諮商人員面對青少年藥物使用時，可以在自身既有的專業素養上，增加一個介入的觀點。此外，由於協助青少年戒除藥物使用行為需要團隊合作，本文亦介紹諮詢介入的歷程以供參考，希望有助於諮商人員與同僚建構出專業、有效的合作關係。

參考文獻

一、中文部分

法務部保護司（2012）。少年兒童犯罪概況及其分析。法務部。

邱獻輝（2002）。建立本土化諮詢歷程模式之嘗試。學生輔導雙月刊，第82期，頁

106-121。

邱獻輝譯（2002）。學校諮詢：理論與實務。學富出版社。

邱獻輝（2003）。諮詢基本概念之探討。諮商與輔導，第216期，頁2-10。

邱獻輝（2013）。校園物質濫用之諮商探究。校園犯罪問題與安全維護研討會。國立中正大學舉行。

邱獻輝（2017）。俱樂部藥物濫用者的生命敘說探究。藥物濫用防治，第2卷第2期，頁75-100。

邱獻輝、鄔佩麗（2004）。親子溝通諮詢團體之效果研究。教育心理學報，第36卷第1期，頁35-58。

曾寶民、邱獻輝（2016）。青少年愷他命使用者的心理探究。藥物濫用防治，第1期，頁79-105。

衛生福利部（2015）。藥物濫用案件計檢驗統計資料（103年報分析）。http://www.fda.gov.tw/upload/133/2015070816312729381.pdf

衛生福利部（2021）。藥物濫用案件暨檢驗統計資料（108年報分析）。http://www.fda.gov.tw/upload/133/2015070816312729381.pdf

二、外文部分

American Psychiatric Association (APA) (2013). Diagnostic and Statistical Manual of Mental Disorders. 5th ed.

Bandura, A. (1977). Self-efficacy: Toward a Unifying Theory of Behavior Change. Psychological Review, 84: 191-215.

Beck, A. & Weishaar, M. E. (2011). Cognitive Therapy. In R. J. Corsini & D. Wedding (Eds.), Current psychotherapies. 9th ed., pp. 257-287. Thomson Learning.

Brown, D., Pryzwansk, W. B., & Schulte, A.C. (2010). Psychological Consultation and Collaboration: Introduction to Theory and Practice. 7th ed. Allyn & Bacon.

Conway, K. P., Vullo, G. C., Nichter, B., Wang, J., Compton, W. M., Iannotti, R. J., & Simons-Morton, B. (2013). Prevalence and Patterns of Polysubstance Use in a Nationally Representative Sample of 10th Graders in the United States. Journal of Adolescent Health, 52(6): 716-723.

DiClemente, C. C., Fairhurst, J. P., & Piotrowski, N. A. (1995). The Role of Self-efficacy in the Addictive Behaviors. In J. Maddux (Ed.), Self-efficacy, Adaptation, and Adjustment: Theory, Research and Application, pp. 109-141. Plenum Press.

Eckhardt, C. I., Babcock. J., & Homack,. S. (2004). Partner Assaultive Men and the Stages and Processes of Change. Journal of family violence, 19(2): 81-93.

Erchul, W. P. & Martens, B. K. (2010). School Consultation: Conceptual and Empirical Bases of Practice. Springer.

Festinger, L. (1957). A Theory of Cognitive Dissonance. Stanford University Press.

First, M. B. & Tasman, A. (2004). DSM-IV-TR Mental Disorders: Diagnosis, Etiology and Treatment. Wiley.

Goldenberh, H. & Goldenberg, I. (2008). Family Therapy: An Overview. 7th. Thompson.

Gorski T. T. (1996). Relapse Prevention Counseling Workbook: Practical Exercises for Managing High-risk Situations. Herald Publication House.

Miller, W. R. & Rollnick, S. (2002). Motivational Interviewing: Preparing People for Change. 2nd ed. Guilford.

Mongold, J. L. & Braswell, M. (2007). The Function of Correctional Counseling and Treating. In P. Van Voorhis, M. Braswell & D. Lester (Eds), Correctional Counseling and Hehabilitation, pp. 3-20. Anderson.

Perz, C. A., DiClemennte, C. C., & Carbonari, J. P. (1996). Doing the Right Thing at the Right Time? The Intersection of Stages and Processes of Change in Successful Smoking Cessation. Health Psychology, 15: 462-468.

Prochaska, J. O. & DiClemente, C. C. (1982). Transtheoretical Therapy: Toward a More Integrative Model of change. Psychotherapy: Theory, Research, and Practice, 19(3): 276-288.

Prochaska, J. O., Velicer, W. F., Rossi, J. S., Goldstein, M. G., Marcus, B. H., Rakowski, W., Fiore, C., Harlow, L. L., Redding, C. A., Rosenbloom, D., & Rossi, S. R. (1994). Stages of Change and Decisional Balance for 12 Problem Behaviors. Health Psychology, 13: 39-46.

Rollnick, S. & MacEwan, I. (1991). Alcohol Counseling in Context. In R. Davidson, S. Rollnick & I. MacEwan (Eds.), Counseling Problem Drinkers, pp. 97-114. Tavistock/Routledge.

Velicer, W. F, Prochaska, J. O., Fava, J. L., Norman, G. J., & Redding, C. A. (1998). Smoking Cessation and Stress Management: Applications of the Transtheoretical Model of Behavior Change. Homeostasis, 38: 216-233.

Velicer, W. F., DiClemente, C. C., Prochaska, J. O., & Brandenberg, N. (1985). A Decisional Balance Measure for Assessing and Predicting Smoking Status. Journal of Personality and Social Psychology, 48: 1279-1289.

李思賢、洪嘉均

第一節　一種心智、多種心態：濫用動機與輔導

　　青少年時期在人生的發展階段極為重要，這個時期處於身、心、社會、與靈性整合的階段，在生理上大腦持續發展與練習理性思考，青春期賀爾蒙導致生理性特徵成熟，身體形象改變、心理上尋求自我認同與價值觀建立、社會上尋求人際同儕互動與自我社會角色的定位、靈性上了解自己從哪來，人生意義為何。心理學家指出，每個人都擁有相同心智，但青少年期的發展任務，是透過生理改變與行為經驗追求自我認同與建立社會角色統合，藉由與同儕團體互動以及自我各項表現，進行比較、省思與覺悟，塑造不同青少年成為獨特的個體，最後在團體中取得自我認同感與自尊，並能夠歸屬於認同的團體。

　　誠如前面章節所提，青少年會使用藥物的因素是個人生理與性格因素、家庭因素、學校因素與社會結構因素。這些面向都有可能促使青少年期無法達到自我認同與找到人生意義，這時候因為青少年的大腦前額葉尚未完全成熟發展，亦即尚未學習如何適當地調適自己的情緒，以及常用衝動與欲望來做出行為反應，沒有理性做出較好的決定，因此容易出現一些問題行為，如沮喪、焦慮傾向、低自尊、挫折忍受度低、濫用藥物、逃學或參加幫派等。青少年在尋求自我認同中，需要團體的社會化過程來確認自我認同，如果同儕團體有使用物質與成癮藥物，則青少年也容易想有團體歸屬、或是嘗試成癮藥物來確認自我角色而使用，例如李思賢教授在針對青少年藥物濫用的質性研究中，就發現青少年第一次接觸成癮物質與藥物是以同儕邀請為主。這符合Akers（1988）從社會學習觀點提出的區別性團體的概念中，人們會透過日常生活中與有意義的他人或團體互動而評估自己的行為，在同儕抽菸與藥物使用行為中，除了抵抗其團體給予的壓力外，在團體氛圍中即使想要拒絕藥物使用，青少年也不容易果斷拒絕。青少年使用成癮藥物容

易讓自己認同偏差同儕，這時生理上還沒有明確上癮，但因爲認同團體與使用時藥物帶來的欣快感，心理上容易依賴，導致在行爲上持續使用或是濫用藥物（Bachman et al., 2013）。初次用藥青少年屬於戒治上的黃金時期，此時介入效果最佳，若能有效介入並改變其行爲，可有效預防未來復發並成癮（Lorig & Holman, 2003）。

青少年使用與濫用影響精神藥物的認知牽涉到相當多的心理歷程，其中會引發開始使用及維持用藥的主要因素有二：一是期望使用藥物帶來正向的生理、心理及情緒效果，以及可能有較好的社交互動與人際關係等信念的期望；另一種思考類型是因爲相信使用藥物可以幫助自己減緩生理或心理的痛苦。換句話說，青少年使用或是濫用藥物是爲了獲得某些物質〔氯安酮（Ketamine、愷他命）與安非他命（Amphetamine）〕的效果，因爲他們發現使用這些影響精神藥物所帶來的愉悅感、團體歸屬感或是去除沮喪痛苦即是一種增強。藥物之濫用也可被視爲是一種被其結果所增強的行爲，也許因爲影響精神藥物能造成個體感受改變（例如：愉悅的、精力充沛的、興奮的、有權力的）、思考（我能做任何事情、唯有處在亢奮的狀態中我才能表達我的情感）與行爲（較不羞怯而更有自信）而被持續使用，直到成癮，無法以自己之力自拔。如果青少年已經到了成癮，則表示其大腦的健康已經受到破壞而無法自我控制，我們將在第十七章提供認知行爲取向的醫療治療模式。

第二節　影響精神藥物的類型、使用、濫用與成癮

導師、心理師與社工師在面對已經使用影響精神藥物的青少年前，了解影響精神藥物或稱毒品之施用的複雜問題與本質，有三件事情需要先做區別：第一件是區分此藥物是天然的還是化學合成製劑；直到十九世紀以前，幾乎所有影響精神的藥物是以天然的形式被使用，直到現代化學的出現，這些天然物質會影響精神的成分被分析與分離出來，然後將此知識應用於成分提取並製成專利產品，例如嗎啡（Morphine）與古柯鹼（Cocaine）。自此之後，製造合成形式的影響精神藥物變成可能，例如海洛因（Heroin）；並且知識被應用於製造新的、更有影響精神的藥物，例如：興奮劑（安非他

命）、迷幻藥（LSD、麥角二乙胺）、安眠藥等。就如同蒸餾酒一樣，能夠製造類似天然藥物的效果且具有更高純度，使得合成藥物的可移動性（容易購買與取得）與成癮可能性都增加了。第二個重要的區分是使用這些影響精神藥物的施用方式。使用這些藥物的方法至少分成四種常見的方式：一、透過嘴巴嚼食吸收天然物質（嚼古柯葉）或是吞服合成藥劑（例如止痛藥）；二、將藥物吸進鼻黏膜，例如用鼻子吸氯安酮到鼻黏膜；三、透過煙霧吸入，例如：K菸（氯安酮）、大麻菸、海洛因捲菸；四、透過注射，例如海洛因；藥物直接透過注射針具注射到靜脈血液中，可以快速傳輸海洛因到大腦；注射施用方式大幅提升了濫用、依賴與傷害的可能性。第三個區分是單一影響精神藥物是否可以被接受爲是一種治療藥物。有許多禁毒法中列出的藥物是先被發展出來，在醫療處方使用下被視爲醫療管制藥物，影響精神藥物在管制下是可接受的醫療藥物有嗎啡、氯安酮等；有些則是不論其是否有醫療用途都不被允許使用，例如全世界國家不允許對於迷幻劑LSD與古柯鹼的任何因素之使用。上述這些區分是在談論影響精神藥物的本質與其各種藥物間的複雜度時，必須但還不充分的區分，在本章與第十七章的介紹中，還會進一步考慮影響精神藥物之使用、濫用與成癮，作爲提供青少年的服務與治療應該是輔導、行爲改變與心理治療的選擇依據。

　　藥物使用的合法與非法，是依據各個國家的法令而定；如果先不談施用藥品是否犯罪，藥物使用是指在不違法、或是經醫師處方，正常服用相關藥物，稱爲藥物使用。藥物濫用依美國精神醫學會出版之DSM-IV修訂版（2000）中定義：非以醫療目的，在未經醫師處方指示情況下，或雖基於醫療上的需要過量或經常使用某種藥物，致使個人健康及社會安寧深受傷害。藥物成癮，是由於重複使用某種藥物而產生的間歇性或慢性中毒現象，包括耐藥性、生理依賴、心理依賴、戒斷症狀及繼續使用藥物之強烈衝動。就行爲的觀察而言，一個藥物成癮者具有下列特徵：一、成癮症狀：（一）對藥物有強烈之意識上的需求；（二）有復發的現象：即生理上之依賴性解除後，仍會再度使用該藥物；（三）對藥物之心理上的依賴有恆常性，即具有全天候的需要與渴望感覺；（四）對藥物之需要衝動超過身體上的需要，爲了滿足習癖，須不斷增加藥物的使用量；（五）當對某種藥物成癮後，使用者會繼續使用藥物，爲了尋求藥物來源，維持供給，不惜任何代價及犧牲。二、耐藥性：對於某些藥物，慢性使用者發現他必須經常不斷地增加使

用量，才能產生初次使用特定藥量之相等效果。耐藥力並不發生於所有的藥物，且對不同的人也有個別差異，對於嗎啡及海洛因，使用者很快就產生強烈的耐藥力。但某種藥物之各種可能效果並不一定造成相等的耐藥力，如海洛因之安樂感效果有強烈的耐藥力，但在瞳孔的收縮效果上，只有輕微的耐藥力。

第三節　施用影響精神藥物青少年的減少傷害

對剛接觸與初次施用影響精神藥物青少年進行輔導是非常重要的，過去研究發現，儘早提供相關的服務與介入，已經施用毒品青少年能夠遠離毒品的比率是非常高的，對於無法很快遠離毒品的青少年，也會快速減少對於他自己與家人在身體、心理與就學就業的傷害。

目前全世界各國政府及學者大力提倡減少傷害（Harm Reduction）計畫（Lee et al., 2006；盧幸馡、李思賢，2008），主要是提倡我們應該在面對使用非法藥物時，先釋放正向關懷的訊息給青少年，並試著協助他們減少藥物使用帶來的傷害，不是一下子就要求他戒掉使用的影響精神藥物（Denning et al., 2003；李思賢，2008）。特別需要注意的是減害計畫的基礎是建立在人性與人權：一、每個人的生命都值得救、而且施用影響精神藥物行為的改變需要生理治療、心理諮商與社會復健與支持多層次的資源與協助；二、遠離毒品對於每個施用影響精神藥物的青少年來說都是困難的一件事，因此在協助他們面對現實、減少毒品所帶來的傷害，最重要的事情是相信「青少年」有正向改變的動機與能力，但是需要給孩子時間、工具與資源，除了給與生理治療，近來使用fMRI研究大腦的結果發現，利用強化生活技能（Life Skills）協助青少年逐漸改變用藥行為、改變面對挫折的因應技巧、賦予及增強與家人溝通的能力、以及學習尋求正確的幫助，最後能在大腦神經迴路上也發現有所改變。

每一個人施用影響精神藥物青少年的情緒與行為反應，與長期、慢性的精神病患所遇到衝擊及陸續面臨到的心路歷程相類似，我們該如何處理他們所會遇到的困難、壓力及情緒反應。鼓勵讀者詳加閱讀青少年諮商輔導的文章，多加體會。本文只針對施用影響精神藥物青少年的特殊議題進一步提供

建議：

一、考慮到教育程度：由於青少年尚未完成學業，在教育程度上多屬於國中、或高中（職），因此所需要的藥物知識、成癮疾病教育與傳染性疾病（例如愛滋病）防治相較於其他族群要更多，我們需要採取更生活化、更簡單的方式來進行衛生教育與輔導。更多且可被了解的衛教是因為用藥青少年在高中、國中、國小階段中，可能因為逃課、中輟、不喜愛念書等原因，對於一般該有的健康與傳染性疾病知識亦較為缺乏；同時因為施用藥物青少年學業成績普遍較低，常有無法自己閱讀影響精神藥物所帶來的傷害、或是愛滋衛教單張的情形出現，因此與這些青少年互動時，必須以簡單、明瞭的方式說明，協助他／她認識影響精神的藥物與傳染性疾病（例如愛滋病）相關訊息，應該避免直接給予衛教單張進行閱讀。

二、社會支持系統對人的生理及心理有直接影響，社會支持網絡中最重要的是藉由家人及社會支持來提升生理及心理的健康，且感受性的社會支持可以有效緩衝壓力，因應疾病並增進疾病恢復健康的功能。目前藥物使用與濫用已是屬於疾病（Lee et al., 2013），研究發現若有正向的社會支持，則有助於健康的維持。

三、社會資源方面：因青少年可獲得資訊的管道不足，因此如何有效地將社會可提供輔導諮詢等相關資訊，主動提供給他們或是給予妥善的轉介是有必要的，例如：恢復學籍、就業訓練、經濟補助、住所問題等，因為對施用毒品青少年而言，他們不愛念書，他們需要一技之長來獲取穩定且長期的經濟收入，因此如何與相關支持團體或是政府單位的合力輔助，來給予個案實質上技能培訓的幫忙，是管理個案的各個相關人員需同心協力來運作支持的。

四、藥物成癮問題：青少年大多沒有藥物嚴重成癮，但如果其成癮問題明確，協助處理藥物成癮的問題，最好是轉介醫療院所搭配藥物輔助療法。

第四節　青少年大腦發展與愉悅回饋系統

　　人類的各種學習主要是在大腦，其中訊息的傳遞是依賴神經元；神經元之間並沒有直接的接觸，中間有些許的空隙稱為突觸，神經元以釋放化學物質進入突觸為訊號互相溝通，這些化學物質稱為神經傳導物質。人類大腦的神經元發展有兩個高峰時期：一是胚胎時期，另一個則是青春期。在這兩個時期大腦神經元細胞會快速地生長，也是可塑性最高的時期。人類大腦從胚胎時期就開始發展，在出生後持續成長，此時大腦以腦細胞數量的增加為主，在約6歲左右即可達到成人90%的大腦體積。大腦發展初期以基本生理功能為主，例如接收和分析感官刺激訊息（像聽覺、視覺、觸覺、味覺的訊息等）或是肌肉控制等運動功能。而進入青春期之後，大腦會開啟另一波的神經元細胞生長，更重要的是突觸發展連結和修剪、以及包覆在神經元外髓鞘細胞的成形。當突觸密度增加到一定程度後，會進行突觸的修剪，反應的是當能力達到某種程度後，因為經驗的累積和熟稔，同樣的活動可能需要比較少的心智努力，也能將大腦細胞能量進行較有效率的運用。而神經纖維外面包覆的髓鞘細胞則能讓訊息傳遞地更有效率。這時期的大腦功能發展以高階認知功能為主，包括較複雜的大腦神經功能，例如抽象思考、情境判斷、行為決策、情緒管理、衝動控制等主要位於大腦前額葉的高階認知功能。大腦的發展要至青少年晚期或成人早期才能完成，過去的腦功能長期研究追蹤顯示，一直到24歲左右，大腦功能才算完全發展成熟，特別是在前額葉高階認知功能的部分（Giedd, 2015）。

　　大腦神經發展的過程受到許多因素的影響，包括基因、個體生理心理變化以及環境因素刺激等。在青少年時期，影響大腦發展的神經傳導物質主要為多巴胺（Dopamine）、血清素（Serotonin）和褪黑激素（Melatonin）（Dahl, 2003; Wahlstrom et al., 2010）。多巴胺主要影響的功能有動作控制、情緒反應以及在大腦回饋系統的愉悅感受等。血清素主要影響也包括調控情緒、衝動控制等。多巴胺和血清素的濃度在青春期時期的大腦都會較為降低，也因此在青少年時期容易出現有情緒變化大、衝動控制差的狀況。也因為青少年時期大腦前額葉對情緒掌控能力尚未發展成熟，所以青少年時期的決策往往受到情緒變化影響。研究也指出在受到情緒影響之下，青少年往往會做出較差的、不正確的判斷（Kunda, 1990）。除了前額葉尚未發展成熟

外，大腦的另一個重要區域——回饋系統，在青少年時期也尚未發展成熟。大腦回饋系統是掌控欲望、愉悅、正向情緒等的中心，在青春期的大腦回饋系統會受到荷爾蒙變化的影響而變得更加敏感不穩定，在情緒上變得容易起伏和反覆無常。如前所述，大腦的回饋系統主要受到多巴胺的調控，而因為大腦中的多巴胺在青少年時期濃度較低，所以在這個時期也較容易向外尋求刺激因素來促進回饋系統中的多巴胺分泌。這些外在的刺激因素包括尋求新奇的事物、冒險的行為、或者嘗試菸、酒、藥物等，這也是為什麼藥物濫用時常好發在青少年時期的原因之一。而因為大腦神經元在這時期尚未發展成熟，也更容易受到這些外來神經刺激物質的影響而造成傷害，例如有許多研究指出當青少年時期就開始濫用氯胺酮、大麻類物質時，後續會有較高機率罹患精神疾病、認知功能損傷、情緒障礙以及其他物質濫用等（Palmer et al., 2009）。

　　除了受到神經傳導物質的調控之外，在發展過程中的學習經驗，也可以影響或強化神經元之間的連結。一方面創造更多的連結，另一方面也加強它們的化學溝通能力。強化神經元連結涉及某個動作、感受或者念頭的神經元串接在一起，所以神經可塑性必須從突觸的層次開始。有學者證明青少年的突觸具有可塑性（Holloway, 2003）。神經可塑性（Neuroplasticity）意指大腦神經有能力改變自己的結構和功能；大腦會因為我們的經驗和思想而改變，也可以來自思想這個內在的心智活動而改變（Davidson, 2003）。哈佛大學Alvaro Pascual-Leone團隊（2005）提出大腦可塑性，他們進行一個虛擬鋼琴的實驗，實驗結果發現學習某種特定動作會擴大皮質區域，而另一組虛擬學習的實驗結果也是大腦皮質區控制五支手指頭的區域也擴大了。他們進一步設置實驗，發現思想，而且只有思想，就可以擴張運動皮質區做這個動作的區域。其他人也發現環境與經驗都能影響大腦，例如美國加州大學柏克萊分校的Mark R. Rosenzweig、伊利諾大學的William T. Greenough領導的研究團隊。William T. Greenough證明了要是訓練大鼠從事具挑戰性的任務，或將牠們放入「複雜的環境」中，大腦裡都會形成新的突觸（Holloway, 2003），這些新的突觸或者強化記憶，或者強化運動協調能力。此一研究成果證明學習技能、行為技巧與心智訓練能改變大腦的結構（Begley, 2007）。

　　青春期大腦的最重要功能之一，就是根據環境來修正大腦中的溝通網

絡（迴路），以改變自己的行為反應。這種特殊的變動能力，又稱為發展彈性，它幫助青少年在思考和社交上大步前進。透過科學技巧的訓練，可增加神經元的連結，有助於大腦創造更多整合的迴路群組，這種連結稱為神經整合：促進神經系統的協調與平衡，有助於情緒平衡、集中注意力、了解他人和自我、解決問題能力（Siegel, 2013）。

　　青春期的大腦處在快速發展的時期，對環境訊息的接受和刺激也變得更加敏感，也有更好的學習能力，但同樣地，這時期的大腦因為處在快速發展及變動階段，也特別容易受到傷害，例如外傷、有害毒物、長期壓力、不健康的生活型態或物質濫用等，皆可能對大腦發展造成長期的負面影響。大腦的發展彈性在完全發展成熟（成人早期）之後就會逐漸減弱，也因此青春期的大腦正是適應期與可塑期的大好機會，也是教育與復建介入最好時機，我們不應該忽視青少年的風險行為，而應以適當的教育介入，促進健康生活型態，藉以回復正常大腦的迴路發展、增強前額葉皮質的控制能力，降低風險行為帶來的後續影響和傷害。

第五節　　輔導青少年與建立生活技能

　　青少年身心與社會發展需包含三大項：一、具有正確是非觀念、懂得關懷別人；二、積極參與社區活動、學習建立親密與長久夥伴關係；三、建立現實感與自我價值感、學習尊重自己與他人。Bloom（2000）認為青少年應該養成認真工作、認真遊玩、懂得愛人、懂得服務他人等特質。Boyer等人（2005）提出充分的知識可以幫助學生做正確的決定。全世界早期藥物濫用預防教育，著重於強調「藥物使用」的立即危險與對生理危害，甚至用骷髏頭、發膿傷口等恫嚇兒童與青少年；可是隨著成癮藥物使用的普遍，越來越困難向青少年教育施用影響精神的藥物會有立即危險與危害；因為青少年會觀察他們身邊有第一手使用過大麻（Marijuana）、搖頭丸（MDMA、亞甲基雙氧甲基安非他命）、氯胺酮的同儕，在實際生活中並非只要使用過毒品就會傷口潰爛、膀胱炎、甚至死亡，當實際生活經驗與學校教導的內容相衝突時，青少年會相信自己的所見所聞，反而對於學校的教育投下反對票，將來不再相信學校輔導的內容。第二部曲輔導與教育是矯正過去以恐懼或是

Just Say "NO"！的方式，提供精確且正確的毒品危害而不誇大危險性；研究發現這樣的教育可以提供學生藥物相關知識，對於一般孩子有相當大的預防作用；然而對於高風險的孩子，知識的提升與使用藥物間，研究發現沒有相關。因此學者專家接下來是以理論為基礎去推測知識沒有預防藥物使用行為的原因是「低自尊、低自信、人生沒有目標」，校園輔導與教育因而研發與推動提升學生自尊與忍受挫折的技能；不過後來研究發現孩子的自尊提升後，對藥物使用行為沒有影響；但是忍受挫折的技能提升，則對於青少年在社會人際關係與減少毒品施用的頻率，有些許但不明顯的效果。專家在整理證據與理論推敲後，認為應該要在原有基礎上加強青少年能夠拒絕偏差同儕的引誘與歸屬感；這導致研發「抗拒技能」為主的教育，例如：從角色扮演強化對同儕「say kNOw」又不失去同儕歸屬的能力。這些抗拒技能教育融合學習理論與決策理論就是WHO（1994）提出學校的生活技能教學（Life Skills Education in School）所訂立目標，應培養學生廣泛思考及應用能力，其為藉由促進學生的能力和積極的適應性行為來預防學生問題性的行為，使學生能夠有效地處理日常生活的需求，互相吻合。

　　不過，青少年同儕互動與歸屬並非一次接觸，或在課堂是練習幾次就能達成；對同儕「say kNOw」的技能學習，在遠離毒品效果上也不大，主要是青少年成長環境中，如果有許多危險因子，例如貧窮、失落感、社會剝奪等，青少年仍然難脫施用藥物。所以，現在的輔導策略，是提升做決定與心理韌性的能力，整合抗拒技能的演練，加入社會影響視野，彙整社會與個人心理因子來輔導毒品初次使用，也就是被稱為整合模式（Comprehensive Approach）的輔導策略，正是我們在青少年階段提出生活技能相關課程與青少年的各項生理、心理與社會發展相符外，整合模式符合實證研究提到大腦的情緒與邊緣系統在青春期時功能逐漸強化（Giedd, 2008）。前額葉皮質的成長巔峰期，女性比男性早約一至二年，也說明青春期女性成熟度快於男性（Gervais et al., 2012）不一致的成熟時間使得青少年比較喜歡冒險，但這樣大腦神經的可塑性相對讓他們更容易適應環境（Giedd, 2008）。

■ **輔導**

　　跨理論行為模式（The Transtheoretical Model）（Prochaska et al., 1994; Grimley et al., 1995）是一個相當適合用於輔導青少年遠離毒品的理論架構。

過去研究發現，採用以理論爲基礎的輔導與行爲改變教育，其達成的效果比較好。跨理論行爲模式在意識可控制的行爲改變研究中，被認爲是具有統整與全面考量的模式之一，而其中行爲改變的階段是跨理論行爲模式的主要整理核心。根據跨理論行爲模式，要戒除施用藥物或是抽菸這個行爲，是一連串動機改變之歷程，從沒有想過戒掉到能夠處於任何情境中都能避免使用藥物之動機改變共有五階段：第一階段是沉思前期，此沉思前期中的個人是在可預見的未來，沒有想要遠離毒品；第二期爲沉思期，進入沉思期的個人是開始認眞地思考在未來六個月內，願意開始不再使用毒品，只是尙未下定決心；第三期爲預備期，進入預備期的個人是打算在三十天內，開始控制與管理自己的毒品施用情形，而且已經有採取一些行動來減少毒品使用的行爲，例如會每天提醒自己濫用氯安酮會造成膀胱炎、記憶下降、專注力喪失，導致學業落後、工作做不好，精神差等；第四期是行動期，也就是表示個人已經開始行動，會努力克制自己，例如每天使用氯安酮的間隔時間稍微拉長，這樣一天會從十次減少到八次，逐漸進步到六次、五次等，但是時間還不到六個月；第五期爲維持期，行爲處於維持期的個人是表示他／她已經能夠完全不施用毒品，而且時間超過六個月；但是維持期對於已經有明顯生理成癮或是心理依賴的青少年，非常不容易達到這個階段。以下是針對跨理論行爲模式爲基礎的輔導要點：

1. 正確知識、認知與動機：青少年能否拒絕藥物的持續使用端賴其是否有正確的知識，學校與輔導員應提供正確藥物的資訊，讓學生知道使用藥物的長、短期作用及影響，過去研究發現嚇阻的效果不彰，輔導時不要使用嚇阻的做法來反毒。青少年因爲使用成癮藥物產生負面傷害，父母、老師與親人一再勸告，但是青少年常仍一口否認，「我只是偶爾用，沒關係的啦！」青少年會不願意面對現實，以否認或合理化的心理防衛機轉來逃避他的問題。這時需要輔導者以不慍不急的態度慢慢引導他去檢討整個用藥的情形，避免籠統性的描述，而要針對細節具體的事實來強化與改變青少年動機，面對他施用藥物的問題。有了動機後就有好的開始，然而青少年會有他自己有一套解釋來逃避，例如：「拉K一時、尿布一世；所以抽K菸（氯安酮）就不會膀胱炎」、「因爲我父母管我太嚴我才會如此」等，他們在爲自己的行爲辯護的同時，希望能以折衷方式繼續用藥行爲。對於這種個案不妨先聆聽他們的解釋，建立治療

的關係，等待適當時機再引導他們檢視自己的行為、確認目前正確的藥物知識。當青少年意識到自己用藥的行為是如此傷害到自己及家人時，就會認識到唯有把藥物停止戒除才有可能改善目前的處境，此時他就已經跨出成功第一步，也就是從「無意圖改變」到「意識到需要改變」，產生動機。

2. 決定：他們在種種傷害之後或是經過治療終於認清成癮藥物對自己的傷害，但是心中有一份割捨不掉的感覺讓他們舉棋不定。碰到這個階段的輔導者，要引導青少年多多充實毒品的相關訊息，觀看自己的行為，指出他們矛盾的心態，再引導他們仔細地評估戒藥與不戒藥的好處與壞處，衡量兩者的理由與輕重，最後把決定留給他們自己。經過輔導者的分析解釋，青少年會希望自己有主導權，顯示其長大成人，可以自己負責，所以最好運用哪些資源、何種方法遠離毒品也由青少年自己選擇，成效會比較大。

3. 採取行動：這階段最需要輔導家人以及社會的支持。用藥青少年不僅要面對生理成癮與心理對藥物的依賴，還有生活上的困境、學業中斷、人際關係不佳，因此改變不僅僅是從用藥到不用藥，而是整個生活型態、交友對象與人生觀的大改變。因此如果朋友沒變、環境沒變、做人處事的方法沒變，則遠離毒品機率恐怕不大，或是遠離毒品維持不久。此時用藥青少年需要極大的支持與鼓勵，更要跟家庭、學校聯繫，讓個案在戒藥的早期很快就感受到周遭的溫暖以加強他對成癮藥物的抗拒。要記住長期使用藥物會削弱一個人的認知功能，使得他的改變更不容易。家人與老師長期的支持與包容才能重建他自信，而輔導者此階段要給個案及家人有適當、正確的知識與指導，有些事情一定要先改變，如減少用藥頻率與劑量、跟有用藥的朋友斷絕來往……；有些事則只能慢慢地改，如衝動的個性、不求上進。

4. 維持：一旦能夠採取行動，輔導員需要根據青少年的進度，給予符合現實的目標，並漸進完成。過程中很重要的是幫助青少年了解引發用藥渴望的線索與危險情境，同時提防再度陷入這個藥物甜蜜陷阱的最佳方法就是讓自己不斷求進步。當然如Alexander教授所做的老鼠樂園（Rat Park）實驗結果，對自己的人生感到滿意、有良好社會連結與找到人生的意義，引發青少年有幸福的感覺才能避免藥物的誘惑。對於一個已經能

夠遠離毒品的青少年，輔導者最好還是要時時提醒，不要以爲已經戒掉了，所以偶爾用一點沒關係，建議青少年「隨時提高警覺，不要輕言嘗試」。

(一) 生活技能的建立

Botvin在1977年提及的生活技能訓練（Life Skills Training）在1990年後被運用在青少年各項行爲的預防工作中，WHO（1994）提出學校的生活技能教學，建議學校課程應培養學生廣泛思考及應用能力，其爲藉由促進學生的能力和積極的適應性行爲來預防學生問題行爲的發生，使學生能夠有效地處理日常生活的需求。WHO在1996年定義學校生活技能教學爲：有效幫助個人應付每天不同挑戰的能力，讓個體具有適應的、積極的行爲，能有效面對各種需求與挑戰，生活技能爲課程中互動教學之一。其中包括預防吸菸與喝酒（Botvin et al., 1980）、菸害課程介入（Zollinger et al., 2003）、預防性行爲（Peltzer & Promtussananon, 2003）、預防藥物濫用追加教學（Botvin & Kantor, 2000；吳怡萱，2010）等，這些研究都發現透過生活技能的訓練，能有效改善物質使用的行爲及預防性行爲；生活技能教育目的就是將課堂上的教學活動更多元，讓學習從被動轉爲主動，讓課堂成爲解決問題的地方，因此能夠產生效果；這是生活技能課程利用環境刺激與有系統的課程重複不斷發展迴路系統，強調邊緣系統與前額葉系統之間的連結，改變大腦結構，預防好奇、衝動行爲等風險行爲，如吸菸、施用成癮藥物等。

一個研究生活技能與吸菸行爲顯示，針對平均年齡11.4歲、共1,024名學生進行生活技能的介入，由參加過四週生活技能課程訓練教師執行課程介入，安排前後測驗發現，師生對於生活技能課程均有較高滿意度，能顯著降低實驗組的吸菸率（P < 0.1），並且預防吸菸有成果（Hanewinkel & Ashauer, 2004）。Deffenbacher等人（1995）設計大學生活技能課程教導大學生減少怒氣的情緒調適課程，研究顯示能使大學生平靜且有控制的表達情緒。Fomeris等人（2007）以教導青少年設定目標，解決問題與建立社會支持的相關生活技能，針對20名青少年進行研究，以每週一小時持續十週午餐會議方式進行，其質性研究追蹤發現成效明確達成。臺灣在2005年由行政院衛生署辦理培育教導國中小學教師成爲生活技能的種子教師，以推展學校健康促進活動。教育部則在2006年全國分爲四區以推動親師共學生活技能教

學，藉由訓練研習及工作坊實際教學方式，增強教師及家長的生活技能技巧，以協助青少年學習。

　　Mangrulkar等人在2001年時依據泛美健康組織定義生活技能教學：建議教導兒童與青少年生命發展之生活技能，可分為認知、情緒及人際關係三大技能。認知技能部分包括目標設定、判斷思考、創造性思考、解決問題、做決定的能力；情緒技能以自我察覺、情緒調適、抗壓能力、自我管理、監控的技巧為主；人際技能則為具同理心、有效溝通、人際關係技能、自我肯定技能、協商技能、拒絕技能。

　　生活技能訓練LST課程主要希望青少年能透過健康的活動替代危險行為，課程主旨如下：

1. 教導青少年必要的技能，抵抗同儕壓力。
2. 幫助青少年建立更大的自尊和自信。
3. 讓青少年有效地應對焦慮。
4. 加強青少年認知和行為能力，以減少和預防各種危險行為。

　　在臺灣生活技能訓練計畫課程（陳娟瑜、李思賢，2014），是參考Botvin教授發展的內涵，認為青少年階段，同儕的支持、讚美、接納等影響力逐漸變大，教導生活技能須模擬孩子學習行為的自然情境（模仿、觀察、社會互動），孩子需要發展能支持良好外在行為的技能，應用生活技能及社交技能（Social Skills）的課程，有兩項重要的影響：1.在社會生活中，提供方法或技巧協助他們處理內在需要，包括壓力的抒解、自我控制（Self-control）及做決定（Decision-making）；2.課程要行之有效，學習時必須模仿合乎常理的行為過程。明確的課程指導外，也需加入同儕的要素進行觀察、在情境中從事角色扮演。生活技能課程人際關係技能，教導學生展開社交接觸克服害羞，練習一些人際互動技能，幫助學生在社交場合裡更自在，社交技巧越好，和朋友的相處就會越順利，學生對自己的感覺也會更好、更有自信，進而提升自尊；透過同儕之間演練社交技能，展開對話、繼續對話、結束對話，對話中教導學生如何有效溝通，練習發出清楚、明確的訊息，了解語言與非語言溝通這兩種溝通管道發送出同樣訊息的重要性，並透過觀察學習良好與不良的傾聽行為，在練習過程鼓勵同儕互相給予增強與回饋，並以角色扮演活動提升學生的自尊及自我效能。青少年會面對許多使他們感到焦慮、緊張的變化，透過練習生活技能課程中壓力調適方法，練習各

種放鬆方式，運用小組討論以及觀察同儕示範控制憤怒以及調適焦慮等負面情緒的方法，改善自己負面想法，讓自己鎮定冷靜下來，了解正面思考的價值、接受他人正向回饋，以及學習尋求重要他人的正向回饋，探索自己的獨特性、自我宣傳活動及學習尊重個人的獨特性；生活技能教育課程提供觀察示範技能的機會、提供情境練習技巧，學生經由同儕間的互動觀察他人對自我的評價及態度，把他人對自己的觀點內化成為自己對自己的觀點，進而形成自我概念，學生亦可以從不同的情境中抽取共通的原則，而建立概念或規則來支配行為。例如要判斷抽菸是否恰當，必須考慮抽菸的危害、場合和情境；而缺乏自信和自尊較低的學生，也特別易於模仿他人，觀察者本身處理訊息的能力，也會決定他從觀察中吸取經驗的數量。同時示範者具有人際吸引力，也會加強其示範效果。

　　總體而言，輔導教師在課程進行中扮演的角色是引導、陪伴、以及讓良好或是正確的技能能夠被展示與模仿；生活技能的發展主要期望青少年積極獲得正向學習的結果並能預防負面結果的發生，提供正向、積極、鼓勵、歡樂特質給所有青少年，讓每一位青少年被發展、當他們自己生命中最主要的演員，並強調全人（生理、心理、與社會）的發展，而非只是施用毒品此單一特殊問題或人，使青少年有能力掌握生活與每天會發生的人際互動；也就是說，依據社會學習理論觀點強調重視合作學習環境中同儕語言之社會互動對參與者認知與發展的必要性。青少年此階段個體逐漸發展自我判斷的認知，透過學習社交技巧、各種表現與認知來建立自尊，由此可支持生活技能於教學情境之運用，對學生的認知、情意及社會技能之發展均有其正面之效益。

（二）強化心理韌性

　　使用藥物之青少年的情緒與行為問題非常嚴重，不但青少年本身被藥物施用行為問題所困，學校、家庭、甚至整個社會也都受到影響。對於青少年心理健康的預防復發工作，近年來已經有重要轉變，由著重「危險因子」轉為著重強化孩子面對與應付壓力的「保護因子」；這樣的提倡是增加孩子的心理資本、或是強化心理韌性（Strengthening Resilience）（李思賢等，2006），韌性概念的提出扭轉了過去採用病理缺陷治療觀點，轉而開啟了健康促進優勢本位的新思維。「Resilience」在韋伯字典中是指「物品

在被拉伸、擠壓、彎曲後返回其原來形狀的能力」和「在負面事件發生後，可以變得堅強、健康、成功的能力」。所以，心理韌性是指當個人在面對挫折、創傷、不幸、威脅、生活劇變或重大壓力情境時，所產生一種良好適應（Newman, 2005），亦即青少年如何在面臨壓力或逆境時，學習調適自己的情緒、運用自身的優勢能力、連結外在資源，使自己可以面對問題與壓力，強化自我效能與自尊。

　　心理韌性（Resilience）可區分為個人、心理、社會環境等幾方面的要素，Masten等人（2006）提出了其他具有保護、調節、促進成長的意涵或社會變項：如個人的發展任務、情境中的資源、環境中的累加保護、心理社會能力的運用等。Masten等人（2006）也統整了青少年之復原力，或保護因子相關內容，並在個人與社會、親友之間相互的關係連結的四個條件：

1. 青少年的性格或內在心理特質：好的認知能力，包括專注力和解決問題的能力。好的氣質，並發展出具調適能力的人格特質。正向的自我覺知、自我效能。信仰與自我的人生意義。對人生有正向的看法。有效的情緒與行為管理的方法。對自我與社會有良好的評價。好的幽默感。外表正常或更具吸引人。

2. 穩定的家庭功能：與提供照顧的成人有親密的連結關係。具權威的親職功能（如高關懷、高結構化、高監控、高期待等）。正向的家庭氣氛，父母衝突少、良好的手足關係、信仰虔誠。與親戚有穩定且有支持性的連結。雙親完成高中學業並能參與孩子的教育。家長有良好的特質足以保護兒童。社經優勢。

3. 家庭或其他的關係：與有能力、利他的、能提供支持的成人，有著緊密的關係。與具利他行為、守規則的同儕來往。

4. 社區內資源：能提供家長及青少年工作機會。有優質的學校。和學校、社團、童軍等利社會化組織有連結。公共安全性高。良好的公共健康政策，提供便利的健康照護。社區品質佳，有良好的楷模。

　　強化心理韌性需要從個人特質的培養、大腦健康的養成到家庭、學校、社區、甚至社會共同努力，輔導者一般只從青少年本身著手，也因而導致輔導效果常被質疑。李思賢倡議輔導青少年的專業工作者，可以整合並採用下列五項來強化心理韌性：

1. 敦促學校與社區訂定有益於青少年健康的政策。

2. 建議與創造有利健康的支持環境，例如提供青少年安全與滿足的運動與休閒環境，當青少年花三小時打籃球，也代表這位青少年有三小時沒有施用毒品，且還能透過運動排毒。

3. 強化社區的行動力：透過有效的社區發展與社區參與，應用社區資源及人才，使青少年受到良好教育與學習，從事良好健康行為。

4. 發展個人的技能：經由健康教育與資訊傳播，使青少年得以學習生活技巧，在生活挫折中能夠積極面對，做出良好調適與決定。

5. 調整健康服務取向：服務必須擴及健康促進，提供以人為中心，包括生理、心理、社會等全方位之完整面向。

第六節　家長與家屬的支持與協助

　　父母與家屬要面對與承認他們的孩子使用或濫用藥物（毒品）是一件非常複雜的行為，除了針對其使用藥物的行為之外，濫用藥物（毒品）帶來很多的後遺症，包括親子衝突、人際關係的失去、生理健康破壞、輟學、失業或無法就學（業）等。一般來說，因為社會的歧視與烙印，青少年藥物濫用者很少主動尋求協助，就因他們並不完全出於自願來遠離毒品，更需要家人在旁給予支持與關懷，家人千萬不要因為擔心鄰居的眼光、旁人的閒言閒語、或是關注於自己的面子而更加排斥濫用藥物的青少年。

　　我建議從事輔導的導師、心理師與社工師要教育父母與家人，讓他們在接觸與幫助個案時，一定要意識到自己扮演一個非常重要的關鍵；第一次接觸的成功，將是未來能成功協助此個案的必要基礎。以下有一些開始接觸時的原則與技巧是有幫助的：

一、接納與理解：先檢視自己對於濫用藥物（毒品）的態度，是否帶著歧視、偏見、或是犯罪的價值觀。自己是否能坦然面對刺青、孩子的衝動、過去對家人的傷害與危害健康行為。

二、不要拒絕與增加傷害：不管自己是否帶著對於濫用藥物的歧視與偏見的價值觀，都該坦然尊重濫用藥物者自己的選擇，面對他／她已經使用成癮藥物的事實，並且肯定他／她仍然願意來到你這裡接受協助。

三、藥物成癮是複雜的社會學習行為：濫用藥物的原因非常複雜，通常會包

括是生理、心理、與社會三方面的因素；在遠離毒品的路上，孩子不可能依靠他自己的意志與努力就可以達成，會需要家人的支持、朋友的鼓勵、學校老師與同學的接納。

四、濫用藥物行為可以調整與改變：研究一再顯示，濫用藥物行為是可以改變的。有相當多人認為，「一但吸毒、終生吸毒」；也就是說，對於使用毒品的人，一般認為要他們戒掉或是遠離毒品是一件非常非常困難的事。事實上確實是非常不容易，但能否遠離毒品的因素也是非常複雜的，除了提供生理戒斷，心理輔導及社會復健，家庭能否接納與關懷濫用藥物者，並且進行就業協助也是濫用藥物者能否遠離毒品的重要因素。李思賢教授研究非法藥物使用者再施用毒品的成果發現，三年期間內會再犯罪的比率約有六成六；也就是說，三成四的藥癮者能夠維持三年不使用毒品，這些成功遠離毒品的人有一項特性，就是家人依舊願意接納他、協助他。

五、接納與關懷過程中，家屬還是要了解個案目前的用藥狀況：每個個體所知覺到使用影響精神藥物的優缺點都不同，而家屬必須了解每個藥物使用者都有其獨特而重要的濫用藥物理由。同時家屬應該適時向專業機構（如戒毒所、醫院等）尋求協助並了解如何協助個案。

參考文獻

一、中文部分

江振亨、林瑞欽（2000）。認知行為團體療法對濫用藥物者輔導成效之研究。犯罪學期刊，第5期，頁277-310。

吳怡萱（2010）。以生活技能為基礎之國中學生預防藥物濫用追加教學介入成效研究。國立臺灣師範大學衛生教育學系碩士論文。

李俊宏、唐心北、張達人（2007）。減害計畫中之愛滋帶原之海洛因成癮者團體心理治療：團體個案報告。中華團體心理治療，第13卷第3期，頁5-19。

李俊珍（2004）。現實治療團體對藥物濫用者之自我控制自我概念自我效能之輔導成效研。國立高雄師範大學輔導與諮商研究所碩士論文。

李思賢（2005）。藥癮再犯罪成因與心理治療介入的可行性：出監毒癮者之回溯性與前瞻性追蹤研究（一）。衛生署管制藥品管理局委託計畫成果報告。

李思賢（2006）。藥癮再犯罪成因與心理治療介入的可行性：出監毒癮者之回溯性與前瞻性追蹤研究（二）。衛生署管制藥品管理局委託計畫成果報告。

李思賢（2008）。減少傷害緣起與思維：以美沙冬療法做為防制愛滋感染、減少犯罪與海洛因戒治之策略。法務部刑事政策與犯罪研究論文集，第11期，頁89-109。

李思賢（2010）。女性海洛因注射者之愛滋感染情形與保險套使用行為意向階段之調查研究。臺灣公共衛生雜誌，第29卷第3期，頁238-246。

李思賢、林國甯、楊浩然、傅麗安、劉筱雯、李商琪（2009）。青少年毒品戒治者對藥物濫用之認知、態度、行為與因應方式研究。青少年犯罪防治研究期刊，第1卷第1期，頁1-28。

李思賢、晏涵文（2003）。防治愛滋有三寶：知識、溝通、保險套。行政院衛生署疾病管制局。

李思賢、張弘潔、李蘭、吳文琪（2006）。家庭及學校的社會資本與國小學童內化行為問題之關係。中華心理衛生學刊，第19卷第3期，頁231-253。

李商琪、林春秀、李思賢（2011）。使用俱樂部藥物青少年保險套使用之情形：以計畫行為理論與原型／意願模式之調查研究。臺灣性學學刊，第17卷第2期，頁31-52。

周玲玲、張麗玉（2000）。愛滋病患與配偶或伴侶之壓力、社會支持與因應策略之研究。89年行政院衛生署疾病管制局委託計畫研究報告。

林烘煜、陳若璋、劉志如（2007）。以多元評估方式對兩種成癮犯的生心理特質描繪。中華心理學刊，第49卷第1期，頁87-103。

張淑媛（2006）。特定團體愛滋防治白皮書：第七章毒癮愛滋防治篇。財團法人國家衛生研究院出版。

張嫚純、丁志音（2006）。成癮藥物使用情境脈絡與HIV感染關聯之初探。臺灣公共衛生雜誌，第25卷第6期，頁463-473。

張麗玉（2006）。臺灣毒癮愛滋患者接受諮商輔導對其社會支持、憂鬱狀況與生活品質影響成效之研究。95年行政院衛生署疾病管制局委託計畫研究報告。

張麗玉（2010）。矯正機關毒癮愛滋收容人團體處遇模式之研究。國立暨南國際大學社會政策與社會工作學系研究所博士論文。

盧幸馡、李思賢（2008）。女性海洛因使用者共用注射針具和稀釋液行為與愛滋感染之初探。臺灣公共衛生雜誌，第27卷第2期，頁158-169。

戴伸峰、曾淑萍、楊士隆（2011）。臺灣地區非法藥物濫用高危險群青少年對現行毒品防治政策成效及戒毒成功因素評估之實證研究。青少年犯罪防治研究期

刊，第2卷第3期，頁53-74。

蘇逸玲（1998）。愛滋病患之臨終照護。世紀疫疾AIDS：第十四章。偉華書局。

二、外文部分

Akers, R. L. (1998). Social Learning and Social Structure: A General Theory of Crime and Deviance. Northeastern University Press.

Bachman, J. G., Wadsworth, K. N., O'Malley, P. M., Johnston, L. D., & Schulenberg, J. E. (2013). Smoking, Drinking, and Drug Use in Young Adulthood: The Impacts of New Freedoms and New Responsibilities. Psychology Press.

Begley, S. (2007). When Does Your Brain Stop Making New Neurons? Newsweek, 150(2): 62-65.

Bloom, M. (2000). The Uses of Theory in Primary Prevention Practices: Evolving Thoughts on Sports and After-school Activities as Influences of Social Competence. In Danish, S. J. & Gullota, T. P. (Eds.), Developing Competent Youth and Strong Communities Through After-school Programming. Child Welfare League of American, p. 1766.

Botvin, G. J. (2000). Preventing Adolescent Drug Abuse through Life Skills Training: Theory, Evidence of Effectiveness, and Implementation Issues. Institute for Prevention Research, Cornell University Medical College, pp. 39-50.

Botvin, G. J., Eng, A., & Williams, C. L. (1980). Preventing the Onset of Cigarette Smoking Through Life Skills Training. Preventative Medicine, 9: 135-143.

Boyer, E. W., Shannon, M., & Hibberd, PL. (2005). The Internet and Psychoactive Substance Use Among Innovative Drug Users. Pediatrics, 115(2): 302-305.

Dahl, R. E. (2003). Beyond Raging Hormones: The Tinderbox in the Teenage Brain. Cerebrum, 5(3): 7-22.

Davidson, R. J., Kabat-Zinn, J., Schumacher, J., Rosenkranz, M. A., Muller, D., Santorelli, ... & Sheridan, J. F. (2003). Alterations in Brain and Immune Function Produced by Mindfulness Meditation. Psychosomatic Medicine, 65: 564-570.

Deffenbacher, J. L., Oetting, E. R., Huff, M. E., & Thwaites, G. A. (1995). Fifteen-month Follow-up of Social Skills and Cognitive-relaxation Approaches to General Anger Reduction. Journal of Counseling Psychology, 42(3): 400-405.

Denning, P., Little, J., & Glickman, A. (2003). Over the Influence: The Harm Reduction Guide for Managing Drugs and Alcohol. The Guilford Press.

Fang, C. T., Chang, Y. Y., Hsu, H. M., Twu, S. J., Chen, K. T., Lin, C. C., Huang, L. Y. L., Chen, M. Y., Hwang, J. S., Wang, J. D., & Chuang, C. Y. (2006). Life Expectancy of Patients with Newly-diagnosed HIV Infection in the Era of Highly Active Antiretroviral

Therapy. QJM, 100(2): 97-105.

Forneris, T., Danish, S. J., & Scott, D. L. (2007). Setting Goals, Solving Problems, and Seeking Social Support: Developing Adolescents' Abilities Through a Life Skill Program. Adolescence, 165(42): 103-104.

Gervais, S. J., Vescio, T. K., Förster, J., Maass, A., & Suitner, C. (2012). Seeing Women as Objects: The sexual Body Part Recognition Bias. European Journal of Social Psychology, 42: 743-753.

Giedd, J. N. (2008). The Teen Brain: Insights from Neuroimaging. Journal of Adolescent Health, 42: 335-343.

Grimley, D. M., Prochaska, J. O., Velicer, W. F., & Prochaska, G. E. (1995). Contraceptive and Condom Use Adoption and Maintenance: A Stage Paradigm Approach. Health Education Quarterly, 22(1): 20-35.

Hanewinkel, R. A. (2004). Fifteen-month Follow-up Results of a School-based Life-skills Approach to Smoking Prevention. Health Education Research, 19(2): 125-137.

Holloway, M. (2003). The Mutable Brain. Scientific American. pp. 79-85.

Krebs, C. (2006). Inmate Factors Associated with HIV Transmission in Prison. Criminology & Public Policy, 5(1): 113-135.

Kunda, Z. (1990). The Case for Motivated Reasoning. Psychological Bullutin, 108(3): 480-498.

Lee, T. S. H. (2005). Prevalence and Related Factors of Needle-sharing Behavior Among Female Prisoners. Journal of Medical Sciences, 25(1): 27-31.

Lee, T. S. H. (2006). Sexual Violence Victimization and Condom Use in Relation to Exchange of Sexual Services by Female Methamphetamine Prisoners: An Exploratory Study of HIV Prevention. Taiwan Journal of Public Health, 25(3): 214-222.

Lee, T. S. H. (2012). Penile Bead Implantation in Relation to HIV Infection in Male Heroin Users in Taiwan. Journal of AIDS and Clinical Research, S1: 018.

Lee, T. S. H, Chen, Y. P., & Chang, C. W. (2011). Gender Differences in the Perceived Self-efficacy of Safer HIV Practices Among Polydrug Abusers in Taiwan. Comprehensive Psychiatry, 52(6): 763-768.

Lee, T. S. H, Fu, L. A., & Fleming, P. (2006). Using Focus Groups to Investigate the Educational Needs of Female Heroin Injection Users in Taiwan in Relation to HIV/AIDS Prevention. Health Education Research, 21(1): 55-65.

Lee, T. S. H, Shiu, C. S., Tuan, Y. C., Wu, W. H., Huang, C. W., Yen, M. Y., ... & Lin, C. K. (2013). Quality of Life Among Injection Drug Users Living with or without HIV/AIDS in Taiwan: A Case Control Group Design. Journal of AIDS and Clinical Research, 4: 3.

Lohse, N., Hansen, A. B., Pedersen, G., Kronborg, G., Gerstoft, J., Sørensen, H. T., Vaeth, M., & Obel, N. (2007). Survival of Persons with and without HIV Infection in Denmark, 1995-2005. Annuals of Internal Medicine, 146: 87-95.

Lorig, K. R. & Holman, H. R. (2003). Self-management Education: History, Definition, Outcomes, and Mechanisms. Annals of Behavioral Medicine, 26(1): 1-7.

Mangrulkar, L. V., Whitman, C. V., & Pasner, M. (2001). Life Skill Approach to Child and Adolescent Healthy Human Development. Pan American Health Organization.

Masten, A. S., Obradovi, J., & Burt, K. (2006). Resilience in Emerging Adulthood: Developmental Perspectives on Continuity and Transformation. In J. J. Arnett & J. L. Tanner (Eds.), Emerging Adults in America: Coming of Age in the 21st Century, pp. 73-190. American Psychological Association.

Newman, R. (2005). APA's Resilience Initiative. Professional Psychology: Research and Practice, 36(3): 227-229.

Palmer, R. H., Young, S. E., Hopfer, C. J., Corley, R. P., Stallings, M. C., Crowley, T. J., & Hewitt, J. K. (2009). Developmental Epidemiology of Drug Use and Abuse in Adolescence and Young Adulthood: Evidence of Generalized Risk. Drug and Alcohol Dependence, 102(1-3): 78-87.

Pascual-Leone, A., Amedi, A., Fregni, F., & Merabet, L. B. (2005). The Plastic Human Brain Cortex. Annual Review of Neuroscience, 28: 377-401.

Peltzer, K. & Promtussananon, S. (2003). Evaluation of Soul City School and Mass Media Life Skills Education Among Junior Secondary School Learners in South Africa. Social Behavior and Personality, 31(8): 825-834.

Prochaska, J. O., Redding, C. A., Harlow, L. L., Rossi, J. S., & Velicer, W. F. (1994). The Transtheoretical Model of Change and HIV Prevention: A Review. Health Education Quarterly, 21(4): 471-486.

Rohleder, P. (2008). Challenges to Providing a Support Group for HIV-positive Prisoners in South Africa. British Journal of Guidance & Counselling, 36: 277.

Sacks, J. Y., Sacks, S., Mckendrick, K., Banks, S., Schoeneberger, M., Hamilton, Z., Stommel, J., & Shoemaker, J. (2008). Prison Therapeutic Community Treatment for Female Offenders: Profiles and Preliminary Findings for Mental Health and Other Variables (Crime, Substance Use and HIV Risk). Journal of Offender Rehabilitation, 46: 233.

Siegel, D. J. (2013). Brainstorm: The Power and Purpose of the Teenage Brain. Penguin Putnam.

Wahlstrom, D., Collins, P., White, T., & Luciana, M. (2010). Developmental Changes in Dopamine Neurotransmission in Adolescence: Behavioral Implications and Issues in Assessment. Brain Cognition, 72(1): 146-59.

World Health Organization. Division of Mental Health. (1994). Life Skills Education for Children and Adolescents in Schools. Pt. 1, Introduction to Life Skills for Psychosocial Competence. Pt. 2, Guidelines to Facilitate the Development and Implementation of Life Skills Programmes. World Health Organization.

Zollinger, T. W., Saywell, R. M., Muegge, C. M., Wooldridge, J. S., Cummings, S. F., & Caine, V. A. (2003). Impact of the Life Skills Training Curriculum on Middle School Students' Tobacco Use in Marion County, Indiana, 1997-2000. Journal of School Health, 73: 338-346.

李思賢、洪嘉均

第一節　前　言

　　本文主要介紹的心理治療與諮商方案，是依據影響精神藥物造成大腦生理成癮與心理依賴所訂定，可適用於氯安酮（Ketamine、K他命）、安非他命（Amphetamine）與鴉片（Opium）成癮者。

　　對藥物成癮病患進行心理諮商與建立健康生活習慣是毒品戒治非常重要的一環，從各國進行成癮者治療的內容，除了給予美沙冬（Methadone、美沙酮）或是丁基原啡因（Buprenorphine）的藥劑，也一定會給予心理治療與行為改變諮商。減少傷害思維也是可以被聯合國視為藥癮醫療治療的一環，主要是除了處方藥物（如美沙冬）的輔助治療，還需要在心理與行為去提倡去除心癮與建立健康生活型態，對治療者則建議在面對使用非法藥物者時先釋放正向關懷的訊息給藥癮者（Denning et al., 2003），減輕他們心中對於他人願意幫助的疑慮並試著協助他們減少藥物使用帶來的傷害，以及成癮後對大腦的傷害，並非一下子就要求他們靠意志力戒掉使用藥物（李思賢，2008）。所以除了給予美沙冬藥物改善因海洛因（Heroin）帶來的戒斷症狀，更要利用心理諮商與心理治療協助藥癮者逐漸改變用藥行為、改變面對挫折的因應技巧、賦予及增強與家人溝通的能力，以及學習尋求正確的幫助。以下便是介紹幾種用於治療藥癮的心理治療與諮商方案。

第二節　藥物濫用與成癮的觀點

　　當我們認同藥癮者需要心理治療與心理諮商的協助，表示我們是採兩種切入觀點——將藥癮視為大腦疾病與藥物濫用是學習而來的危害行為。成癮是一種精神疾患，是將大腦長期暴露在影響精神的物質之中，造成大腦運

作失去功能的疾病；大腦受到的改變可能嚴重到需要無限期使用處方藥加上心理社會介入來進行治療。認為藥物使用或濫用是習得的行為與習慣，因此透過其他替代行為的學習與認知——行為技能的獲取來消除習得的藥物濫用行為；認知行為類的心理介入也提倡促進環境的改變，例如提供誘因的強化行為管理模式（Contingency Management Programs）與社會人際環境的改善（Family-Social Networks）。

■ 藥物濫用與成癮的認知、次文化與行為

藥物使用的認知機制牽涉到相當多的心理歷程，其中會引發開始用藥及維持用藥的主要因素之一是使用藥物帶來正向的生理、心理及情緒效果，以及可能有較好的社交互動與人際關係等信念的期望。換句話說，藥癮者為了獲得某些藥物（鴉片、氯安酮與安非他命）帶來的欣快與愉悅而做出某些促進藥物使用之行為，因為他們發現使用這些藥物所帶來的愉悅感即是一種增強。藥物使用（濫用）也可被視為是一種被其結果所增強的行為。

會開始想要習得使用藥物的主要思考類型有兩個：一是因為相信使用藥物可以幫助自己脫離生理或心理的痛苦：另一個類型則是相信使用藥物會使得自己更享受，心情更加亢奮。藥癮者的行為模式和次文化的了解對於心理師與社工師提供諮商與心理治療很重要，根據李思賢（2003）、張嫚純與丁志音（2006）及國家衛生研究院（2006）的研究，對於藥物使用了解的部分需要包括：（一）不同藥物使用方法與心理效果：從「追龍」、「輪煙」、「ㄅㄥ煙」、「皮下」到「走水」（靜脈施打）；持毒量可由「散」、「錢」、「兩」、「件」、「ㄚㄇ」（藥腳、藥頭、中盤、大盤）。靜脈注射藥性之作用使施打者感受到「爽」、「茫」等超好、無法形容之欣快，也喜愛藥物推入血管之感覺，故有多次反覆回抽血液、再推針打入血管（回針）；如果找不到液體稀釋藥粉，也有人先入針抽血液到針筒，經快速搖晃溶解藥粉之後再施打（乾打）；（二）藥國生活：因靜脈注射藥物上癮性強，不少人因血管都打沉了打不到，打手臂、手指尖、腳、舌下或最後「開血桶」，並過著天天「追藥」的日子；（三）戒斷痛苦：若強制戒斷藥物，於幾日內會出現戒斷症狀，症狀特性及嚴重性依用藥劑量、時間及個人健康而改變。例如海洛因戒斷初期有打哈欠、鼻塞、流鼻水、流淚、出汗、畏寒與焦慮不安等症狀，隨後出現失眠、血壓上升、發燒、呼吸與心跳加速、嘔

吐、腹痛與腹瀉等症狀，若持續未施用成癮藥物（海洛因），在二至三天內症狀加劇，且出現脫水、虛脫、肌肉抽搐、酸痛、體重減輕及躁動不安等症狀；（四）社會危害：長期過度且強迫使用某種藥物之結果，會嚴重影響青少年人際關係、家庭生活、職業或課業等；同時導致經濟問題、缺錢，而為滿足己身藥物之需求，可能竊盜、搶奪、或是以性換藥等犯罪行為。成癮後之戒斷症狀與心理依賴常使青少年在身心無法忍受及外在誘因下易重蹈覆轍。「啼藥」（戒斷）之痛苦，常使靜脈注射藥物使用者無法顧慮到任何疾病感染之可能性，儘管聽過愛滋病（AIDS）、丙肝等相關傳染性疾病，仍然不顧後果急切施打，避免戒斷時之痛苦。

　　青少年藥癮者中其實對於心理治療與行為改變諮商的需求異質性相當大，男性或是女性藥癮者以及他們使用的藥物種類，氯安酮（鼻黏膜、煙吸）、安非他命、海洛因（注射、吸食）、快樂丸（MDMA、搖頭丸）、大麻（Marijuana）等。每種不同的族群都各自有著自己的次文化，以及他們開始濫用藥物或是生活上的困境；也許每個個案都重複涵蓋了不同身分在其中，服務青少年得看出這多重身分的「他」真正的面貌。然而受限於青少年藥癮次文化相關研究稀少，在此只能對性別做小部分介紹：

　　臺灣學者李思賢（Lee, 2005）研究發現女性海洛因使用者有高達七成五曾經共用過針具，最後一次使用海洛因時仍有二成七共用注射針具或稀釋液。男性靜脈注射藥癮者由於長期使用藥物會造成經濟重大負擔，藥癮者會共同出錢購買海洛因，將其稀釋後輪流施打，同時張嫚純與丁志音（2006）研究顯示靜脈注射藥癮者中為了避免遭受警察跟監，共用針具是普遍、自然之事。加上在2005年以前，靜脈注射藥癮者中感染愛滋人數真的不多，所以靜脈注射藥癮者共用針具時大多沒有戒心，大多抱持著不會那麼倒楣，不會是「我」的心態，所以臺灣地區藥癮者的愛滋感染人數在2005年中開始快速擴散。

　　過去研究發現青少年使用成癮藥物，也會伴隨在青少年開始有性交經驗，保險套使用比率非常低。靜脈注射藥癮者的愛滋感染危險行為不只是透過共用針具以及共享稀釋液，同時也會透過不安全的性交行為感染。換句話說，靜脈注射藥癮者受到感染愛滋病的威脅不單單透過注射器具，她們的性伴侶也是主要因素。根據世界衛生組織的報告指出，在中國的大部分地區、印尼、印度及緬甸地區，大部分的婦女是透過與靜脈注射藥癮者的性行為而

感染愛滋病的。此外，靜脈注射藥癮者也促使愛滋病病毒（HIV）的母子傳染原因之一，在烏拉圭40%的愛滋寶寶的媽媽是靜脈注射藥癮者。

使用保險套作為愛滋防治的行為對於女性青少年來說並不容易，因為性交易與藥物的使用是非法的行為，不論在哪兒，都是在地下活動。氯安酮、海洛因及安非他命等藥物的使用會影響藥癮者的思考與判斷能力，造成容易發生未保護性行為，藥物使用青少年一般來說也有較多的性伴侶及臨時的性伴侶，加上藥物的使用亦會危害到免疫系統，皆增加了感染性傳染疾病的危險性。在巴西83%的靜脈注射藥癮者表示與固定伴侶發生性行為時不會使用保險套，並且63%的人表示與非固定性伴侶發生性行為時從未使用保險套。而且當女性靜脈注射藥癮者利用性行為去換取毒品時，感染愛滋病毒的潛在危險又會更加地提高且不可預測，因為性行為和靜脈注射毒品的行為是很難去以數量表示，例如在阿根廷、巴西、加拿大，超過三分之一的女性靜脈注射藥癮者至少有一次利用性行為換取毒品。在臺灣，李思賢發現約有32%的女性安非他命使用者以性換取毒品（Lee, 2006），與國外的研究結果相仿。同時這些以性換藥（又稱糖果妹）者在青少女時超過七成受到主要性伴侶的暴力對待，有大約三成有被強制性交經驗，這些女性的心理創傷，醫療與心理工作者必須在諮商過程中加以處理，避免這些女性為了逃避或是麻醉自我，逃離現實，重複使用氯安酮、海洛因或安非他命作為自我治療的行為手段。

本文介紹限於篇幅無法完整介紹藥物濫用與成癮，讀者想有進一步了解，可以參考Addiction、Brain、與藥物濫用相關中英文書籍（例如，謝菊英、蔡春美、管少彬（2007）所翻譯的「挑戰成癮觀點」），這些書中對於藥物濫用以及戒癮有深入淺出的介紹。對於成癮治療而言，我建議藥癮工作者在初步接觸時，一定要意識到自己扮演一個非常重要的關鍵：第一次接觸成功的建立關係（Rapport），將是未來能成功協助此青少年個案進行心理治療與諮商的必要基礎。以下有一些開始接觸時的原則與技巧是有幫助的：

（一）接納與理解：先檢視自己對於使用非法藥物（毒品）的態度，是否帶著歧視、偏見、或是犯罪的價值觀。自己是否能坦然面對刺青、男性入珠與危害健康行為。

（二）不要拒絕與增加傷害：不管自己是否帶著對於使用藥物的歧視與偏見的價值觀，都該坦然尊重青少年自己的選擇，面對他／她已經使用藥物的事實，並且肯定他／她願意來到你這裡，接受心理治療與諮商的

協助。

（三）藥物成癮是複雜的社會學習行為：藥物成癮的原因非常複雜，通常會包括生理、心理與社會三方面因素；一方面藥癮者必須對於如何使用藥物、藥物價格及何處購買有一定的了解，同時也必須能有足夠的錢與成功躲避警察的追捕，生理上則面對戒斷症狀與衍生精神疾患等，社會因素是偏差同儕團體的影響、家庭（父母）是否還願意協助與支持，這些因素會交織而成一個非常複雜的心理與行為現象。

（四）藥物成癮行為可以調整與改變：研究一再顯示，成癮行為是可以改變的。有相當多人認為，「一旦吸毒，終生吸毒」；也就是說，對於使用毒品的人，一般認為要他們戒掉或是遠離毒品是一件非常困難的事。事實上成癮後毒品會控制大腦，要遠離毒品確實是很不容易，但能否遠離毒品的因素也是非常複雜的，除了醫院與戒毒所協助進行生理戒斷、心理輔導、諮商及社會復健，協助家庭接納與關懷青少年，並且進行就學與就業協助也是在離開戒毒所後能否遠離毒品的重要因素。李思賢等人（2010）研究海洛因與安非他命使用者再犯罪的成果，發現三年期間內研究對象會再使用毒品而犯罪的比率約有六成六；也就是說，三成四能夠維持三年不使用毒品，而並非一般人以為的「一旦吸毒、終生吸毒」。

（五）簡要了解個案目前的用藥狀況：每個個體所知覺到使用藥物的優缺點都不同。有藥物使用家族史或同時兼有精神病診斷的個體，對於尋求刺激有高度的需求，也許其會發現氯安酮、安非他命與海洛因格外能增強這種感覺。而醫療及心理工作者必須了解每個藥物使用者都有其獨特而重要的藥物使用理由。在辨認青少年的藥物使用決定因素時，心理工作者可用以下五個一般向度來作為詢問的依據：

1. 人際

他們時常和誰在一起？他們和誰一塊使用藥物？他們認識沒有藥物使用習慣的人嗎？他們與藥物使用者同住嗎？自從開始使用藥物或藥癮漸增後，他們的社交網絡如何變化？

2. 環境

引發藥物使用的主要環境線索為何（例如同儕、金錢、酗酒、每天的某

個特定時間點、某些同伴、父母）？他們每天涉入這些情境的程度為何？能夠容易地避免掉這些情境嗎？

3. 情緒

研究顯示情緒狀態一般會壓過藥物使用或用藥渴望。這包括了正向（興奮、快樂）以及負向（沮喪、焦慮、無聊、生氣）的情緒狀態。由於許多青少年無法將特定的情緒狀態與其藥物使用的情形相連結（即便做到也僅止表面），所以藥物使用的前置情緒狀態一般較難以在短時間內被辨認出來。

4. 認知

特定的思考或認知模式常會壓過藥物使用（我很無聊；父母不喜歡我，我得逃離；除非我用藥處在亢奮狀態不然無法將此事處理好；我應該得到的報酬不只如此；我得用藥才能變酷）。這些想法常會引發激烈的反應並產生迫切感。

5. 生理

解除不舒服生理狀態（例如停止吸毒）的渴望常會成為藥物使用的前置事件。即使戒毒的生理症狀本質尚有爭議，然而有趣的是，氯安酮與海洛因使用者常報告在藥物使用前會有特定的生理感覺出現（例如胃部刺痛、疲勞或無法集中精神、以為聞到氯安酮的味道）。

青少年藥物使用者開始使用氯安酮與安非他命等藥物後，生活型態會變成以取得藥物為生活重心，同時受到學校老師與父母監督、盤問、擔心被警察逮捕等因素的影響，長期下來青少年常伴隨著人際、情緒、反社會及心理等生活適應問題，同時也導致營養缺失，睡眠、情緒與人際關係障礙等精神疾病問題，甚至錢不夠買藥而出現偷、搶、盜等不法行為。因為藥物使用同時伴隨著其他違法行為，一般社會大眾會以使用藥物就是做壞事來看待，因而覺得使用藥物是很糟糕、不悔改、社會敗類等負面態度。長時期累積下來，青少年藥物使用者對於社會會給予他們一次機會的盼望已經不存在，因此，他們對於尋求幫助，其實也有著無法相信醫療人員會盡心照護的信念。因此必須一再提醒您，進行藥癮相關治療與諮商工作，建立「信任」關係與對未來的「希望」是心理治療與行為諮商前首要任務。

第三節　　心理治療與諮商的成效

　　相對於採取藥劑的生理治療，有學者與臨床研發各式各樣的社會心理介入措施來處遇各種不同類型的藥物濫用，包含氯安酮、安非他命、大麻、俱樂部藥物、迷幻藥等。這些各式各樣的社會心理介入無法在此做完整的內容與內涵介紹，原因為社會心理機制在實際生活中的多變性與多樣性（一種心智、多種心態），不像臨床生理藥學實驗能嚴格控制混淆變項，明確說明藥劑（如美沙冬）治療成癮的機制。因此，單純的社會心理介入也比藥劑為主的治療難說明介入成果，因為服用藥劑（如美沙冬）後，藥劑的劑量與血中濃度相對地是比所謂的「有改善的」諮商與「優良的治療關係」要容易測量與客觀。

　　將受試者隨機分派到心理治療與諮商組，來跟沒有介入的對照組進行介入效果的比較，這是有倫理議題與臨床實務上的困難，所以大多將對照組改成在實驗結束後儘快補上心理治療與諮商，以彌補研究倫理的缺陷。這些隨機分派與補做介入之實驗便能區分出短期的心理處遇方案的效果。有研究（Stephens et al., 2000; Copeland et al., 2001）採用隨機分派到心理治療與諮商組來跟實驗時間內沒有任何心理介入的對照組進行研究，發現諮商介入能使實驗組在大麻使用上比對照組顯著要少。這些相關實驗文獻結果指出，沒有單一的社會心理介入方案會比其他的方案在治療大麻要來得好，同時發現介入效果主要是減少大麻使用量與頻率，並非完全禁戒。另一種提供有效控制情境的社會心理介入效果分析是來自矯正機構的介入。這類型研究通常是在監獄中，有一群人主動願意參與諮商與心理治療、或是治療性社區的方案；雖然這群人無法總是完全隨機分派，但有時候在環境與機構行政人員的協助下，還是有機會做到隨機分派。受戒治人因為隨機分派而無法控制自己參加實驗組或控制組，不過也因為不是在原來自由的生活情境而有外部效度問題；這些以監獄為場域的研究雖然不完美，但是仍然可以有心理介入是否有效果的因果推論。結果顯示監獄內心理治療與治療性社區能顯著提升受戒治者管理成癮渴求（李思賢，2003）、延長再犯毒品罪入監時間（離開監所後再入監獄時間：實驗組平均289天vs.對照組189天；Wexler at al., 1999）、延長再度藥物成癮時間（離開監所後再度診斷為成癮時間：實驗組平均28.8月vs.對照組13.2月；Butzin et al., 2005）。

　　第三種介入有效性研究是針對短期的社會心理治療方案。短期是指在限定時間內進行少於六次的介入，通常是針對改變動機的引發、教導行為改變技巧、與處理毒品帶來之負面結果。Bernstein等人（2005）篩選超過2萬名在醫院的病人，發現有1,175人有使用藥物且願意參與短期的諮商與心理介入，這些人被分成實驗組與控制組，實驗組接受的一次動機式晤談，以及十天後進行一次電話諮商，控制組接到一張衛教傳單與藥癮轉介資訊；結果實驗組在六個月後，比起控制組在海洛因與古柯鹼（Cocaine）的使用上，有顯著較少。

　　簡單總結，文獻中有關隨機分派能證實因果關係的心理治療與諮商研究，發現短期動機式晤談合併衛教或是長期的諮商與心理治療介入對於藥物濫用與成癮是有效果的。當然，有效果是指在哪些指標有效果是需要被定義與廣泛討論的。臺灣毒品危害防制條例與中國禁毒法政策，對於藥癮者採取減少傷害的取向，顯然上述回顧研究的指標符合減少傷害的定義，也就是在臺灣與中國也應該對藥癮者與戒毒所受戒治者進行諮商與心理治療。以下介紹兩個目前常被使用的心理諮商方案：認知行為治療（CBT）與大腦慢性病戒癮與減少傷害（behavioral drug and risk reduction counseling, BDRC），並且建議一些有關感染愛滋藥癮者的諮商。

第四節　　成癮者心理治療與藥物諮商方案

一、認知行為取向

（一）CBT的有效因素、組成要素與治療任務

　　如同前述所提到，心理治療與諮商方案是將藥癮視為大腦慢性病與藥物濫用是社會學習的行為。CBT為一種針對問題的治療方法。其目的是為幫助物質濫用或是海洛因成癮者能夠戒除海洛因以及其他物質依賴。CBT基本的假設是「學習歷程在海洛因依賴與濫用的發展與持續上，扮演了重要的角色」。而同樣的學習歷程將可能用於幫助個體減少其他的藥物使用。這裡以海洛因作為例子進行介紹。

　　CBT的一些重要特徵使其對於海洛因依賴與濫用的治療格外有效：

1. CBT是學習取向，可與多數臨床治療計畫所能擁有的資源相配合。
2. CBT通過許多嚴格的臨床測試，對於治療海洛因濫用有穩固的實徵研究支持。尤其是有證據指出，CBT對於極嚴重的海洛因濫用者，CBT效果持續度也相同。
3. CBT有結構性、爲目標導向，其著重在參與治療而努力控制其海洛因使用的成癮者所面對的立即問題上。
4. CBT爲一彈性、個人化的取向，能夠適應於不同背景（住院病患、出院病患）與形式（團體、個人）的廣泛病人。
5. CBT可與病人所接受的其他治療方法，例如美沙多治療，合併施行。
6. CBT具有概括性，其包含使用於物質濫用有效治療上的一些重要而常見的治療與諮商工作。

CBT有兩個關鍵的組成要素：功能分析與技巧訓練。

1. 功能分析

在CBT治療中，心理師與患者會針對海洛因使用的每種情境做功能分析。也就是在使用海洛因之前與其後，兩人共同確認出患者的思想、情感與環境。在治療早期，爲幫助患者與心理師共同評估決定因子或高風險情境，功能分析扮演了關鍵性的角色，那將可能導致海洛因的使用以及對個體當時使用海洛因的理由提供覺察（例如處理人際困難、經驗患者一生中無法以其他方法得到的危險或興奮）。在治療晚期，海洛因使用事件的功能分析也許能夠確認出哪些個體仍無法因應的情境或狀態。

2. 生活技巧訓練

CBT被視爲是一高度個別化的訓練計畫，此治療能幫助青少年去除與藥物濫用相關的舊習慣，進而學習較健康的技巧與習慣。藥物使用若嚴重到需要治療的程度，青少年很可能將使用藥物當成因應內在挫折與外在問題的唯一手段。也許是由於下列原因而出現此種情況：
(1) 個體沒有學到因應成人生活挑戰與問題的有效策略，於是在青少年早期就開始使用藥物。
(2) 即使個體已在某個時間點學得有效的問題解決能力與策略，然而這些技巧也許已經因爲不斷倚賴藥物作爲因應的主要手段而退化，甚至遺忘。這些青少年已經因爲常久與毒品爲伍而澈底遺忘有效策略，他們將大部

分的時間花在取得、使用毒品以及從毒品的作用中清醒。

(3) 青少年使用有效因應策略的能力也許會被其問題干擾或困惑，例如：患有精神疾病、因為長期使用氯安酮而記憶大幅下降等。

　　因為青少年藥物濫用者是一個異質性團體以及來治療時常伴隨著多樣的問題，所以CBT中的生活技巧訓練（Life Skills Training）會盡可能地包含所有範圍。在治療的前幾個階段裡，會將焦點置於初步控制海洛因使用的相關技巧，例如：高風險情境的辨認、處理關於藥物使用與渴求的想法。在這些技巧都熟練後，訓練將延伸至個體無法因應的其他問題上，例如：社會隔離、輟學、失業。此外，為了擴大並強化青少年因應方式的範圍，技巧訓練包含了內在（例如做理性決定、提升自尊）與人際（例如拒絕別人提供的毒品）技巧。在教導青少年的技巧中，也包含了適用於其他廣泛問題的一般策略與適用於此時此地藥物使用控制的特殊策略。因此，我們不僅能在治療時運用CBT幫助每位青少年減少與戒除毒品的使用，更能傳授在治療結束後也長久有益於青少年一輩子的生活技巧。

　　CBT在物質濫用治療成功的關鍵任務如下：

(1) 培養戒治的動機：為了促使青少年更有動機戒除成癮藥物，CBT會採用決策分析以釐清個體繼續使用藥物的利弊。CBT在此常結合動機式晤談法（Motivational Interviewing）來促進或是改變青少年對於毒品戒治的動機。

(2) 教導因應技巧：此為CBT的重點所在。亦即，幫助患者辨認出最可能使用藥物的高風險情境以及發展更有效的因應策略與技巧。

(3) 改變強化的可能性：在尋求治療之前，許多青少年將大部分的時間花在與同儕一起取得、使用，以及從毒品的作用中清醒。於是他們將無法獲得其他的經驗以及從經驗裡得到益處。而CBT主要即在教導青少年辨認與減少和成癮者的生活型態相關之習慣，並以忍耐和積極參與的活動、酬賞取代之。

(4) 培養痛苦侵襲的管理：技巧訓練也強調辨認、因應想要使用毒品的衝動的技巧。也就是以一個完善的模式來幫助青少年學會忍耐與控制衝動，其他諸如沮喪以及氣憤的強烈情緒。

(5) 改善人際功能以及增加社會支持：透過多種重要人際技巧與策略的訓練，CBT能幫助青少年擴展社會支持網絡與建立持久、遠離毒品的關係。

（二）CBT的特徵

1. 形式

CBT偏好以個別的形式實施，以符合特殊案主的個人需求，比較少使用於團體心理治療。案主與單一心理師隨著治療的進展而建立關係，除受到更多關注外，一般也會對於治療有更多的參與。在時間安排上，個人化的治療能給予更多彈性，將可排除輪流參與的治療形式以及爲了湊足團體人數而要求個案等待數週的問題。此外，過去研究反映出個別治療具有預後較佳的優勢。

然而，許多研究者與臨床工作者強調以團體的形式爲藥物濫用者施行治療具有獨特的好處（例如普遍性、同儕壓力）。在CBT中，有時採行團體治療比個別治療來得簡單。一般需要九十分鐘讓所有團體成員有機會發表技巧試做的個人心得、案例分享以及角色扮演。團體形式的治療將以一種更具教導性、較少個別性的方式呈現關鍵的概念及技巧，而使得治療更有結構。

2. 時間

CBT通常會在十二週內實施12至16次的晤談。此種形式是爲了讓藥癮者產生初期的戒治以及穩定性。從許多案例的經驗中，這段時間足以讓案主在治療結束後的一年裡仍維持著改變的效果。初步資料顯示，在十二週的療程中，患者若能持續三週或以上不碰毒品，一般在治療結束後的一年中也能夠維持著不使用毒品的戒治成效。

然而對許多青少年而言，十二週治療並不足以產生穩定的、持續性的改變。在這些案例中，CBT被視爲是較長期治療開始的前奏。當青少年要求或無法在最初的療程中持續戒治達三週時，會直接建議做進一步的治療。我們目前以下列三點來評估患者是否需要在最初治療階段後追加六個月額外加強的CBT：

(1) 確認會阻礙青少年戒治毒品成功的情境、誘惑以及認知。

(2) 透過強化青少年施行的有效因應技巧與策略來維持戒治成效。

(3) 鼓勵青少年加入與藥物使用相斥的活動與關係。CBT的維持方式並非介紹新的技巧與素材，而是致力於擴展與熟練青少年在治療初期所學得的技巧。

3. 環境

基於以下一些理由，CBT通常施行於非戒毒所內的青少年：

(1) 治療的焦點在於了解青少年使用毒品的決定因子，而檢視青少年的日常生活將可得詳實的資訊。爲了了解青少年住哪、利用時間的方式以及青少年的特性，心理師得研發更詳盡的功能分析。

(2) 使生活技巧訓練發揮最大功效的關鍵，在於是否能讓青少年在日常生活中練習所學的新技巧、知道所做的事情是否有益以及與治療師討論新策略施行的可能。

4. 病患

CBT已被廣泛應用於藥物濫用與成癮。然而，不適用患者一般的情形爲：

(1) 精神病患、雙極性疾病患者以及藥物治療不穩定者。

(2) 無家可歸、居無定所。

(3) 對治療藥物反應不穩定者（透過療程前的身體檢查來衡鑑）。

(4) 有除了藥物依賴以外的酒精依賴疾患。

5. 與其他治療間的配合

CBT與其他被設計來舉出藥物濫用的嚴重度與多樣共病的治療方式可以同時施行：

(1) 對於藥物使用或同時發生的精神疾患的藥物治療。

(2) 諸如：匿名戒酒團體（Alcoholics Anonymous, AA）以及尼古丁戒除匿名團體等自助團體。

(3) 家族與婚姻治療。

(4) 職業諮商、父母管教與親職技巧等。

當CBT成爲一連串治療計畫中的一部分時，心理師必須與其他治療提供者保持頻繁、密切的接觸。

CBT與其他心理社會治療一樣，包括了一般的、獨特的因子或者積極的治療要素。一般因子是指能在多數心理治療中發現的面向：教育的提供、治療原理的有力證明、增強改善的期望、提供支持與鼓勵，而最重要的是治療關係的品質。獨特因子專指能突顯某種心理治療特點的技術或介入方式而言。

　　與多數治療一樣，CBT包括了一般因子與獨特因子間複雜的結合。例如：若不以正向的治療關係作為基礎，而僅僅傳授CBT技巧，將會導致嚴肅的、過於教導式的關係，會使多數的青少年感到乏味與疏遠，心理師與社工師最終造成有違所願的反效果。所以，了解CBT能發揮功效的關鍵是在於一般因子與獨特因子複雜的交互作用是很重要的。

　　心理師與社工師的一個主要任務是在關係的經營以及技巧訓練的傳授上，達成一個適當的平衡。例如：唯有建立起穩固的治療同盟，才能讓患者繼續治療、學新技巧或者分享以新方法處理舊問題時的成功與失敗。所以，為了形成堅強的工作同盟，我們可以透過技巧訓練的移情傳授來幫助青少年更有效的建立健康生活型態與管理生活。

（三）CBT與其他常見的諮商法有許多相同與相異取向

1. 相同取向

(1)認知治療

　　認知治療是一種心理治療的系統，透過修正缺點、錯誤的思考以及不具適應性的信念，而試圖減少極度的情緒反應以及自我挫敗行為，主要代表為Beck。

　　CBT與認知治療最相似的一點在於兩者都強調物質濫用的功能分析以及確認與物質濫用相關的認知。與認知治療不同，CBT專注於確認、了解、改變與物質濫用相關的自我，以及關係中的自我的潛在信念。然而，在CBT的初期階段，會將焦點置於學習與練習不同的因應技巧，其中只有一些技巧包含了認知的成分。

　　CBT的初期策略強調因應的行為面向（例如躲避或離開相關情境、分散注意力等），而非一個人離開此情境的思考方式。一個強調認知治療心理師，會帶領患者回答一系列問題；而在CBT中，心理師會更具指導性。在認知治療中，藉著改變患者的思考方式來達成減少藥物使用的效果；而在CBT中則是藉由改變患者所思所為以達到療效。

(2)社會增強取向

　　社會增強取向是一個治療物質濫用的廣泛行為治療取向，其結合了社會、休閒、家庭、職業的增強物，以期能在復原的過程中幫助個案。

社會增強取向使用常能在社區獲得的不同增強物，以幫助毒品使用者活出遠離毒品的新生活。社會增強治療取向的典型成分包括：①物質使用的功能分析；②社會的、休閒的諮商；③工作的諮商；④拒絕藥物的訓練；⑤放鬆訓練；⑥行為技巧訓練；⑦互惠關係諮商。

此為Higgins與其同事發展出治療海洛因依賴個體的有效取向，加入能確保治療維持的證人來管理意外事件的發生。該證人能恢復患者遠離毒品的生活型態以及附帶提供患者停止用藥的尿液篩檢抽樣。

因此，社會增強取向與CBT共享許多一般特徵，最重要的是藥物濫用的功能分析以及行為的技巧訓練。不同於社會增強取向，典型的CBT並不直接提供戒治的意外管理（證人）或在治療會診之外介入患者的生活。

(3)動機式晤談治療

CBT與動機式晤談治療（或稱動機強化治療）有一些共通性。動機強化治療基於動機心理學的原則而使個案能在短時間內產生內在動機的改變。此種治療策略並不打算以指導與訓練一步步使青少年復原，而是利用動機策略來動員青少年本身所擁有的資源。在治療的初期，CBT與動機強化治療皆會探索患者持續物質使用的得失，並以此為策略去建立青少年戒除藥物的動機。

CBT與動機強化治療主要的不同點是在於對技巧訓練的強調。動機強化治療致力於使患者能以自身所擁有的資源來改變其行為。這是因其假定患者能運用可得的資源來改變行為，所以並不需要訓練。CBT理論主張學習與練習物質相關的特定因應技巧將促成戒治。因此，由於兩者專注於改變歷程的不同面向（動機強化治療強調為何患者願意改變其物質使用的情形，而CBT強調患者如何達成目標的方法），所以此兩種取向可互為補充。例如：對一個動機低而資源少的患者，在教導特定的因應技巧前先運用動機策略將是最有效的方式（動機強化治療在CBT之前）。

2. 相異取向

雖然辨認所有治療藥物濫用的心理社會方法的共同特徵很重要，但是仍有一些與CBT截然不同的取向。

(1)十二步驟／階段促進（12 Steps）

CBT與十二步驟／階段或疾病模式取向在許多層面上不同。十二步驟／

階段促進將酗酒視爲一種精神與內科的疾病。此種介入的內容與匿名戒酒團體的十二步驟／階段一致，主要強調步驟一到步驟五的重要性。除了戒除所有的藥物外，治療的一個主要目標是促進參與者承諾並加入匿名戒酒或戒海洛因團體。參與者被積極鼓勵加入自助團體以及維持匿名戒酒團體或海洛因戒除匿名團體的出席率。

雖然CBT與十二步驟／階段促進有一些相同的概念，例如：在「疾病模式——人、地、物」與「CBT——高風險情境」間具相似性，但兩者間仍有許多重要的不同點。CBT認爲藥物濫用是一種能夠改正的學得行爲。疾病模式取向強調患者在藥物濫用以及其他生活面向上失去控制，而CBT強調自我控制策略，也就是使患者能覺察到持續濫用藥物的歷程與習慣以及了解能幫助其改變的技巧。

另外，在疾病模式取向中能造成改變的媒介爲加入匿名戒酒團體或海洛因戒除匿名團體並運用十二步驟／階段，也就是其解決所有藥物相關問題的方式爲持續聚會或深入的加入團體活動。在CBT中，則是依據患者所遭遇的不同問題以及習慣的因應方式而教導個別適用的因應策略與生活技巧。

雖然在CBT中並不要求患者一定要參加匿名戒酒團體或海洛因戒除匿名團體的聚會，但有些患者發現參加聚會對於戒治是相當有幫助的。CBT對於加入匿名戒酒團體採取中立的立場，不會讓患者以爲參加匿名戒治聚會是一種因應方式。認知行爲心理師也許會將患者很想吸毒卻參加聚會的情形視爲一種有用且重要因應渴望的方式。然而，心理師也會鼓勵患者思考其他策略的可能性。

(2) 人際心理治療

CBT與人際短期動力取向，例如人際心理治療或表達支持治療也有許多不同。人際心理治療認爲許多精神疾病（包括海洛因依賴）的發生與維持其實與人際功能不良有著密切的關聯。人際心理治療之所以會用於毒品依賴患者身上，是基於以下四個關鍵性的特徵：①信奉精神疾病的醫學模式；②強調患者當前的人際功能困難；③強調的事項簡潔且一致；④與支持的、表達的治療相似，人際心理治療師展現一種探索的態度。

人際心理治療與CBT有一些不同的地方，CBT是一種有結構的取向，而人際心理治療則較具探索性。認知治療師將許多心力放在教導與鼓勵患者使用技巧來控制藥物濫用，而更具探索性的人際心理治療則將藥物濫用視爲其

他困難與衝突的症狀，所以便較少直接處理藥物使用的問題。

二、生理、心理、社會與健康生活型態整合模式

　　藥物成癮之矯治工作涉及「生理、心理、社會」（Bio-Psycho-Social）的問題，Volpicelli等人（1997）提出成癮的治療與防治是需要有處方藥物輔助治療搭配心理諮商策略，整體共識是以整合取向為主軸的復發防治策略，包括案主自我效能的增強（透過技巧的養成）、誘因的使用（以創造及維持動機）、整體性的治療包裹（以處理病患的生活型態）、病患與治療的搭配（使治療策略個別化）四大領域。因此發展一套整合生理—心理—社會之多元整合戒治處遇模式始能適切的反應藥癮戒治之需求，且達到戒治之目標。江振亨（2007）曾經整理美國賓州大學治療研究中心的BRENDA取向戒癮手冊（Volpicelli et al., 1997; Kaempf et al., 1999），並依據多元整合模式戒治策略去規劃適合於藥癮者戒治之需求。賓州大學治療研究中心的BRENDA戒癮取向，其基本要素與目標包括：

（一）藥癮者自我效能的增強（透過技巧的養成）：教導病患處理環境的「觸因」，提升個人的自助能力，產生希望與信心。主要的策略包括：渴求的確認、高風險情境的預期、面對環境誘發因素之替代性反應的排練，及練習適應性的行為。此部分通常結合CBT模式，透過團體治療（心理諮商）及個別心理治療（心理諮商）之方式辦理。

（二）誘因的使用（創造及維持動機）：病患戒治動機關係著他們在戒治處遇過程中，能否用心接受與理解戒治課程，對於未來出所後的戒治成敗在研究中發現有其重要性；因此，提升藥癮者戒治之動機為戒治處遇整體過程中，如CBT一樣是心理介入首要之務。美國賓州大學治療研究中心的BRENDA戒癮取向，強調個別的心理與社會支持。BRENDA戒癮內涵與策略如下：

1. B（Biopsychosocial）：生理、心理和社會功能的評估。

2. R（Report）：向病患告知評估的結果。

3. E（Empathy）：以同理心了解病患的問題。

4. N（Needs）：協助病患確認其戒治需求。

5. D（Direct）：直接建議與諮商案主如何達成需求。

6. A（Assess）：評量病患對直接建議與諮商的反應，必要時調整建議與諮

商，以達到最好的效果。

（三）整體性的治療包裹（以處理病患的生活型態）：整體性的治療包括首重心理衛生、藥物教育及健康生活管理方案之執行，而戒癮治療中不僅僅是處理藥物濫用與成癮的問題，尚需包含婚姻／家庭諮商、就業諮商、信心訓練、社交技巧訓練、讀寫能力課程等，因此採行模組（Module）的理念，以「多元戒治處遇模式──生理、心理與社會整合」（Multiple Treatment Program: Bio-Psycho-Social）爲戒治處遇規劃之主軸，江振亨（2007）在高雄戒治所時實施10個處遇模組，分別爲：

1. Module 1心理衛生、藥物教育及健康生活管理方案：課程主題包括衛教宣導與生活管理，衛教宣導包含正確的用藥概念、健康與正確的性行爲（HIV／AIDS）、毒品對身心之影響、愛滋病與藥物濫用之相關性（共用針頭、稀釋液之危險）、處方藥物療法之認識、香菸之危害、簡易急救、認識精神疾病、上癮歷程、其他關於衛生教育議題，健康生活管理包含睡眠問題的處理、生活壓力調適、自我健康管理、人際關係管理、自我焦慮控制、生活休閒與人生、飲食與健康、生理衛生、兩性教育、開放心遠憂鬱（談憂鬱）、其他關於健康生活管理議題。

2. Module 2認知重構方案：內容包括理性信念、自我教導訓練、認知治療、衝動控制、價值澄清。

3. Module 3自我效能方案：內容包括自重感、自信心、自我肯定、因應技巧、自我調控、正向楷模。

4. Module 4生活技能方案與生涯規劃方案：內容包括問題解決能力、人際互動與溝通、核心職能3C課程（動機職能、行爲職能、知識職能）、職業試探、技能訓練（法務部規定戒治課程中之工作與休閒類）、藝能課程、就業宣導與職能評估。

5. Module 5復發預防方案：內容包括復發預防高風險情境辨識與預防演練、社會支持網絡重構（銜接輔導、就業輔導與追蹤）。

6. Module 6家庭重建方案：內容包含家庭日活動、家庭諮商方案、家屬衛教方案、家庭生活心理教育課程（親職教育、家庭關係……）。

7. Module 7生命教育方案：內容包括生命教育課程、繪本治療、寫作治療、園藝治療、讀書治療。治療內容以生命教育議題爲主軸，治療方式只是

媒介。

8. Module 8宗教心靈教育方案：內容包括宗教教育與一般宗教活動、小團體之牧靈諮商活動。

9. Module 9通識教育課程方案：主要依據法務部所訂之戒治處遇課程標準訂之，包括體適能活動、法治教育、人文教育。課程著重於增加受戒治人體能、法律知識及人文常識，同時亦充實戒治課程之多樣性。

10. Module 10藥物治療方案：替代療法（只適用特殊個案）。

（四）病患與治療的搭配（使治療策略個別化）：治療要配合每位藥癮者的個別需要，再配合BRENDA取向戒癮方式之個案管理，針對所有個案依其治療前所做之各項測驗與評估，作爲個別心理諮商處遇計畫時介入之參考，同時評估結果可作爲藥癮者參與戒治團體方案之依據，例如在性格量表測驗結果上，屬低度自我肯定之藥癮者在接到評估告知後，可以選擇參加自我肯定的訓練團體。

BRENDA以多元戒治處遇模式「生理、心理與社會整合」之理念，採行模組的戒治處遇，希望達到打破藥物濫用與成癮者過去不良的生活危險因素，包括物質濫用、無動機的生活、未能受僱用就業、不良的情緒控制、處於反社會與犯罪風險邊緣、高度的挫折、無生活技巧、家庭功能不良、缺乏問題解決技巧等不良的循環。戒治之目標希望能達到藥癮者戒毒、降低犯罪率、增進個人生活品質、家庭功能、社會治安及提高就業率，發揮BRENDA之功能。

第五節　大腦慢性病戒癮與減少傷害

大腦慢性病戒癮與減少傷害（BDRC），指的是針對毒品與其傷害降低的諮商。BDRC是由耶魯大學精神醫學系Marek C. Chawarski教授依據醫學上對大腦成癮與整合傳統心理治療法而成，目的是幫助藥癮者了解成癮的本質與問題，治療是如何幫助藥癮者、以及透過諮商改變藥癮者的危險行爲。

BDRC第一階段是結構式、教育指導式的協助藥癮者了解海洛因成癮對人的作用與治療海洛因的藥物，例如美沙冬。BDRC認爲海洛因依賴是一種易於復發的慢性病，嚴重影響患者的生理、情緒及社會功能，同時也影響患

者與家庭、朋友、社區以及社會的關係。BDRC通過一種綜合但又有重點的方式來滿足患者多方面的需求。BDRC強調海洛因依賴是一種疾病，以及該病的醫學治療。BDRC利用特定的行為改變和技能學習技巧來發揮作用，這些技巧可以有效地實現和保持長期的戒毒狀態，培養良好的健康生活方式，以支持持續的吸毒康復，和消除通過血液傳播和感染性傳染疾病（HIV、肝炎、性病）的行為危險。

　　除了採用認知行為和其他諮商法中常用的學習技能和防止再使用海洛因等技能外，BDRC大量運用短期行為協議，以及正向激勵式手段來解決與海洛因依賴相關的核心問題，並在諮商活動中輔以指導性的訓練，目的在於使患者能在自己的自然生活環境內實際應用新學的技能。治療的目的是為患者提供有關海洛因成癮的醫學概念，以及有效治療方案的教育，提高患者的活動水準和鼓勵參加與吸毒無關的有回饋的活動，增強患者的自我效能，消除患者認為他或她的行為改變不會成功地的想法。在治療早期，會採用實現有關短期行為目標的簡單合約來增強患者對治療成功的體驗，提高患者繼續依從治療的可能性。

　　由於藥癮者思維狹隘且局限，海洛因成癮者可能很難去參加和堅持一個長期、從一開始就著眼於遠大目標的治療計畫，這也是CBT在藥癮臨床實務上面臨的重要挑戰。同時，類似CBT這種治療計畫可能對海洛因成癮者不合適，因為它依賴於他們的自我效能、動機和技能，以及堅持完成能實現康復目標的長期計畫。對有長期吸毒史的許多海洛因成癮者而言，這種長期目標極難實現。因而，BDRC試圖使患者加入一個短期、有收穫、簡明的治療計畫，而該計畫帶有具體、有限以及可實現的核心目標。這些目標包括讓患者完成一個初始的短期海洛因戒斷（以天數計）、在現有的非吸毒家庭成員以及朋友的幫助下開始改變行為、了解什麼是成癮和怎樣有效地利用現有的治療方案。BDRC充分利用患者目前的動機狀態（外在的、短暫的），而不是試圖做出改變，以此讓患者有機會親身體驗到治療成功和因遠離毒品而實現的生活改善。BDRC會充分利用其他現有資源的轉介服務，說明患者解決其他問題（如創傷、焦慮、其他精神問題，或法律、住房或社會服務需求）。

　　BDRC的重點有以下幾個方面：

一、藥物治療和所有其他治療內容的依從性，包括按時參加諮商活動和服藥預約。

二、對患者進行以下方面的教育：海洛因成癮是一種慢性病，有效的治療方案、行為改變對於康復的積極促進作用。

三、採取方式和方法在短期內減少吸毒並達到戒毒。

四、採取方式和方法來減少、消除或糾正與通過血液傳播和其他感染性疾病（例如HIV、C型肝炎和性病）的傳播相關的吸毒和性危險行為，包括認識這些危險，以及有效預防的策略。

五、鍛鍊身體，說明病人擺脫消極狀態和／或填補相關戒毒活動的空白。

六、發展和參加一個無毒的社會支援網路（如非吸毒的家庭成員和朋友或同伴康復計畫），以促進有助於戒毒而不是吸毒的社會關係。

七、發展和加強預防複吸的技能和技巧，改進生活方式幫助康復。

　　BDRC在概念上可以分成兩個階段：BDRC初期更注重患者在治療中的積極參與和實現初始行為改變；BDRC後期（通常指治療一個月到六週以後）關注於患者的長期治療需求，教給他們避免複吸和維持康復所需的認知和行為技能。

　　李思賢教授於2014年在臺灣四家醫院的美沙冬治療門診，進行BDRC的隨機分派實驗。研究第一階段評估藥癮行為治療與心理諮詢（BDRC）在臺灣的介入內涵是否可被臺灣藥癮者接受，以及訓練醫院心理師與護理人員執行BDRC。第二階段收取125位願意簽署同意書之海洛因成癮個案，其中九位因為有大腦傷害、嚴重生理傷害、或是臨床訪談結果確認沒有藥物依賴而排除。最後116位符合收案之個案，依實驗原先設定之亂數表隨機分派58位到實驗組（接受BDRC諮詢介入）與58位到控制組（TAU，無BDRC諮詢介入）。BDRC是由醫院四位護理師執行，大部分能依照BDRC手冊裡的內容與步驟，與個案進行藥癮與行為改變之諮商。研究從介入前施測，依據原則每位個案介入最多是11次，個案進行十二個月追蹤。結果發現在三個月、六個月與十二個月留置率，BDRC組有9位（15.3%）、18位（30.5%）與36位（61.0%）退出治療；TAU對照組有13位（22.8%）、27位（47.4%）與45位（78.9%）退出治療。在治療前後的三、六與十二個月追蹤時的尿液篩檢結果，發現實驗組（BDRC）的陽性率為27.66%、27.03%與34.62%，對照組TAU陽性率為59.65%、64.29%與80.95%。這個研究結果發現BDRC在臺灣的美沙冬門診是可實施的，對於美沙冬留置率與減少在施用海洛因是有明確效果。

　　總之，BDRC的目的是通過讓患者參加一個短期、簡明和有回報的諮商過程，讓患者初步體驗到沒有毒品而有意義的生活，這種生活快照進而被用於勾勒一幅更大的藍圖。該藍圖中包含：對吸毒問題複雜性的更好的領悟，以及制定旨在實現長期戒毒的長期計畫。成功的BDRC療程可以培養有助於持續戒毒的生活方式，包括積極的毒品再犯預防之努力和參與長期康復計畫。

第六節　藥癮愛滋的心理諮商

　　由於藥癮者感染愛滋的人數在臺灣快速成長且已經累積不少人數，當藥癮者出現在矯正機構或是醫療院所請求愛滋議題相關協助時，李思賢教授與其同事（Lee et al., 2006; Lee, 2009）在研究中表示，在給予諮商服務前了解性別差異與藥物使用次文化非常重要，在此介紹針對每一位藥癮愛滋病患的需求給予適當的心理處遇方案。

　　每一個人感染愛滋會產生的情緒與行為反應，亦都會發生在藥癮者身上。過去文獻與文章中，亦已經針對愛滋病患的臨終照護（蘇逸玲，1998）與愛滋病患的社會心理調適之探討（張麗玉，2006；張麗玉等，2009）有深入且完整的敘述。例如：當感染者確定並被告知感染愛滋病毒後所遇到衝擊及陸續面臨到的心路歷程，我們該如何處理他們所會遇到的困難、壓力及情緒反應。鼓勵讀者詳加閱讀他們的文章，多加體會。本文只針對藥癮者的特殊議題進一步提供建議：

一、考慮到藥癮者的教育程度

　　愛滋病患在感染HIV時，會有生理與愛滋相關知識的立即需求：對愛滋了解少、是否有治療方法、可以活多久等。然而由於藥癮者在教育程度上多屬於國中、或高中肄業，因此所需要的疾病知識與愛滋衛教相較於其他族群要更多，但要以更簡單的方式來進行衛教。更多的衛教是因為藥癮者在國中、國小階段中，可能因為中輟、不喜愛念書等原因，對於一般該有的健康與傳染性疾病知識亦較為缺乏；同時因為藥癮者教育程度普遍較低，常有無法自己閱讀愛滋衛教單張的情形出現，因此與藥癮者互動時，必須以簡單、

明瞭的方式協助他 / 她認識愛滋相關訊息。

二、性別

女性藥癮者與男性藥癮者在面對感染愛滋的情形時有不同的心理反應（Lee et al., 2010），例如女性主要擔心被貼上性濫交、敗壞風俗等，亦擔心會連累家人與小孩遭受鄰居異樣的眼光。對於男性而言，他們主要關心的議題是性生活是否可以持續、陽具上的入珠是否應該拿掉。因此與不同性別的藥癮愛滋感染者應針對其首要關心的議題切入，但與藥癮者晤談時須有耐心地與其建立關係，找出他們眞正的需求。

三、家庭的支持

首先，如何將自己被感染愛滋的情況跟伴侶及家庭告知，對於感染者來說並不是那麼容易。而個案本身已有的「藥癮」問題已經難被家人及伴侶所接納，而一般民眾對於愛滋病的歧視及污名化更使得藥癮族群的愛滋感染者更加不知如何尋求家庭裡的支持；家庭成員及伴侶如有意願，也可能不知道如何給予個案支持，因此，如何給予家庭成員支持與諮商，也是要需要諮商的一個環節。再者，如家庭或其伴侶尚未接納藥癮愛滋感染者時，身爲相關的專業人員在處理個案的相關問題時所扮演的角色顯得格外重要，因爲確實保護個案的隱私是每位醫療專業人員必須注意的。

四、社會資源方面

因藥癮者可獲得資訊的管道不足，因此如何有效地將社會可提供輔導諮詢等相關資訊，主動提供給他們或是給予妥善的轉介是有必要的，例如：藥癮治療補助（Lee et al., 2011）、就業、經濟補助、住所問題等，因爲對其而言，沒有穩定且長期的經濟收入是普遍藥癮者的問題，因此如何與相關支持團體或是政府單位合力輔助給予個案實質上的幫忙，是管理個案的各個相關人員需同心協力來運作支持的。而醫療專業人員在轉介的過程當中，如何避免將個案的個人隱私曝光，更是目前醫療專業相關人員所須特別注意的。

五、藥物成癮問題

藥癮者感染愛滋時，其成癮問題大多尚未完全戒治完成，如何協助處理

藥物成癮的問題，除了介紹安排可提供戒治相關服務的非營利組織機構及宗教團體，目前已有一些醫療院所也開始提供一些美沙冬療法。協助個案處理自己藥物成癮及HIV感染的問題，醫療專業人員也須定期接受專業訓練，因為藥物成癮這樣複雜的行為並不是很容易就可以改變，因此醫療相關專業人員可能需要長期追蹤，定期評估個案的各個需求，根據個案當時的需求提供諮商與協助，適時修改其需求評估是須考量的。

六、就醫

如何使感染HIV的藥癮者定期檢查，是需要醫療工作者妥善的安排及協助。藥癮者可能會因取得藥物的生活為重心，因此藥癮者的生活作息並不完全像一般上班族一樣朝九晚五的生活規律，他們整天可能會在住所以外之處行動。因此聯繫他們並讓他們能定期並按照醫療院所的門診時間到院檢查就醫，是醫療專業人員在諮商時所需要相當費心，舉例來說，如何使個案了解其需定期來院所檢查之重要性；或是個案的確有意願來院所檢查，但是他們卻無法在日間門診時段就醫，個案管理師則需針對其需求，盡可能安排院所其他的門診來配合等，也都是需要個案負責人員注意的事情。再者，如感染者需要開始進行雞尾酒療法，如何使他們每天定時服用藥物，服藥的遵從性（adherence）也是需要去注意的。就如先前所提到的，藥癮者感染愛滋時大多數藥癮的問題尚未完全地戒治，因此如何引導並協助其服藥，就如同慢性病之糖尿病與高血壓病患一樣需要定時並長期追蹤，並諮商其健康生活型態的養成。

故針對不同的需求給予諮商，避免一貫制式的衛生教育與諮詢，依照每位個案的需求給予簡單及淺顯易懂的用藥諮商，使其養成健康生活型態，容易記住服藥時間等相關注意事項。

第七節　專業倫理

一、當事人的知後同意權

藥物濫用者對接受諮商的動機不高，他們幾乎是由家人轉介而來。諮商

輔導人員除了要能處理他們的抗拒與敵意，如何實施知後同意的程序則是諮商初期的重要倫理問題。諮商過程，當事人有權利知道充分的訊息，包括諮商員的角色、專業資格、專業能力、諮商方法、過程、次數、時間、保密原則、當事人的權益，以及有關藥物濫用的訊息，例如：

（一）青少年目前的狀況是否需要先做生理戒斷治療，若是需要，諮商員會如何進行轉介。

（二）青少年可能已有多次戒毒失敗的經驗，故而對自己可以有的改變，以及他人可給予的協助並不抱期望。此時諮商師除了接納及鼓勵青少年之外，也要提供實際的可行目標、可能使用的處理方法，讓青少年對諮商抱有切合實際的期望。

（三）除了濫用藥物之外，青少年可能因為擔心自己的某些行為觸及法律，而對諮商有所顧忌。諮商師除了可提出相關的法律條文供青少年了解，更重要的是適時表明自己在面對可能需要就法律與青少年權益發生衝突時的可能選擇。

（四）針對青少年的事後同意權，必須同時考慮青少年的基本權益及合法監護人的權責。即便其父母同意諮商，青少年始終拒絕諮商，諮商員亦不可實施強制諮商；若在青少年父母不知情的情況下給未成年者進行諮商，針對藥物濫用及其他可能的行為問題，諮商員都有必要向青少年的合法監護人提出預警和告知（牛格正等，1986）。

二、保密問題及限制

諮商員有必要在知後同意的過程中，告知當事人有關保密的規定及其限制（牛格正等，1986）。除了一般的限制外，針對藥物濫用者的諮商，主要的保密限制包括：

（一）青少年在吸食毒品或戒斷過程中，有可能因神智不清、意識知覺的障礙而做出自傷傷人的行為，或是青少年罹患愛滋病有可能傳染給第三者時，諮商員皆有必要敏察預警，以保護青少年或第三者的安全。

（二）在使用非法藥物之外，青少年亦犯有刑法案件，諮商員雖然沒有主動洩密的必要，但是必須讓青少年知道，當青少年的案件進入法律訴訟時，諮商員有可能會被招出庭作證，在此情況下，諮商員並無法做完全的保密。

（三）基於對家長合法監護權的尊重，就青少年藥物濫用及其他有關的行為
　　　問題上，諮商員都有必要告知其父母，主要目的為將其父母納入共同
　　　協助青少年的角色。換言之，諮商輔導人員須考慮告知其父母是否對
　　　青少年較好？如何告知？以及告知內容為何等，都須在維護青少年福
　　　祉及尊重家長監護權的天平上，盡可能做出最佳的權衡。

三、保密與預警責任

　　當諮商輔導人員發現藥物濫用青少年涉及自殺、傷害他人、暴力事件，
或染有愛滋病等情況時，應採取緊急步驟，必要時通知相關的機構及他人。
藥物濫用者懷孕是另一棘手的問題，青少女於懷孕期間應禁止吸菸、酗酒、
嚼檳榔、吸食或施打迷幻藥、麻醉藥品或為其他有害胎兒發育之行為。牛格
正等（1986）建議藥物濫用青少女懷孕，諮商員如何採取保護兒童措施為首
要考量。

四、轉介

　　本文是介紹諮商與心理治療，針對藥物濫用者的轉介，不管是從諮商人
員本身的專業能力做考量，或是要協助青少年進行戒斷治療，與其他機構單
位的聯繫更顯重要。諮商人員應事先了解欲轉介機構可能給予當事人的協助
為何？協助方式？如何轉介？這些對事人來說也都是重要的訊息，以避免其
覺得自己被拒絕。

第八節　結　語

　　青少年藥物施用的特殊文化及其族群目前感染愛滋的人數逐漸成長，且
藥物使用在法律上是犯罪，因為不被允許且會被逮捕起訴，因而轉成不容易
求助的一個族群，如何有效地給予青少年藥癮或感染愛滋之個案適當的衛生
教育、心理諮商、心理治療、健康行為養成及醫療照護，首先需對其藥物使
用或其行為之背景文化等進行了解，再針對需求給予適當的心理諮商。

　　心理諮商與治療是面對與承認使用非法藥物是一件非常複雜的行為，除
了針對其使用藥物的行為之外，使用非法藥物的帶來很多的後遺症，包括家

庭破碎、人際關係的失去、生理健康破壞、失業或無法就業等。一般來說，藥癮者較少主動尋求協助，通常是當他們被查獲到施用毒品、販賣或是其他衍生的相關犯罪行為，例如偷竊、輟學等，被學校轉送，或是進入到司法矯正戒毒機關後，才會與心理治療與諮商或個案管理人員接觸。因此部分的青少年是被動地進入醫療管理系統，並不完全出於自願來被管理。因此前述強調的，首次與個案接觸時如何建立良好的信任關係、強化戒治動機與培養夥伴關係是首當其衝的問題。醫療及社會心理工作者也需要能夠即時有效地提供藥物成癮教育、戒癮動機諮商、精神共病治療與愛滋防治教育。除此之外在給予諮商或是相關協助時，保護個人隱私是很重要的，因為這是建立彼此之間的信任感進而後續的支持輔導與心理治療的重要一環。

參考文獻

一、中文部分

牛格正等（1986）。諮商實務的挑戰——處理特殊個案的倫理問題。頁175-191。

江振亨（2007）。多元戒治整合模式戒治方案之規劃與實施。2007全國戒治業務研討會。新店戒治所。

李思賢（2003）。某戒治所海洛因戒治者之認知治療成效評估。行院衛生署管制藥品管理局。計畫編號：DOH92-NNB-1026。

李思賢（2008）。減少傷害緣起與思維：以美沙冬療法做為防制愛滋感染、減少犯罪與海洛因戒治之策略。刑事政策與犯罪研究論文集，第11期，頁89-109。

李思賢（2014）針對接受鴉片類替代療法之注射藥物使用者藥物與危險行為諮商的介入效果延續計畫。科技部。計畫編號：MOST 103-2410-H-003-022。

李思賢、吳憲璋、黃昭正、王志傑、石倩瑜（2010）。毒品罪再犯率與保護因子研究：以基隆地區為例。犯罪學期刊，第13卷第1期，頁81-106。

張淑媛（2006）。特定團體愛滋防治白皮書：第七章毒癮愛滋防治篇。財團法人國家衛生研究院出版。

張嫚純、丁志音（2006）。成癮藥物使用情境脈絡與HIV感染關聯之初探。臺灣公共衛生雜誌，第25卷第6期，頁463-473。

張麗玉（2002）。愛滋病患社會心理調適之探討。載於愛滋病照護學：理論與實務之應用。護理人員愛滋病防治基金會，頁183-196。

張麗玉（2006）。臺灣毒癮愛滋患者接受諮商輔導對其社會支持、憂鬱狀況與生活品質影響成效之研究。95年行政院衛生署疾病管制局委託計畫研究報告。

張麗玉、黃源協、陳快樂（2009），團體處遇對愛滋患者的憂鬱與社會支持影響之研究。臺灣健康照護研究學刊，第6期，頁57-77。

謝菊英、蔡春美、管少彬（2007）。挑戰成癮觀點：減害治療模式。張老師文化出版。翻譯自Denning, Little & Glickman. (2004). Over the Influence: The Harm Reduction Guide for Managing Drugs and Alcohol. Guilford Press.

蘇逸玲（1998）。愛滋病患之臨終照護。世紀疫疾AIDS：第十四章。偉華書局。

二、外文部分

Bernstein, J., Bernstein, E., Tassiopoilos, K., Heeren, T., Levenson, S., & Hingson, R. (2005). Brief Intervention at a Clinic Visit Reduced Cocaine and Heroin Use. Drug and Alcohol Dependence, 77: 49-59.

Bride, B. E., Abraham, A. J., & Roman, P. M. (2011). Organizational Factors Associated with the Use of Contingency Management in Publicly Funded Substance Abuse Treatment Centers. Journal of Substance Abuse Treatment, 40(1): 87-94.

Butzin, C. A., Martin, S. S., & Inciardi, J. A. (2005). Treatment During Transition from Prison to Community and Subsequent Illicit Drug Use. Journal of Substance Abuse Treatment, 28: 351-358.

Copeland, J., Swift, W., Roffman, R., & Stephens, R. (2001). A Randomized Controlled Trial of Brief Intervention for Cannabis Use Disorder. Journal of Substance Abuse Treatment, 21: 55-64.

Denning, P., Little, J., & Glickman, A. (2003). Over the Influence: The Harm Reduction Guide for Managing Drugs and Alcohol. The Guilford Press.

Kaempf, G., O'Donnell, C., & Oslin, D. W. (1999). The BRENDA Model: A Psychosocial Addiction Model to Identify and Treat Alcohol Disorders in Elders. Geriatric Nursing, 20: 302-304.

Lee, T. S. H. (2005). Prevalence and Related Factors of Needle-Sharing Behavior Among Female Prisoners. Journal of Medical Sciences, 25(1): 27-31.

Lee, T. S. H. (2006). Sexual Violence Victimization and Condom Use in Relation to Exchange of Sexual Services by Female Methamphetamine Prisoners: An Exploratory Study of HIV Prevention. Taiwan Journal of Public Health, 25(3): 214-222.

Lee, T. S. H. (2009). HIV Susceptibility and Risk Behaviors Amongst Female Heroin Offenders in Taiwan. Formosan Journal of Sexology, 15(2): 53-64.

Lee, T. S. H., Chen, Y. P., & Chang, C.W. (2010). Gender Differences in the Perceived Self-efficacy of Safer HIV Practices Among Polydrug Abusers in Taiwan. Compr Psychiatry, 52(6): 763-768.

Lee, T. S. H., Fu, L. A., & Fleming, P. (2006). Using Focus Groups to Investigate the Educational Needs of Female Heroin Injection Users in Taiwan in Relation to HIV/AIDS Prevention. Health Education Research, 21(1): 55-65.

Lee, T. S. H., Shen, H. C., Wu, W. H., Huang, C. W,. Yen, M. Y., Wang, B. E., Chuang, P., Shih, C. Y., Chou, Y. C., & Liu, Y. L. (2011). Clinical Characteristics and Risk Behavior as a Function of HIV Status Among Heroin Users Enrolled in Methadone Treatment in Northern Taiwan. Substance Abuse Treatment, Prevention, and Policy, 6(1): 6.

Stephens, R. S., Roffman, R. A., & Curtin, L. (2000). Comparison of Extended Versus Brief Treatment for Marijuana Use. Journal of Consulting and Clinical Psychology, 68: 898-908.

Volpicelli, J. R., Pettinati H. M., McLellan A. T., & O'Brien, C. P. (1997). BRENDA Manual: Compliance Enhancement Techniques with Pharmacotherapy for Alcohol and Drug Dependence. WB Saunders.

Wexler, H. K., Melnick, G., Lowe, L., & Peters, J. (1999). Three-year Incarceration Outcomes from Amity In-prison Therapeutic Community and Aftercare in California. Prison Journal, 79: 321-336.

束連文、黃介良

　　全國青少年調查發現，使用過非法藥物的盛行率，隨年紀逐漸上升（陳為堅，2006），青少年使用非法藥物的第一、二位分別為搖頭丸（MDMA、亞甲基雙氧甲基安非他命）及愷他命（Ketamine、K他命）。教育部學生使用非法藥物的通報件數也呈逐年增加的情形，由2004年135件增加至2010年1,559件，增加的件數主要是學生濫用二級毒品，如安非他命（Amphetamine）、搖頭丸與三級毒品（如愷他命）。

　　青少年之藥物濫用可能伴隨著行為問題、法律問題、酒駕或藥駕、身體或性或情緒虐待，當然也會伴隨成年後物質成癮疾患。

　　用藥歷程通常可分為四階段：「實驗性使用」、「娛樂性／社交性使用」、「功能性／規律性使用」、「依賴性使用」（Muisener, 1993; Jaffe, 2002）。青少年涉入藥物歷程的階段及使用藥物的型態，大多起因於好奇而實驗性地使用（Experimental Users），或是為了娛樂或社交目的而偶發性使用（Causal Users）（Hunt, 2006），只有少數則成為固定使用，而將之視為生活型態的一部分，較少或尚未進階到規律性、習慣性之強迫使用者（Compulsive Users）（Jaffe, 2002; Hunt, 2006）。

　　和成年人不同，青少年藥物濫用者常常有更高比率的精神疾病（Brown et al., 2005）、更容易受同儕影響（Brown et al., 2005; Gardner & Steinberg, 2005）。

第一節　青少年藥物成癮治療方式

　　依照美國成癮協會（ASAM）建議（Mee-Lee, 2001），當青少年之藥物成癮問題澄清或確定後，應該依照其嚴重程度接受不同方式之治療，包含一、早期介入：如教育或短期介入；二、門診；三、加強門診／日間病房；

四、居住／全日治療；五、醫療住院。而在上述之治療模式中，會提供以下治療：

一、家族治療

家族治療可以處理青少年藥物成癮家庭相關之危險因素，如家庭溝通問題、凝聚問題、問題解決方式等，家族治療需要個案以及親人或監護人一起進行，研究顯示家庭治療是有效，甚至於優於個別或是團體治療（Hogue & Liddle, 2009），家族治療通常於門診進行，而且在住院或密集性治療也都可以有效進行；在藥物成癮中，加入家庭是非常重要的，主要原因是青少年通常與家人同住，可能接受家人的支持以及管教，在家族治療中除了處理藥物成癮以及家庭溝通問題外，其他廣泛問題也會處理：青少年合併的行為、精神和學習問題，學習和工作問題，交友情形。

二、個別治療

個別治療經常使用於青少年藥物成癮，通常採用認知行為治療（Cognitive-Behavioral Therapy, CBT）或是動機式晤談（Brief Intervention/ Motivational Interviewing, BI/MI）方式，以一對一方式進行。

認知行為治療主要是教導青少年察覺問題、有效地解決問題、討論使用藥物後正面以及負面之結果、察覺情緒和想法、辨識引發藥物使用之刺激、找出高危險情境、運用自我控制之技巧包含情緒和憤怒管理，以及問題解決。

動機式晤談目標是要處理藥物成癮者對於維持治療或是再去使用藥物的矛盾以及猶豫；動機式晤談通常一開始會先評估青少年對於參與治療的動機，在一開始的一至三次的治療中，治療師會協助青少年發展出參與之想法，透過同理以及非面質的方式，治療師會促進青少年自發的動機並且建構改變之計畫。如果青少年抗拒，治療師會中性地面對而不是直接改變或矯正，藉由陪伴青少年逐漸使他們參與其他形式的治療。

三、團體治療

團體治療經常使用於青少年藥物成癮，通常採用認知行為或是簡短／動機式晤談方式，通常有一至二位治療師帶領團體進行，治療師通常須接受認

知行為以及團體訓練，遵循一定之課程進行，藉由團體成員之支持以及討論可以遠離藥物以及維持規律生活型態；團體治療也有可能會有副作用，青少年可能在團體討論對於藥物過於推崇或美化，可能影響其他成員，這時候有經驗之治療師要察覺這些變化並引導討論。

四、十二步驟／階段課程

十二步驟／階段課程為自助性團體，其重點為成員的互相協助；在酒精有酒精匿名團體（Alcoholics Anonymous, AA），在藥物有藥物匿名團體（Narcotics Anonymous, NA），十二步驟／階段課程主要精神在於成員接受成癮後之生活變得無法掌握，需要完全停止使用藥物，而只靠自己的意志力是無法完全克服這個問題（所以需要團體或課程）；十二步驟／階段課程在成年人以及青少年都有效果，十二步驟／階段課程也可以增加其他治療之出席率。

五、治療性社區

在青少年的治療性社區（Therapeutic Community, TC）中通常包含上述所有治療：家族治療、個別治療、團體治療以及十二步驟／階段課程。

六、藥物助療

成癮之藥物治療通常會涵蓋以下目標減少藥物渴求（Craving Reduction）、嫌惡治療（Aversive Therapy）、替代治療（Substitution Therapy），以及治療合併或潛在的精神疾病（Treatment of Underlying Psychiatric Disorders）；由於目前藥物相關之研究大多是以成人為主，青少年之臨床研究較少而個案累積數目也比較少，對於青少年不確定之副作用需要更小心。

在鴉片類藥物、酒精、尼古丁成癮中，有一些藥物可以提供有效的治療：

（一）鴉片類藥物：美沙冬（Methadone、美沙酮）、丁基原啡因（Buprenor-phine）。

（二）酒精：阿坎酸鈣（Acamprosate）、納曲酮（Naltrexone）、戒酒發泡錠（Disulfiram），目前臺灣已經核准前兩項藥物使用，並且衛生福利部有提供費用補助，有部分醫院有引入戒酒發泡錠治療。

（三）尼古丁成癮：尼古丁置換治療（Nicotine Replacement Therapies, NRT）、Bupropion、戒必適（Varenicline）。

　　但是目前藥物並未核准使用於青少年，而大麻（Marijuana）、古柯鹼（Cocaine），以及甲基安非他命（Methamphetamine、冰毒）目前無核准藥物可以使用。另外有一些在青少年藥物成癮治療需要注意其他共同存在的疾病問題。

七、憂鬱症

　　憂鬱症和藥物濫用是青少年中常見的問題，估計在青少年藥物成癮中有18%合併有憂鬱症（Armstrong & Costello, 2002）。比起單獨只有憂鬱症或藥物濫用，合併憂鬱症及藥物濫用會造成治療更困難（Pirkola et al., 2011）。

　　在目前治療青少年合併藥物濫用以及憂鬱症最常使用的治療是認知行為治療，而家族治療對於青少年合併藥物濫用以及憂鬱症也有效，但是目前研究仍然不足，需要更多之個案以及研究。

　　而憂鬱症藥物治療對於青少年合併藥物濫用以及憂鬱症之效果，一般的抗憂鬱症藥物（Antidepressants，如Fluoxetine或Sertraline）對於短期憂鬱症狀有顯著幫助，但是對於長期憂鬱症狀卻無影響，而且對於藥物濫用沒有效果（Zhou et al., 2015; Babowitch & Antshel, 2016）。

八、過動／注意力障礙症

　　在藥物濫用青少年中有20%至27%合併有過動／注意力障礙症（van Emmerik-van Oortmerssen et al., 2012）。而過動／注意力障礙症的青少年中有藥物濫用的比率是一般青少年6倍（Katusic et al., 2005）。

　　合併過動／注意力障礙症和藥物濫用的青少年的處理與治療一樣有顯著之困難，比起單純的過動／注意力障礙症或是藥物濫用，合併者治療完成率較低（Levin et al., 2004; White et al., 2004）、藥物濫用需要較長復原時間（Wilens et al., 1998），以及較容易早期復發（Ercan et al., 2003）。

　　而過動／注意力障礙症藥物治療對於青少年合併藥物濫用症之效果，建議使用長效之中樞神經刺激藥物（Extended-release Formulations），使用這類藥物可以減緩一部分過動／注意力障礙症以及藥物濫用症之症狀（Zaso et al., 2015）。如果使用非中樞神經刺激藥物，其中Atomoxetine這項藥物雖可治療非藥物濫用之過動／注意力障礙症之青少年（Kratochvil et al., 2002），也可治療合併過動／注意力障礙症以及藥物濫用症之成年人（Adler, et al., 2010），但是並未改善過動／注意力障礙症以及藥物濫用症之症狀，而Bupropion可治療合併過動／注意力障礙症以及藥物濫用症之成年人（Levin et al., 2002）。而且對於青少年可以改善過動／注意力障礙症之症狀以及一部分藥物濫用症之症狀。

　　此外美國國家衛生院針對青少年藥物成癮也提出一些建議（Abuse & America, 2014）：

（一）青少年藥物成癮及早辨識以及處理。大多數成年藥物成癮者多由青少年開始使用藥物。

（二）目前還沒有藥物成癮的青少年接受成癮課程也會有幫助。任何階段之藥物使用都可能變得更嚴重，當未來暴露於危險情境時個案的藥物行為可能會加劇。

（三）一般例行之醫療行為是詢問青少年藥物使用之良好時機。標準的篩選量表可以協助小兒科醫師、牙醫師、急診醫師、精神科醫師以及其他醫師對於香菸、酒精、藥物使用的問題，可以立即的評估嚴重度並轉介接受成癮治療計畫。

（四）法律介入以及家庭壓力是青少年可以進入、維持，以及完成治療重要之因素。大多數之青少年不覺得需要治療也從不會自行求助。

（五）成癮治療計畫需要依照青少年之需要去修改。通常治療以完整的評估開始，了解個案的優點以及缺點、性別、心理發展、家庭以及朋友關係、在學校或是社區之適應、或是其他特別之身體或行為問題。

（六）治療需要涵蓋全人而不只是注重成癮藥物。需要包含生活需要、醫療及心理和社會健康、居住、學校、交通、法律之協助。

（七）行為治療對於青年是有效的。藉由受過訓練臨床醫師增進青少年之洞悉以及保持青少年離開藥品，包含提供誘因；建立技巧；處理藥物渴求；增進問題處理能力；建設性活動以取代藥物，並增進人際關係。

（八）家庭以及社會都是治療重要之面相。家庭的支持對於青少年之恢復是非常重要的，社區、學校、同學、老師等人可以鼓勵個案進入治療而且可以持續陪伴。

（九）有效的藥物成癮治療需要處理合併的精神狀態。如果有存在的憂鬱、焦慮、注意力／過動症、行為問題需要一起同時處理。

（十）敏感的議題如自殺、兒童虐待、暴力等，需要注意去辨識。如果可能之問題存在，轉介以及提供保護是需要的。

（十一）治療中需要監控藥物使用。再犯是常見的，越早發現能越容易處理也能避免嚴重之後果。再犯的跡象需要增加或改變治療。

（十二）持續和維持一段治療時間是重要的。雖然治療時間會因成癮問題以及個案有所不同，但以結果來說，一般需要三個月以上之治療時間。因為復發常常發生，可能需要多次的治療。有些個案需要持續之後續追蹤，如家訪、後續藥物篩檢。

（十三）對於性傳染疾病、愛滋病（AIDS）、B、C肝炎之檢驗在治療中是必要的。不管是否注射藥物，這些疾病都常常伴隨著藥物濫用。藥物會影響認知以及判斷，也就會伴隨著危險性行為或冒險活動。

第二節　結　語

　　總結青少年之藥物成癮治療，因為其使用時間相對較短，雖然面臨的問題或許不像成人那樣嚴重以及複雜，但是由於青少年面臨更多發展、改變以及不確定，需要處理的人力與時間以及範圍甚至要更多，但是因為青少年有更長的時間與生活，更值得花費資源去改變與重建生活，而改變需要完整與各個團隊的協助，並且持續一段長時間的介入。

參考文獻

一、中文部分

行政院衛生署、法務部、教育部、外交部（2011）。100年反毒報告書。
陳為堅（2006）。全國青少年非法藥物調查研究成果報告（第三年）。行政院衛生署管制藥品管理局。

二、外文部分

Adler, L. A., Guida, F., Irons, S., & Shaw, D. M. (2010). Open Label Pilot Study of Atomoxetine in Adults with ADHD and Substance Use Disorder. Journal of Dual Diagnosis, 6(3-4): 196-207.

Armstrong, T. D. & Costello, E. J. (2002). Community Studies on Adolescent Substance Use, Abuse, or Dependence and Psychiatric Comorbidity. Journal of Consulting and Clinical Psychology, 70(6): 1224.

Babowitch, J. D. & Antshel, K. M. (2016). Adolescent Treatment Outcomes for Comorbid Depression and Substance Misuse: A Systematic Review and Synthesis of the Literature. Journal of Affective Disorders, 201: 25-33.

Brown, S. A., Anderson, K. G., Ramo, D. E., & Tomlinson, K. L. (2005). Treatment of Adolescent Alcohol-related Problems. Recent Developments in Alcoholism. Springer, pp. 327-348.

Ercan, E. S., Coşkunol, H., Varan, A., & Toksöz, K. (2003). Childhood Attention Deficit/Hyperactivity Disorder and Alcohol Dependence: A 1-year Follow-up. Alcohol and Alcoholism, 38(4): 352-356.

Gardner, M. & Steinberg, L. (2005). Peer Influence on Risk Taking, Risk Preference, and Risky Decision Making in Adolescence and Adulthood: An Experimental Study. Developmental Psychology, 41(4): 625.

Hogue, A. & Liddle, H. A. (2009). Family-based Treatment for Adolescent Substance Abuse: Controlled Trials and New Horizons in Services Research. Journal of Family Therapy, 31(2): 126-154.

Hunt, N. (2006). Young People and Illicit Drug Use. Sex, Drugs, and Young People: International Perspectives. pp. 84-100.

Jaffe, S. L. (2002). Treatment and Relapse Prevention for Adolescent Substance Abuse. Pediatric Clinics of North America, 49(2): 345-352.

Katusic, S. K., Barbaresi, W. J., Colligan, R. C., Weaver, A. L., Leibson, C. L., & Jacobsen, S. J. (2005). Psychostimulant Treatment and Risk for Substance Abuse Among Young Adults with a History of Attention-Deficit/Hyperactivity Disorder: A Population-based, Birth Cohort Study. Journal of Child & Adolescent Psychopharmacology, 15(5): 764-776.

Kratochvil, C. J., Heiligenstein, J. H., Dittmann, R., Spencer, T. J., Biederman, J., Wernicke, J., ... & Michelson, D. (2002). Atomoxetine and Methylphenidate Treatment in Children with ADHD: A Prospective, Randomized, Open-label Trial. Journal of the American Academy of Child & Adolescent Psychiatry, 41(7): 776-784.

Levin, F. R., Evans, S. M., McDowell, D. M., Brooks, D. J., & Nunes, E. (2002). Bupropion

Treatment for Cocaine Abuse and Adult Attention-deficit/Hyperactivity Disorder. Journal of Addictive Diseases, 21(2): 1-16.

Levin, F. R., Evans, S. M., Vosburg, S. K., Horton, T., Brooks, D., & Ng, J. (2004). Impact of Attention-deficit Hyperactivity Disorder and other Psychopathology on Treatment Retention Among Cocaine Abusers in a Therapeutic Community. Addictive Behaviors, 29(9): 1875-1882.

Mee-Lee, D. (2001). ASAM Patient Placement Criteria for the Treatment of Substance-related Disorders. American Society of Addiction Medicine.

Muisener, P. P. (1993). Understanding and Treating Adolescent Substance Abuse, Vol. 27. Sage Publications.

NIDA & America (2014). Principles of Adolescent Substance Use Disorder Treatment: A Research-based Guide.

Pirkola, T., Pelkonen, M., Karlsson, L., Kiviruusu, O., Strandholm, T., Tuisku, V., ... & Marttunen, M. (2011). Differences in Characteristics and Treatment Received Among Depressed Adolescent Psychiatric Outpatients with and without Co-occuring Alcohol Misuse: A 1-Year Follow-up Study. Depression research and treatment.

van Emmerik-van Oortmerssen, K., van de Glind, G., van den Brink, W., Smit, F., Crunelle, C. L., Swets, M., & Schoevers, R. A. (2012). Prevalence of Attention-deficit Hyperactivity Disorder in Substance Use Disorder Patients: A Meta-analysis and Meta-regression Analysis. Drug and Alcohol Dependence, 122(1): 11-19.

White, A. M., Jordan, J. D., Schroeder, K. M., Acheson, S. K., Georgi, B. D., Sauls, G., ... & Swartzwelder, H. S. (2004). Predictors of Relapse During Treatment and Treatment Completion Among Marijuana-dependent Adolescents in an Intensive Outpatient Substance Abuse Program. Substance Abuse, 25(1): 53-59.

Wilens, T. E., Biederman, J., & Mick, E. (1998). Does ADHD Affect the Course of Substance Abuse?: Findings from a Sample of Adults with and without ADHD. The American Journal on Addictions, 7(2): 156-163.

Zaso, M. J., Park, A., & Antshel, K. M. (2015). Treatments for Adolescents with Comorbid ADHD and Substance Use Disorder a Systematic Review. Journal of attention disorders, 24(9): 1215-1226.

Zhou, X., Qin, B., Del Giovane, C., Pan, J., Gentile, S., Liu, Y., ... & Xie, P. (2015). Efficacy and Tolerability of Antidepressants in the Treatment of Adolescents and Young Adults with Depression and Substance Use Disorders: A Systematic Review and Meta-analysis. Addiction, 110(1): 38-48.

附錄一　毒品危害防制條例

111年5月4日總統修正公布

第 1 條　為防制毒品危害，維護國民身心健康，制定本條例。

第 2 條　本條例所稱毒品，指具有成癮性、濫用性、對社會危害性之麻醉藥品與其製品及影響精神物質與其製品。

毒品依其成癮性、濫用性及對社會危害性，分為四級，其品項如下：

一、第一級　海洛因、嗎啡、鴉片、古柯鹼及其相類製品（如附表一）。

二、第二級　罌粟、古柯、大麻、安非他命、配西汀、潘他唑新及其相類製品（如附表二）。

三、第三級　西可巴比妥、異戊巴比妥、納洛芬及其相類製品（如附表三）。

四、第四級　二丙烯基巴比妥、阿普唑他及其相類製品（如附表四）。

前項毒品之分級及品項，由法務部會同衛生福利部組成審議委員會，每三個月定期檢討，審議委員會並得將具有成癮性、濫用性、對社會危害性之虞之麻醉藥品與其製品、影響精神物質與其製品及與該等藥品、物質或製品具有類似化學結構之物質進行審議，並經審議通過後，報由行政院公告調整、增減之，並送請立法院查照。

醫藥及科學上需用之麻醉藥品與其製品及影響精神物質與其製品之管理，另以法律定之。

第 2-1 條　直轄市、縣（市）政府為執行毒品防制工作，應由專責組織辦理下列事項：

一、毒品防制教育宣導。

二、提供施用毒品者家庭重整及心理輔導等關懷訪視輔導。

三、提供或轉介施用毒品者各項社會救助、法律服務、就學服務、保護安置、危機處理服務、職業訓練及就業服務。

四、提供或轉介施用毒品者接受戒癮治療及追蹤輔導。

五、依法採驗尿液及訪查施用毒品者。

六、追蹤及管理轉介服務案件。

七、其他毒品防制有關之事項。

直轄市、縣（市）政府應編列預算辦理前項事宜；必要時，得由各中央目的事業主管機關視實際情形酌予補助。

第 2-2 條　法務部為推動毒品防制業務，應設基金，其來源如下：

一、循預算程序之撥款。

二、犯本條例之罪所科罰金及沒收、追徵所得款項之部分提撥。

三、違反本條例所處罰鍰之部分提撥。

四、基金孳息收入。

五、捐贈收入。

六、其他有關收入。

前項基金之用途如下：

一、補助直轄市、縣（市）政府辦理前條第一項所列事項。

二、辦理或補助毒品檢驗、戒癮治療及研究等相關業務。

三、辦理或補助毒品防制宣導。

四、提供或補助施用毒品者安置、就醫、就學、就業及家庭扶助等輔導與協助。

五、辦理或補助與其他國家或地區間毒品防制工作之合作及交流事項。

六、辦理或補助其他毒品防制相關業務。

七、管理及總務支出。

八、其他相關支出。

第3條　本條例有關法院、檢察官、看守所、監獄之規定，於軍事法院、軍事檢察官、軍事看守所及軍事監獄之規定亦適用之。

第4條　製造、運輸、販賣第一級毒品者，處死刑或無期徒刑；處無期徒刑者，得併科新臺幣三千萬元以下罰金。

製造、運輸、販賣第二級毒品者，處無期徒刑或十年以上有期徒刑，得併科新臺幣一千五百萬元以下罰金。

製造、運輸、販賣第三級毒品者，處七年以上有期徒刑，得併科新臺幣一千萬元以下罰金。

製造、運輸、販賣第四級毒品者，處五年以上十二年以下有期徒刑，得併科新臺幣五百萬元以下罰金。

製造、運輸、販賣專供製造或施用毒品之器具者，處一年以上七年以下有期徒刑，得併科新臺幣一百五十萬元以下罰金。

前五項之未遂犯罰之。

第5條　意圖販賣而持有第一級毒品者，處無期徒刑或十年以上有期徒刑，得併科新臺幣七百萬元以下罰金。

意圖販賣而持有第二級毒品者，處五年以上有期徒刑，得併科新臺幣五百萬元以下罰金。

意圖販賣而持有第三級毒品者，處三年以上十年以下有期徒刑，得併科新臺

幣三百萬元以下罰金。

意圖販賣而持有第四級毒品或專供製造、施用毒品之器具者，處一年以上七年以下有期徒刑，得併科新臺幣一百萬元以下罰金。

第6條　以強暴、脅迫、欺瞞或其他非法之方法使人施用第一級毒品者，處死刑、無期徒刑或十年以上有期徒刑；處無期徒刑或十年以上有期徒刑者，得併科新臺幣一千萬元以下罰金。

以前項方法使人施用第二級毒品者，處無期徒刑或七年以上有期徒刑，得併科新臺幣七百萬元以下罰金。

以第一項方法使人施用第三級毒品者，處五年以上有期徒刑，得併科新臺幣五百萬元以下罰金。

以第一項方法使人施用第四級毒品者，處三年以上十年以下有期徒刑，得併科新臺幣三百萬元以下罰金。

前四項之未遂犯罰之。

第7條　引誘他人施用第一級毒品者，處三年以上十年以下有期徒刑，得併科新臺幣三百萬元以下罰金。

引誘他人施用第二級毒品者，處一年以上七年以下有期徒刑，得併科新臺幣一百萬元以下罰金。

引誘他人施用第三級毒品者，處六月以上五年以下有期徒刑，得併科新臺幣七十萬元以下罰金。

引誘他人施用第四級毒品者，處三年以下有期徒刑，得併科新臺幣五十萬元以下罰金。

前四項之未遂犯罰之。

第8條　轉讓第一級毒品者，處一年以上七年以下有期徒刑，得併科新臺幣一百萬元以下罰金。

轉讓第二級毒品者，處六月以上五年以下有期徒刑，得併科新臺幣七十萬元以下罰金。

轉讓第三級毒品者，處三年以下有期徒刑，得併科新臺幣三十萬元以下罰金。

轉讓第四級毒品者，處一年以下有期徒刑，得併科新臺幣十萬元以下罰金。

前四項之未遂犯罰之。

轉讓毒品達一定數量者，加重其刑至二分之一，其標準由行政院定之。

第9條　成年人對未成年人販賣毒品或犯前三條之罪者，依各該條項規定加重其刑至二分之一。

明知為懷胎婦女而對之販賣毒品或犯前三條之罪者，亦同。

犯前五條之罪而混合二種以上之毒品者，適用其中最高級別毒品之法定刑，並加重其刑至二分之一。

第 10 條　施用第一級毒品者，處六月以上五年以下有期徒刑。

施用第二級毒品者，處三年以下有期徒刑。

第 11 條　持有第一級毒品者，處三年以下有期徒刑、拘役或新臺幣三十萬元以下罰金。

持有第二級毒品者，處二年以下有期徒刑、拘役或新臺幣二十萬元以下罰金。

持有第一級毒品純質淨重十公克以上者，處一年以上七年以下有期徒刑，得併科新臺幣一百萬元以下罰金。

持有第二級毒品純質淨重二十公克以上者，處六月以上五年以下有期徒刑，得併科新臺幣七十萬元以下罰金。

持有第三級毒品純質淨重五公克以上者，處二年以下有期徒刑，得併科新臺幣二十萬元以下罰金。

持有第四級毒品純質淨重五公克以上者，處一年以下有期徒刑，得併科新臺幣十萬元以下罰金。

持有專供製造或施用第一級、第二級毒品之器具者，處一年以下有期徒刑、拘役或新臺幣十萬元以下罰金。

第11-1條　第三級、第四級毒品及製造或施用毒品之器具，無正當理由，不得擅自持有。

無正當理由持有或施用第三級或第四級毒品者，處新臺幣一萬元以上五萬元以下罰鍰，並應限期令其接受四小時以上八小時以下之毒品危害講習。

少年施用第三級或第四級毒品者，應依少年事件處理法處理，不適用前項規定。

第二項裁罰之基準及毒品危害講習之方式、內容、時機、時數、執行單位等事項之辦法，由法務部會同內政部、行政院衛生署定之。

第 12 條　意圖供製造毒品之用，而栽種罌粟或古柯者，處無期徒刑或七年以上有期徒刑，得併科新臺幣七百萬元以下罰金。

意圖供製造毒品之用，而栽種大麻者，處五年以上有期徒刑，得併科新臺幣五百萬元以下罰金。

因供自己施用而犯前項之罪，且情節輕微者，處一年以上七年以下有期徒刑，得併科新臺幣一百萬元以下罰金。

前三項之未遂犯罰之。

第 13 條　意圖供栽種之用，而運輸或販賣罌粟種子或古柯種子者，處五年以下有期徒

刑，得併科新臺幣五十萬元以下罰金。

意圖供栽種之用，而運輸或販賣大麻種子者，處二年以下有期徒刑，得併科新臺幣二十萬元以下罰金。

第 14 條　意圖販賣而持有或轉讓罌粟種子、古柯種子者，處三年以下有期徒刑。

意圖販賣而持有或轉讓大麻種子者，處二年以下有期徒刑。

持有罌粟種子、古柯種子者，處二年以下有期徒刑、拘役或新臺幣三萬元以下罰金。

持有大麻種子者，處一年以下有期徒刑、拘役或新臺幣一萬元以下罰金。

第 15 條　公務員假借職務上之權力、機會或方法犯第四條第二項或第六條第一項之罪者，處死刑或無期徒刑；處無期徒刑者，得併科新臺幣三千萬元以下罰金。

犯第四條第三項至第五項、第五條、第六條第二項至第四項、第七條第一項至第四項、第八條第一項至第四項、第九條至第十四條之罪者，依各該條項規定加重其刑至二分之一。

公務員明知他人犯第四條至第十四條之罪而予以庇護者，處一年以上七年以下有期徒刑。

第 16 條　（刪除）

第 17 條　犯第四條至第八條、第十條或第十一條之罪，供出毒品來源，因而查獲其他正犯或共犯者，減輕或免除其刑。

犯第四條至第八條之罪於偵查及歷次審判中均自白者，減輕其刑。

被告因供自己施用而犯第四條之運輸毒品罪，且情節輕微者，得減輕其刑。

第 18 條　查獲之第一級、第二級毒品及專供製造或施用第一級、第二級毒品之器具，不問屬於犯罪行為人與否，均沒收銷燬之；查獲之第三級、第四級毒品及製造或施用第三級、第四級毒品之器具，無正當理由而擅自持有者，均沒入銷燬之。但合於醫藥、研究或訓練之用者，得不予銷燬。

查獲易生危險、有喪失毀損之虞、不便保管或保管需費過鉅之毒品，經取樣後於判決確定前得銷燬之；其取樣之數量、方式、程序及其他相關事項之辦法，由法務部定之。

毒品檢驗機構檢驗出含有新興毒品或成分而有製成標準品之需者，得由衛生福利部或其他政府機關依法設置之檢驗機關（構）領用部分檢體，製成標準品使用或供其他檢驗機構使用。

第一項但書與前項合於醫藥、研究或訓練用毒品或器具、檢驗機關（構）領用檢體之要件、程序、管理及其他相關事項之辦法，由法務部會同衛生福利部定之。

第 19 條　犯第四條至第九條、第十二條、第十三條或第十四條第一項、第二項之罪

者，其供犯罪所用之物，不問屬於犯罪行為人與否，均沒收之。

犯第四條之罪所使用之水、陸、空交通工具，沒收之。

犯第四條至第九條、第十二條、第十三條或第十四條第一項、第二項之罪，有事實足以證明行為人所得支配之前二項規定以外之財物或財產上利益，係取自其他違法行為所得者，沒收之。

第 20 條　犯第十條之罪者，檢察官應聲請法院裁定，或少年法院（地方法院少年法庭）應先裁定，令被告或少年入勒戒處所觀察、勒戒，其期間不得逾二月。

觀察、勒戒後，檢察官或少年法院（地方法院少年法庭）依據勒戒處所之陳報，認受觀察、勒戒人無繼續施用毒品傾向者，應即釋放，並為不起訴之處分或不付審理之裁定；認受觀察、勒戒人有繼續施用毒品傾向者，檢察官應聲請法院裁定或由少年法院（地方法院少年法庭）裁定令入戒治處所強制戒治，其期間為六個月以上，至無繼續強制戒治之必要為止。但最長不得逾一年。

依前項規定為觀察、勒戒或強制戒治執行完畢釋放後，三年後再犯第十條之罪者，適用前二項之規定。

受觀察、勒戒或強制戒治處分之人，於觀察、勒戒或強制戒治期滿後，由公立就業輔導機構輔導就業。

第20-1條　觀察、勒戒及強制戒治之裁定確定後，有下列情形之一，認為應不施以觀察、勒戒或強制戒治者，受觀察、勒戒或強制戒治處分之人，或其法定代理人、配偶，或檢察官得以書狀敘述理由，聲請原裁定確定法院重新審理：

一、適用法規顯有錯誤，並足以影響裁定之結果者。

二、原裁定所憑之證物已證明為偽造或變造者。

三、原裁定所憑之證言、鑑定或通譯已證明其為虛偽者。

四、參與原裁定之法官，或參與聲請之檢察官，因該案件犯職務上之罪，已經證明者。

五、因發現確實之新證據足認受觀察、勒戒或強制戒治處分之人，應不施以觀察、勒戒或強制戒治者。

六、受觀察、勒戒或強制戒治處分之人，已證明其係被誣告者。

聲請重新審理，應於裁定確定後三十日內提起。但聲請之事由，知悉在後者，自知悉之日起算。

聲請重新審理，無停止觀察、勒戒或強制戒治執行之效力。但原裁定確定法院認為有停止執行之必要者，得依職權或依聲請人之聲請，停止執行之。

法院認為無重新審理之理由，或程序不合法者，應以裁定駁回之；認為有理由者，應重新審理，更為裁定。法院認為無理由裁定駁回聲請者，不得更以

同一原因，聲請重新審理。

重新審理之聲請，於裁定前得撤回之。撤回重新審理之人，不得更以同一原因，聲請重新審理。

第 21 條　犯第十條之罪者，於犯罪未發覺前，自動向衛生福利部指定之醫療機構請求治療，醫療機構免將請求治療者送法院或檢察機關。

依前項規定治療中經查獲之被告或少年，應由檢察官為不起訴之處分或由少年法院（地方法院少年法庭）為不付審理之裁定。但以一次為限。

第 22 條　（刪除）

第 23 條　依第二十條第二項強制戒治期滿，應即釋放，由檢察官為不起訴之處分或少年法院（地方法院少年法庭）為不付審理之裁定。

觀察、勒戒或強制戒治執行完畢釋放後，三年內再犯第十條之罪者，檢察官或少年法院（地方法院少年法庭）應依法追訴或裁定交付審理。

第23-1條　被告因拘提或逮捕到場者，檢察官依第二十條第一項規定聲請法院裁定觀察、勒戒，應自拘提或逮捕之時起二十四小時內為之，並將被告移送該管法院訊問；被告因傳喚、自首或自行到場，經檢察官予以逮捕者，亦同。

刑事訴訟法第九十三條之一之規定，於前項情形準用之。

第23-2條　少年經裁定觀察、勒戒或強制戒治者，不適用少年事件處理法第四十五條第二項規定。

少年法院（地方法院少年法庭）依第二十條第二項、第二十三條第一項規定為不付審理之裁定，或依第三十五條第一項第四款規定為不付保護處分之裁定者，得並為下列處分：

一、轉介少年福利或教養機構為適當之輔導。

二、交付少年之法定代理人或現在保護少年之人嚴加管教。

三、告誡。

前項處分，均交由少年調查官執行之。

第 24 條　第二十條第一項及第二十三條第二項之程序，於檢察官先依刑事訴訟法第二百五十三條之一第一項、第二百五十三條之二第一項第四款至第六款或第八款規定，為附條件之緩起訴處分時，或於少年法院（地方法院少年法庭）認以依少年事件處理法程序處理為適當時，不適用之。

前項緩起訴處分，經撤銷者，檢察官應繼續偵查或起訴。

檢察官依刑事訴訟法第二百五十三條之二第一項第六款規定為緩起訴處分前，應徵詢醫療機構之意見；必要時，並得徵詢其他相關機關（構）之意見。

刑事訴訟法第二百五十三條之二第一項第六款規定之緩起訴處分，其適用戒

　　　　　癮治療之種類、實施對象、內容、方式、執行醫療機構或其他機構與其他相關事項之辦法及完成戒癮治療之認定標準，由行政院定之。

第24-1條　觀察、勒戒或強制戒治處分於受處分人施用毒品罪之追訴權消滅時，不得執行。

第 25 條　犯第十條之罪而付保護管束者，或因施用第一級或第二級毒品經裁定交付保護管束之少年，於保護管束期間，警察機關或執行保護管束者應定期或於其有事實可疑為施用毒品時，通知其於指定之時間到場採驗尿液，無正當理由不到場，得報請檢察官或少年法院（地方法院少年法庭）許可，強制採驗。到場而拒絕採驗者，得違反其意思強制採驗，於採驗後，應即時報請檢察官或少年法院（地方法院少年法庭）補發許可書。

　　　　　依第二十條第二項前段、第二十一條第二項、第二十三條第一項規定為不起訴之處分或不付審理之裁定，或依第三十五條第一項第四款規定為免刑之判決或不付保護處分之裁定，或犯第十條之罪經執行刑罰或保護處分完畢後二年內，警察機關得適用前項之規定採驗尿液。

　　　　　前二項人員採驗尿液實施辦法，由行政院定之。

　　　　　警察機關或執行保護管束者依第一項規定通知少年到場採驗尿液時，應併為通知少年之法定代理人。

第 26 條　犯第十條之罪者，於送觀察、勒戒或強制戒治期間，其所犯他罪之行刑權時效，停止進行。

第 27 條　勒戒處所，由法務部、國防部於所屬戒治處所、看守所、少年觀護所或所屬醫院內附設，或委託國軍退除役官兵輔導委員會、衛生福利部、直轄市或縣（市）政府指定之醫院內附設。

　　　　　受觀察、勒戒人另因他案依法應予羈押、留置或收容者，其觀察、勒戒應於看守所或少年觀護所附設之勒戒處所執行。

　　　　　戒治處所、看守所或少年觀護所附設之勒戒處所，由國防部、國軍退除役官兵輔導委員會、衛生福利部或直轄市或縣（市）政府指定之醫療機構負責其醫療業務。

　　　　　第一項受委託醫院附設之勒戒處所，其戒護業務由法務部及國防部負責，所需相關戒護及醫療經費，由法務部及國防部編列預算支應。

　　　　　第一項之委託辦法，由法務部會同國防部、國軍退除役官兵輔導委員會、衛生福利部定之。

第 28 條　戒治處所，由法務部及國防部設立。未設立前，得先於監獄或少年矯正機構內設立，並由國防部、衛生福利部、國軍退除役官兵輔導委員會、直轄市或縣（市）政府指定之醫療機構負責其醫療業務；其所需員額及經費，由法務

部及國防部編列預算支應。

第 29 條　觀察、勒戒及強制戒治之執行，另以法律定之。

第 30 條　觀察、勒戒及強制戒治之費用，由勒戒處所及戒治處所填發繳費通知單向受
　　　　觀察、勒戒或強制戒治處分人或上開受處分少年之扶養義務人收取並解繳國
　　　　庫。但自首或貧困無力負擔者，得免予繳納。

　　　　前項費用經限期繳納，屆期未繳納者，由勒戒處所及戒治處所，依法移送強
　　　　制執行。

第30-1條　受觀察、勒戒或強制戒治處分人其原受觀察、勒戒或強制戒治處分之裁定經
　　　　撤銷確定者，得請求返還原已繳納之觀察、勒戒或強制戒治費用；尚未繳納
　　　　者，不予以繳納。

　　　　受觀察、勒戒或強制戒治處分人其原受觀察、勒戒或強制戒治處分之裁定經
　　　　撤銷確定者，其觀察、勒戒或強制戒治處分之執行，得準用冤獄賠償法之規
　　　　定請求賠償。

第 31 條　經濟部為防制先驅化學品之工業原料流供製造毒品，得命廠商申報該項工業
　　　　原料之種類及輸出入、生產、銷售、使用、貯存之流程、數量，並得檢查其
　　　　簿冊及場所；廠商不得規避、妨礙或拒絕。

　　　　前項工業原料之種類及申報、檢查辦法，由經濟部定之。

　　　　違反第一項之規定不為申報者，處新臺幣三萬元以上三十萬元以下罰鍰，並
　　　　通知限期補報，屆期仍未補報者，按日連續處罰。

　　　　規避、妨礙或拒絕第一項之檢查者，處新臺幣三萬元以上三十萬元以下罰
　　　　鍰，並得按次處罰及強制檢查。

　　　　依前二項所處之罰鍰，經限期繳納，屆期未繳納者，依法移送強制執行。

第31-1條　為防制毒品危害，特定營業場所應執行下列防制措施：

　　　　一、於入口明顯處標示毒品防制資訊，其中應載明持有毒品之人不得進入。

　　　　二、指派一定比例從業人員參與毒品危害防制訓練。

　　　　三、備置負責人及從業人員名冊。

　　　　四、發現疑似施用或持有毒品之人，通報警察機關處理。

　　　　特定營業場所未執行前項各款所列防制措施之一者，由直轄市、縣（市）政
　　　　府令負責人限期改善；屆期未改善者，處負責人新臺幣五萬元以上五十萬元
　　　　以下罰鍰，並得按次處罰；其屬法人或合夥組織經營者，併同處罰之。

　　　　特定營業場所人員知悉有人在內施用或持有毒品，未通報警察機關處理者，
　　　　由直轄市、縣（市）政府處負責人新臺幣十萬元以上一百萬元以下罰鍰；其
　　　　屬法人或合夥組織經營者，併同處罰之。其情節重大者，各目的事業主管機
　　　　關得令其停止營業六個月以上一年六個月以下或勒令歇業。

直轄市、縣（市）政府應定期公布最近一年查獲前項所定情節重大之特定營業場所名單。

第一項特定營業場所之種類、毒品防制資訊之內容與標示方式、負責人及從業人員名冊之格式、毒品危害防制訓練、執行機關與執行程序之辦法，由法務部會商相關機關定之。

第 32 條　防制毒品危害有功人員或檢舉人，應予獎勵，防制不力者，應予懲處；其獎懲辦法，由行政院定之。

第32-1條　為偵辦跨國性毒品犯罪，檢察官或刑事訴訟法第二百二十九條之司法警察官，得由其檢察長或其最上級機關首長向最高檢察署提出偵查計畫書，並檢附相關文件資料，經最高檢察署檢察總長核可後，核發偵查指揮書，由入、出境管制相關機關許可毒品及人員入、出境。

前項毒品、人員及其相關人、貨之入、出境之協調管制作業辦法，由行政院定之。

第32-2條　前條之偵查計畫書，應記載下列事項：

一、犯罪嫌疑人或被告之年籍資料。

二、所犯罪名。

三、所涉犯罪事實。

四、使用控制下交付調查犯罪之必要性。

五、毒品數量及起迄處所。

六、毒品及犯罪嫌疑人入境航次、時間及方式。

七、毒品及犯罪嫌疑人入境後，防制毒品散逸及犯罪嫌疑人逃逸之監督作為。

八、偵查犯罪所需期間、方法及其他作為。

九、國際合作情形。

第 33 條　為防制毒品氾濫，主管機關對於所屬或監督之特定人員於必要時，得要求其接受採驗尿液，受要求之人不得拒絕；拒絕接受採驗者，並得拘束其身體行之。

前項特定人員之範圍及採驗尿液實施辦法，由行政院定之。

第33-1條　尿液之檢驗，應由下列機關（構）為之：

一、衛生福利部認證之檢驗及醫療機構。

二、衛生福利部指定之衛生機關。

三、法務部調查局、內政部警政署刑事警察局、國防部憲兵指揮部或其他政府機關依法設置之檢驗機關（構）。

檢驗機構對於前項驗餘尿液檢體之處理，應依相關規定或與委驗機構之約定

爲之。但合於人體代謝物研究供開發檢驗方法或試劑之用者，於不起訴處分、緩起訴處分或判決確定，經去識別化方式後，得供醫藥或研究機構領用。

第一項第一款檢驗及醫療機構之認證標準、認證與認證之撤銷或廢止及管理等事項之辦法；第二款、第三款檢驗機關（構）之檢驗設置標準，由衛生福利部定之。

第一項各類機關（構）尿液檢驗之方式、判定基準、作業程序、檢體保管，與第二項驗餘檢體之處理、領用及其他相關事項之準則，由衛生福利部定之。

第 34 條　本條例施行細則，由法務部會同內政部、衛生福利部擬訂，報請行政院核定之。

第 35 條　於中華民國九十二年六月六日本條例修正施行前繫屬之施用毒品案件，於修正施行後，適用修正後之規定，並依下列方式處理：

一、觀察、勒戒及強制戒治中之案件，適用修正後觀察、勒戒及強制戒治之規定。

二、偵查中之案件，由檢察官依修正後規定處理之。

三、審判中之案件，由法院或少年法院（地方法院少年法庭）依修正後規定處理之。

四、審判中之案件，依修正後之規定應爲不起訴之處分或不付審理之裁定者，法院或少年法院（地方法院少年法庭）應爲免刑之判決或不付保護處分之裁定。

前項情形，依修正前之規定有利於行爲人者，適用最有利於行爲人之法律。

第35-1條　本條例中華民國一百零八年十二月十七日修正之條文施行前犯第十條之罪之案件，於修正施行後，依下列規定處理：

一、偵查中之案件，由檢察官依修正後規定處理。

二、審判中之案件，由法院或少年法院（地方法院少年法庭）依修正後規定處理；依修正後規定應爲不起訴處分或不付審理之裁定者，法院或少年法院（地方法院少年法庭）應爲免刑之判決或不付審理之裁定。

三、判決確定尚未執行或執行中之案件，適用修正前之規定。

第 36 條　本條例除中華民國九十九年十一月五日修正之第二條之一、第二十七條及第二十八條，一百零四年一月二十三日、一百零六年五月二十六日、一百十一年四月十九日修正之條文，自公布日施行；一百零五年五月二十七日修正之條文，自一百零五年七月一日施行；一百零八年十二月十七日修正之第十八條、第二十四條及第三十三條之一之施行日期，由行政院定之外，自公布後六個月施行。

附錄二　各級學校特定人員尿液篩檢及輔導作業要點

109年12月2日教育部修正發布

一、依據：

　　教育部（以下簡稱本部）爲落實毒品危害防制條例、兒童及少年福利與權益保障法（以下簡稱兒權法）及特定人員尿液採驗辦法等規定之執行，訂定本要點。

二、目的：

　　爲維護學生身心健康，防制毒品進入校園，透過各級學校特定人員尿液篩檢，即時發現濫用藥物學生，並成立「春暉小組」施予輔導，協助脫離毒品危害，營造健康、清新及友善之校園環境。

三、名詞定義：

(一)濫用藥物：指非以醫療爲目的，在未經醫師處方或指示情況下，使用毒品危害防制條例所稱之毒品者。

(二)特定人員類別：

1.曾有違反毒品危害防制條例行爲之各級學校學生（含自動請求治療者）。

2.各級學校休學、中輟或中途離校後申請復學之學生，有事實足認有施用毒品嫌疑者。

3.有事實足認爲有施用毒品嫌疑之各級學校學生。（特定人員事實認定觀察建議原則請參考附件一）

4.前三目以外之未成年學生，各級學校認爲有必要實施尿液檢驗，並取得其父母或監護人同意者。

5.各級學校編制內校車駕駛人員。

(三)春暉小組：指學校爲輔導涉及違反毒品危害防制條例、非法施用管制藥品或其它有害身心健康之物質學生，所組成之專案小組。

四、建立特定人員名冊：

(一)每學期開學日起三週內經導師、校內之任課教師、職員或工友觀察後，依特定人員類別提報特定人員名冊（格式如附件二），交由相關業務承辦人（或指定專人）彙整，並召開會議審查，經審查後之特定人員名冊應簽請校長核定。

(二)學期中發現學生施用或持有不明藥物、有精神或行爲異常，經觀察或以其他方式認爲有施用毒品嫌疑者，應簽請校長核定納入特定人員名冊。

五、篩檢時機：

(一)各級學校於每學期開學或假期後依特定人員名冊進行採（抽）驗。

(二)發現學生施用或持有不明藥物、有精神或行爲異常，經觀察或以其他方式認爲有施

用毒品嫌疑者，得隨時採驗。

六、尿液採驗流程：

(一)各級學校應適時實施人員編組、動線規劃及器材整備等事宜（注意事項如附件三）。

(二)執行尿液檢體採驗：

1.檢體採驗：對受檢之特定人員應個別說明採集規定及方法，並指派專人全程監管進行採驗，監管人員應與受檢人同一性別。

2.檢體初篩：尿液檢體應先採集於集尿杯內，並進行初篩（使用說明如附件四），初篩檢驗呈陽性反應者，由監管人員會同受檢人將尿液檢體分裝為二瓶（甲、乙瓶），每瓶至少三十ml，並由監管人員協助受檢人實施檢體籤封作業。

3.確認檢體：在尿瓶上黏貼送驗學生檢體序號標籤，並填寫監管紀錄表及學生尿液採驗名冊，核對無誤後，送衛生福利部（以下簡稱衛福部）認可之濫用藥物尿液檢驗機構進行確認檢驗。

七、檢驗結果處理：

(一)經確認檢驗尿液檢體中含有濫用藥物或其代謝物者，學校應完成校安通報並成立春暉小組輔導個案。

(二)經確認檢驗尿液檢體中無含有濫用藥物或其代謝物者，仍應列為特定人員持續觀察輔導。

(三)送驗學校或家長對尿液檢體之檢驗報告有疑義時，得於接到報告十四日內，敘明原因要求複驗（乙瓶）。

八、學生輔導措施：

(一)經確認檢驗尿液檢體中含有濫用藥物或其代謝物者、自我坦承、遭檢警查獲或接獲其他網絡通知涉及違反毒品危害防制條例、非法施用管制藥品或其它有害身心健康之物質者，學校應完成校安通報，並組成春暉小組實施輔導三個月，輔導期間應適時使用快速檢驗試劑實施篩檢，及填報相關輔導紀錄備查（輔導措施注意事項如附件五）；其屬施用第一級、第二級毒品者，應告知依毒品危害防制條例第二十一條第一項規定，自動向衛福部指定之醫療機構請求治療，醫療機構免將請求治療者送法院或檢察機關。

(二)個案經春暉小組輔導三個月後，應採集尿液再送檢驗機構檢驗，經確認檢驗尿液檢體中含有濫用藥物或其代謝物者，應再實施輔導一次，期間三個月，並協請家長將個案轉介至衛福部指定之醫療機構請求治療及函請警察機關協助處理。

(三)依前款規定輔導無效或家長拒絕送醫戒治時，學校得依毒品危害防制條例或兒權法相關規定，洽請警察機關協助處理。

(四)春暉小組輔導期滿，經確認檢驗尿液檢體中無含有濫用藥物或其代謝物者，學校應

召開春暉小組結案會議，解除春暉小組列管，並持續將學生列為特定人員觀察。

(五)春暉小組輔導中之濫用藥物學生經司法判決至矯正機構實施觀察勒戒完成返校後，學校仍應完成後續輔導期程。

(六)為利個案之賡續輔導，濫用藥物學生如有中輟、畢（結）業、未畢業而因其他原因提前離校或未按時註冊等情形時，相關作法請參照附件六「各級學校學生涉及毒品危害防制條例案件輔導處遇流程」辦理。

(七)發現疑似藥頭之學生或知悉學生藥物來源相關情資，應依教育單位協助檢警緝毒溯源通報作業要點辦理。

(八)春暉小組輔導內容應包括「自我保護」與「預防感染愛滋」之預防教育與相關諮詢輔導、法治及衛生教育。

九、業務分工：

(一)各級主管教育行政機關、校外會及學校執行特定人員尿液篩檢及春暉個案輔導相關業務之分工職掌，如附件七。

(二)本部國民及學前教育署每月應彙整相關表報送本部憑辦。

十、一般規定：

(一)各級學校編制內校車駕駛人員，如經尿液採集送驗呈陽性反應者，應送請警方處理並列入考核。

(二)各級學校教育人員發現疑似毒品或製造或施用毒品之器具，應立即移交警察機關處理。

(三)各級主管教育行政機關、校外會、受檢人學校、採尿單位、檢驗機構，於採驗前、中、後之作業，均應力求保密，以維受檢人名譽。

(四)有關尿液採集及檢驗相關作業，得參考濫用藥物尿液採集作業規範及濫用藥物尿液檢驗作業準則規定辦理。

(五)各直轄市、縣（市）政府應自行編列預算，依權責執行本項工作。

(六)辦理本項工作有具體成效者，各級主管教育行政機關應從優獎勵相關學校及人員。

附件二　特定人員名冊

（學校全銜）特定人員名冊
製表日期：　　年　月　日

特定人員類別	一、曾有違反毒品危害防制條例行為之各級學校學生（含自動請求治療者）。 二、各級學校休學、中輟或中途離校後申請復學之學生，有事實足認有施用毒品嫌疑者。 三、有事實足認為有施用毒品嫌疑之各級學校學生。 四、前三目以外之未成年學生，各級學校認為有必要實施尿液檢驗，並取得其父母或監護人同意者。 五、各級學校編制內校車駕駛人員。

編號	班級	學號	姓名	性別	出生年月日	身分證字號	特定人員類別	審查結果	備考

備註：表格不足請自行延伸

附件三　各級學校特定人員尿液採驗注意事項

一、前置作業階段：

(一)編組：以生教（輔）組長為主要成員，並依學校實際情形編組相關人員，必要時得協請直轄市、縣（市）校外會人員支援，編組人數得依實際採驗狀況適時調整。

(二)動線規劃：應指定適當、隱密性高之男、女廁所實施尿液採集檢驗。

(三)器材整備：

1.學校應自備免洗杯、封籤、標籤紙、簽字筆、藍色清潔劑（或其他替代染劑，如藍、黑色墨水）及飲用水。

2.集尿瓶、快速檢驗試劑及標籤紙得向縣（市）校外會提出申請；或自行採購快速檢驗試劑。

3.監管紀錄表及學生尿液採驗名冊請逕自各縣（市）教育局（處）或校外會網頁下載。

(四)為防止尿液檢體於盥洗室被稀釋，盥洗室馬桶水槽應加入藍色清潔劑或有色液體。

二、實施尿篩階段：

(一)對受檢學生實施尿篩之合法性（法規）說明，監管人員應與受檢人同一性別，並應盡量顧及受檢人之隱私，採單獨方式並恪遵保密原則。

(二)講解收集尿液方法：

1.將尿液檢體排於免洗杯內，尿量約杯子5至8分滿。

2.學生若如無尿意，可提供飲水（每半小時250ml），可提供3次，提供總水量以750ml為限。

(三)監管人員於採集尿液前應請受檢學生將身上足以夾藏、擾假之物品取出放置在外，但可保留個人隨身之錢包，並全程監管採集過程，確保程序正常運作。

(四)尿液檢體採集後，監管人員應立即檢視尿液檢體之溫度、顏色及是否有浮懸物存在，發現有任何不尋常時，應記錄於檢體監管紀錄表之重要特殊跡象欄內。必要時，採集之尿液可立即量測溫度（4分鐘內），若超出攝氏32度至38度範圍，即有擾假之可能，受檢者應於同性別監管人員監看下，於同地點儘快重新採尿，兩瓶尿液檢體應同時送驗。

(五)實施快速檢驗試劑時，應於受檢學生面前實施，受檢學生及學輔人員共同檢視結果，若判定為陽性反應，則須將受檢尿液送交檢驗機構進行確認檢驗。

(六)受檢人拒絕接受尿液檢驗時，主管機關得依特定人員尿液採驗辦法為必要之措施；學輔人員得依兒童及少年福利與權益保障法相關規定通知學生法定代理人、校外會、警察機關協助執行尿液篩檢，惟強制採驗不得逾必要之程度，並應注意受檢人之名譽及身體（避免肢體接觸、吼叫、言詞威脅、恫嚇等）；但有正當理由，並經監管人員同意者，得另定日期採驗。

(七)送驗之尿液檢體，學校採尿人員應檢視檢體編號與特定人員名冊編號是否一致；如無法即時送達校外會，應先冰存冷藏（低於攝氏6度）或冷凍處理，並儘速於2天內送檢驗機構。

附件四　快速檢驗試劑進行初篩方式說明

一、受檢學生於全程監管下採集尿液檢體於尿杯內。

二、使用符合法規（閾值）之快速檢驗試劑，將試劑包交受檢學生拆封並取出內容物（因不同之廠商，試劑包檢驗方式概分為卡式或多重試紙式）。

三、執行初篩方式：

(一)卡式：

1.先將試劑包內滴管吸取尿杯內的尿液或將試紙直接放入尿杯中。

2.再將滴管內尿液滴在試劑圓型孔內2至3滴或將試紙前端放入尿杯約5秒。

3.檢視試劑上檢查窗所顯示線條，並依試劑包背面說明檢視有無陽性反應。

4.注意僅有C線（Control）一條，爲陽性反應。

(二)多重試紙式（透明外殼）：

1.取下前端蓋子。

2.將試劑前端浸入尿杯中，前端試紙浸溼尿液。

3.檢視上端所顯示線條，並依試劑包背面說明檢視有無陽性反應。

四、初篩檢驗結果爲陰性反應者，仍應持續列入特定人員觀察輔導。

五、初篩檢驗結果爲疑似陽性反應者，應採足同一檢體（同尿杯）2瓶，並將尿液檢體送至直轄市、縣（市）政府教育局（處）、縣（市）校外會或本部協助轉送檢驗機構實施確認檢驗。

六、直轄市、縣（市）政府教育局（處）、縣（市）校外會負責轄區內學校尿液篩檢「快速檢驗試劑」之督導、採購、管制、協調、補充；學校獲分配之快速檢驗試劑存量不敷使用時，得向前述單位申請調撥；另大專校院得自行採購所需試劑使用，或由本部每年依學校所提需求，視需要辦理試劑採購事宜。

附件六　各級學校學生涉及毒品危害防制條例案件輔導處遇流程

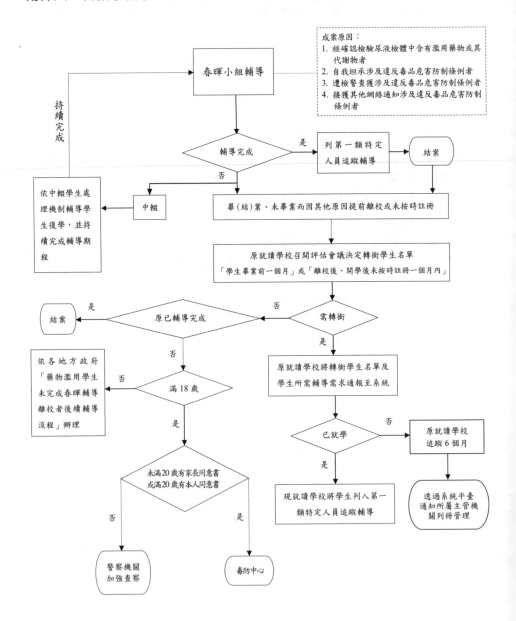

成案原因：
1. 經確認檢驗尿液檢體中含有濫用藥物或其代謝物者
2. 自我坦承涉及違反毒品危害防制條例者
3. 遭檢警查獲涉及違反毒品危害防制條例者
4. 接獲其他網絡通知涉及違反毒品危害防制條例者

春暉小組輔導

輔導完成　是　列第一類特定人員追蹤輔導　結案

否

持續完成

依中輟學生處理機制輔導學生復學，並持續完成輔導期程

中輟

畢(結)業、未畢業而因其他原因提前離校或未按時註冊

原就讀學校召開評估會議決定轉銜學生名單「學生畢業前一個月」或「離校後、開學後未按時註冊一個月內」

結案　是　原已輔導完成　否　需轉銜　是

否

依各地方政府「藥物濫用學生未完成春暉輔導離校者後續輔導流程」辦理　否　滿18歲

原就讀學校將轉銜學生名單及學生所需輔導需求通報至系統

已就學　否　原就讀學校追蹤6個月

是

未滿20歲有家長同意書或滿20歲有本人同意書

現就讀學校將學生列入第一類特定人員追蹤輔導

透過系統平臺通知所屬主管機關列冊管理

否　警察機關加強查察

是　毒防中心

附件七　各級主管教育行政機關、校外會及學校業務分工職掌表

一、教育部：

(一)策訂各級學校特定人員尿液篩檢及輔導作業要點。

(二)督導各級教育行政機關及學校執行學生尿液篩檢成效。

(三)瞭解學生藥物濫用情形並評估輔導機制改善措施及規劃因應作為。

二、中間督考單位：

(一)本部國民及學前教育署：

1.辦理尿液篩檢作業講習，並編列相關所需預算。

2.督導所屬單位、學校實施特定人員尿液篩檢作業、學生藥物濫用情形及統計資料並定期彙整。

3.協助建立藥物濫用學生輔導機制並列管直轄市、縣（市）或所屬學校執行成效。

(二)直轄市政府教育局及各縣（市）政府（教育局、處）：

1.協助辦理所屬學校尿液篩檢作業講習，並編列相關所需預算。

2.督導所屬單位、學校實施特定人員尿液篩檢作業、學生藥物濫用情形及統計資料並定期彙整。

3.協助建立藥物濫用學生輔導機制並列管所屬學校執行成效。

4.協助轉介藥物濫用學生至直轄市、縣（市）政府社會局（處）、毒防中心、警察機關、衛福部指定之藥癮治療醫療機構。

(三)各縣（市）校外會：

1.辦理轄區學校尿液篩檢作業講習。

2.協助轄區學校實施特定人員尿篩及送驗作業，並定期彙報清查情形。

3.協助學校建立藥物濫用學生輔導機制並列管各校執行成效。

4.收到檢驗機構之檢驗報告及檢警函送學生涉嫌違反毒品危害防制條例之偏差行為通知書，以密件函送相關學校。

5.協助轉介藥物濫用學生至直轄市、縣（市）政府社會局（處）、毒防中心、警察機關、衛福部指定之藥癮治療醫療機構。

三、各級學校：

(一)建立及更新特定人員名冊，並適時實施特定人員尿液篩檢作業。

(二)通報本部校安中心及成立跨處室「春暉小組」輔導個案，並填報相關輔導記錄。

(三)協助轉介濫用藥物學生至直轄市、縣（市）政府社會局（處）、毒防中心、警察機關、衛福部指定之藥癮治療醫療機構。

(四)各校應確認學生濫用藥種類及通知家長，並注意保密。

(五)18歲以下輔導個案，應依兒權法相關規定，通報地方政府。

附錄三　各級學校春暉小組輔導措施注意事項

一、成案階段：

(一)成案原因：

1.經確認檢驗尿液檢體中含有濫用藥物或其代謝物者。

2.自我坦承涉及違反毒品危害防制條例者。

3.遭檢警查獲涉及違反毒品危害防制條例者。

4.其他網絡（如社會局、衛生局）通知涉及違反毒品危害防制條例者。

5.非法施用管制藥品或其它有害身心健康之物質者。

(二)通報義務：

1.依規定時限至教育部校園安全暨災害防救通報處理中心完成通報。

2.18歲以下個案，應依兒童及少年福利與權益保障法規定，於24小時內同時通報地方政府社政單位。

(三)春暉小組成員編組：由校長或其指定之人員擔任召集人，成員應至少包括導師、專業輔導人員（學校輔導人員、社工師或心理師）、學務人員等；必要時，得邀請學生家長（監護人或其他法定代理人）、專責警力（如少年警察隊、少年輔導委員會等）、校外資源網絡人員及其他學者專家等人列席相關會議。

(四)成案會議：

1.通報後1週內，召開成案會議，進行跨處室輔導分工。

2.研訂個案輔導計畫，包含輔導方向、相關介入措施、介入時間及可運用與結合之校內、外輔導資源。

3.指定個案管理人：擔任春暉小組聯絡人、個案相關資料登錄列管、行政程序期程控管、與外部單位聯繫合作的角色。

二、輔導階段：

(一)輔導時間：春暉小組實施輔導以3個月為1期。

(二)輔導頻率：各輔導人員應每1至2週對個案進行1次以上之輔導。

(三)尿液檢驗：輔導期間1至2週至少應實施快篩檢驗1次，並記錄檢驗日期及結果等資料。非法施用管制藥品或其它有害身心健康之物質者，應使用多合一快速檢驗試劑實施篩檢。

(四)輔導紀錄：內容應記錄詳實，並將相關資料填報備查。

(五)輔導期間視需要召開個案研討會，邀集網絡單位或聘請專家委員，檢視學校輔導作法並提供建議及協助。

(六)針對輔導無效或較嚴重個案，經評估得轉介藥癮戒治或心理諮商機構，進行戒治。

(七)春暉小組輔導中之濫用藥物學生如有中輟情事發生時，學校除應依各教育局（處）中輟學生處理機制輔導學生復學，並持續完成輔導期程。

三、結案階段：

(一)輔導期滿後採集個案檢體送驗，並依據檢驗報告結果召開結案會議。

1.經確認檢驗為陰性反應者，解除春暉小組列管，並持續將學生列為特定人員觀察。

2.經確認檢驗尿液檢體中含有濫用藥物或其代謝物者，應再實施第2次（3個月）輔導期程。

3.非法施用其它有害身心健康之物質成案者，應就個案歷次尿檢紀錄及各項行為表現綜合評估；無涉及其他藥物濫用情形者，經評估後認為有繼續輔導必要，應再實施輔導1次，期間三個月，如經評估後認為無繼續輔導必要，則解除春暉小組列管，並持續將學生列為特定人員觀察。另如涉及其他藥物濫用情形者，依前二目規定辦理。

4.倘經第2次輔導仍無效者或家長拒絕送醫戒治時，學校得依毒品危害防制條例或兒權法相關規定，洽請警察機關協助處理。

(二)輔導個案完成且相關紀錄表件均完備者，給予相關人員敘獎鼓勵。

四、後追階段：

(一)轉介追蹤機制：

1.未滿18歲者：依各地方政府之「藥物濫用學生未完成春暉輔導離校者後續輔導流程」辦理。

2.18歲以上者：學校應評估個案是否需追蹤輔導、戒治及查察，再將相關資料進行移轉，取得同意書者（未滿20歲者應取得家長同意書、20歲以上者應取得本人同意書）移轉至個案戶籍地毒品危害防制中心（以下簡稱毒防中心），無法取得同意書者移轉至警察機關。

(二)轉銜輔導機制：

1.依據「學生轉銜輔導及服務辦法」辦理。

2.春暉小組輔導期程未完成個案，有繼續升學或轉學情形，可透過學生轉銜輔導及服務機制，轉銜至新入學學校，接續輔導。

3.原就讀學校應於轉銜學生離校後，持續追蹤6個月；追蹤期間屆滿6個月，學生仍未就學者，原就讀學校應於通報系統通知所屬主管機關，列冊管理。

五、其它：

(一)為簡化學校行政作業，學校於召開春暉小組相關會議時，得併同召開個案會議或轉銜會議。

(二)學校得知中輟生有藥物濫用之情事，均應成立春暉小組實施輔導。

國家圖書館出版品預行編目資料

青少年藥物濫用預防與輔導／楊士隆,郭鐘隆主
編. ——二版. ——臺北市：五南圖書出版
股份有限公司, 2023.05
面；　公分
ISBN 978-626-366-032-8（平裝）

1.CST: 反毒　2.CST: 毒品
3.CST: 藥物濫用防制　4.CST: 青少年輔導

548.82　　　　　　　　　　112005726

4T87

青少年藥物濫用預防與輔導

作　　　者 — 楊士隆（312）、戴伸峰、曾淑萍、顧以謙

朱日僑、李宗憲、賴文崧、劉子瑄、馮齡儀

藍郁青、李志恒、衛漢庭、陳亮妤、林鴻智

許俊龍、許華孚、吳吉裕、梁信忠、馬躍中

鄭凱寶、吳林輝、張惠雯、蘇郁智、巫梓豪

郭鐘隆、黃久美、邱獻輝、李思賢、洪嘉均

束連文、黃介良

發 行 人 — 楊榮川

總 經 理 — 楊士清

總 編 輯 — 楊秀麗

副總編輯 — 劉靜芬

責任編輯 — 黃郁婷

封面設計 — 王麗娟、陳亭瑋

出 版 者 — 五南圖書出版股份有限公司

地　　　址：106台北市大安區和平東路二段339號4樓

電　　　話：(02)2705-5066　　傳　　真：(02)2706-610

網　　　址：https://www.wunan.com.tw

電子郵件：wunan@wunan.com.tw

劃撥帳號：01068953

戶　　　名：五南圖書出版股份有限公司

法律顧問　林勝安律師

出版日期　2017年 4 月初版一刷
　　　　　2023年 5 月二版一刷

定　　價　新臺幣550元